KB051061

가야 騎馬人物形土器 Horseback-riding Warrior-shaped Cup 기마인물형 토기를 해부하다

인제대학교 가야문화연구소
김 해 시

가야 기마인물형 토기를 해부하다

엮은이 인제대학교 가야문화연구소

펴낸이 최병식

펴낸날 2019년 11월 1일

펴낸곳 주류성출판사

서울특별시 서초구 강남대로 435 (서초동 1305-5)

TEL | 02-3481-1024 (대표전화) • FAX | 02-3482-0656

www.juluesung.co.kr | juluesung@daum.net

값 22,000원

잘못된 책은 교환해 드립니다.

ISBN 978-89-6246-407-8 93910

가야 騎馬人物形土器 Horseback-riding Warrior-shaped Cup 기마인물형 토기를 해부하다

인제대학교 가야문화연구소
김해시

개 회 사

오늘은 수로왕의 탄생과 가락국의 건국을 기념하는 제43회 가야문화축제가 열리는 날입니다. 가야문화축제를 여는 첫 번째 행사로 가야의 역사와 문화를 새롭게 조명하는 제25회 가야사국제학술회의를 개최합니다.

오늘 참석해 주신 국내외 연구자 여러분, 김해시민 여러분과 김해시장님, 그리고 이제부터 가야사 밝히기와 가야문화발전을 책임질 전국의 역사학과 고고학의 전문가와 학생 여러분께 감사의 말씀을 올립니다.

지난 4반세기 동안 가야사에 대한 자부심과 애정으로 가야사학술회의를 지속적으로 개최하고 있는 우리 김해시의 노력이 남다르다고 생각합니다. 이 학술회의를 주관하는 인제대학교 가야문화연구소는 이러한 의지와 전통을 충분히 자각하여 보다 나은 학술회의의 개최와 학술회의의 결과를 적극적으로 전파하는데 최선을 다하겠습니다.

이번 학술회의 주제는 「가야 기마인물형토기를 해부하다」입니다. 종전의 학술적 제목에 비추어 보면 다소 이색적일지도 모르겠으나, 가야사연구의 진전과 참가 시민들의 관심과 흥미라는 두 마리 토끼를 잡기에 적절한 주제가 아닌가 합니다.

오늘부터 주인공이 될 이 국보 275호 기마인물형토기를 들여다 보면, 들고 있는 창과 방패는 가야의 무기를 고민하게 하고, 전사와 말이 입고 있는 갑옷과 투구는 가야의 갑주를 생각하게 합니다. 물론 토기니까 가야토기라는 주제도 중요하고, 고구려 광개토왕의 군대를 맞아 싸우던 토기 제작시기의 시대적 배경에 대한 검토도 필요하게 됩니다. 아울러 일본 측 연구자들에겐 일본열도에서 출토되고 있는 가야 토기와 마구에 대한 정보도 들어야 하고, 중국 측 연구자에게는 해당 시기 중국의 마구가 주변지역과 어떻게 교류되었는지도 들어야겠습니다. 아마도 이렇게 이 기마인물형토기가 학술적으로 논의되는 것은 분명 최초일 것으로 생각합니다.

끝으로 발표와 토론 참가를 수락해 주신 국내·외학자 여러분들과 학술대회를 준비하는데 많은 도움을 주셨던 김해시학술위원회의 조영제·박종익·임학종·장용준 선생님, 김해시청과 인제대학교 산학협력단 여러분께 심심한 감사의 말씀을 올립니다. 아무쪼록 오늘과 내일의 가야사국제학술회의가 계획대로 잘 진행되고 풍성한 결실을 맺을 수 있도록 여러분 끝까지 자리해 주시고 성원해 주시기를 바랍니다.

오늘과 내일 자리하시는 여러분들의 건승과 가정의 평안을 기원하겠습니다.

2019. 4. 19.

인제대학교 가야문화연구소

소장 이 영 식

환 영 사

제25회 가야사국제학술회의를 위해 우리 김해시를 찾아주신 중국과 일본, 그리고 전국의 학자 여러분과 학생 여러분을 환영합니다. 아울러 언제나 존경하고 사랑하는 김해시민 여러분과 함께 가야사국제학술회의의 개최를 축하합니다.

가야왕도 김해시가 4반세기 동안 지속적으로 개최하고 있는 가야사학술회의의 첫 번째 목적은 진정한 가야사의 복원에 있습니다. 그러나 가야왕도로서의 브랜드가치를 높여 가야 주제의 문화관광을 더욱 발전시키면서 우리 시민들의 문화복지에도 기여할 수 있는 새로운 소재와 자양분 발견의 장도 되어야 할 것으로 생각합니다.

우리 정부는 100대 국정과제의 하나로 가야사의 복원을 천명하였고, 문화재청과 경상남도, 그리고 우리 시는 국정과제의 수행을 위해 모든 노력을 기울이고 있습니다. 이 가야사국제학술회의가 국책사업 가야사복원의 선두에 서서 올바른 길잡이가 되어 줄 것을 기대합니다.

이번 학술회의의 주제는 「가야 기마인물형 토기」라고 들었습니다. 국보 275호로 지정되어 있는 이 기마인물형토기는 김해 덕산에서 출토되었다고 전해지고 있어 우리 김해시가 상징으로 삼고 있는 친근한 유물입니다, 다만 기증자 이양선 박사님의 유지에 따라 국립경주박물관에 소장 전시되고 있는 것으로 압니다. 물론 적절한 절차를 거쳐야겠지만 이 기마전사상이 고향으로 돌아올 수 있는 노력도 해야겠습니다.

금번 학술회의의 발표와 토론, 그리고 사회를 맡아 주신 한국·중국·일본의 학자 여러분과 언제나 학술회의의 개최를 위해 많은 노력을 기울여주시는 김해시학술위원회 조영제·이영식·박종익·장용준 선생님들께도 깊은 감사의 말씀을 올립니다. 아울러 가야사국제학술회의를 후원해주시는 인제대학교 산학협력단과 매년 학술회의를 주관하고 학술회의의 성과를 훌륭한 단행본으로 발간하고 있는 인제대학교 가야문화연구소 여러분의 노고에도 심심한 위로와 감사의 말씀을 올립니다.

부디 이번의 학술회의가 계획대로 진행되어 좋은 연구발표와 깊이 있는 토론이 이루어질 수 있기를 기대하면서, 학술회의의 성과가 가야사복원의 진전으로 이어지고, 우리 김해시의 차세대 교육과 문화관광 발전을 위한 자산 축적의 기회가 될 수 있기를 희망합니다.

오늘 참석해주신 김해시민 여러분과 경향 각지에서 왕림해 주신 여러분의 가정에 언제나 사랑과 행복이 충만하시기를 기원합니다. 감사합니다.

2019. 4. 19.

김해시장 허 성 곤

목 차

주제발표

기마인물형토기
- 국은 이양선 수집문화재 -

한 도 식*

目次

Ⅰ. 국은 이양선 선생님

국은 이양선 선생(1916~1999)은 평양에서 태어나 평양 숭실중학교(1929~1934)를 거쳐 세브란스 의학전문학교(연세대학교 의과대학 전신)를 졸업(1938)하였다. 이후 평양 기독병원과 시립병원에서 이비인후과 전문의(1916~1999)로 근무했다. 1950년 한국전쟁이 일어나고 1·4후퇴 때 남녘으로 내려와, 1981년까지 경북대학교 의과대학 교수로 재직하게 되면서 대구에 정착했다. 정년퇴임할 때까지 대한이비인후과학회장 등 이비인후과와 관련된 학회의 중책을 여러 번 역임하고, 대구가톨릭병원 이비인후과

* 금오문화재연구원

과장(1981~1992)을 지냈고, 1992년에는 이양선 이비인후과의원을 열어 의사로서 진료에 매진하며 인술을 펼쳤다.

〈국은 이양선 선생님 근영〉

- 1916. 1. 23 평안남도 평양 출생
- 1929 ~ 1934 평양 숭실중학교
- 1934 ~ 1938 세브란스 의학전문학교
- 1938 ~ 1946 평양기독병원 이비인후과
- 1950 ~ 1981 경북대학교 의과대학 교수
- 1967 ~ 1970 경북의대부속 간호학교 교장
- 1972 ~ 1976 대한기관식도과氣管食道科 학회장
- 1979 ~ 1980 대한이비인후과 학회장
- 1981 ~ 1992 대구카톨릭병원 이비인후과장
- 1992 ~ 1999 이양선 이비인후과의원 개설
- 1999. 12. 12 별세別世(향년享年 83세歲)

Ⅱ. 문화재의 수집과 기증

국은 이양선 선생은 평생 인술을 펴는 한편, 전통문화에 대한 남다른 애정을 가지고 문화재를 수집, 수장하였으며, 문화재를 감상의 대상이 아닌 학술적 가치를 지닌 것으로 인식하여 우리나라 고고학과 미술사학 연구에 중요한 많은 문화재를 수집하였다. 또한 "문화재는 재화적인 가치로만 생각할 수 없으며 개인의 것이 아니라 민족의 문화유산이다. 이를 영구히 보존·연구하여 민족의 전통과 예지를 여기에서 찾아내야 한다."라는 소신을 지녔다. 이러한 뜻은 평생 애써 수집한 문화재들을 국립경주박물관에 기증

함으로써 아름다운 결실을 맺게 되었다.

국은 이양선 선생이 문화재에 대한 관심을 갖게 된 것은 선생의 장인인 의사 박 승락씨의 영향을 받은 것으로 전한다. 그것은 어린 시절 평양 교외 유적지에서 보고 느꼈던 문화재에 대한 추억과 향수가 되살아 난 것이라고 한다. 선생이 본격적으로 문화재를 모으게 된 것은 6·25 동란으로 대구에 온 후부터였다. 비교적 안정된 직업을 가졌던 선생은 직장과 집을 오가는 길에 만물상과 골동상을 들르는 것이 일과처럼 되었다고 한다.

이런 과정 속에서 유물을 보는 눈을 키우고 점차 독보적인 감식안을 갖게 되었다. 더 나아가 학술적인 가치에도 눈을 돌리게 되었고, 문화재보호의 중요성에 일찍 눈뜨게 되어 문화재는 골동품적 감상의 대상이 아니라는 것을 인식하고 일괄유물의 개념과 중요성을 터득하여 출토지를 확인하는 등 관련된 정보를 확인하고 수집하였다고 한다. 이런 이유에서 고고학자들의 주목을 받는다.

선생이 수집한 문화재의 내용은 시기적으로 선사시대부터 조선시대까지 전 기간에 걸친 것이고 물질별로도 석기, 토기, 금공품, 철제품, 옥제품 등 모든 분야에 달하고, 지역적으로는 경상남북도의 영남지방에 한정되어 있다. 그러나 도자기, 서화 등의 골동품적 성격의 유물이 하나도 없는 것도 특징으로 미술품보다는 고고학적인 매장문화재에 치중한다.

수집품 중에는 안계리·죽동리·지산동의 청동일괄유물, 기마인물형토기, 모자곡옥, 도가니, 와질토기, 기와틀, 청동옻칠호등 등 고고학 및 미술사연구에 중요한 자료가 많다.

평생을 검소하게 살면서 모은 수집품은 85.3.28, 86.5.17, 86.7.29, 87.12.2 등 수차에 걸쳐 국립경주박물관으로 반입되었고, 그 내역은 다음과 같다.

〈국은 수집문화재 내역〉

금속	142건	323점
옥석	3건	193점
토기	102건	144점
골각	2건	2점
기타	4건	4점
계	293건	666점

국은 이양선 선생의 수집문화재가 알려진 것은 국립경주박물관이 현재의 경주 인왕동으로 옮긴 후로 1970년대 중반으로 전한다. 이 후 그 분이 평소에 가장 아끼던 기마인물형토기를 기탁형식으로 국립경주박물관에 전시하게 되면서부터 공개되기 시작한 것으로 전한다.

국은 선생님의 수집문화재는 특히 경주지역을 중심으로 하는 고고학적 자료가 주류를 이루고 있기 때문에 국립경주박물관에 기증하여 영구히 보존해야 한다는 뜻을 가지고 일괄 기증·보존하게 함으로써 수집품의 산일을 막겠다는 용단을 내림에 따라 국립경주박물관에 기증되었다.

국립경주박물관은 국은 이양선 선생님이 기증한 모든 자료들을 모아 한 권의 도록을 발간하였는데 이것은 선생님의 바람(완전한 도록이나 한권 만들어 주면 아드님 따님 그리고 가까운 이들에게 나누어 주고 싶다는)이기도 하지만 한 가지 기증조건 이기도 하였다. 또 다른 조건은 기증 유물은 어떠한 이유에서든 단 한 점이라도 국립경주박물관을 벗어나면 안 된다는 것이었다. 기증조건과 관련하여 기증 후 국립중앙박물관에서 개최한 『이양선박사 기증유물 특별전』이 약속 위반이라며, 선생께서 받으셨던 훈장도 반납하고 유물을 가져가겠다고 하여 난처한 지경에 빠지기도 하였는데, 당시 주관기관장의 사과와 설득으로 무마된 일도 있었다고 한다.

Ⅲ. 전시와 연구

국은 이양선 선생의 수집문화재가 박물관에 전시된 것은 그 분이 평소에 가장 아끼던 기마인물형토기를 기탁형식으로 국립박물관에 전시하게 되면서 부터이다.

국립경주박물관은 1986년 9월에 기증문화재의 전시회를 개최하였다. 이양선 선생님이 평생 애써 수집하신 문화재를 기증하신 것을 기념하여 특별전시회를 개최 하였다(李養璿博士 蒐集文化財, 1986, 國立慶州博物館).

국립중앙박물관은 1987년 3월에 기증유물의 정수를 골라 국립중앙박물관에서 특별전시회를 개최하였다.

1987년 5월부터는 국립경주박물관에서 특별전시실을 꾸며 상설전시를 하고 있다.

2008년 12월부터 2009년 3월까지는『국립김해박물관 개관 10주년』기념 특별전시에 전시하여 지역의 유물과 비교 연구하는 기회를 만들었다.

2018년 8월『국립김해박물관 개관 20주년 기념특별전』에 기마인물형토기를 전시 하는 등 특별전시회가 개최되었다.

국립경주박물관은 1985년 3월부터 1987년 12월까지 네차례에 걸쳐 기증유물을 인수하고, 자료의 정리·조사·보존을 위한 박물관 보관자료의 관리 활용에 모범이 되고자 하였다. 개별유물에 대한 사진, 실측도면을 작성하고 각 유물의 해설이 수록된 도록을 발간하였다(菊隱 李養璿 蒐集文化財, 1987, 國立慶州博物館).

문화재청은 1993년 1월 15일 국은 이양선 선생의 수집문화재중 학술적·문화재적 가치가 인정되는 통일신라시대 등자 청동옻칠발걸이는 국가지정문화재 보물 제1151호로 지정하고, 기마인물형토기는 더 중요한 국보

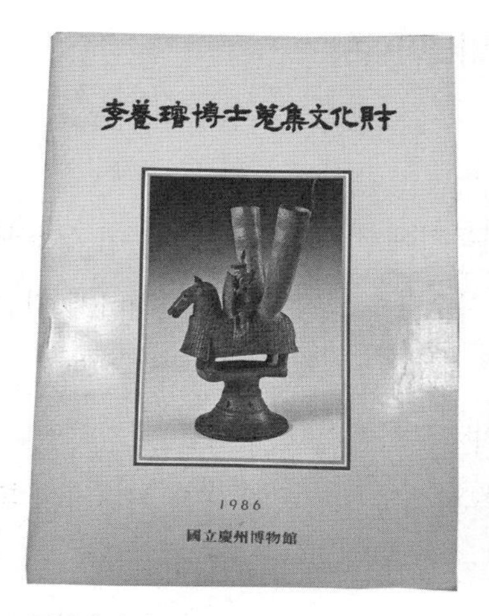

특별전시회 도록

도록 – 전체 유물 해설, 사진, 실측도 수록

제275호로 지정하였다.

국은 수집문화재에 대한 학술적인 연구는 선생의 10주기를 맞이하여 국은 이양선선생 10주기 추모회 및 국은수집품 연구발표(국립경주박물관,

목차

학술 연구 자료

2009)를 개최하고 수집문화재 연구에 박차를 가하게 되었다.

『신라문물연구』제3집 -국은菊隱 이양선선생李養璿先生 10주기週忌 특집호特輯號-은 국은 수집문화재에 대한 다양한 연구논문과 추모의 글을 수록하여 고인을 추모하고 수집품 연구 성과를 축적하였다(新羅文物研究 第3輯, 2009, 國立慶州博物館).

Ⅳ. 기마인물형토기

기마인물형토기는 그 완벽함 때문에 진위가 거론된 적도 있었으나 선생님의 체계적인 수집자세와 방법, 그리고 의지가 단순한 수집가의 경지를 넘어섰음을 입증하고 있듯이 이 유물은 그 후 유럽에서 개최된 한국미술오천년전에서 주목을 받았으며 학술적·문화재적으로 가장 중요한 위치를 차지하고 있고 중요한 문화유산으로 평가되고 있다.

김해 덕산리에서 출토된 것으로 전해지는 기마인물형토기는 완전무장을 한 무사가 갑옷을 입은 말을 타고 있는 모습을 형상화했다. 높이 23.2㎝, 폭 14.7㎝다. 가야 토기 굽다리접시 특징 중 하나인 나팔모양의 대각 위의 네모 판에 서 있는 무사와 말은 매우 사실적으로 표현하였다. 판갑옷을 갖춰 입은 무사는 투구로 보이는 모자를 쓰고 오른손에 창, 왼손에 방패를 들었다. 무사의 갑옷이나 투구, 말의 투구와 갑옷 등은 발굴조사에서 확인된 바 있다. 방패는 아직 발견되지 않아 눈길을 끈다. 인물과 말이 모두 사실적으로 표현되어있다. 무사 뒤에 세워진 두개의 뿔모양은 내부가 비어있어, 술이나 물을 담을 수 있는 잔의 역할을 할 수 있다. 그러나 기능성보다 장식성이 강조된 의례용으로 추정된다.

기마인물형토기(전 김해 덕산리, 국보 제275호)

이 기마인물형토기가 지니는 가치는 매우 크다고 할 수 있다. 출토지가 거의 확실한 진품으로 평가되었다. 특히 마구와 무구를 연구하는 데에는 매우 귀중한 가야토기 자료이다. 6세기에 신라에서 제작 된 것으로 1924년 경주 금령총 발굴조사에서 출토된 국보 제 91호 기마인물형토기 1쌍과 2002년 경주 덕천리 적석목곽묘 발굴조사에서 출토된 기마인물형토기와 비교되는 매우 우수하고 중요한 유물이다.

김해 덕산리 출토로 전하는 기마인물형토기와 동일시기에 제작 된 것으로 보아도 무방할 것으로 보이는 배모양토기가 발굴조사에서 출토되었다.

실측도 – 기마인물형토기(전 김해 덕산리, 국보 제275호)

기마인물형토기 주인상(경주 금령총, 국보 제91호, 1924년 발굴조사)

기마인물형토기 종자상(경주 금령총, 국보 제91호, 1924년 발굴조사)

기마인물형토기(경주 덕천리, 중앙문화재연구원, 2002년 발굴조사)

기마인물형토기 세부(경주 덕천리)

배모양토기는 마산 현동유적 발굴조사에서 출토 되었다. 마산 현동유적은 거제-마산3 국도건설공사의 일환으로 경상남도 창원시 마산합포구 현동 1329번지 일원의 거제-마산3 국도건설공사 구간 내 청동기시대~조선시대 이후의 생활·분묘유적이다. 이 유적의 발굴조사는 삼한문화재연구원이 2017년 8월부터 2019년 4월까지로 계획하여 발굴조사를 진행하고 있다.

이 유적은 청동기시대~조선시대 이후까지 조성된 각종 유구 900여기가 조사 되었다. 특히 기원후 4~5세기대에 조성된 목곽묘 598기가 발굴조사 되었다. 목곽묘는 길이 2m 내외의 소형에서부터 길이 5m 이상의 초대형까지 있다. 목곽묘의 조성시기는 4세기대에는 소형목곽묘가 만들어 졌고, 5세기대에는 중·대형과 길이 5m 이상되는 초대형의 목곽묘가 조성된 것으로 확인되었다.

배모양토기는 기원후 5세기대에 조성된 목곽묘 387호에서 출토되었다. 이 토기는 길이 29.2㎝, 높이 18.3㎝이고 기벽이 얇고 무게는 비교적 가

볍다. 배의 형태는 원거리 항해용 구조선으로 표현한 것으로 보인다. 대각의 형태, 방패나 표면에 새겨진 사격자문과 집선상의 거치문 등의 문양과 표면의 색조 등 여러 가지 면에서 그 제작 기법이 전 덕산리 출토 기마인물형토기와 매우 유사하여 동일시기에 제작 된 것으로 보아도 무방할 것으로 보인다.

배모양토기(마산 현동유적, 삼한문화재연구원, 2018년 발굴조사)

배모양토기 출토상태(마산 현동유적, 목곽묘 387호)

배모양토기 출토상태 세부(마산 현동유적, 목곽묘 387호)

배모양토기 문양 세부(마산 현동유적, 목곽묘 387호)

기마인물형토기 문양 세부(전 김해 덕산리, 국보 제275호)

기마인물형토기 모형1

기마인물형토기 모형2

V. 맺음말

김해 덕산리 출토로 전하는 기마인물형토기는 수집문화재를 일괄 기증한 선생님이 가장 아끼던 유물로 전한다. 박물관에 전시되던 초기에는 그 완벽함 때문에 진위가 거론된 적도 있었다. 이 토기를 국은 선생님이 소장하게 된 것은 선생님이 평소 영남일원의 고고유물을 수집하던 높은 안목으로 그 중요성을 높이 평가하여 당시 소장하고 있던 고액으로 평가되는 자기와 교환하였던 것으로 전한다.

이 기마인물형토기의 학술적 가치는 그간의 매장문화재 발굴조사와 고고학적 연구성과의 축적으로 인해 문화재적·학술적 가치를 인정받고 우리의 중요한 문화유산으로 평가되어 국보로 지정되었다. 이제 더 이상의 평가는 무의미한 것으로 생각된다. 다만 그 중요성과 가치를 더 높이는 일은 지속적이고 다양한 분야와 연계한 연구활동으로 진전시켜 가야할 것으로 생각된다.

언론에 보도된 자료에 의하면 김해지역에서 2000년대 중반 즈음에 '가야 기마인물상 반환 추진위원회'가 구성되어 "국보 기마인물형토기 김해 반환운동"이 추진되었다. 최근에는 김해지역의 어느 정치인이 "지난 2017년 기마인물형토기 반환 건의안을 발의하여 관계부처와 소관기관에 보낸 바 있다"고 하고, "국정과제로 채택된 가야사 복원이 제대로 추진될 수 있도록 기마인물형토기 이전을 반드시 실현하겠다"고 하는 등 김해 반환 노력을 기울이고 있다고 한다. 또한 김해 지역에는 이미 이 토기의 모형을 제작, 설치하여 그러한 뜻을 알리고 있다. 이러한 문화유산 반환의 취지는 좋을 수 있다.

국은 이양선 수집문화재는 선생님께서 평생 애써 수집하신 귀중한 문화재를 아낌없이 기증해 주신 높은 뜻을 생각하면 그 어떤 이유로도 흩어져 서는 안된다고 생각한다. 뿐만 아니라 지속적인 연구를 통한 고대문화 복원에 기여할 수 있는 자료로 활용 되어야 할 것이다.

앞으로 관련된 분야의 활발한 연구가 진행되기를 기대한다.

참고문헌

李養璿博士蒐集文化財, 1986, 國立慶州博物館.

菊隱 李養璿 蒐集文化財, 1987, 國立慶州博物館.

이난영, 2005, 박물관창고지기, 통천문화사.

新羅文物硏究3, 2009, 國立慶州博物館.

지건길, 고고학과 박물관 그리고 나, 학연문화사.

박물관신문, 2012, 제181호(1986.3.), 제187호(1987.3.), 국립중앙박물관.

계간 한국의 고고학, 제40호(2018.7.30), 주류성출판사.

「기마인물형토기-국은 이양선 수집문화재-」에 대한 토론문

임학종 (남가람박물관장)

첫 번째 질문은 누구도 답을 하지 않으셔도 되는 문제이다. 기마인물형토기의 수증 과정에 대해 발표하신 한도식 선생님께 드리는 질문이지만, 딱히 개인에 대한 질문은 아니다. 어쩌면 국립박물관이나 국보를 관리하고 있는 문화재청에서 국립김해박물관으로의 이관 가능성에 대한 노력이 필요하다는 말씀을 드린다. 기증하신 이양선 박사는 "어떠한 이유에서든 단 한 점이라도 경주박물관을 벗어나면 안 된다."고 하셨지만, 특별전시에 잠시 이관하거나, 특별한 기간을 정해서 이관하는 방안도 고려할 수 있다고 판단된다. 학계에서도 노력하여 주실 것을 믿는다. 오늘 이 학술대회도 그 일환이라고 말씀드리고 싶다.

「기마인물형토기-국은 이양선 수집문화재-」에 대한 토론문

이주헌 (국립문화재연구소)

1980년 초반, 학계에 처음으로 알려진 '전 김해 덕산 출토 기마인물형토기'는 유물의 출토상황이 분명치 않으며 보존상태가 너무 깨끗하고 이전까지 보이지 않았던 도상이다 보니 당시 대부분의 전문가들은 이를 가품假品으로 판단하였다. 그러나 이후 일본 나라현 南山4호분 출토 '동물형이형토기편' 과 부분적으로 유사한 점이 고려되어 1993년에 국보로 지정되었다. 한도식의「기마인물형토기-국은 이양선 수집문화재-」에 의하면, 해당 유물을 수집한 고 이양선 박사는 '…유물을 보는 눈을 키우고 점차 독보적인 감식안을 갖게 되었다. 더 나아가 학술적인 가치에도 눈을 돌리게 되었고 …… 일괄유물의 개념과 중요성을 터득하여 출토지를 확인하는 등 관련된 정보를 확인하고 수집하였다고 한다. 이런 이유에서 고고학자들의 주목을 받는다….'라 하였다. 이는 고 이양선 박사의 체계적인 유물 수집 성형을 보여주는 대목으로, 한때 가품假品으로 문제가 되었던 기마인물형토기의 실질적인 출토 장소와 입수 경위 등을 확인하는데 도움을 줄 수 있을 것으로 생각된다.

오랜 기간 해당박물관에 근무하신 발표자는 이와 관련된 별도의 유물관리카드 등의 문서자료나 메모지 등을 보신 적이 있는지?, 만약 관련 기록물이 없다면 '전 김해 덕산 출토품'으로 알려지게 된 경위는 무엇인지? 보완 설명을 바란다.

기마인물형 뿔잔의 제작기법과 등장배경

이 정 근*

目 次

Ⅰ. 머리말

가마인물형 토기는 9점 정도가 알려져 있고, 그 중 6점(경주 금령총 2점, 경주 덕천리 1점, 경주 황남동 1점, 경산 임당유적 1점, 경주 천관사지 1점)은 출토품이고 3점(전 김해 덕산리, 개인소장품 등)은 출토지를 알 수 없다. 이상의 기마인물형 토기는 말, 인물 등이 표현되어 동물형 상형토기의 일종인 마형토기와 구분하여 복합형 상형토기로 분류하기도 한다.[1] 모두 말 위에 인물이 표

* 국립진주박물관

1) 韓道植, 2015, 「新羅·加耶 象形土器의 分布樣相」, 『家形土器の群構成と階層性からみ

현된 공통점을 가지지만, 전 김해 덕산리 출토품과 개인소장품[2] 2점은 대각이 달리고 말 엉덩이에 2개의 뿔잔이 달린 독특한 모습이다.

기마인물형 토기는 지금까지 상형토기의 종류로 인식하고 연구되었다. 상형토기는 인물, 동물, 기구나 물건의 형태를 본 떠 만든 토기로 속이 비어 있어 그릇의 기능을 할 수 있거나 뿔잔이나 주구注口를 붙여 잔이나 주전자로 사용할 수 있게 만든 것이며,[3] 3세기 이후 신라와 가야의 분묘에서 많이 출토되고 있다. 명칭은 연구자에 따라 상형용기[4]로 부르기를 제안하기도 하고 토우의 하위 범주로 보기도 한다. 상형토기를 동물, 인물, 기물 등을 모방하여 만든 것에 한정하여 사용하는 입장에서 뿔잔이 포함되는지에 대해서는 이견이 있다. 뿔잔을 상형토기 범주에 포함한 기존 연구[5]는 짐승의 뿔을 모방하여 다른 재질로 만들었다는 점에 주목한 것으로 보인다. 반면, 뿔잔·등잔형·도형桃形·신선로형 등은 그 자체로 용기의 기능을 가지기 때문에 상형토기의 범주에 포함하는 것은 문제가 있다는 입장[6]도 있다.

た東アジアにおける古墳葬送儀禮に關する基礎的研究』, 東京國立博物館, 120쪽.

2) 박천수, 2010, 『가야토기』, 진인진, 481쪽.

3) 韓道植, 2015, 「新羅·加耶 象形土器의 分布樣相」, 『家形土器の群構成と階層性からみた東アジアにおける古墳葬送儀禮に關する基礎的研究』, 東京國立博物館, 111쪽.

4) 상형토기는 일상생활에 사용된 것이 아니라 장례과정에 술과 같은 액체를 담아 따르는데 사용되었거나, 죽은 사람의 안식과 영혼의 승천과 같이 사후세계에 대해 어떤 상징적 기원으로 의식에 사용 후 부장된 것이다. 이러한 상형토기의 용기적 기능, 더 나아가서 제사 유물로의 인식을 확고히 한다는 의미에서 상형용기로 부를 것을 제안하였다.
김동숙, 2008, 「신라·가야의 象形容器」, 『상형토기의 세계』, 용인대학교박물관 학술대회 발표 자료집, 9쪽.

5) 이난영, 1974, 『토우』 교양국사총서 22, 세종대왕기념사업회.
김동숙, 2008, 「신라·가야의 象形容器」, 『상형토기의 세계』, 용인대학교박물관 학술대회 발표 자료집.
韓道植, 2015, 「新羅·加耶 象形土器의 分布樣相」, 『家形土器の群構成と階層性からみた東アジアにおける古墳葬送儀禮に關する基礎的研究』.

6) 홍보식, 2015, 「신라·가야지역 象形土器의 변화와 의미」, 『韓國上古史學報 第90號』, 37쪽.

용기의 기능이 없고 형태만을 본뜬 것은 계림로 25호 출토 수레모양토기를 비롯하여 토기에 부착된 다양한 토우를 들 수 있다. 하지만, 뿔잔을 포함한 상형토기 대부분은 주입구와 주출구가 달리거나 잔이 부착되어 있어 그 자체가 용기의 기능을 가지는 것은 분명하다. '상형 주구부토기[7]'나 '상형용기'로 명명하는 것도 이러한 기능적인 측면에 주목하여 검토한 결과일 것이다. 필자는 당시 일반적인 토기의 기종과 다른 형태로 동물·인물·기물 등의 형태를 본 떠 만든 토기를 상형용기, 토우로 나누고, 상형용기는 용기적 기능이 가능한 것이며 기능에 따라 주자, 뿔잔, 잔으로 구분된다고 생각한다. 따라서 이 글에서는 기존에 상형토기로 명명하던 것을 상형용기와 상형토기(토우)로 구분하여 사용하고자 한다.[8]

지금까지 기마인물형 뿔잔은 표현된 말, 인물, 창, 갑옷 등 가야 무사를 가장 사실적으로 표현하고 있다는 점에서 많은 관심의 대상이었다. 하지만, 가야지역에서 유사한 상형용기의 출토사례가 없고, 신라지역에서 상대적으로 많은 말모양의 상형용기와 마갑, 무기류가 확인되면서 신라지역에서 제작된 것으로 보는 견해[9]도 등장하게 되었다. 가야토기인지 신라토기인지에 대한 견해 차이의 원인은 많겠지만, 지금까지 사용한 명칭에서 알 수 있듯 기마인물형 뿔잔인지, 기마인물형 토기로 인식하였는지도 중요한 원인의 하나일 것이다. 김해 덕산리에서 출토된 것으로 알려진 기마인물형 뿔잔은 토우가 아니라 기능적으로 뿔잔으로 분류할 수 있고, 제작지와

---

7) 愼仁珠, 2002,『新羅 象形 注口附土器 硏究』, 東亞大學校大學院 文學博士學位論文.

8) 전 김해 덕산리 출토 기마인물형 토기는 지정문화재 공식명칭이 '도기 기마인물형 뿔잔'이다. 이전 명칭보다는 적합하다고 보이지만, 기마인물형을 하고 있는 뿔잔이 아니라 전 의령 출토 '도기 바퀴장식 뿔잔'과 같이 기마인물형은 뿔잔의 장식에 해당한다. 명칭이 길어지고 혼란이 있을 듯하여, 여기에서는 '기마인물형 뿔잔'으로 칭하고, 경주 금령총 출토품은 '기마인물형 주자' 등으로 칭하고자 한다.

9) 홍보식, 2015,「신라·가야지역 象形土器의 변화와 의미」,『韓國上古史學報 第90號』, 40쪽.

제작시기를 알려주는 가장 중요한 단서는 기마인물이 아니라 대각과 뿔잔이다. 따라서 이글은 가장 기초적이지만 검토하지 않았던 기마인물형 뿔잔의 제작시기와 제작지에 대해 먼저 검토해 보고자 한다. 이를 위해 기마인물형 뿔잔의 제작방법을 단계별로 추적하고, 제작기법과 형태적 특징을 근거로 검토하여 제작시기와 제작지에 대해 접근해 보고자 한다. 아울러 기마인물형 뿔잔이 만들어진 시기의 양상을 통해 등장배경에 대해서도 간략하게 언급하고자 한다.

Ⅱ. 기마인물형 뿔잔의 제작과정과 기법

1. 제작과정

① a 말 형상 제작

각변 5.1×8.8cm, 두께 1.0cm 가량인 장방형 점토판 중앙에 직경 1.7cm가량의 구멍을 뚫고, 그 위에 말의 형상을 올렸다. 말은 일반적인 동물형토기처럼 몸통에 네 개의 다리를 부착하지 않았다. 점토 띠를 좌우 몸통의 한쪽 측면으로 하고 양 끝에 앞다리와 뒷다리에 해당하는 점토를 부착하여 ∩모양의 점토 띠를 먼저 만들었다. 몸통의 한쪽 측면에 해당하는 점토 띠는 길이 8.0cm×두께 1.5cm 가량이고, 다리는 길이 4.0cm×두께 1.0cm 가량이다. 그리고 길이 8cm, 폭 1.5cm 가량의 점토판을 말의 등 부분으로 하여, ∩모양 점토 띠 두개를 좌우측에 붙이고 말의 목과 머리를 만들었다. 말 머리에는 눈·코·입 등을 표현하였는데, 눈과 코는 뾰족한 도구로 찍어 움푹 패였다. 삼각형의 작은 귀를 부착하고 귀 사이에는 가는 점토 띠로 영수纓穗를 표현하였지만 대부분 결실되었다. 목에는 점토 띠를 붙여 세워진 갈기를 표현하였고, 눈과 입 사이에는 굴레를 묘사한 듯 한 침선을 새겼다.[10] 제작과정상 ①a와 뒤에서 다룰 ①b, ①c 간의 선후관계는 알 수 없다.

① b 뿔잔 제작

뿔잔은 입지름 3.0cm, 길이 12cm 가량인 뿔잔 두 개를 따로 만든 다음, 뾰족한 끝부분을 서로 붙여 V자 형태로 만들었다. 말과 뿔잔이 부착된 부분, 뿔잔 두개를 부착한 부분의 흔적으로 보아 뿔잔 두개를 먼저 접합한 다음 말에 부착하였는데, 말 형상 제작시점과 뿔잔의 제작시점의 선후관계는 알 수 없다. 다만, 두 개의 뿔잔을 따로 만들고 부착하였으며, 세워진 상태로 말에 부착되었기 때문에 부착 후 형태를 유지할 수 있을 정도의 시간경과는 있었던 것으로 보인다. 말의 엉덩이 부분에 뿔잔을 부착하기 위해 뚫은 장방형의 구멍이 있는데, 뿔잔과 말 몸통이 부착된 부분의 경계가 분명한 것으로 보아 말 몸통과 뿔잔은 만들어진 다음 어느 정도 시간이 경과한 이후에 부착한 것으로 보인다.

---

10) 굴레가 아니라 마주의 표현으로 보는 견해도 있다. 말 이마와 볼 주변으로 확인되는 얕은 선각흔적과 과도하게 움푹 팬 양 눈은 말머리 위에 씌어진 馬冑를 표현하였을 가능성이 있고, 그렇다면 측판과 볼 가리개가 탈부착이 가능하며 측판에 眼孔이 크게 뚫려 있는 형태의 마주인 합천 옥전 M3호, 경주 사라리 65호, 일본 오오타니고분[大谷古墳] 출토품과 흡사한 형태일 가능성을 언급하고 있다.
신광철, 2018, 「國寶 第275號 陶器 騎馬人物形 角杯와 騎兵戰術」, 『新羅文物研究 11』, 국립경주박물관, 16~17쪽.
하지만, 이마와 눈 주위에 침선이나 점토 띠로 비슷하게 표현한 사례는 마갑을 장착하지 않은 다른 마형토기(금령총, 대구 욱수동 출토품 등)에도 일반적으로 보이기 때문에, 마주의 표현이 아니라 굴레를 묘사한 것으로 보인다.

① c 대각 제작

대각 내외면에는 점토 띠 접합 흔적은 남아 있지 않지만, 이 시기 고배 대각의 성형과 마찬가지로 도치한 상태에서 성형한 것으로 보인다. 외면은 2조의 돌대로 대각을 크게 3단으로 나누고 위쪽 2단에는 5치구의 점열문을 0.1~0.3cm 간격으로 시문하고, 마름모꼴의 투공을 상하일렬로 각 6개씩 배치하였다. 마름모꼴의 투공은 점열문 일부와 겹쳐있는데, 점열문을 각단에 등간격으로 시문한 다음 투공을 뚫었음을 알 수 있다. 완성된 대각의 저경은 9.2cm이다.

② 마갑의 부착

중국 북송시대 기록인 『무경총요』의 마갑도에는 마갑을 부위별로 면렴(面簾-마주馬冑), 계항(鷄項-경갑頸甲), 당흉(當胸-흉갑胸甲), 마신갑(馬身甲-복갑腹甲), 탑후(搭後-고갑尻甲) 등으로 구분한다.[11] 기마인물형 뿔잔의 경우 흉갑과 복갑은 분명하지만, 마주와 경갑은 보이지 않는다. 마갑이 말의 엉덩이를 감싼 것으로 보아 고갑이 있었음은 분명하지만, 외면상 복갑의 경계가 확인되지 않는다. 마갑은 먼저 가로 9.0cm, 세로 4.0cm 내외의 점토판(두께 0.3cm 내외)을 앞다리 부근에서 뒷다리까지 좌우측면에 부착하여 복갑을 완성하였다. 이어 가로 6.0cm, 세로 4.0cm 가량의 점토판을 앞과 뒤에 덧대어 흉갑과 고갑을 표현하였다. 복갑과 고갑의 경계부는 물손질로 마감하여 겉으로는 구분되지 않지만, 깨어진 단면에 접합흔이 관찰된다. 흉갑은 위쪽 2.0cm 가량은 문질러서 복갑의 경계가 구분되지 않지만, 아래는 복갑 위를 덮는 형태로 남겨 두었다. 흉갑 상단의 모서리에는 말의 삼각형 점토판이 말목을 감싸는 듯 부착되어 있는데, 흉갑을 말에 고정하기 위해 돌

11) 국립김해박물관, 2015, 『갑주, 전사의 상징』, 특별전 도록, 128~129쪽.
柳昌煥, 2007, 『加耶馬具의 硏究』, 東義大學校 大學院 文學博士學位論文, 23~33쪽.

출된 부분으로 보인다. 이 두 개의 삼각형 점토판 사이에는 삼각거치문과 삼각집선문을 시문하여 경갑을 표현한 듯 보이지만, 마갑의 다른 부분을 점토판을 덧대고 격자문으로 찰갑을 표현한 것으로 보아 경갑이 아닌 장식적인 문양으로 추정된다. 한편, 마갑의 안쪽은 말의 다리나 몸통과 접합되지 않고 약간 떠 있는 상태인데, 이는 말과 마갑을 만든 흙의 건조상태가 차이가 있었음을 보여주는 것이다.

③ 뿔잔과 말 몸통의 접합

먼저 만들어진 V자 형태의 뿔잔을 말의 뒤쪽에 세워 접합하였다. 접합 방법은 말의 엉덩이 부분에 장방형의 구멍을 뚫고 뿔잔의 뾰족한 부분 일부를 삽입한 다음, 점토를 덧바르고 물손질하였다. 마갑을 먼저 부착하였는지 아니면 뿔잔을 먼저 부착하였는지에 대해서는 검토의 필요성은 있다. 하지만, 말의 몸통 내면을 보면 뿔잔을 부착하기 위해 뚫은 장방형의 구멍 안쪽으로 뿔잔의 끝부분이 형태를 유지한 상태로 남아 있다. 만약, 마갑이 없는 상태였다면 손가락이나 도구로 접합을 의도한 조치(물손질이나 점토 덧바름 등)를 하였을 것으로 보이기 때문에 뿔잔은 마갑을 장착한 다음 부착한 것으로 보인다.

④ 뿔잔과 마갑의 문양새김

뿔잔 외면에 각 2조의 사격자문이 시문되어 있다. 말의 정면을 바라보았을 때 좌측에 해당하는 뿔잔은 구연단에서 1.0cm, 2.5cm에 횡침선을 돌리고 그 사이에 0.1~0.2cm 간격의 우경사(↘) 침선을 먼저 새긴 다음, 이어 같은 간격의 좌경사(↙) 침선을 새겼다. 다시 구연단에서 3.5cm와 5.0cm에 횡침선을 새기고 그 사이에 동일한 사격자를 시문하였다. 우측 뿔잔의 경우에는 횡침선이 0.8cm, 2.1cm, 3.0cm, 4.5cm에 시문되어 있

어 약간의 차이를 보인다. 횡침선은 두 뿔잔이 마주보는 부분에서 시작하여 좌방향으로 회전하였다.[12]

마갑은 찰갑의 모습을 격자문으로 표현하였다. 세로로 일정간격(0.5~0.8cm)을 그은 다음, 네 개의 횡침선으로 격자문을 완성하였다, 횡침선의 시문 단위는 크게 5개로 구분된다. 흉갑은 횡침선이 별도로 시문되었으나, 복갑과 고갑은 시문단위로 구분되지 않는다. 좌측면과 우측면의 중앙부를 경계로 시문단위가 구분되는데, 시문방향도 이를 경계로 앞다리쪽은 우→좌 방향, 뒷다리쪽은 좌→우 방향이다. 침선의 겹침으로 보아 복갑(앞부분)→복갑(뒷부분)과 고갑→흉갑 순으로 시문하였다. 한편, 고갑의 대부분과 말의 오른쪽 복갑 뒷부분은 대부분 훼손되었는데, 세로 방향의 침선 간격이 다른 부분에 비해 좁고(0.3~0.5cm) 균일하지 않다. 말의 목에는 흉갑의 경계에서 위쪽으로 1.0cm간격을 두고 횡침선을 그은 다음, 5개의 삼각거치문을 구획하였다. 그 중 가장 오른쪽(말 기준) 끝의 삼각형 안에는 6개의 좌경사(↙) 침선으로 삼각집선문을 표현하고, 나머지는 4개에는 문양을 새기지 않았다.

⑤ 인물상 부착

먼저 등자를 부착한 다음, 몸통과 팔다리를 표현한 인물에 경갑과 투구,

---

12) 뿔잔의 횡침선과 사격자문은 뿔잔을 말과 결합한 다음 시문한 것으로 보인다. 이는 횡침선의 시작점이 두 개의 뿔잔이 마주보는 지점에서 시작한다는 점, 사격자 문양이 횡침선 시작점 부근에서 상대적으로 균일하지 못한 점, 우경사침선(↘)의 경우 다른 부분은 아래방향으로 처진 경사침선이지만 시작점 부근은 위쪽으로 배가 부른 점 등 시문 당시 뿔잔은 지금의 모습과 같이 세워져 있고 두 뿔잔의 간격이 좁아 사이에 해당하는 부분은 시문이 용이하지 못하였던 것으로 보인다. 따라서 마갑을 부착하고 뿔잔을 결합한 다음 문양을 시문한 것으로 판단된다. 뿔잔의 침선은 마갑을 표현한 침선에 비해 깊이가 얕기 때문에 같은 도구를 사용하였다면, 건조 상태가 더 진행되었다는 점도 고려되었다.

요갑을 부착하고 말 위에 올렸다. 이어 방패를 부착하였는데, 방패에도 침선으로 문양을 표현하였다. 장방형인 점토판에 4회의 침선으로 중앙에는 마름모, 각 모서리쪽에 삼각형 4개를 구획하였다. 시문은 각 모서리의 삼각형 안에 경사진 침선을 먼저 새겼는데, 우측 상단에는 8개, 좌측 하단은 4개, 우측 하단은 5개의 침선을 새긴 다음, 마름모 안에 17개의 횡방향 침선으로 장식하였다. 우측 상단의 삼각형은 훼손되어 침선의 수를 알 수 없다. 마름모 안에 새겨진 침선은 위에 비해 아래가 간격이 넓고, 좌측상단의 삼각형 안에 새겨진 침선에 비해 하단의 침선의 수가 적다. 이것은 방패 형태의 점토판을 인물 토우의 오른팔과 부착한 다음 문양을 새긴 이유로 보인다. 한편, 방패는 여러 겹의 나무판을 연접하여 만들었고, 방패에 새겨진 침선은 이러한 나무결을 묘사한 것이라 보기도 하지만,[13] 현동에서 출토된 배모양 잔에 새겨진 문양으로 볼 때 이 시기 유행하던 문양 구성일 가능성이 높다.

⑥ 대각의 부착

먼저 만들어 두었던 대각을 기마인물상과 부착하여 완성하게 된다. 보통 대각이 부착된 고배의 경우 배신부를 먼저 만들고 배신을 도치하여 대각을 성형하는 과정이었고, 건조도 뒤집은 상태에서 건조가 이루어졌을 것으로 추정된다. 하지만, 기마인물형 뿔잔은 대각을 부착한 다음 뒤집어서 건조 할 수 없다. 때문에 대각과 말 아래의 장방형 판이 위쪽의 말과 갑옷, 뿔잔의 무게를 지탱할 수 있을 정도로 건조되었을 때 부착하였을 것이다. 장방형판과 대각의 접합부는 다른 부분과 달리 접합면이 고르지 못한 것도 이런 이유로 보인다. 한편 대각에 보이는 마름모형 투공과 점열문은 일반

13) 이성훈, 2015, 「삼국시대 한반도 출토 방패와 무기류의 변화」, 『韓國考古學報 97』, 韓國考古學會, 185쪽.

적으로 대각부를 성형하는 과정의 마지막 단계에 장식하였을 것으로 추정한다. 하지만, 접합과정에서 점열문이 지워진 흔적이 없는 점, 현동 387호분에서 출토된 배에 보이는 점열문으로 보아[14] 대각을 부착한 뒤에 장식하였을 가능성이 높다.

⑦ 건조와 소성

기마인물형 뿔잔의 대각 내면에는 이상재 또는 이기재로 보이는 초본류의 흔적이 희미하게 남아있으며, 대각 내면의 중상위는 검은색 계열의 불완전 소성흔이 관찰된다. 대각 중상위의 폭이 좁고 투창이 뚫리지 않은 이유로 보이며, 5세기 전반 비슷한 형태의 대각 내면과 동일한 양상이다. 대각의 끝단은 수평에 가깝고, 요철면이 거의 확인되지 않으며 내면의 소성상태로 보아 초본류는 이기재로 판단된다. 기외면 대부분에 황색계열의 자연유와 막膜이 형성되어 있는데, 자연유의 부착양상으로 보아 소성 당시 말의 엉덩이가 가마의 화구를 바라보는 상태로 정치定置소성하였던 것으로 보인다.[15]

〈전체 크기〉 높이 23.2cm, 폭 14.7cm, 길이 13.1cm.

2. 제작기법과 형태적 특징

이상의 제작과정을 간략하게 정리하면, 점토판 위에 말 성형 → 마갑 부

14) 삼한문화재연구원, 2018, 『거제-마산3 국도건설공사구간 내 유적 발굴조사 현장설명회 자료(1차)』.
배와 대각을 접합하기 위해 점토를 덧바르고 물손질로 정면한 다음, 그 위에 점열문을 시문하였다. 찍힌 문양은 대각부분에 시문한 점열문과 거의 동일한 양상이다.

15) 자연유의 형성은 전체적으로 고르지만 말의 뒤쪽에서 보이는 면에 해당하는 뿔잔 뒤쪽 외면과 고갑의 상단부, 기마인물의 투구 뒷면 등에는 자연유가 흘러내릴 정도로 많이 형성되어 있다. 이는 소성당시 재의 유입방향이 말의 뒤쪽이었기 때문이다.

착 → 미리 만든 뿔잔 부착 → 뿔잔과 마갑 문양새김 → 인물상(등자, 창, 방패, 갑옷 등) 부착 → 대각 부착 → 건조 및 소성의 순서인데, 기마인물형 뿔잔의 제작과정과 형태에 있어 몇 가지 주목되는 점은 아래와 같다.

Ⓐ 말 머리에 비해 몸통은 매우 간략하고 사실적이지 않게 제작하였다. 직경 1.5cm 가량인 3가닥의 점토 띠로 몸통을 만들었는데, 단면은 아래쪽이 열린 ∩형태를 하고 있다. 마갑으로 가려지는 부분이기에 간략하게 표현하였을 가능성도 있지만, 다른 기마인물형 주자나 말모양 상형용기와는 다른 양상이다. 말모양 상형용기는 일반적으로 몸통 안은 비어있고 다른 부위에 비해 상대적으로 크게 표현되며, 주입구와 주출구를 배치하여 말의 몸통이 용기로서의 기능을 하도록 만들어졌다. 기마인물형 주자로 알려진 경주 금령총·덕천리·황남동 출토품과 경산 임당 출토품의 경우에도 주입구와 주출구가 있어 말모양 상형용기와 기능적으로는 동일함을 알 수 있다.[16] 지금까지 말모양 상형용기의 범주에서 검토하거나 말과 인물이 결합된 복합형 상형토기로 분류하고, 사실적으로 표현된 마갑과 마구·인물과 갑옷·무기 등에 주목하였으며, 경주 금령총 출토 기마인물형 주자와 비교하여 언급되었다. 하지만, 기능적으로는 뿔잔으로 분류하여야 한다.

Ⓑ 동물과 뿔잔이 결합된 사례는 출토지를 모르는 것 중 소수 확인되지만, 출토품은 없다. 뿔잔이 다른 대상과 결합된 출토품도 수레바퀴와 결합된 도항리 4호(구34호), 소호와 결합된 양동리 304호 등 2점뿐이다. 뿔잔은 낙동강 하구지역에서 먼저 등장하고, 5세기 중반 이후에 경주와 울산을 중심으로 하는 신라지역에서 집중적으로 확인되는 기종이다. 전 김해 덕산리

---

16) 경주 덕천리 출토품은 말 가슴 부분에 앞으로 돌출되었던 주출구 흔적이 관찰되지만, 주입구는 불분명하다. 경산 임당 출토품도 주입구와 주출구의 흔적은 있지만 실제용기로서의 기능을 하였는지는 알 수 없다. 하지만, 대부분의 말모양 주자와 기마인물형 주자는 말의 몸통을 용기로 의도하였다.

출토품, 유사한 형태의 개인소장품, 몇 점의 뿔잔과 결합된 상형용기[17]는 대각 위에 동물을 올리고 다시 동물의 등이나 엉덩이 부근에 뿔잔을 올린 공통점이 있다. 뿔잔은 하나를 비스듬히 올리거나 두개의 선단부를 연결하여 V자 형태로 만들어 올렸다. 이상의 상형용기는 대각의 형태와 장식, 자연유 등에 있어 김해 덕산리 출토품과 유사하다.

Ⓒ 전 김해 덕산리 출토 기마인물형 뿔잔은 표면이 황색계 자연유[18]가 고르게 형성되어 있다. 토기의 표면색과 자연유가 시기와 지역에 따라 명확하게 구분되는 것은 아니지만, 비슷한 시기 유사한 형태의 대각이 달린 유개대부파수부소호와 고배, 비슷한 크기의 토기 기종에 황계색 자연유가 많이 발현되는 지역에서 제작되었을 가능성이 있다.

Ⓓ 八字형태로 벌어지는 대각은 돌대에 의해 3단으로 구분되고, 능형투공과 점열문이 시문되어 있다. 5세기 후반으로 편년되는 도항리 4호분 출토 수레바퀴장식 뿔잔(차륜식토기)의 대각은 같은 무덤에서 출토된 고배, 파수부배, 대부호 등의 대각과 형태적으로 공통점을 가진다. 당연히 기마인물형 뿔잔의 제작시기는 대각의 형태, 투공, 문양이 가장 중요한 단서를 제공한다.

Ⓔ 뿔잔에는 2개 횡침선을 돌리고 그 안에 사격자문이 각 2조 시문되었고, 말의 목과 방패에는 거치문, 삼각집선문, 능형집선문+삼각집선문이 시문되어 있다. 비슷한 시기 토기에 이러한 문양이 선호되었던 곳에서 제작되었을 가능성이 있다. 이에 비해 마갑에 보이는 격자문은 장식이 아니라 마갑을 구성한 찰갑을 표현한 것으로 보인다.

---

17) 삼성미술관 Leeum 소장품(자라+뿔잔, 말+뿔잔 2점), 국립중앙박물관 소장품(사슴+뿔잔) 등이며 출토지는 알 수 없다.

18) 색상은 토기의 각 부위에 따라 조금씩 다르며, 관찰자에 따라서도 색상은 다르게 명명될 수 있다. 녹황색, 황록색, 담황색 등으로 표현하고 있지만, 전반적으로 옅은 황색이 많이 보이는 것이 특징이라 판단하여 여기에서는 '황색계 자연유'라 칭하고자 한다.

Ⅲ. 제작시기와 제작지에 대한 검토

전 김해 덕산리 출토품은 경주 금령총 출토품 등과 함께 대표적인 기마인물형토기로 알려져 왔다. 대각 위에 갑옷과 무기로 중무장한 인물, 마갑을 갖춘 말 등이 표현되어 가야 개마무사의 모습이 가장 사실적으로 표현되었고, 가야의 뛰어난 철 문화를 상징적으로 보여주는 대표 유물로 관심을 받아왔다. 그럼에도 출토지를 분명하게 알 수 없으며, 아직까지 가야와 신라지역을 통틀어 이와 유사한 형태의 상형용기는 출토되지 않았다. 그나마 유사한 형태를 하고 있는 개인소장품 1점도 출토지를 알 수 없는 것이다. 최근 연구에 의하면, 상형용기와 마형토기(말모양 주자)는 신라지역을 중심으로 성행한 것이 분명해 지고 있으며,[19] '기마인물형 뿔잔에 표현된 무장체계는 경주 쪽샘 C10호 출토품을 연상케 한다. 또 김해지역에서는 수 점의 상형토기 외에 인물토우가 부착된 토기(토제품)가 출토된 사례가 없는 점' 등을 근거로 기마인물형 뿔잔은 경주를 중심으로 하는 신라지역에서 제작되었을 것으로 보기도 한다.[20]

물론, 상형용기의 출토사례는 5세기 후(중)반 이후 경주를 중심으로 신라지역의 출토예가 압도적이지만, 기마인물형 뿔잔이 만들어졌을 것으로 보이는 5세기 전반 무렵 도질 소성된 상형용기가 신라지역이 월등하게 많이

19) 김동숙, 2008, 「신라·가야의 象形容器」, 『상형토기의 세계』, 용인대학교박물관 학술대회 발표자료집, 22~24쪽.
신인주, 2008, 「삼국시대 馬形土器 연구」, 『상형토기의 세계』, 용인대학교박물관 학술대회 발표자료집, 87~88쪽.
홍보식, 2015, 「신라·가야지역 象形土器의 변화와 의미」, 『韓國上古史學報 第90號』, 47~53쪽.

20) 홍보식, 2015, 「신라·가야지역 象形土器의 변화와 의미」, 『韓國上古史學報 第90號』, 40쪽.

확인되는 것은 아니다.[21] 상형용기는 3세기 오리모양주자에서부터 시작하여 5세기 전반(연구자에 따라 4세기 후반)에 이르러 낙동강 하구지역을 중심으로 배, 집, 말, 기마인물, 신발 등으로 다양해진다. 5세기 후반에서 6세기 전반에는 보다 넓은 지역에서 보다 다양한 기종으로 확대되고 수량도 증가한다. 6세기 후반 이후에는 상형용기 출토사례는 거의 확인되지 않기 때문에 상형용기의 쇠퇴기에 해당하는 것으로 보고 있다.[22] 그런데, 형산강과 태화강 수계에서는 와질의 오리모양토기(오리모양 주자)가 4세기 후반에는 확인되지 않고, 도질의 상형용기가 급증하는 5세기 중반까지 비교적 긴 기간이 공백에 가까운 상태이다. 이에 비해 낙동강 서안지역과 낙동강 하구 일대는 4세기 후반에 오리모양 주자가 소수 출토되기 시작하고, 5세기 전반에는 뿔잔·배·집 등 다양한 상형용기가 확인되며, 5세기 후반 이후에는 출토량이 급감한다. 이는 신라지역과는 상반된 양상이다. 5세기 전반은 상형용기 제작·매납이 지역적으로 변화하는 시점이며 상형용기의 기종도 다양화하는 특징을 보이기 때문에 이 시기 상형용기 출토양상을 보다 자세하게 살펴볼 필요가 있다.

전 김해 덕산리 출토 기마인물형 뿔잔은 지금까지 말과 마갑, 기마무사상에 주목하여 왔지만, 오히려 기능적으로 뿔잔과 관련성이 있다. 뿔잔은 전용 받침이 함께 출토되기도 하지만, 단독으로 출토되는 사례가 가장 많다. 물론 뿔잔 없이 받침만 출토된 사례도 있다.[23] 그러나 기마인물형 뿔잔과 같이 뿔잔이 말이나 인물 등 다른 대상과 결합된 사례는 흔하지 않으

21) 경주를 중심으로 하는 신라지역이 상형용기(토우)가 압도적으로 보이는 것은 와질제 오리모양토기와 5세기 중반 이후에 해당하는 각종 상형용기와 토우로 인한 것이며, 신라·가야양식 분화를 전후한 시점에 한정한다면 신라지역에 집중되어 있다고 보기 어렵다.

22) 홍보식, 2015, 「신라·가야지역 象形土器의 변화와 의미」, 『韓國上古史學報 第90號』, 53쪽, 60~61쪽.

23) 받침만 부장하였을 수도 있겠지만, 유기질제 뿔잔과 토제 받침이었을 가능성도 있겠다.

며, 출토지를 알 수 있는 것은 도항리 4호(구34호) 등 소수이다. 그리고 기마인물형 뿔잔의 표면은 황색계 자연유가 형성되어 있는데, 이러한 표면상태는 특정시기와 지역에 한정되는 것으로 제작지와 제작시기에 대한 정보를 담고 있을 가능성이 높다. 또 기마인물은 나팔모양으로 벌어지는 낮은 대각에 올려져 있는데, 유사한 대각의 형태와 문양이 확인되는 지역과 시기에 대해서도 검토할 필요가 있다.

따라서 5세기 전반 무렵 상형용기의 출토양상, 5세기 전반(연구자에 따라 4세기 후반으로 보기도 함)부터 출토되기 시작하는 뿔잔의 출토양상과 특징, 기마인물형 뿔잔의 대각과 유사한 형태를 하고 있는 유개대부파수부소호의 출토양상과 문양구성 등을 검토하여 전 김해 덕산리 출토 기마인물형 뿔잔의 출토지와 제작시기를 검토해 보고자 한다.

1. 5세기 전반 상형용기 출토양상

전 김해 덕산리 출토 기마인물형 뿔잔의 제작시점은 연구자에 따라 4세기 후반, 5세기 전반, 5세기 3/4분기 등 여러 견해가 있다.[24] 시기 차이가 큰 듯 보이지만, 연구자간 절대연대 설정에 의한 것이며, 대부분 신라가야토기 분화를 전후한 시점으로 보는 것에는 일치한다. 여기에서는 기존 금관가야와 아라가야 토기에 대한 신경철과 우지남의 편년과 연대관[25]을 기준으로 하여 5세기 전반[26]의 상형용기 출토사례를 살펴보고, 전 김해 덕산

24) 4세기 후기(박천수 2010), 5세기 전반(홍보식 2015), 5세기(한도식 2015), 5세기 중반(신인주 2015), 5세기 2/4분기에서 3/4분기 사이(최종규 1987) 등이 있다.

25) 申敬澈, 2000, 「金官加耶 土器의 編年」, 『伽耶考古學論叢3』, 伽耶文化研究所 編.
禹枝南, 2000, 「咸安地域 出土 陶質土器」, 『도항리·말산리유적』, (사)慶南考古學研究所, 咸安郡.

26) 금관가야의 경우 신경철(2000)의 Ⅵ단계(5세기 1/4분기)와 홍보식(2014)의 Ⅵ단계(5세기 2/4), 아라가야의 경우 우지남(2000)의 Ⅴ단계(5세기 1/4)와 Ⅵ단계(5세기 2/4)에 해

리 출토품을 검토해 보고자 한다.

현재까지 3세기에서 6세기까지 출토된 상형토기는 3개 유형, 9개 종류로 분류되는 80여점[27]으로 알려져 있다.[28] 상형용기를 사용기능에 따라 주자注子, 뿔잔, 잔, 기타(용기가 아닌 것)로 구분하고 본뜬 대상에 따라 다시 9개의 종류로 구분하면 표 1과 같으며, 종류별로 간략하게 언급하면 다음과 같다.

– 오리모양(압형토기鴨形土器)은 모두 주자注子에 해당하고 37점이다. 3세기에서 4세기 전반까지는 총 29점인데, 경산과 부산에서 3점,[29] 대부분은 경주와 울산지역에서 출토되었다. 4세기 중반에는 김해 대성동 주변 Ⅱ–24호와 부산 복천동 38호에서 각 2점, 5세기 전반에는 김해 망덕리 194호에서 1점, 5세기 중반 이후 상주, 구미, 포항, 양산, 함안 등지에서 5점이 출토되었다.

– 말모양 중 출토지를 알 수 있는 것은 주자注子 2점이다. 대구 욱수동 1호 구에서 출토된 1점과 함안 신음리에 수습된 말머리편이 해당한다. 대구 욱수동 출토 말모양 주자는 오쿠라小倉수집품(현 동경박물관東京博物館 소장)과 유사한 형태이다. 함안 신음리 수습 말머리편은 형태로 보아 경주 금령총 출토춤과 유사하여 기마인물형 주자注子일 가능성도 있다. 각각 5세기 후반과 6세기 전반으로 보인다.

– 기마인물형은 6점이고 모두 주자注子이다. 5세기 후반 경주 덕천리 1

당한다. 김해 대성동 1호와 부산 복천동 21·22호, 함안 도항리 36호와 마갑총, 경주 월성로 가5·6호와 황남동 109호 3–4곽, 경산 임당 G5·6호 등이 해당한다.

27) 動物形(鴨形 35, 馬形 7, 龜形 1), 器物形(角杯形 20, 車形 1, 舟形 6, 履形 2, 家形 5), 複合形(騎馬人物形 3)으로 구분하였다.

28) 韓道植, 2015, 「新羅·加耶 象形土器의 分布樣相」, 『家形土器の群構成と階層性からみた東アジアにおける古墳葬送儀禮に關する基礎的研究』, 東京國立博物館, 122쪽.

29) 경산 임당 E1–3호와 복천동 38호에서 1점과 2점이 출토되었다.

표 1. 주요 상형용기의 출토양상

〈괄호( )안은 출토수량, 1점은 미표기. 출토유구는 구(溝), 수혈(穴), 지표수습(收), 나머지는 무덤〉

기능	종류	~ 3세기	4세기 전반	4세기 후반	5세기 전반	5세기 후반	6세기 ~
주자(50)	새(37) * 말머리+새몸통 포함	포항 옥성 나108, 가73(2) 경산 임당E1-3 경주 덕천 70(3), 80(3), 120(4), 16(2) 경주 사라55(2) 울산 하삼정 가5, 가77	경주 황성20(4) 울산 하대46 중산1D-15(2) 부산 복천38(2)	부산 복천86 김해 대성Ⅱ-24	김해 망덕194	상주 청리C-6 구미 신당31 양산 법기 함안 도항 4	포항 냉수
	馬(2)					대구 욱수1溝	함안 신암收 ?
	騎馬人物(6)					경주 덕천 1	경주 금령총(2), 황남,천관사지 경산 임당저습지 함안 신암收 ?
	집(4) 家				기장 가동 1-2 김해 봉황동		
	집(4) 곳간				경주 사라5 진해 석동415		
	龜(1)						경주 미추지구C3
뿔잔(24)	뿔잔(21)				울산 구미31 청도 봉기리5(2) 칠곡 심천72 달성 평촌收 합천 저포A24 창녕 강리收 김해 양동304, 망덕194, 두곡12 마산 현동50 김해 부원A?	경주 월성로 가11-1 경주 미추C7 구미 황상101 부산 복천동7	동해 구호A5(2) 포항 냉수 달성 내리34
	騎馬人物				〈전 김해 덕산〉		
	車輪(2)					함안 도항4, 39	
잔(10)	舟(8)				달성 평촌12穴 김해 여래 24 마산 현동 387, 106穴		경주 금령총(2) 합천 옥전99(2)
	履(2)				부산 복천 53(2) ?		
기타(3)	집(2) 家						함안 소포收
	집(2) 곳간						창원 다호1B
	수레(1)						경주 계림로25
계	87	20	9	2	24	13	19

호 출토품과 6세기 이후의 경주 금령총, 황남동 석곽, 천관사지, 경산 임당 저습지 출토품이다.

– 집모양은 주자注子 4점과 용기의 기능이 없을 것으로 보이는 2점이 있다. 집모양은 중층식의 살림집과 창고를 표현한 것으로 보이는 고상식의 곳간형으로 구분[30]된다. 5세기 전반에는 4점이 모두 주자注子이고 무덤에서 출토되었다. 살림집 형태는 기장 가동 용수리1–5호 출토품과 김해 봉황동 출토품,[31] 곳간형은 경주 사라리 5호와 진해 석동415호 출토품이다. 6세기 이후는 창원 다호리1B–1호 출토품과 함안 소포리 수습품이 해당되는데, 다호리 출토품은 내부는 비어있지만 출입구 시설의 위치로 보아 용기로서의 기능은 없는 것으로 보인다.

– 거북 또는 서수형으로 보는 경주 미추왕릉지구 C3호 출토품도 주자注子로 6세기 이후이다.

– 뿔잔의 경우 형태를 어느 정도 알 수 있는 것이 24점[32]인데, 5세기 후반에 4점, 6세기 이후 4점, 나머지는 5세기 전반에 해당한다.

– 수레바퀴장식 뿔잔은 함안 도항리 4호(구34호)가 유일하다. 도항리 39호에서 출토된 수레바퀴도 도항리 4호 출토품처럼 두 개의 뿔잔에 장식되었던 것으로 보인다. 한편 경주 계림로 25호 출토 수레모양토기는 6세기 중반경에 해당하고 용기의 기능은 없는 것으로 보인다. 5세기 전반에 해당

30) 咸舜燮, 2008, 「嶺南地方 三韓 三國時代 살림집의 復原研究」, 『동원학술논문집 9』 國立中央博物館·韓國考古美術研究所, 9~11쪽.

31) 국립가야문화재연구소, 2019, 「함안 우거리 토기가마터」 현장설명회자료.

32) 뿔잔만 출토된 경우, 뿔잔과 받침이 함께 출토된 경우, 뿔잔 받침만 출토된 경우 등이 있는데, 여기에서는 뿔잔 받침만 출토된 경우는 제외하였다. 그리고 뿔잔의 선단부 일부만 출토된 경우도 일단 제외하였다. 제외된 것의 상당수는 5세기 후반 이후이고 경주를 중심으로 하는 신라지역이 많다. 따라서 표 1에서 5세기 전반에 해당하는 뿔잔이 많은 것처럼 보이지만, 잔편으로 존재하는 것과 청동제 뿔잔 등을 고려하면 5세기 후반 이후에 보다 넓은 지역에서 많이 확인된다. 이 시기 경주를 중심으로 하는 신라지역에서 많이 출토되지만, 가야지역에서는 거의 확인되지 않는다.

되는 것은 없다.

– 배모양은 현재 8점이 출토되었다. 합천 옥전 99호 출토품을 제외하고는 토우가 부착되거나 선수나 선미 부분이 돌출해 있어 잔의 기능이 가능하였는지에 대해 분명하지 않다. 하지만, 배의 내부는 비워져 있고, 7점은 대각이 부착되어 있어 일단 잔으로 판단한다. 단순히 형태만 모방할 의도였다면 굳이 대각을 부착하지 않았을 것이고, 출토지를 알 수 없는 것의 경우 배에 대각과 수레바퀴가 달린 것도 있어 배의 형태만을 본뜬 것이 아닐 것으로 보이기 때문이다. 5세기 전반에 해당하는 것은 4점으로 달성 평촌리 12호 수혈 출토품, 김해 여래리 24호분 출토품, 마산 현동 106호 수혈 출토품, 마산 현동 387호분 출토품이며, 이중 김해 여래리 출토품은 대각이 달리지 않은 형태이다. 6세기에는 경주 금령총과 합천 옥전 99호분에서 각 2점이 출토되었다.

– 신발모양의 경우 부산 복천동 53호 출토품 2점으로 굽다리 위에 짚신을 올리고 그 위에 잔이 부착되었다. 5세기 전반에 해당[33]하는데, 상형용

표 2. 5세기 전반 상형용기 분포지역

		대구·경북				부산·경남								계
		경주	청도	칠곡	달성	창녕	합천	울산	기장	진해	김해	마산	부산	
주자	새										1			1
	집	1							1	1	1			4
뿔잔	뿔잔		2	1	1	1	1	1			5	1		13
잔	배				1						1	2		4
	신												2	2
계		1	2	1	2	1	1	1	1	1	8	3	2	24
		6				18								

33) 연구자에 따라 5세기 후반(5세기 3/4분기)로 편년하기도 한다.

기는 아니지만 5세기 전반으로 편년되는 김해 대성동 8호분에서 신발모양 토우가 부착된 토기편이 출토되었다.

표 1에서 4세기 전반 이전은 경주와 울산을 중심으로 오리모양주자의 출토비율이 93%(29점 중 27점)로 압도적이며, 5세기 후반 이후에도 78%(총 32점 중 25점)가 신라권에 집중되어 있다. 상형용기는 4세기 후반에 부산과 김해에서 각 1점 출토되었지만, 5세기 전반에 이르러 가야권에서 높은 비율로 확인된다. 표 2에서 5세기 전반의 상형용기는 총 24점으로 주자注子 5점(새모양 1, 집모양 4), 뿔잔 13점, 잔 6점(배모양 4, 신발모양 2)이다. 신라의 영역을 울산, 청도, 칠곡, 달성(구지면 일대)로 본다면 29%(7점), 창녕까지 합산하여도 33%(8점)이다. 표에서 볼 수 있듯이 이 시기 상형용기는 남동해안에서 낙동강유역(달성)이 83%(20점)로 높다. 특히, 김해지역에서만 33%(8점)가 출토되었으며, 김해와 마산만 일대에서 절반인 12점이 출토되었다. 상형용기의 범주에 뿔잔을 제외하더라도 11점 중 경주와 달성에서는 2점만 출토되었다.

지금까지 출토지를 알 수 있는 상형용기의 자료는 소수이기에 조심스럽지만, 출토되는 양상으로 보아 뿔잔·배모양 잔·집모양 주자는 낙동강 하구지역인 김해와 마산만 일대에서 먼저 등장하고 5세기 전반까지 낙동강을 따라 창녕, 합천, 달성 등이 주요 분포지로 생각된다. 적어도 5세기 전반에 한정하며 본다면, 낙동강과 남동해안 일대가 상형용기의 주요 소비지였음을 알 수 있다. 출토지를 알 수 없는 상형용기의 상당수가 현풍, 창녕, 합천 등으로 알려져 있는 것[34]과도 전혀 무관하다고 할 수는 없겠다.

---

34) 대구 욱수동 출토 말모양 주자와 동일한 형태인 오쿠라(小倉)수집품(현 東京博物館 소장)은 오쿠라가 수집하기 전으로 추정되는 1929년 유리건판사진(국립중앙박물관 소장)으로 남아 있다. 사진에는 수레바퀴장식 잔도 함께 보이는데, '경남 합천 출토, 창녕 조일여관 소장'으로 기록되어 있다.

2. 뿔잔의 출토양상과 기마인물형 뿔잔과의 관계

뿔잔은 소나 코뿔소 등 짐승의 뿔을 잘라 술과 같은 음료를 마시던 습관에서 유래된 용기로 처음에는 실제 뿔을 이용하였겠지만 점차 상아나 금속, 옥 등으로 만들어지게 되는데, 뿔잔은 기원전 2000년경 이란 아케메네스(Achaemenid)조에서부터 였다고 알려져 있다.[35] 전 김해 덕산리 출토품의 말, 마갑, 인물은 뿔잔에 장식된 것이기에 뿔잔의 출토양상과 형태를 검토하여 기마인물형 뿔잔와 함께 살펴보고자 한다. 출토된 주요 뿔잔은 표 3, 도면 1과 같다.

뿔잔의 형태는 크게 2가지로 나눌 수 있다. 길이에 비해 구경이 좁은 것(Ⅰ, 표 3의 길이 대 구경비 30% 미만)과 구경이 넓은 것(Ⅱ), 선단부가 잘려 뭉툭한 것(Ⅲ)[36]이다. 동체의 만곡도는 완만한 곡선을 이루는 것(A)과 선단부가 고사리 형태인 것(B), 선단부 가까이에서 급격하게 만곡하는 것(C)으로 나눌 수 있다. 5세기 전반에 해당하는 뿔잔 13점 중 ⅠA는 8점, ⅠB가 1점, ⅠC는 2점, Ⅲ이 1점이다. ⅠB와 Ⅲ은 이후로도 확인되지 않는 특이한 형식에 해당한다.[37] 5세기 후반 이후는 모두 구경이 넓은 것(Ⅱ)인데, ⅡA 2점(연번 14, 15)을 제외한 나머지는 모두 ⅡC에 해당한다. 5세기 전반의 뿔잔은 길이에 비해 구경이 좁은 것이 주류를 이루며 경주에서는 출토되지 않는다. 경주에서 가장 가까운 출토지인 울산, 조금 더 떨어져 청도, 칠곡, 달성에서 소수만 확인된다. 반면 5세기 후반 이후에는 경주를 중심으로 하는 신라권역에서 주로 확인되며, 가야권에서는 함안 도항리 4호에서만 출

35) 국립중앙박물관, 1997, 『한국고대의 토기』, 특별전 도록, 160쪽.

36) 표 3에서 Ⅰ은 길이 대비 구경의 비율이 30% 이하, Ⅱ는 30% 이상이다.

37) ⅠB형식 중 출토지를 알 수 있는 것은 양동리 출토품이 유일하다. 하지만, 圖 1의 29(국립중앙박물관 소장) 등 출토지를 알 수 없는 상형용기에는 일부 확인된다. Ⅲ은 청동이나 금동 뿔잔(圖 1의 26, 27)의 형태와 유사하다.

표 3. 주요 뿔잔(출토품)과 특징

* 크기에서 괄호( )안은 잔존 크기, ±는 도면과 크기가 제시되지 않아 사진으로 추정한 크기
** [음영] 는 5세기 전반에 해당

연번	출토지		크기cm		길이 : 구경비 (%)	문양										기타	시기	형식
			구경	길이		사격자	횡침선	격자	집선	원	송엽	거치	삼각집선	반원점	파상			
1	김해	망덕리 194호	6.7	22.6	29.6			○		○					○	鴨形注子공반	5전	I A
2	김해	양동리 304호	±3.5	21.0	16.7											선단 고사리형	5전	I B
3	김해	부원동패총 A지구	±3.0	(12.5)	24.0↓	●										사격자 2조	5전?	I A?
4	김해	두곡 12호	±5.5	±22.4	24.5												5전	I A
5	마산	현동 50호	4.6	23.9	19.2											도부호(X字)	5전	I A
6	창녕	강리 14호Tr	4.8	26.4	18.1											다리부착	5전	I A
7	청도	봉기리 5호	3.5	18.7	18.7	●										사격자 3조	5전	I A
8	청도	봉기리 5호	3.5	16.7	20.9												5전	I C
9	울산	구미리 31호	4.4	22.3	19.7												5전	I A
10	합천	저포리 24호	6.7	17.1	39.2	●			○							선단부 편평	5전?	Ⅲ
11	칠곡	심천리72호	5.2	22.8	22.8						○	○	○				5전	I C
12	달성	평촌리 수습	4.1	(23.0)	17.8												5전?	I A
13	경주	월성로가11-1	6.2	15.0	41.3		○									침선(홈) 1조	5후	Ⅱ C
14	경주	미추왕릉지구 C7호	7.4	15.5	47.7											받침set	5후	Ⅱ A
15	구미	황상동 101호	9.9	30.6	32.4												5후	Ⅱ A
16	부산	복천동 7호	7.5	17.0	44.1											말머리장식	5후	Ⅱ C
17	부산	복천동 7호	8.8	20.0	44.0											말머리장식	5후	Ⅱ C
18	동해	구호동 5호	7.4	21.2	34.9		○									대각, 홈 3조	5후	Ⅱ C
19	동해	구호동 5호	6.0	20.3	30.0		○									받침set, 홈 3조	5후	Ⅱ C
20	달성	내리 34호	6.8	16.8	40.5												6C	Ⅱ C
21	포항	냉수리	10.9	(30.0)	36.3								○				6C	Ⅱ C
22	김해	봉황동 건물지	±4.0	(5.5)	-	●										(사격자 1조)	5전?	?
23	함안	도항리 4호(구34)	4.4	15.0↑	29.3↓											鴨形注子, 車輪	5후	I A
24	김해	전 덕산리	2.9	12.5↑	23.2↓	●											5전	I A

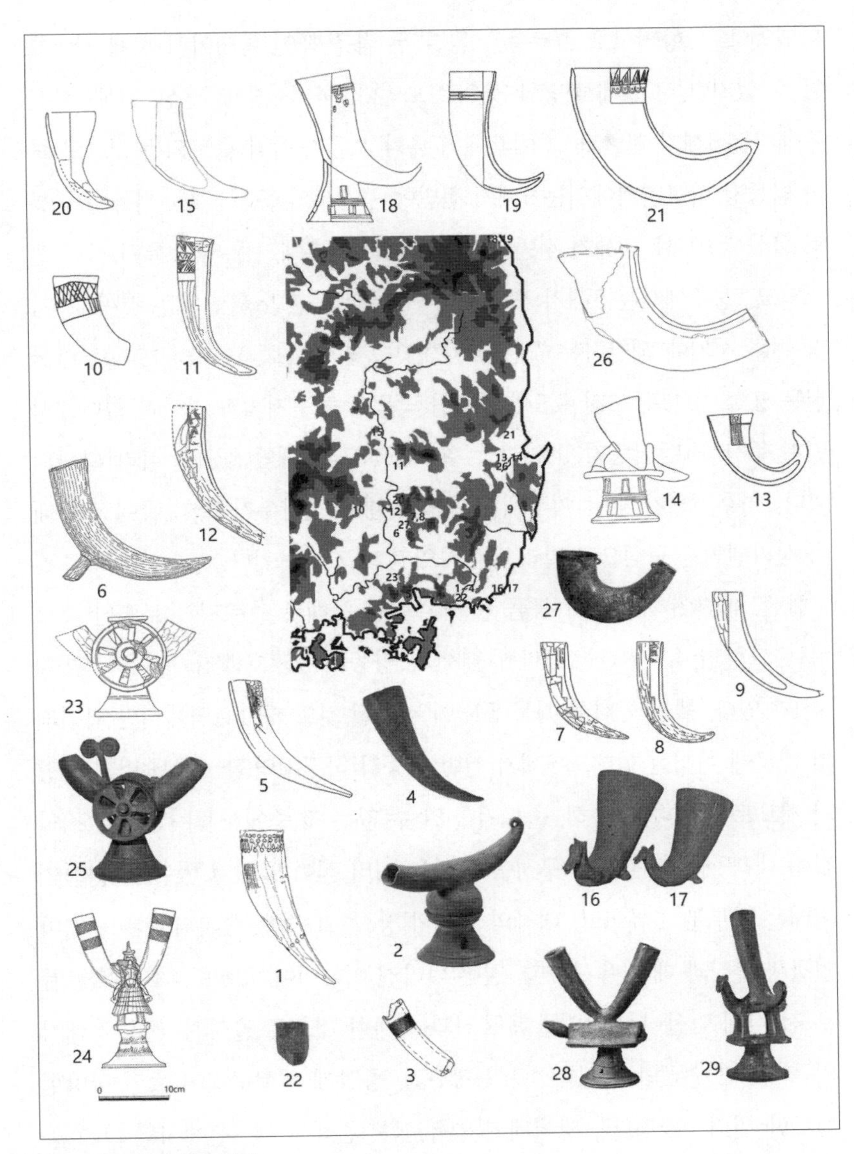

圖 1. 주요 뿔잔 출토양상

* 1~24 : 출토지는 표 3의 연번과 동일

** 25~29 : 축적부동

25 : 전 의령, 26: 경주 금령총(금동), 27 : 창녕 교동(청동), 28 : Leeum소장,

29 : 국립중앙박물관 소장

토되었다. 도항리 4호 출토품은 뿔잔 두 점을 붙인 형태여서 전체 길이를 알 수 없지만, Ⅰ류에 해당할 것으로 보인다. 구미-칠곡, 달성, 김해-부산 등에서는 5세기 전반과 그 이후에 Ⅰ류와 Ⅱ류가 각각 출토되는 것으로 보아 낙동강 하구지역에서는 5세기 전반에 구경부가 좁은 Ⅰ류, 낙동강 중류와 울산 등에서는 5세기 전반과 5세기 후반 이후에 Ⅰ류와 Ⅱ류가 각각 출토되고, 경주에서는 5세기 후반 이후 Ⅱ류의 뿔잔만 확인되는 것이다. 가장 이른 시기에 해당하는 뿔잔이 김해 양동리 304호, 망덕리 194호, 마산 현동 50호이므로, 뿔잔은 5세기 전반 낙동강 하구지역과 마산만 일대에서 먼저 등장하고, 낙동강(창녕, 달성, 칠곡 등)과 남동해안(울산)을 따라 확산되었다. 이후 5세기 후반 이후에는 구경이 넓고 선단부가 많이 굽어진 형태가 신라권역을 중심으로 널리 유행하였던 것으로 보인다.

한편, 뿔잔이 대각이나 동물 등과 결합한 사례로 출토지가 분명한 것으로는 도항리 4호(뿔잔+수레바퀴+대각)와 양동리 304호(뿔잔+소호, 소형기대 set)가 있다. 뿔잔과 다른 기물(동물)이 결합된 것도 가야지역에서만 확인되기 때문에 이러한 형태도 5세기 전반 낙동강 하구지역(함안)에서 먼저 등장한 것으로 보인다.[38] 특히, 출토지를 알 수 없는 것 중에서 圖 1의 28, 29와 같이 대각+동물+뿔잔의 구성을 보이는 여러 점이 알려져 있는데, 뿔잔의 형태는 대부분 Ⅰ류이고, 대각의 형태와 장식, 표면색(자연유의 발현)도 기마인물형 뿔잔과 매우 유사하다. 일본 나라켄 미나미야마(南山) 4호분 출토품은 전 김해 덕산리 기마인물형 뿔잔과 유사한 것으로 알려져 있다.[39] 대각의 형태(3단 구분)와 장식(점열문, 능형투공), 중앙에 원형구멍이 뚫린 장방형 점토판 위의 다리 4개, 황색계 자연유, 선각문의 종류, 전체적인 크기 등

38) 구호동 출토품의 경우 뿔잔에 대각이 달린 경우에 해당한다.

39) 신광철, 2018, 「國寶 第275號 陶器 騎馬人物形 角杯와 騎兵戰術」, 『新羅文物研究 11』, 국립경주박물관, 14쪽.

매우 닮아 있다. 하지만, 실견 결과 4개의 다리 위에 동물의 몸체가 있었던 것은 분명하지만, 마갑이나 기마인물상은 없었던 것으로 보이고, 1개의 뿔잔이 비스듬히 동물 등에 부착된 형태로 圖 1의 29와 유사한 것으로 판단된다.

전 김해 덕산리 출토품은 뿔잔에 2조의 사격자문이 시문되어 있다. 표 3에서 출토지를 알 수 있는 뿔잔(연번 1~22) 중 문양이 있는 것은 10점이고, 문양의 종류도 10종이다. 대부분 구연 가까이 문양을 베풀었는데, 횡침선만 있는 3점(연번 13, 18, 19)과 원문·반원점문이 시문된 2점(연번 1, 21)을 제외한 5점(연번 3·7·10·11·22)의 문양은 圖 2와 같다. 청도 봉기리 출토품은 3조의 사격자문이 몸통 대부분에 시문되어 있고, 합천 저포리 출토품은 1조의 사격자문과 1조의 집선문이 희미하게 배치되어 있다. 칠곡 심천리 출토품은 구연에서부터 일정 간격인 5회의 횡침선사이에 송엽문, 거치문, 삼각집선문을 배치하였다. 이상의 3점은 구연부 가까이 선각문이 배치되어 비슷해 보이지만, 문양의 종류와 배치가 전 김해 덕산리 출토품과 동일하지는 않으며 정교하게 선각되지도 않았다. 이에 비해 김해 부원동 패총 출토품은 1조의 사격자문이 매우 정교하게 시문되었고, 결실된 구연 방향에 사격자문의 일부로 보이는 횡침선이 관찰되며, 뿔잔의 크기도 기마인물형 뿔잔과 가장 비슷하다. 또, 봉황동 출토품도 정교하게 새겨진 1조의 사격자문이 확인되는데, 남은 길이는 5.5cm, 뿔잔의 구경은 4.0cm 정도[40]로 전 김해 덕산리 출토품과 유사하다.

결국, 전 김해 덕산리 출토품에 부착된 뿔잔의 형태는 5세기 전반에 보이는 Ⅰ류에 해당하고, 뿔잔에 대각이나 다른 기물(동물)과의 결합된 사례도 5세기 전반의 김해 양동리, 5세기 후반의 함안 도항리에서만 출토되

40) 국립김해박물관, 2018, 『김해』 특별전 도록, 99쪽 사진을 기준으로 추정한 구경이다.

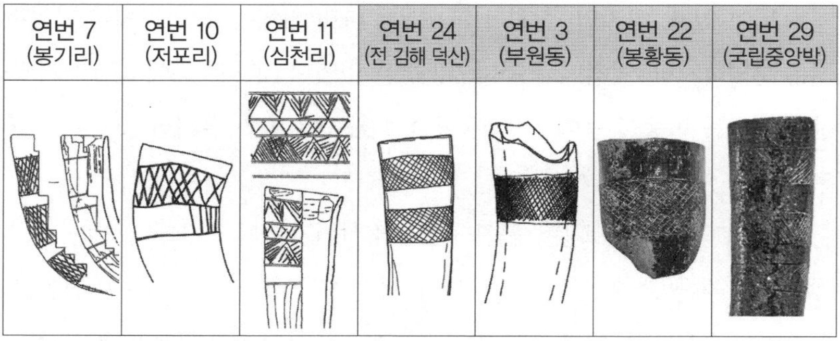

연번 7 (봉기리)	연번 10 (저포리)	연번 11 (심천리)	연번 24 (전 김해 덕산)	연번 3 (부원동)	연번 22 (봉황동)	연번 29 (국립중앙박)

圖 2. 각배의 문양(縮尺不同)

었다. 뿔잔의 크기와 새겨진 문양도 김해 봉황동과 부원동패총에서 출토된 것과 가장 유사하다. 따라서 기마인물형 뿔잔은 지금까지 출토된 뿔잔의 형태와 양상으로 보면, 제작된 시기는 5세기 전반에 해당하고 지역적으로는 낙동강 하구지역(김해)와 마산만 일대가 중심이었을 가능성이 가장 높겠다.

3. 유개대부파수부 소호와 기마인물형 뿔잔의 대각

전 김해 덕산리 출토 기마인물형 뿔잔은 나팔모양으로 벌어지는 대각이 달려 있으며, 대각의 높이는 5.4cm, 바닥 지름은 9.2cm이다. 비슷한 크기와 유사한 형태의 대각을 하고 있는 기종은 (유개)대부파수부 소호를 들 수 있다. 연구자에 따라 다양한 이름[41]으로 불리는 유개대부파수부 소호는 가야와 신라 고분에서 5세기 전반에 등장하는 기종 중 하나이다. 대부(직구)호에 D자 형태의 손잡이가 달린 형태를 하고 있기 때문에 5세기 전반 이전의 대부직구호에 새롭게 손잡이가 추가되면서 신기종으로 등장한 것으로

41) 파수부유대단경호, 유개대부소호, 유대파수부호, 파수부단경호, 파수각부단경호 등이다.

생각된다.[42] 대부직구호는 4세기 김해와 부산지역의 목곽묘에 많이 부장되었지만, 함안지역의 경우에는 황사리 44호 등 부장사례는 드물다. 조영제는 65점의 (유개)대부파수부 소호를 손잡이의 형태, 문양의 종류 대각의 장식에 따라 형식 분류하였는데, 손잡이는 단면이 원형이고 D자 형태, 사격자문이나 유충문(즐묘열점문), 대각에 투공이나 stamp문이 있는 것이 가장 이른 것으로 5세기 전반대에 해당하는 것으로 보았다.

금관가야와 아라가야지역의 주요 대부(직구)호와 유개대부파수부 소호의 시기별 변화 양상은 圖 3과 같다. 5세기 전반 김해, 부산, 함안 등지를 중심으로 전형적인 유개대부파수부 소호가 등장한다. 동체는 역삼각형을 이루고, 어깨 부근을 돌대로 구획한 다음 격자문이나 점열문을 시문하고 나팔 형태의 대각은 돌대로 2~3등분되며, 투공(마름모, 삼각, 원, 장방)과 점열문으로 장식한 것이다. 이 기종은 대부분 토기의 표면이 황색계(녹색이나 검은색이 더 강하게 발현된 경우도 있음) 자연유나 윤潤이 고르게 형성되어 반들거

42) 조영제는 (유개)대부파수부 소호의 기원이 되는 기종과 관련하여 대부직구호, 소형 파수부배를 언급하였다. 하지만, 대부직구호는 형태적으로 유사하나 동체가 역삼각형을 이루는 예도 드물고, 복천동 39호 등 많은 유구에서 대부직구호와 함께 (유개)대부파수부 소호가 공반되고 있어 대부직구호를 조형으로 생각하기에 주저된다는 의견을 제시하였다. 또 소형 파수부배의 경우에도 처음부터 끝까지 뚜껑을 올릴 수 없는 형태이며 늦은 시기까지 자체적인 형식 변화를 보이고 있기 때문에 (유개)대부파수부 소호의 조형으로 보기 어렵다고 보았다. 현재로서는 (유개)대부파수부 소호의 직접적인 조형을 찾기 쉽지 않으며, 다만, 대부직구호와 파수부배가 결합하여 등장하였을 가능성으로 추측하였다.
趙榮濟, 2010, 「(有蓋)臺附把手附 小壺考」, 『韓國考古學報 第』76輯, 한국고고학회, 204~205쪽.
필자는 새롭게 다양한 기종이 등장하고 형태적으로도 변화하는 5세기 전반의 양상을 가장 잘 보여 주는 기종 중 하나가 (유개)대부파수부 소호라 생각한다. 5세기 전반에는 기종이 다양해지고 형태적으로도 많은 변화가 있는데, 기종간 결합에 의한 새로운 기종?도 등장한다. 유개대부파수부 소호는 김해와 부산지역에서 많이 부장되었던 대부직구호의 형태에 아라가야지역에서 많이 부장되었던 파수부배(컵형토기)의 손잡이가 결합하여 새로운 기종으로 등장한 것으로 생각한다. 이 시기에는 광구소호에도 손잡이가 달리는 변화를 보인다.

표 4. 유개대부파수부 소호의 형태와 문양

圖3의 연번	출토지	동체부					대각부										
		역삼각	편구	문양			투공				투창			돌대수			점열문
				사격자	점열	파상	마름모	원형	삼각	사각	삼각	사각	화염	1	2	3	
	전 김해 덕산	–		–	–	–	◆								○		⋮
	日本 南山 4호						◆								○		⋮
	圖 1 연번29						◆								○		⋮
12	대성 1	♥			⋮					■					○		
13	복천26	♥		▩			◆								○		
14	복천26	♥		▩						■						○	
15	화명7	♥			⋮				▲						○		
16	복천26	♥				▤						□		○			
17	망덕192	♥		▩				●							○		⋮
20	임당G6	♥		▩					▲						○		
21	임당G5	♥		▩											○		
22	임당G5	♥								■							
27	대성93		⬭		⋮	▤		●							○		
29	복천169	♥							▲							○	
31	본산6	♥			⋮							□			○		
36	오곡5	♥			⋮				▲						○		
37	도항(경)13		⬭										🌢				
38	오곡8	♥		▩						■					○		
39	오곡8	♥				▤					△				○		
40	오곡4	♥			⋮		◆							○			
41	옥성35	♥		▩					▲						○		⋮
42	구어5	♥				▤											
47	복천53	♥		▩	⋮					■					○		
48	복천53		⬭			▤						□			○		
52	도항(동)1		⬭	▩								□		○			
계		18	4	9	7	5	2	2	5	5	1	4	1	3	14	2	2

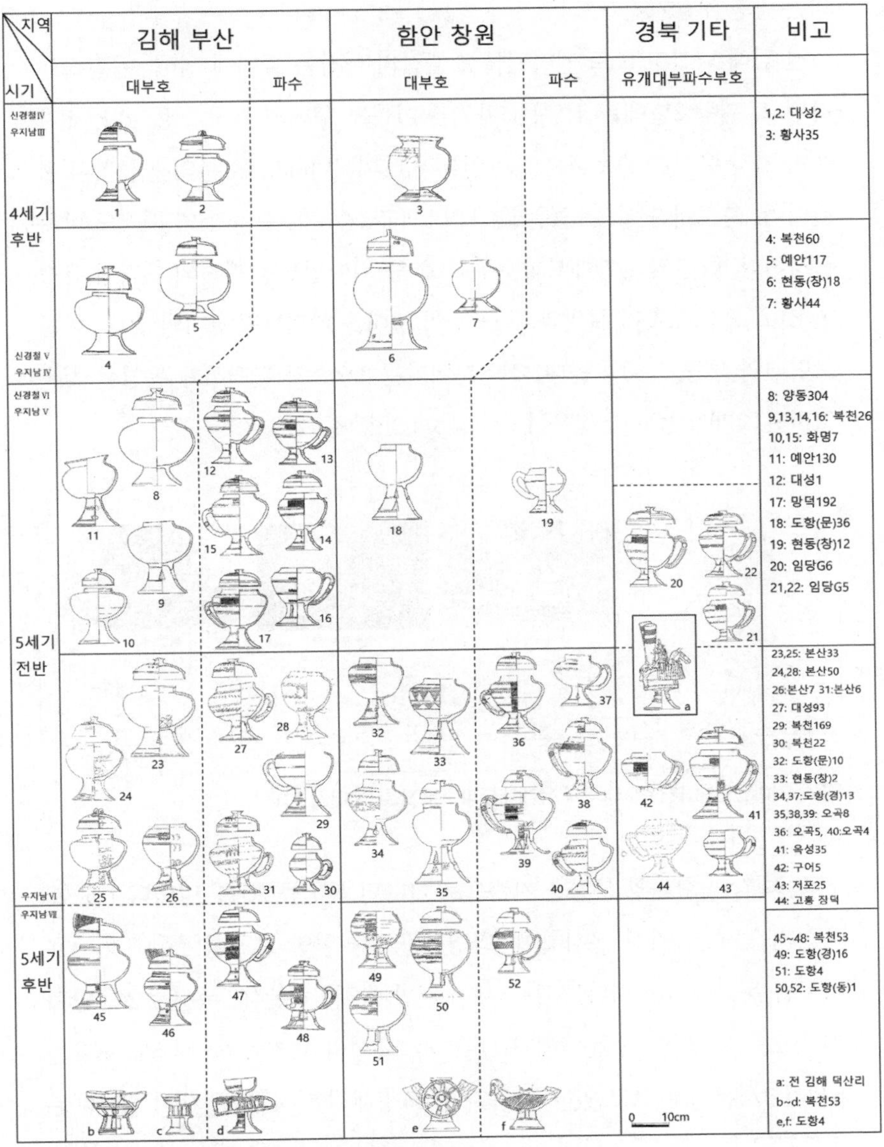

지역 / 시기	김해 부산 대부호	김해 부산 파수	함안 창원 대부호	함안 창원 파수	경북 기타 유개대부파수부호	비고
4세기 후반 (신경철Ⅳ 우지남Ⅲ)	1, 2		3			1,2: 대성2 3: 황사35
4세기 후반 (신경철Ⅴ 우지남Ⅳ)	4, 5		6, 7			4: 복천60 5: 예안117 6: 현동(창)18 7: 황사44
5세기 전반 (신경철Ⅵ 우지남Ⅴ)	8, 9, 10, 11	12, 13, 14, 15, 16, 17	18	19	20, 21, 22, a	8: 양동304 9,13,14,16: 복천26 10,15: 화명7 11: 예안130 12: 대성1 17: 망덕192 18: 도항(문)36 19: 현동(창)12 20: 임당G6 21,22: 임당G5
5세기 전반 (우지남Ⅵ)	23, 24, 25, 26	27, 28, 29, 30, 31	32, 33, 34, 35	36, 37, 38, 39, 40	41, 42, 43, 44	23,25: 본산33 24,28: 본산50 26:본산7 31:본산6 27: 대성93 29: 복천169 30: 복천22 32: 도항(문)10 33: 현동(창)2 34,37:도항(경)13 35,38,39: 오곡8 36: 오곡5, 40:오곡4 41: 욱성35 42: 구어5 43: 저포25 44: 고흥 징덕
5세기 후반 (우지남Ⅶ)	45, 46, b, c	47, 48, d	49, 50, 51, e	52, f	0 10cm	45~48: 복천53 49: 도항(경)16 51: 도항4 50,52: 도항(동)1 a: 전 김해 덕산리 b~d: 복천53 e,f: 도항4

圖 3. 대부(직구)호와 (유개)대부파수부 소호의 변화

리는 공통점을 가진다.

전 김해 덕산리 출토 기마인물형 뿔잔의 대각은 돌대에 의해 3부분으로 나뉘고, 위쪽 2단에는 점열문(5치구)과 마름모 형태의 투공을 뚫었다. 현재까지 가장 유사한 출토품으로는 일본 미나미야마南山 4호분의 동물장식 뿔잔이며, 출토지를 알 수 없는 圖 1의 29(국립중앙박물관 소장)의 대각도 매우 흡사하다. 圖 3의 유개대부파수부 소호 중 기마인물형 뿔잔의 대각과 유사한 것을 중심으로 각 문양과 투공(창)의 형태를 살펴보면 표 4와 같다. 마름모형태의 투공, 2조의 돌대, 점열문이라는 3요소가 완벽하게 동일한 것은 없지만, 2개가 동일한 경우는 3점(圖 3의 연번 13, 17, 41)이다.

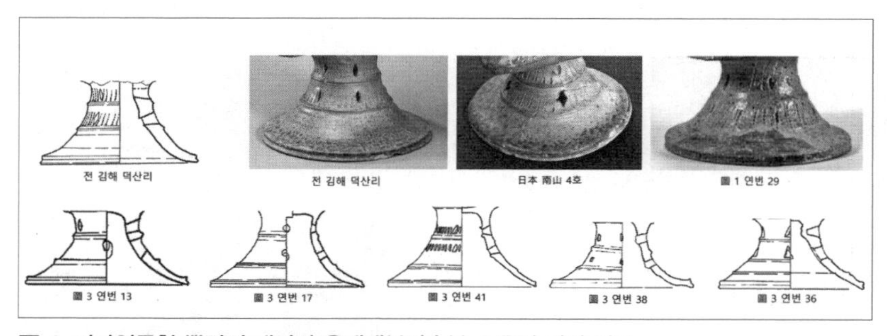

圖 4. 기마인물형 뿔잔의 대각과 유개대부파수부 소호의 대각 비교

즉, 대각의 형태와 문양을 기준으로 한다면 복천동 26호, 망덕리 192호, 옥성리 35호가 가장 유사하며, 화명동 7호나 함안 오곡리 4호·5호·8호 출토품 등과도 비슷하다. 모두 5세기 전반에 해당하는데, 복천동 26, 망덕리 192호, 화명동 7호는 5세기 1/4분기, 옥성리 35호, 오곡리 5호·8호는 5세기 2/4분기로 보고 있다.[43] 하지만, 조영제의 지적처럼 5세기 전반에는

43) 申敬澈, 2000, 「金官加耶 土器의 編年」, 『伽耶考古學論叢』3, 伽耶文化研究所 編, 25~30쪽.
禹枝南, 2000, 「咸安地域 出土 陶質土器」, 『도항리·말산리유적』, (사)慶南考古學研究所·咸安郡, 148~149쪽.

문양에 따라 형식이 정연하게 분리되지만, 출토품은 그다지 순차적이지 않고 뒤섞여 발견 된다.[44] 때문에 대각의 모양과 문양만을 근거로 유개대부파수부 소호 출토 유구에 직접적으로 대입하여 기마인물형 뿔잔의 시기를 한정하기에는 조심스러운 것도 사실이다. 그럼에도, 5세기 전반 무렵으로 보기에는 전혀 무리가 없다.

5세기 전반 유개대부파수부 소호의 주요 출토지는 김해와 부산이고, 그 다음으로 함안지역에서 많이 출토되고 있다. 고흥 장덕리 M1-1호분[45]이나 강릉 안현동 3호 등 광역에서 일부 확인되지만, 경주 일대에서는 5점(경주1, 포항1, 경산3) 정도만 출토되었다. 복천동고분군에서는 유개대부파수부 소호는 등장기에 해당하는 5세기 전반부터 많은 출토량(12점)을 보이기 때문에 부산 동래지역에서 발생[46]한 것으로 보았지만, 최근 김해 본산리·여래리, 대성동, 망덕리 등에서 9점 가량이 추가되어 양적으로는 부산지역을 넘어서는 양상이다. 함안 오곡리의 경우에도 15기의 가야무덤 중 3기에서 4점의 유개대부파수부 소호가 출토될 정도로 출토 빈도는 상대적으로 높다.

5세기 전반에 보이는 유개대부파수부 소호는 대각의 크기와 형태, 투공

홍보식, 2014, 「신라·가야 고분 교차편년」, 『嶺南考古學 70號』, 영남고고학회, 216~218쪽.

44) 동체부 문양은 사격자문이 파상문, 점열문 보다 먼저 나타나고 대각의 경우 투창에 비해 투공이 먼저 등장하지만, 사격자문과 점열문은 순차적이지 않고 뒤섞여서 확인되는 등 5세기 전반의 형식과 기종의 다양하게 나타나는 특징을 반영하는 것으로 보고 있다. 표 4에서 대각을 나누는 돌대의 수는 2개가 주류이지만, 시간적 순서와 관계없이 1조나 3조도 보인다. 대각의 투공도 삼각형과 사각형이 많고 원형과 마름모형은 소수이다. 심지어 5세기 후반 이후에 주로 보이는 장방형의 투창도 복천동 26호에서 확인된다.
趙榮濟, 2010, 「(有蓋)臺附把手附 小壺考」, 『韓國考古學報 第76輯』, 한국고고학회, 209쪽.

45) 대한문화유산연구원, 2011, 『高興 掌德里 獐洞遺蹟』.

46) 趙榮濟, 2010, 「(有蓋)臺附把手附 小壺考」, 『韓國考古學報 第76輯』, 한국고고학회, 215쪽.

과 문양, 심지어 토기표면에 형성된 자연유와 윤潤의 색상과 범위 등 기마인물형 뿔잔의 대각과 너무나도 닮아 있다. 때문에 유개대부파수부 소호와 기마인물형 뿔잔은 같은 시기와 지역에서 만들어진 것이라 볼 수 있다. 뿔잔의 경우와 마찬가지로 5세기 전반에 해당하며, 주요 출토지역도 부산·김해·함안에 해당한다. 그런데 유개대부파수부 소호가 많이 출토된 부산지역의 경우, 상형용기나 유개대부파수부 소호가 출토된 동일유구에서 다른 기종의 토기 표면색과 차이를 보이는 사례가 있다. 5세기 전반으로 편년되는 복천동 53호와 복천동 26호가 대표적이다.

圖 5. 복천동 26호 출토 개(19~22), 대부직구호(23, 24), 유개대부파수부 소호(25, 26)의 표면상태

圖 5는 부산 복천동 26호에서 출토된 개, 대부직구호, 유개대부파수부 소호의 표면상태를 보여준다. 圖 5-19, 20 개는 정치소성되었고, 꼭지의 형태나 기형은 금관가야 일대에서 많이 보이는 형태이다. 圖 5-23, 24의 대부직구호도 부산과 김해지역 4세기 대부직구호의 형태이며, 구연부 근처에 보이는 원형으로 남겨진 흔적[胎]은 개를 중첩하여 정치소성한 흔적이다. 반면 공반된 圖 5-21, 22, 25, 26의 표면상태는 앞서 언급한 대부직구호나 개와는 달리, 자연유와 윤潤이 표면 전체에 형성되었다. 개는 도

치소성이고, 유개대부파수부 소호는 중첩하지 않았다. 복천동 53호의 경우에도 표면색에 따라 두 부류로 나눌 수 있으며 유흑색을 보이는 화염형 투창, 무투창, 상하일렬 장방형 투창고배와 신발장식 잔(신발형토기)은 아라가야계 토기양식으로 구분된다고 한다.[47] 또, 53호분에 매납된 토기는 적어도 세 계통—신라계, 재지계 그리고 낙동강 서안의 일지역계—로 구분이 가능하고, 다른 생산처에서 만들어진 것이 동일 무덤에 부장되었을 것으로 보고 있다.[48] 이보다 앞선 복천동 26호에서 출토된 圖 5-23, 24와 圖 5-25, 26은 각기 다른 곳에서 만들었을 가능성이 있다고 보인다. 김해지역의 경우에도 유개대부파수부 소호는 함께 출토된 금관가야계 토기—외절구연고배, 화로모양기대, 대부직구호 등—와 구별되는 표면색을 보이는 경우가 많다. 비슷한 시기 금관가야계 토기에 많이 보이는 표면색과 형태인 圖 5-23, 24은 낙동강 하구지역에서 만들어진 것으로 볼 수 있고, 圖 5-25, 26은 낙동강 하구지역이 아닌 곳이었을 가능성이 있다.

토기의 표면색은 매우 다양하고 표면상태만을 근거로 생산처를 언급하기에 무리가 있는 것도 사실이다. 그럼에도 4세기 중반 자갈색계 표면색을 보이는 토기는 함안지역 고식도질토기와 관련성을 가지는 것처럼, 토기의 전체적인 표면색과 상태는 시기와 지역적인 특징을 담고 있는 경우도 있다. 圖 6은 도항리 13호에서 출토된 토기인데, 황색계 자연유(또는 윤潤)의 상태를 보이는 것은 5세기 전반 함안지역에서 많이 보인다.[49] 圖 5-26를 포함한 대부분의 유개대부파수부 소호의 표면색과 매우 유사하며, 마산

47) 홍보식, 2015, 「신라·가야지역 象形土器의 변화와 의미」, 『韓國上古史學報 第90號』, 51쪽.

48) 부산박물관, 1992, 『東萊福泉洞53號墳』, 93~95쪽.

49) 圖 6에서 개는 도치소성으로 외면이 흑색계이지만, 대부분 황색계 자연유가 고르게 형성된 상태이다. 사진에 포함되지는 않은 통형기대와 단경호를 포함한 기종과 크기에 관계없이 고른 표면색이다. 도항리(문) 10호, 오곡리(창) 8호 등 5세기 전반 함안지역 출토 토기의 표면색도 유사하다.

圖 6. 도항리(경) 13호 출토토기

현동에서 출토된 두 점의 배모양 잔도 기마인물형 뿔잔과 동일하다. 때문에 표면색과 표면상태로 보자면 기마인물형 뿔잔은 함안지역과의 관련성을 배제할 수는 없다.

4. 기마인물형 뿔잔의 선각 문양

기마인물형 뿔잔에는 무사가 들고 있는 방패, 말머리, 말목, 뿔잔, 그리고 마갑의 5부분에서 문양이 관찰된다. 모두 직선의 침선으로 능형집선문, 삼각집선문, 사격자문, 삼각거치문 4종을 구성하였다. 이중 말머리에 새겨진 것은 문양이 아니라 굴레를 표현한 것으로 보이고, 마갑부분도 소찰을 표현한 것으로 판단되기에 여기에서는 언급하지 않는다. 뿔잔의 사격자문은 비슷한 시기로 추정되는 김해 부원동·봉황동 출토품과 거의 동일함을 언급한 바 있다. 장방형의 방패에는 능형집선문과 4개의 삼각집선문을 시문하였다. 말목에는 삼각형으로 4개를 구획(삼각거치문)하고 그중 하나에만

圖 7. 기마인물형 뿔잔의 선각 문양(방패, 말목, 뿔잔)

삼각집선문으로 표현하였다.

와질토기에도 다양한 문양이 존재하지만, 4세기에서 5세기까지 영남지방 도질토기에 보이는 문양을 살펴보면 표 5와 같다.[50] 토기에 새겨진 문양은 17종인데, 지역과 시기에 따라 성행한 문양에 약간의 차이가 있음을 알 수 있다.

4세기 함안지역에는 고식도질토기의 대표기종인 통형고배와 노형토기를 중심으로 삼각, 사각, 능형, 초승달 모양의 압날문이 보이고, 문양뚜껑에는 외면에 침선을 이용한 삼각거치, 집선, 삼각집선 등과 점열문 등이 확인된다. 4세기에는 고배, 노형토기, 문양뚜껑 외 다른 기종에는 문양이 적용되지 않았다. 경주를 포함한 다른 영남지역도 고식도질토기 시기 동안에는 함안과 거의 동일하다. 5세기 전반에는 9종의 문양이 추가되어 다양해지지만, 이전의 압날문이 사라진다. 점열문[51]이 가장 압도적이며 이어 파상문, 사격자문, 삼각집선문 순이다. 대각에는 파상문, 점열문 2종이 비슷한 비율이다. 5세기 전반까지는 함안 이외지역에서는 문양이 많이 보이지 않는다. 5세기 후반에는 5종의 문양으로 줄어들고 사격자문과 삼각집선문도 보이지만, 점열문과 파상문을 중심으로 정리되는 분위기이다. 파상문은 다양한 기종에 적용되지만, 점열문은 개(뚜껑), 대각에는 원점문만 확

50) 4세기에서 5세기 후반까지의 주요 무덤에 출토된 토기를 기준으로 하였는데, 보고서 미간이나 일부 유물만 보고된 경우가 있어, 오차는 존재할 것이다. 다만, 시기나 지역적으로 문양의 변화양상을 관찰하기 위해 집계한 것이다. 지면 관계상 해당 유구와 기종에 따른 문양은 생략하였고, 타날문도 여기에서 제외하였다. 수량은 한 단에 있는 문양을 1로 계산하였고, 한 점에 1종의 문양이 3단 있는 경우 해당 문양에 3을 표기, 한 점에 3종의 문양이 1단씩 있는 경우 각 무늬별 1로 산출하였다.
경북지역의 경우 경주 월성로 가6호와 가13호, 임당 G6호 등을 포함하였지만, 개를 중심으로 점열문과 파상문만 확인되는 등 문양의 다양성은 없다.

51) 東西文物硏究院, 2015,『金海 望德里遺蹟 Ⅱ』, 일러두기.
점열문, 즐묘열점문, 유충문 등로 불리는 문양이다. 점열문과 유충문을 구분하기도 하지만, 여기에서는 점열문으로 구분하였다.

인된다. 5세기 후반 경주지역에서는 문양의 종류와 수량이 급격하게 증가한다. 기마인물형 뿔잔과 관련, 5세기 전반을 중심으로 검토하였기에 표에서는 언급하지 않았다.

표 5. 4세기~5세기 토기에 새겨진 문양의 시기·지역별 수량 변화

시문부위			동체부															대각부								
			1	2	3	4	5	6	7	8	9	10	11	12	13	14	15	16			17					
문양종류			능형&삼각집선	삼각집선	삼각&사격자	V자삼각집선	사격자	삼각거치	점열	거치점열	파상	타래	원	원점	반원점	집선	〉형점열	압날	점열	사격자	세로점열	삼각집선	파상	원점	반원점	타래
함안경북	4C	전반		2				8																		
		후반																24								
	5C	전반	2	21	6		26		63		49	1	1	4		5			15				18			
		후반		3			6		30		30													9		
부산김해	4C	전반					3																			
		후반		17			3	1	2		2	1		4	9	4		22		1		3	1		3	1
	5C	전반		12		8	9		47	5	70	7	2	1	2	6	1		11		8		62			
		후반							23		41					1							14			

김해와 부산지역은 함안 지역과는 조금 다른 양상이다. 4세기 전반에는 노형기대를 중심으로 사격자문만 확인되는데, 후기 와질토기와 관련된 것으로 보인다. 4세기 후반에는 소형기대와 고배 대각에 압날문이 가장 많지만, 함안지역과 달리 새롭게 10여종의 다양한 문양이 확인된다. 삼각집선문–반원점문–원점문과 집선문–사격자문 순이고, 삼각거치문·점열문·타

래문은 소수이다. 5세기 전반에는 문양이 더 다양해지고 수량도 증가한다. 파상문은 동체와 대각부, 개를 제외한 거의 대부분의 기종에 가장 높은 비율로 확인된다. 다음으로 점열문이 많은데, 특히 개는 1점(원문, 집선문)만 제외하고는 모두 점열문이다. 이어 삼각집선문과 집선문, 사격자문, 원점문의 순이다. 이 시기에는 표의 4·8·15와 같이 삼각집선문이나 거치문의 종류로 볼 수 있지만, 시문 방법을 다양하게 변형하기도 하였다. 문양이 양적으로도 증가하며, 다양한 변형이 이루어지는 것은 함안지역 5세기 전반과 비슷하지만, 선호 문양을 중심으로 집중되는 양상이다. 5세기 후반은 자료가 많지 않는데, 대성동 73호의 경우 파상문과 점열문이 대부분이고, 집선문은 1점만 확인된다. 개에는 점열문이 우세하고, 장경호와 기대에는 파상문만 확인된다.

5세기 전반만을 두고 보자면, 김해와 부산지역에서는 개·기대류·유개대부파수부 소호를 중심으로 파상문이 가장 우세하고, 이어 점열문이 선호되었다. 개에는 점열문이 절대적이고, 대각에는 파상문과 점열문 2종만 시문된다. 사격자문과 삼각집선문은 기대를 중심으로 확인된다. 함안지역에서는 파상문보다 점열문이 우세하고 고배나 파수부배 등 소형기종에도 사격자문과 삼각집선문 시문되는 등 다양성을 보인다.

기마인물형 뿔잔에 확인되는 문양인 삼각거치문, 삼각집선문, 능형집선문, 사격자문을 중심으로 살펴보면, 먼저 삼각거치문은 함안지역에서 4세기 문양뚜껑(문양개文樣蓋)에 많이 시문된 문양이다. 부산 김해에서는 대성동 3호 노형기대 1점에서 보이며, 5세기 이후는 함안과 다른 영남지방에서도 거의 확인되지 않는다.

삼각집선문은 대부분 圖 8-A, B와 같은 구성이다. 돌대 사이에 두 개의 경사진 침선을 그어 삼각형을 구획하고, 먼저 그은 한 개의 침선과 같은 방향으로 나란하게 집선한다. 대성동 70호 주곽 출토 노형기대와 같이 일

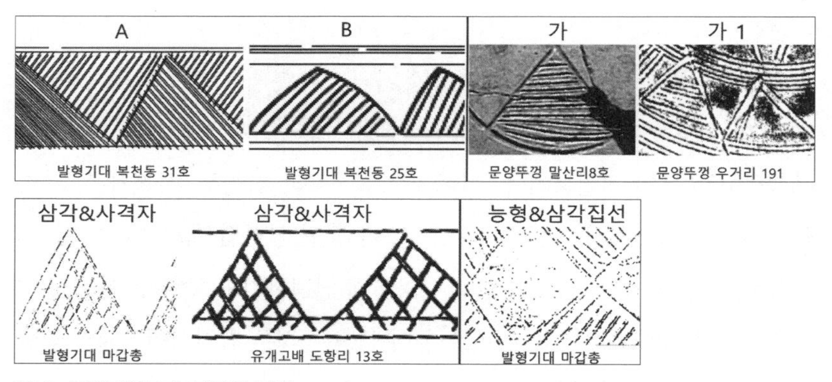

圖 8. 삼각집선문계 문양의 종류

정 범위 안에 圖 8-B가 두 개가 나란하게 배치되는 경우도 있다. 부산·김해지역에서 4세기 전반에는 보이지 않지만, 4세기 후반 대성동과 복천동에서는 가장 높은 비율로 확인되는 문양이다. 이후 5세기 전반에는 점열문이나 파상문에 비해 적게 확인되고, 5세기 후반부터는 보이지 않는다. 함안지역의 경우 4세기 전반의 이른 시기부터 삼각집선문이 확인되는데, 문양뚜껑이라 불리는 기종에 한정된다. 圖 8-가와 같이 삼각형을 구획한 침선과 45도 각도로 평행한 침선(집선)을 그은 것이 특징적이다. 圖 8-가1처럼 삼각거치문을 시문한 다음, 하나의 삼각형 안에만 집선한 사례도 있는데, 기마인물형 뿔잔 말 목에 새겨진 삼각거치+삼각집선문과 유사하다. 함안지역은 5세기 전반에 김해지역과 마찬가지로 圖 8-A, B와 같은 형태가 주로 확인되지만, 파상문, 점열문, 사격자문 보다 낮은 비율이다. 한편 이 시기에는 도항리(경) 13호 고배와 같이 삼각형 안에 사격자문을 배치한 것, 마갑총 출토 발형기대와 같이 돌대 사이에 침선을 X자로 그어 삼각형과 능형으로 구획하고 삼각형 안에만 집선문을 배치한 것이 확인된다. 능형과 삼각형을 구획하고 집선한 것은 기마인물형 뿔잔의 방패에서 보이는 문양과 비슷하다.

사격자문은 5세기 전반 함안지역에서 상대적으로 선호되었다. 특히, 김해·부산지역은 유개대부파수부 소호와 발형기대에만 사격자문이 시문되지만, 함안지역에서는 고배·개·파배(컵모양 토기) 등 소형기종에도 확인되는 등 적용기종도 다양하고 비율적으로도 높다. 이후 5세기 후반에는 김해지역은 파상문과 점열문으로 완전히 정리되고 사격자문이 보이지 않지만, 함안지역에서는 발형기대, 통형기대, 대부파수부배 등의 기종을 중심으로 오랫동안 확인된다.

圖 9. 마름모형 집선문과 삼각집선문
현동 387호(좌), 기마인물형 뿔잔 방패(우)

한편, 5세기 전반 새롭게 등장한 상형용기인 집모양 주자나 배모양 잔에도 다양한 문양이 확인된다. 집모양 주자는 4점으로 김해, 진해, 기장, 경주에서 출토되었다. 진해 석동 415호 출토품은 송엽문, 삼각집선, 사격자문이 빼곡하게 시문되었고, 기장 가동 용수리 1-2호 출토품도 송엽문, 삼각집선문이 화려하게 시문되었다. 하지만, 김해 봉황동과 경주 사라리 출토품에는 문양이 확인되지 않는다. 배모양 잔은 4점인데, 김해 여래리 24호 출토 배모양 잔에는 선수부쪽 선체 좌우측면에 원문(압날), 선미를 막은

판에는 송엽문(수지문)과 원문이 확인된다. 달성 평촌리 12호 수혈 출토품은 원점문과 원문(압날)이 확인된다. 이에 비해 마산 현동에서 출토된 2점은 보다 화려하게 문양이 시문되었다. 현동 106호 수혈 출토품은 선체 좌우측면과 선수쪽 선체에 사격자문, 선수쪽 돌출된 부분에는 횡방향의 집선이 조밀하게 시문되었다. 현동 387호분에서 출토된 배모양 잔은 선수부에 사격자문과 삼각집선문, 선미부에 삼각집선문, 선체 좌우측면에는 삼각집선문과 사격자문이 확인되며 삼각집선문은 圖 8-A형태이다. 선수부와 선미부의 경계와 선체 중앙의 돌출된 부분에는 사격자문과 삼각집선문이 장식되어 있다(圖 9좌). 하지만, 이 부분에 보이는 삼각집선문은 장방형의 점토판 중앙을 마름모 모양으로 구획한 다음, 네 모서리는 삼각집선, 중앙의 마름모 안에는 가로방향의 침선으로 집선하였다. 이 능형&삼각집선문은 기마인물형 뿔잔의 방패의 문양과 전체적인 구성이 유사하다.

이 두 점의 배모양 잔은 문양 뿐 아니라 대각의 형태, 대각에 장식된 점열문, 전체적인 토기표면상태도 기마인물형 뿔잔과 거의 동일하다. 특히 현동 387호분 출토 배모양 잔은 기마인물형 뿔잔과 동일한 조건과 제작기술을 가진 집단에 의해 제작된 것으로 보인다. 대각에 투공이 아니라 작은 투창이 뚫려 있어 기마인물형 뿔잔과 거의 비슷한 시기 또는 조금 늦게 제작되었을 가능성이 있다. 한편, 현동 387호분에는 발형기대, 단경호, 고배, 철정 등이 공반되었다. 현장설명회 자료 등[52]을 보면, 단경호는 저부에만 승문타날된 승문단경호, 고배는 높은 대각에 긴 삼각형 투창이 뚫린 형태로 마갑총이나 도항리(문) 36호 출토 고배와 유사한 아라가야 토기양식으로 우지남의 편년기준으로 5세기 1/4분기 또는 5세기 2/4분기의 이른

52) 삼한문화재연구원, 2018, 『거제-마산3 국도건설공사구간 내 유적 발굴조사 현장설명회 자료(1차)』.
황철주, 2018, 「마산 현동유적 발굴조사성과」, 『2018 가야문화유산 최신조사성과』, 국립나주문화재연구소·국립가야문화재연구소.

시기에 해당하는 것으로 판단된다. 토기의 출토상태 사진을 기준으로 하였기에 오류가 있을 가능성도 있겠지만, 고식도질토기 제작전통이 많이 보이는 것은 분명하다. 현동 106호 수혈에서 출토된 배모양 잔도 5세기 전반에 해당하지만,[53] 대각이 넓게 벌어지고 큰 삼각형 투창이 뚫리며, 문양도 적게 시문되는 점 등 387호분 출토품보다는 조금 늦은 것으로 보인다. 따라서 현동에서 출토된 두 점의 배모양 잔과 거의 동일한 양상을 보이는 기마인물형 뿔잔은 5세기 전반의 이른 시점, 함안지역과 관련된 것으로 생각된다. 다만, 유개대부파수부 소호와 마찬가지로 함안지역 토기제작기술로 만들었지만, 부산과 김해 등지에서 많이 매납된 것처럼 출토지는 낙동강 하구지역일 가능성도 있겠다.

Ⅳ. 기마인물형 뿔잔의 등장배경

지금까지 기마인물형토기는 '영혼을 저승으로 운반하는 매개자', '계세사상'과 관련하여 많이 언급되고 있다. 이은창은 마각문토기馬刻文土器와 토제품土製品, 마형토기, 기마인물형토기는 모두 지니고 있는 의장意匠과 사상은 동일한데, 피장자가 저승(명계冥界)에서 평안平安한 영주永住를 영위하도록 장송하는 계세사상繼世思想과 관련하여, 말을 타고 명계冥界로 가도록 드리는 공헌적하는 의미로 보았다. 아울러 차형토기車形土器나 주형토기舟形土器의 경우에도 영혼을 싣고 천계天界로 가는 뜻으로 부장되었던 것으로 추정하였다.[54] 신인주는 마형토기(말모양 주자)는 이전의 조형토기鳥形土器의

53) 홍보식, 2015, 「신라·가야지역 象形土器의 변화와 의미」, 『韓國上古史學報 第90號』, 49쪽.
54) 李殷昌, 1987, 「馬刻文土器와 馬形土器」, 『고고미술138』, 251~252쪽.

영향을 그대로 어어 받아 처음에는 머리만 말로 표현하다가 5세기 중반 이후 완전한 말의 조형을 보여주는 특징을 보이는데, 새로 표현된 조형물이 지닌 원시사상과 마찬가지로 마형토기와 기마인물형 토기 역시 내세로 인도하는 역할로 사후 종말이 아니라 영원한 삶을 누리도록 기원하는 계세사상이 반영된 것이라 하였다.[55] 김동숙도 말은 고대인에게 중요한 운송수단이므로 현세와 내세를 연결해 주는 영물靈物로 숭배의 대상인 신이 타던 동물로서의 의미를 지닌다. 따라서 죽은 사람에 대하여 사후세계에서의 안식을 빌며 영혼을 저세상에 운반하는 신마로서 장소 의례에 공헌한 유물이며, 영혼의 이동 수단이라는 의미를 지니는 상형 용기는 동물형 외에도 짚신 모양·수레 모양·배 모양의 기물형도 있다고 하였다.[56] 이에 비해 홍보식은 상형토기(상형용기) 제작과 매납은 시기별로 변화가 있음을 지적하고 있다. 3세기 후반에서 4세기 전반까지의 오리모양 주자가 부장된 고분의 피장자는 사자의 영혼이 승천하도록 의식을 주재한 제사장이고, 생전의 직능을 표현한 것이라 하였다. 4세기 전반의 늦은 시기부터 경주·부산·김해의 고분에 갑주와 마구가 부장되는데, 이는 무사의 상징성을 나타낸 것으로서 이전까지 새를 매개로한 관념의 틀이 와해되거나 해체되고 주변집단을 무력으로 복속하는 무사의 모습을 갑주와 무구를 부장하여 피장자를 기념하는 새로운 상징성 성립을 표현하였을 가능성을 언급하였다. 5세기 전반 기마인물형 상형용기는 4세기 후반부터 효용성이 인정된 무구·마구류와 전쟁에서의 위력을 발휘하면서 새로운 아이콘으로 등장한 전사를 상징한 것으로 판단하였다. 또, 곳간형 토기는 풍요와 농경사회의 전통신앙, 배 모양 토기는 배를 이용한 사람의 왕래와 물건 운송의 편리함을 기념하거나

55) 愼仁珠, 2002, 『新羅 象形 注口附土器 硏究』, 東亞大學校大學院 文學博士學位論文, 112~125쪽.

56) 김동숙, 2008, 「신라·가야의 象形容器」, 『상형토기의 세계』, 용인대학교박물관 학술대회 발표 자료집, 15쪽.

항해의 안전을 기원하는 등의 의미를 담고 있는 것으로 보았다. 이렇게 오리모양에서 기물을 모방한 기종으로의 대체는 제사체계의 의미, 상징성, 관념의 변화 등이 함의 되었을 가능성[57]과 당시 지배층이 바라는 욕구 표현 가능성을 언급하고 있다.[58]

분명 상형용기는 본뜬 대상에 대한 특별한 의미를 담아 제작된 것은 분명하다. 지금까지 3세기 무덤 부장품으로 보이기 시작하는 오리(새)모양 주자는 『삼국지三國志』 위서魏書 동이전東夷傳 변진조弁辰條 기록(大鳥羽送死, 其意欲使死者飛揚)과 관련하여, '영혼을 전달하는 매개자'로서의 의미로 보는 경향이 많았다. 그리고 이후 등장하는 말 모양 상형용기가 형태적으로 새(오리)에서 말의 모습으로 이어지는 것으로 보고, 말이 이전의 오리(새)의 역할을 대신하게 된 것이라 판단하고 있는 것이다. 여기에 더하여 오리모양 주자가 거의 확인되지 않는 4세기 후반과 5세기 전반에는 갑주·말뼈·마구·무기류의 부장이 급격히 늘어나고, 때마침 기마인물형 상형용기가 등장한다. 이러한 양상은 말이 당시 사회에서 점차 중요한 대상이 되었을 것이고, 전쟁이 빈번하였던 상황에서 말이나 무사에 대한 특별한 의미를 부여하였을 것으로 보이는 것도 이러한 판단에 영향을 주었을 것이다. 오리모양 주자에서 말모양 상형용기로의 변화양상, 공반 유물의 출토양상 등으로 보면 매우 타당하다고 판단된다. 기존 연구에서 제시한 말모양 상형용기(기마인물형 뿔잔)의 등장배경과 관련하여 새로운 의견을 제시하지는 못하

57) 예를 들어 권력승계의 틀이 안전적으로 확립되었기 때문에 이와 연동하여 종래 복합적인 관념을 표현하던 압형토기가 쇠퇴하고, 제사체계와 관념이 세분화되면서 각각의 성격을 상징할 수 있는 상형토기가 제작 사용되었을 가능성 등을 제시하였다.

58) 홍보식, 2015, 「신라·가야지역 象形土器의 변화와 의미」, 『韓國上古史學報 第90號』, 43~48쪽.
다양한 상형토기의 제작은 의례 및 제사에서 공통적으로 압형토기가 사용되는 사회단계를 탈피하여 보다 전문화하면서 새로운 의례체계에 적당한 상형토기가 공헌되었음을 나타낸다고 한다.

지만, 몇 가지 의문점과 의견을 제시하는 수준에서 기마인물형 뿔잔의 등장배경에 대해 언급하고자 한다.

먼저 기마인물형 뿔잔이 피장자의 영혼을 저승으로 운반하는 매개자인가에 대한 문제이다. 많은 연구자들이 3세기 오리모양 주자를 영혼 운반을 위해 부장한 것으로 보았지만, 홍보식은 피장자의 생전 직능과 관련된 것으로 보았다. 즉, 새를 영혼 전달의 매개자로 인식하여 부장하였다면 4세기 전반 이전의 모든 무덤에 매납되는 보편적인 양상으로 확인되어야 하지만, 단위 고분군 내 부장비율은 1% 미만으로 매우 낮다. 또, 오리모양 주자가 피장자와 가까운 주곽이 아니라 부곽에 부장되는 것 등은 무덤 주인공의 영혼을 운반하기 위함이 아닌 것으로 보고 있다. 따라서 오리모양 주자가 부장된 무덤 주인공은 사자의 영혼이 승천하도록 의식을 주재한 제사장이고, 오리모양 주자는 무덤 주인공의 생전 직능과 관련되어 부장되었을 가능성이 있다는 것이다.[59] 단위 고분군내 다른 무덤에서 토기가 아닌 다른 재질(유기질)의 새와 관련된 것을 부장하였을 가능성도 있겠지만, 상당히 타당한 견해라 생각된다. 5세기 전반 이후 상형용기는 무덤만이 아니라 수혈, 저습지 등 다양한 유구에서 확인되고 있다. 말모양 상형용기의 경우에도, 출토지를 알 수 있는 8점 중 4점만이 무덤에서 출토되었으며, 집모양이나 배모양의 상형용기도 건물지 주변(김해 봉황동), 수혈(마산 현동, 달성 평촌리)에서도 출토되었다. 따라서 말을 포함한 상형용기가 장송의례와 관련하여 영혼을 전달하는 매개자로서의 의미만을 담고 있다고 볼 수는 없으며, 다양한 의미를 담아 의례에 사용하기 위해 제작하였을 것이다. 그럼에도, 당시 주변의 무수한 대상물 중 상형용기로 만들어진 것은 소수에 지나지 않기에, 상형용기로 제작된 대상은 당시 사람들에게 특별한 의미가 부

59) 홍보식, 2015, 「신라·가야지역 象形土器의 변화와 의미」, 『韓國上古史學報 第90號』, 43~44쪽, 55쪽.

여되었음은 부정할 수 없다. 당연히, 말은 일상생활뿐 아니라 전쟁에서의 효용성으로 인해 매우 중요한 대상으로 인식되었을 것이며, 특히 전쟁에서 위력을 발휘하였을 개마무사를 기마인물형 뿔잔으로 표현하였음은 당연하다.

다음으로 5세기 전반의 다양한 상형용기 제작 의도에 대한 의문이다. 3세기에서 6세기까지 확인되는 상형용기의 대상은 오리(새)와 말이 상당수를 차지하고 있지만, 5세기 전반부터 집, 배, 짚신, 신발, 거북, 수레 등 동물과 기물을 본뜬 다양한 상형용기와 함께 다양한 동물(소, 돼지, 사슴, 개 등)을 표현한 토우가 부착된 토기가 확인되고 있다. 공교롭게도 말, 소, 수레, 배, 신발 등은 운반이나 이동과 관련이 있어 오리모양 주자와 마찬가지로 '영혼의 전달'이라는 의미를 부여하기도 하였다. 말 모양의 경우, 당시 말을 중요하게 인식하고 새로운 아이콘으로 등장한 개마무사를 표현하였을 가능성도 있었다. 그렇다면, 이 시기에 갑자기 등장하는 다양한 상형용기와 토우는 어떤 의미로 이해할 수 있을까? 이 시기에 새로운 형태의 집이 등장했다거나 갑자기 집의 중요성이 부각되었다든지, 이전부터 주변에 존재했던 다양한 대상과 동물에 갑자기 새로운 의미가 부여되었기 때문에 제작되지도 않았을 것이다. 여러 형상을 본뜬 상형용기나 다양한 토우가 부착된 토기는 일반적인 토기와 다른 의미를 가지는 것은 분명하지만, 본뜬 대상에 대해 특별한 의미를 찾기 위한 지나친 집착은 경계해야 할 것이다. 그럼에도 일부 상형용기는 당시 중요한 의미를 담고 있었을 가능성이 충분하다. 5세기 전반에 해당하는 배 모양 잔은 김해 여래리와 달성 평촌리, 그리고 마산 현동유적에서 4점이 출토되었다. 두 점은 무덤에서도 출토되었기에 영혼을 배에 태워 보낸다는 의미도 부여할 수 있다. 또, 배는 원근거리 교역이나 하천 도하의 필수도구로서의 가치를 지니며, 먼 거리 사람이나 집단을 연결하는 운송과 중요한 물품의 교역의 도구로 인식하였기에 이러한 의미를 담아 제작되었을 수도 있다.[60] 더군다나 낙동강이라는 큰 강 주변과 마산만에 접한 곳에서 출토되었기에 더욱 설득력을 가지며, 현동 출토품의 경우 낙동강주변에서 출토된 것과 구조적 차이가 확인되어 원항선으로 추정되기도 한다.[61] 살림집이나 창고를 본뜬 상형용기는 저세상에서도 넉넉한 삶을 누리기를 염원하는 마음을 담은 계세사상의 의미를 담고 있거나 풍요를 기원하는 농경사회의 전통신앙을 상징하였을 것이다.[62]

마지막으로, 다양한 상형용기가 5세기 전반에 갑자기 '토기'로 만들었는가에 대한 문제이다. 표 1에서 상형용기의 출토현황을 보면, 시기에 따라 지역별로 상형용기 출토 공백기(예를 들어 4세기 전반 이전과 5세기 후반 이후 가야지역, 4세기 후반과 5세기 전반의 신라지역)가 보인다. 물론, 이러한 양상을 4세기 후반 신라지역에서 장송의례나 계세사상의 변화가 반영되어 갑자기 상형용기를 제작하지 않게 되었고, 5세기 전반 가야지역에서는 특정 대상의 중요성이 부각된다거나 인식의 변화가 반영되어 다양하게 제작되었다고 설명할 수도 있을 것이다. 그러나 남겨진 고고학적 자료의 한계로 인해 확인이 어렵지만, 상형용기 공백기에 해당지역에서 토기가 아닌 다른 재질(유기질)로 만들어 사용되었을 가능성[63]도 있다. 어떻게 보든 토기로 만들어진 다양한 상형용기가 5세기 전반에 갑자기 등장하는 것이 된다. 상형용기는 앞서 언급한 것처럼, 낙동강 하구지역과 마산만을 중심으로 집중되며,

60) 홍보식, 2015, 「신라·가야지역 象形土器의 변화와 의미」, 『韓國上古史學報 第90號』, 58쪽.

61) 황철주, 2018, 「마산 현동유적 발굴조사 성과」, 『2018 가야문화유산 최신 조사 성과』, 국립나주문화재연구소·국립가야문화재연구소, 80쪽.

62) 국립중앙박물관, 1997, 『한국고대의 토기』, 특별전 도록, 147쪽.
咸舜燮, 2008, 「嶺南地方 三韓 三國時代 살림집의 復原硏究」, 『동원학술논문집 9』 國立中央博物館·韓國考古美術硏究所, 16쪽.

63) 예를 들어, 동일 기능을 하는 상형용기를 목기나 칠기로 만들었을 가능성도 있을 것이다. 이에 대해서는 현재로서는 고고학 자료의 한계로 인해 더 이상의 언급은 불가능하다.

토우의 경우 김해 대성동 8호[64]와 부산 복천동 32호 통형기대[65] 등에서 확인 된다.[66] 다양한 상형용기 등장을 전후하여 김해와 함안지역의 토기는 이전의 형태에서 크게 변하고 다양한 투창이나 문양이 시문되며, 기종 간 결합에 의한 새로운 기종이 등장하는 등 다양성과 공통성을 특징으로 한다.[67] 이 시기를 고식과 신식의 토기가 혼재되어 있고 형식이 난립하는 시기라는 의미에서 '전환기轉換期[68]', '형식난립기型式亂立期[69]'로 부르거나, 가야와 신라 각 지역 기종이 대체적으로 유사한 양상을 보이는 진정한 의미에서 도질토기 공통양식[70]으로 보기도 한다. 대체적으로 4세기 4/4분기에서 5세기 1/4분기를 중심으로 하고 있다. 이러한 4세기 말부터 시작된 변동의 배경으로는 고구려의 남정으로 인한 정치적 변화[71]나 이전부터 지속되어온 지역 간 교류로 형식이 복합되거나 토기의 대량생산으로 인한 제작기술의

---

64) 신발모양의 토우가 부착된 토기편이 출토되었다.
대성동고분박물관, 2003, 『대성동 고분박물관 전시안내 도록』, 66쪽.

65) 통형기대 외면에 말과 멧돼지 모양의 토우 3개가 부착되어 있다.
釜山大學校博物館·釜山廣域市, 2013, 『福泉洞古墳群 Ⅴ』, 169쪽.

66) 5세기 이전의 경우, 4세기 후반의 함안 우거리 토기가마 가마 폐기장에서 전면에 삼각집선문으로 장식된 오리모양의 토우가 출토된 바 있다.
가야문화재연구소, 2018, 「함안 우거리 토기가마터-산139번지 일원 발굴조사 현장설명회 자료」.

67) 다양성과 공통성은 의미적으로 상충되지만, 여기에서의 다양성은 기종 구성과 장식적 측면, 공통성은 지역적 양상과 관련된다. 즉, 기종, 형태, 장식 등은 이전의 틀에서 벗어나 다양하게 만들어지며, 이러한 현상은 특정 지역에만 한정되지 않고 일시적이지만 두 지역에서 함께 보인다는 의미이다.

68) 朴升圭, 2006, 「加耶土器의 轉換期 變動과 樣式構造」, 『伽倻文化』 第19號, 伽倻文化研究院.

69) 趙榮濟, 2008, 「型式 亂立期의 加耶土器에 대하여」, 『考古廣場2』, 부산고고학연구회.

70) 이성주, 2003, 「伽耶土器의 生產·分配體系」, 『가야 고고학의 새로운 조명』, 혜안, 298~303쪽.

71) 趙榮濟, 2008, 「型式 亂立期의 加耶土器에 대하여」, 『考古廣場2』, 부산고고학연구회, 62쪽.

진보[72]가 언급되지만, 필자는 토기제작기술이 광역으로 확산된 결과로 생각한다. 고식도질토기가 낙동강 하구지역에서 처음 등장한 후, 일정기간은 도질토기 생산기술은 특정지역에서 독점적으로 보유하였을 것이다. 함안지역에서도 얼마 지나지 않아 고식도질토기를 생산하게 되었지만, 상당기간은 영남 대부분이 도질토기 제작기술을 보유하지 못하는 기술적 불균등기간이었을 것이다. 하지만, 시간이 지남에 따라 토기 제작정보는 점차 영남각지로 확산되어 제작기술의 보유와 제작수준의 격차는 점점 좁혀지게 되었다고 생각한다. 때문에 4세기대의 토기생산체계의 변동은 지역적으로 불균형을 이루던 생산체계가 지역적으로 평준화되어 가는 과정을 보여주는 것으로 보기도 한다.[73] 이때의 기술 확산은 낙동강을 따라 이루어졌다고 보이는데, 함안지역보다 늦은 시기의 토기생산 가마인 창녕 여초리, 의령 율산리·전화리, 달성 창리·성하리, 대구 신당동 1호, 경산 옥산동 4호 등이 해당된다.[74] 특히, 대구 신당동 1호 가마는 함안지역과 낙동강 하구지역의 기종과 제작기술이 혼재되어 있어, 복수의 제작기술과 기종이 혼재되어 확산된 결과로 보인다. 한편, 이 시기 대부분의 가마유적에서 출토된 토기편은 기벽이 두껍거나 불완전한 소성을 보이는 등 김해나 함안지역에 비해 제작기술의 완성도는 낮다. 하지만, 점차 시행착오와 기술혁신을 거듭하면서 제작기술의 완성도는 높아지게 되었을 것이다. 결국 이러한 과정을 거치면서 원천기술(김해, 함안 등)을 기반으로 새로운 제작기법과 기종이 완성되면서 신식도질토기시기로의 전환이 이루어졌을 것이다.

72) 朴升圭, 2010, 『加耶土器 樣式 硏究』, 東義大學校 大學院 博士學位論文, 92~95쪽.

73) 이성주, 2003, 「伽耶土器의 生産·分配體系」, 『가야 고고학의 새로운 조명』, 혜안, 304~305쪽.

74) 조성원도 고식도질토기 후기에는 낙동강을 따라서 하구역-창녕-합천-경산을 연결하는 토기생산정보-제작품 유통망을 구성하였던 것으로 보고 있다.
조성원, 2012, 「三國時代 嶺南地域 陶質土器 生産體系와 流通」, 『생산과유통』, 영남고고학회구주고고학회 제10회 합동고고학대회, 8~10쪽.

그렇다면, 4세기 말에서 5세기 전반 무렵, 도질토기 제작정보가 확산되고 각지에서도 대부분의 기종을 도질토기로 생산하는 상황이었다면, 토기 제작의 선진지로 기득권을 유지하였던 낙동강 하구지역과 함안지역은 어떻게 대응하였을까? 토기 생산을 중지하지 않는다면, 상품(토기)의 차별화를 우선적으로 생각할 수 있을 것이다. 이미 다른 지역에서 제작기술로는 상당부분 격차를 줄인 상황에서의 차별화 전략은 고급화, 다양화였을 것이다. 외형적으로는 보다 화려하고 아름답게 장식하는 고급화, 기능적으로는 손잡이를 새롭게 부착하는 등 변형을 통해 사용의 편리성 증대, 토기의 용도 확대를 위한 기종 세분화 등의 방법이었을 것이다. 결과적으로 고배나 컵형토기를 보다 크게 만들거나 다양한 문양·투창·토우 등으로 장식하여 토기를 보다 화려하게 만들게 되었다. 또, 기종 간 결합으로 유개대부파수부 소호나 파수부 광구소호 등을 새롭게 제작하고, 이전의 노형토기는 생산을 줄이는 대신 기대 등의 생산을 확대하고, 사물의 형태를 본뜬 상형용기도 제작하는 등 토기제작 선진지로서의 우위를 유지하기 위한 노력을 하였을 것이다.[75] 결국, 기마인물형 뿔잔의 제작은 이러한 상황에서 상품의 차별화전략의 일환으로 고급화와 다양화를 통해 토기 제작기술의 우월성을 과시하려는 의도도 포함되어 있다고 판단된다.

75) 4세기 함안지역의 단경호 중첩소성에서 단독소성으로의 변화도 이와 관련되었다고 생각한다. 중첩소성은 단경호 대량생산에 효율적이지만, 찌그러지거나 용착부분이 많은 등 미관은 좋지 못하다. 단독소성으로의 전환은 대량생산을 포기하는 대신 상품성을 높이기 위한 선택이었을 것이고, 각지에서도 수준 높은 도질 단경호가 생산되는 상황에서의 불가피한 선택이었을 것이다.

V. 맺음말

지금까지 기마인물형 뿔잔은 표현된 말, 무사, 마갑에 주목하여 왔지만, 기능적으로는 뿔잔으로 분류되어야 한다. 또, 마구나 마갑, 말 모양 상형용기의 출토양상 등을 기준으로 신라지역에서 제작되었을 것으로 보기도 하였지만, 5세기 전반 낙동강 하구지역과 함안을 중심으로 하는 지역에서 만들어진 것으로 판단되었다. 비슷한 형태의 대각이 달린 유개대부파수부 소호, 동시기 형태적 유사성을 보이는 뿔잔 분포 등은 기마인물형 뿔잔이 낙동강하구지역에서 출토되었을 가능성이 높음을 보여준다. 하지만 토기표면에 형성된 자연유, 방패에 새겨진 문양, 대각의 형태 등은 함안지역 제작기술과의 관련성이 높다고 판단된다. 특히, 마산 현동 387호에서 함안양식의 고배·단경호와 함께 출토된 배모양 잔은 기마인물형 뿔잔과 동일한 제작기법이 적용되었고 비슷한 시기에 해당한다. 이것은 기마인물형 뿔잔의 제작기술과 계보, 제작지의 함안 관련성을 높게 보는 이유이기도 하다. 다만, 아직까지 함안 도항리 일대에서 동시기에 해당하는 상형용기가 다량으로 확인되지 않기 때문에 출토지를 함안으로 단정하는데 걸림돌이 되고 있다.

기마인물형 뿔잔은 다른 상형용기와 마찬가지로 당시 특별한 의미를 담아 제작된 것은 분명하지만, 이전의 오리모양 주자의 경우처럼 장송의례와 관련하여 말이 영혼을 저승으로 운반하는 매개자로 인식하여 만들어진 것은 아니었다. 다만, 당시 정치·경제·사회적 측면에서 말의 효용성과 중요성에 대한 인식이 높아지는 상황에서 새로운 상징으로 등장한 개마무사를 상형 용기로 표현하였음은 분명하다. 당시 상형용기가 무덤 뿐 아니라 수혈, 집자리 주변, 도랑(구溝) 등에서도 출토되고 있기 때문에 다양한 염원을 담아 장송의례를 포함한 의례에 사용하기 위해 제작되었을 것이다. 한편, 기마인물형 뿔잔이 만들어진 시점은 신라·가야토기 양식의 분화 전후에 해당하고, 이 시기 낙동강 하구지역과 함안지역에서는 다양한 문양·투창으로 토기를 화려하게 장식하거나 토우를 부착하여 다른 일반적인 토기와 차별화 하려는 의도가 많이 보인다. 또, 사용의 편리성을 도모하기 위한 변형과 새로운 기종이 만들어지는 등 다양한 변화를 보인다. 이때는 영남 각지에서 도질 토기제작 정보가 확산되고, 기존의 토기제작 기술보유와 기술수준의 격차가 점차 완화되어 가는 시기였다. 토기를 다양한 문양으로 화려하게 장식하고 새로운 기종이 등장하는 등의 변화는 100여 년간 도질토기 제작의 선진지였던 낙동강 하구지역과 함안지역이 토기제작 선진지로서의 우위를 유지하기 위한 토기(상품) 차별화 전략의 결과라 생각된다. 기마인물형 뿔잔을 비롯한 다양한 상형용기는 이러한 상황에서 등장하였을 것이다.

참고문헌

국립가야문화재연구소, 2019, 「함안 우거리 토기가마터-산139번지 일원 발굴조사 현장설명회 자료」.

국립김해박물관, 2015, 『갑주, 전사의 상징』, 특별전 도록.

국립김해박물관, 2018, 『김해』, 특별전 도록.

국립중앙박물관, 1997, 『한국고대의 토기』, 특별전 도록.

김동숙, 2008, 「신라·가야의 象形容器」, 『상형토기의 세계』, 용인대학교박물관 학술대회 발표 자료집.

대성동고분박물관, 2003, 『대성동 고분박물관 전시안내 도록』.

대한문화유산연구원, 2011, 『高興 掌德里 獐洞遺蹟.

東西文物硏究院, 2015, 『金海 望德里遺蹟 II』.

柳昌煥, 2007, 『加耶馬具의 硏究』, 東義大學校 大學院 文學博士學位論文.

朴升圭, 2006, 「加耶土器의 轉換期 變動과 樣式構造」, 『伽倻文化』 第19號, 伽倻文化硏究院.

朴升圭, 2010, 『加耶土器 樣式 硏究』, 東義大學校 大學院 博士學位論文.

박천수, 2010, 『가야토기』, 진인진.

釜山大學校博物館·釜山廣域市, 2013, 『福泉洞古墳群 V』.

부산박물관, 1992, 『東萊福泉洞53號墳』.

삼한문화재연구원, 2018, 『거제-마산3 국도건설공사구간 내 유적 발굴조사 현장설명회 자료(1차)』.

신광철, 2018, 「國寶 第275號 陶器 騎馬人物形 角杯와 騎兵戰術」, 『新羅文物研究 11』, 국립경주박물관.

申敬澈, 2000, 「金官加耶 土器의 編年」, 『伽耶考古學論叢3』, 伽耶文化硏究所 編.

愼仁珠, 2002, 『新羅 象形 注口附土器 硏究』, 東亞大學校大學院 文學博士學位論文.

신인주, 2008, 「삼국시대 馬形土器 연구」, 『상형토기의 세계』, 용인대학교박물관 학술대회 발표자료집.

禹枝南, 2000, 「咸安地域 出土 陶質土器」, 『도항리·말산리유적』, (사)慶南考古學研究所, 咸安郡.

이난영, 1974, 『토우』 교양국사총서 22, 세종대왕기념사업회.

이성주, 2003, 「伽耶土器의 生產·分配體系」, 『가야 고고학의 새로운 조명』.

이성훈, 2015, 「삼국시대 한반도 출토 방패와 무기류의 변화」, 『韓國考古學報 97』, 韓國考古學會.

李殷昌, 1987, 「마각문토기馬刻文土器와 馬形土器」, 『고고미술138』.

조성원, 2012, 「三國時代 嶺南地域 陶質土器 生產體系와 流通」, 『생산과유통』, 영남고고학회구주고고학회 제10회 합동고고학대회.

趙榮濟, 2008, 「型式 亂立期의 加耶土器에 대하여」, 『考古廣場2』, 부산고고학연구회.

趙榮濟, 2010, 「(有蓋)臺附把手附 小壺考」, 『韓國考古學報 第』76輯, 한국고고학회.

韓道植, 2015, 「新羅·加耶 象形土器의 分布樣相」, 『家形土器の群構成と階層性からみた東アジアにおける古墳葬送儀禮に關する基礎的研究』, 東京國立博物館.

咸舜燮, 2008, 「嶺南地方 三韓 三國時代 살림집의 復原研究」, 『동원학술논문집 9』 國立中央博物館·韓國考古美術研究所.

황철주, 2018 「마산 현동유적 발굴조사성과」, 『2018 가야문화유산 최신조사성과』 국립나주문화재연구소·국립가야문화재연구소.

홍보식, 2014, 「신라·가야 고분 교차편년」, 『嶺南考古學 70號』, 영남고고학회.

홍보식, 2015, 「신라·가야지역 象形土器의 변화와 의미」, 『韓國上古史學報 第90號』

「기마인물형 뿔잔의 제작기법과 등장배경」에 대한 토론문

임학종 (남가람박물관장)

가. 먼저 이 문화재가 '뿔잔'으로 분류되어야 한다는 지적은 옳다고 본다. 이제까지 '기마인물형토기'로 불리다가 명칭 자체도 공식적으로는 '도기 기마인물형 뿔잔'으로 바뀌었다.

나. 이 토기의 제작 기법에 대해 가장 상세하게 관찰하여 주신 것 같다. 이 토기를 비롯하여 마산 현동의 배토기 등을 소성하는 가마는 이전 가마, 혹은 동 시기의 호류를 소성하는 가마와는 혹시 큰 변화가 있는지 궁금하다.

다. 일부 연구자들은 이 토기가 신라의 것이라는 주장을 하였지만, 가야와 신라 지역의 뿔잔 형태를 비교하여 명확하게 구분하였다고 본다. 더군다나 대각의 형태나 자연유, 방패의 문양 등이 가야, 특히 아라가야의 것에 가장 가깝다는 의견에도 공감한다. 이 주장의 근거는 김해와 함안 지역에서 주로 출토되는 유개대부파수부소호의 대각과 자연유의 시유 상태, 최근 창원 현동에서 출토된 배모양토기와의 비교 등이 주안점인 듯하다. 단지 김해지역과 함안 지역의 토기 제작의 변화와 공유에 대해 다소 애매한 뉘앙스를 피력하고 있다. 다시 말하면 함안토기의 제작 기법에 가장 가깝지만, 이런 상형토기들이 등장하는 시점에는 김해 지역에서도 충분히 제작되었을 가능성이 있다는 의미를 담고 있다고 보는 듯하다. 결국 이 상형토기들이 만들어지기 시작하는 시점이 신라·가야토기 양식의 분화 전후에 해당하고, 토기의 제작 기술이 가야 각 지역에서는 공유되는 것으로 파악하고 있다. 그 부분에 대해 간단하게 부연 설명하여 주시기 바란다.

라. 마지막으로, 한도식 선생님의 글에도 언급되어 있지만, 신라의 기마인물형토기는 주자인 반면 이 토기는 잔이라는 것으로 파악하고 있다. 그렇다면 기존의 고식도질토기 중 '컵형토기'와 '광구소호' 등과는 어떤 변화와 지역 색을 갖는지 알고 싶다.

「기마인물형 뿔잔의 제작기법과 등장배경」에 대한 토론문

이주헌 (국립문화재연구소)

이정근의 발표문 「기마인물형 뿔잔의 제작기법과 등장배경」에 의하면, '… 아직까지 가야와 신라지역을 통틀어 이와 유사한 형태의 상형토기는 출토되지 않았다. 그나마 유사한 형태를 하고 있는 개인소장품 1점도 출토지를 알 수 없는 것이다. …'라고 언급하며 5세기 전반대 상형토기의 출토양상과 특징, 대각부가 유사한 유개대부파수부소호의 출토지와 문양구성 등을 폭넓게 분석하여 대상 유물의 출토지와 제작시기를 검토하였다. 그 결과, 뿔잔을 비롯한 각종의 상형토기는 낙동강 하구지역인 김해와 마산만 일대에서 가장 먼저 등장하였으며 뿔잔에 대각이나 다른 기물(동물)이 결합되는 사례도 김해 양동리와 함안 도항리에서만 출토되고 있는 것으로 분석하였다.

또한 5세기 전반대에 유행한 유개대부파수부소호의 대각 크기와 형태, 투공과 문양, 토기표면에 형성된 자연유의 색상과 범위 등이 '전김해 출토 기마인물형뿔잔'과 닮은 상태이므로 양자는 제작시기와 지역에서 서로 관련성이 깊을 것으로 인식하고 이를 비교분석하여, 부산과 김해지역에서 출토된 유개대부파수부소호 가운데 도항리 출토 토기와 같은 황갈색자연유를 한 그룹의 토기는 해당지역의 토기와 구별되는 표면색 등으로 보아 5세기 전반 함안지역과 깊은 관련성을 가지고 있을 것으로 파악하였다.

따라서 '전김해 출토품'이라고 알려진 기마인물형 뿔잔은 5세기 전반의 이른 시점에 함안지역 토기제작기술로 만들었지만, 부산과 김해 등지에서 유개대부파수부소호가 많이 매납되는 양상을 고려해 본다면 출토지는 낙동강 하구지역일 가능성이 높을 것으로 판단하였다. 그리고 이러한 현상이 나타나게 된 배경은 5세기 초의 정치적 변화나 지역간의 활발한 교류에 따른 제작기술의 진보라기보다는 4세기 말에서 5세기 전반 무렵에 진행된 도질토기의 제작 정보와 기술이 광역으로 확산됨에 따라, 토기 제작의 선진지였던 낙동강 하구지역과 함안지역에서 의도적인 상품의 차별화 전략에 의해 토기의 고급화와 기능적 다양화가 진행되었고 이에 따라 기존 토기의 변형과 새로운 기종이 만들어지는 등 해당지역 토기 제작기술의 우월성을 타 지역에 과시하려는 배경 아래 기마인물형 뿔잔을 비롯한 다양한 상형토기가 등장한 것으로 파악하고 있다.

발표문은 대상유물에 대한 치밀한 분석을 통하여 얻어낸 결과로서 독자를 설득하기에 부족함이 없다. 하지만, 토기의 차별화 전략으로 제작된 상형토기가 낙동강 하구지역과 함안지역을 중심으로 진행되었다면 부산과 김해의 유적에서 함안지역에서 제작한 토기가 다수 출토되듯이 함안지역에서도 낙동강 하구지역의 토기가 어느 정도 출토되어야 이 견해는 더욱 큰 설득력을 가질 수 있다. 하지만, 현재까지의 고고자료로 본다면 함안지역의 유적에서는 낙동강 하구지역의 특색을 보이는 토기가 거의 확인되지 않고 있는데, 이는 무엇 때문인가? 발표자가 파악하고 있는 함안지역 출토토기 가운데 낙동강 하구지역에서 제작된 5세기 전반 무렵의 토기는 어떤 것들이 있는지? 보완 설명을 바란다.

4~5世紀東亜細亜と加耶の土器

定森秀夫*

目 次

はじめに

韓半島南部の三国時代陶質土器の地域性抽出と時期比定に関する研究は、韓国での発掘調査の進展によって、ここ数十年の間に目覚ましい進捗をみせている。私も、1980年代から韓国考古学の成果を必要とする日本人研究者の視点から、陶質土器を研究してきた。

* 滋賀県立大学名誉教授

陶質土器には、百済土器(百済系陶質土器)·新羅土器(新羅系陶質土)·加耶土器(加耶系陶質土器)の３類型が存在することが以前から指摘されてきた。さらに、百済土器·新羅土器·加耶土器それぞれの中にも地域性が認められ、細かな地域タイプの抽出が可能との認識の下で細分化が進められてきた。

私の研究では、加耶土器には金海タイプ陶質土器(≒古式陶質土器洛東江河口様式)·高霊タイプ陶質土器·咸安タイプ陶質土器·固城タイプ陶質土器の４タイプが存在することを確認した。そして、それぞれのタイプが主要な土器として分布する地域を金官加耶·大加耶·阿羅加耶·小加耶の領域ないしは勢力圏と認識することが可能であり、それらを金官加耶土器(金官加耶系陶質土器)·大加耶土器(大加耶系陶質土器)·阿羅加耶土器(阿羅加耶系陶質土器)·小加耶土器(小加耶系陶質土器)と呼称することもできる。

その各タイプが加耶の他地域、百済·新羅·倭から出土することがあり、その事例を集成·検討することによって、各加耶間の相互関係、加耶と百済·新羅との相互関係、加耶と倭との対外関係(交渉·交易)を推測することが可能となる。

本稿では、加耶土器の日本出土例から４～５世紀における加耶と倭との対外関係を推測してみるが、主に高霊タイプと咸安タイプに的を絞って検討してみたい。なお、内容上4~5世紀を前後する時期にも言及する場合もある。そして、加耶土器以外の考古資料、渡来系伝承を有する神社や渡来系の地名なども適宜援用して、当時の加耶を含めた韓半島南部の三国と倭との対外関係のルートなどにも若干言及してみたい。

1. 日本出土の加耶土器

私は、加耶土器を含めた日本出土の陶質土器に関する論考などを、これまで日本の書籍に発表してきたが、韓国で刊行された書籍にもいくつか発表したことがある。基本的には、それらを執筆した当時の考え方に変化はないので、それらの論考などを参照していただければ、本稿をより理解できると思う。以下、加耶土器に関して、私自身が現時点で有している問題点などを若干提示しておきたい。

(1) 金海タイプ陶質土器

金海タイプは４世紀の古式陶質土器洛東江河口様式にほぼ該当するが、５世紀に入ると型式学的に追うことが難しく、基本的には４世紀に存在したタイプと私は考えている。無蓋無透孔高杯や低脚爐形器台などの特徴的な器形が識別可能であるが、現在のところ福岡県前原市での発掘調査で出土した無蓋無透孔高杯を確認している程度である。

金官加耶の主導権は、５世紀に入ると金海地域から福泉洞古墳群が築造された現在の釜山地域へ移り、土器も新羅系陶質土器となる。ただし、その初期段階のもの、すなわち４世紀末~５世紀初のものは加耶土器の要素がかなり強く、それらを金海タイプの最末期と考えれば、例えば福井県三方上中郡若狭町の三生野遺跡から出土した組紐文が施文された長頸壺、大阪府岸和田市の持ノ木古墳から出土した福泉洞31号墳出土高杯形器台と瓜二つの器台などは、金海タイプとすることもできよう。

本稿では、とりあえず５世紀極初期の釜山福泉洞古墳群出土陶質土器までを金海タイプと認識しておくが、私自身も今後の検討課題と思っている。

(2) 高霊タイプ陶質土器

高霊タイプに関しては、『大加耶와周邊諸國』(高靈郡·韓國上古史學會、2002年)での拙稿「陶質土器からみた倭と大加耶」で論じたことがある。その時点で30個体を確認していた。その後、17年ほど経過しているが、宮崎県延岡市で出土したとされている蓋1個体を確認しているだけである。この蓋の時期は6世紀前半であろう。管見によれば、その延岡市出土の蓋を除いて、資料の増加を確認していないので、基本的には前拙稿での考え方に変化はない。

私は、高霊タイプはさらに地域性が認められると考えている。例えば、今のところ陜川玉田古墳群周辺だけから出土する特異なコップ形土器があり、大加耶圏に属する多羅国特有のコップ形土器の形態と考えられる。拙稿「三重縣出土陶質土器」(『季刊韓國의考古學』第8號、周留城、2008年)で、この特異なコップ形土器が三重県津市の木造赤坂遺跡から出土していることを紹介した。この遺跡からは軟質の韓式系土器も出土していて、大加耶圏に属する多羅国との何らかの交渉を考えることができる重要な資料であると思う。

(3) 咸安タイプ陶質土器

咸安タイプに関しても、『지역과 역사』第35号(釜慶歴史研究、2014年)での拙稿「陶質土器からみた倭と阿羅加耶」で論じたことがある。それから5年ほど経っているが、資料的に増えているわけではない。したがって、基本的には高霊タイプと同様に前拙稿での考え方に変

化はない。

ただし、これまでの出土品の中で咸安タイプに認定しても良い資料が若干ありそうである。特に、小型平底壺に関しては、咸安タイプと金海タイプとの識別が難しい。また、把手付短頸壺に関しても、咸安タイプと金海タイプとの識別が難しい。したがって、日本出土の小型平底壺·把手付短頸壺の中のいくつかは咸安タイプの可能性があり、またいくつかは金海タイプの可能性があるということになる。

例えば、拙稿「京都府城陽市出土把手付短頸壺」(『季刊韓國의考古學』第13號、周留城、2009年)で、京都府城陽市の芝ヶ原９号墳から出土した把手付短頸壺２個体に関しても、金海タイプか咸安タイプか確定することは難しいとしている。現時点では、私はこの両器種を加耶土器と大きく括っておきたい。

(4) 固城タイプ陶質土器

固城タブに関しても、かつて高霊タイプと共に検討したことがある。それは、前拙稿「陶質土器からみた倭と大加耶」(『大加耶와周邊諸國』、高靈郡·韓國上古史學會、2002年)の中で、1項を設けて若干検討したものである。日本出土例として11個体を確認している。その後、資料の増加を確認できていないので、前拙稿からさほど考え方は変わってはいない。

第１表と第１図を見てみよう。分布では、九州、とりわけ対馬での出土例が圧倒的に多く、近畿の出土例は少ないことが分かるだろう。器種構成では、山形県東置賜郡高畠町の福源寺古墳群の横穴式石室から出土したとされる脚付短頸壺を除くと、すべて高杯などの供膳·祭祀具であることが特徴である。分布傾向はこれから詳述する高霊タイプと似ているが、器種構成は咸安タイプと似ている状況を示している。

上述の山形県出土の脚付短頸壺に関しては、拙稿「山形縣出土陶質土器」(『季刊韓國의考古學』第12號、周留城、2009年)でも紹介している。後述する日本海(東海)ルートをさらに北上し、山形県酒田市の最上川河口から川を遡っていくと、高畠町へ至ることができる。山形県の内陸部から陶質土器がいくつか出土しているが、それらの陶質土器はこの最上川ルートを想定しうる資料となろう。

2. 日本出土の高霊タイプと咸安タイプ

(1) 分布の比較

日本から出土した5~6世紀の高霊タイプ30個体は第2表に、4~6世紀の咸安タイプ25個体は第3表に、その個体の出土地·出土遺構、器種、時期などを示した。前述したように、前拙稿での検討からその後も資料がほとんど増えていないので、表および図は前拙稿掲載のものをそのまま使用した。

まず、4~6世紀の全時期を通しての地理的分布を見てみると、高霊タイプと咸安タイプとで明らかな相違が認められることが分かるだろう。すなわち、高霊タイプは北部九州·瀬戸内·近畿で80%近くを占め、中でも愛媛県での出土例が圧倒的に多いことが分かると思う。

一方、咸安タイプは、九州本島で出土例は無いものの、対馬·瀬戸内·近畿で90%近くを占めていて、中でもヤマト政権中枢に近い奈良県での出土例が圧倒的に多い傾向が認められる。

次に、時期的分布を見てみる。高霊タイプの出土例は、前拙稿では

5世紀中葉~5世紀後半 (第2図)、6世紀前半 (第3図)、6世紀中葉(第4図)の3時期に分けてみた。咸安タイプの出土例は、前拙稿では4世紀 (第5図)、5世紀 (第6図)、6世紀 (第7図)の3時期に分けてみた。高霊タイプの6世紀前半と6世紀中葉の分布を合一すれば、咸安タイプの6世紀と比較しやすいだろう。

4世紀~5世紀前葉の高霊タイプに関しては、出土例を確認することができなかった。私の陶質土器研究では、高霊タイプとして識別できる特徴的な地域性は5世紀中葉以降に成立するという結果を導き出していて、そのことに起因すると思っている。

5世紀に関しては、咸安タイプに5世紀前半のものが多いことが特徴である。そして、高霊タイプと咸安タイプともに瀬戸内地域に集中する傾向も認められる。

6世紀に関しては、高霊タイプの出土例は西日本一帯に多いが、咸安タイプの出土例そのものは非常に少ないという傾向が認められる。

以上の分布傾向から、大加耶と倭、阿羅加耶と倭との対外関係にいくつかの相違があったことを読み取ることができるだろう。

特に、5世紀に関しては、ヤマト政権中枢である奈良県からの咸安タイプの出土例が多いことは注意すべきであろう。高霊タイプは瀬戸内地域で出土するものの、ヤマト政権中枢からの出土例が現時点ではほとんど見られない。このことは、5世紀には阿羅加耶はヤマト政権中枢との対外関係が強かったことを示す可能性がある。

ただし、6世紀になると、咸安タイプは少なく、高霊タイプが西日本一帯にわりと分散して分布する傾向が窺える。このような現象は、継体天皇擁立を巡るヤマト政権内の動揺に起因しているのではなかろうか。高霊タイプの分布状況は、ヤマト政権中枢の混乱の中、地方豪族が独自に大加耶との対外関係を構築していた可能性を反映しているのかもしれない。

(2) 器種構成の比較

日本出土の高霊タイプと咸安タイプの在り様で異なる様相がもう一つある。それは、6世紀も含めて見てみると、器種構成の相違である。

まず、高霊タイプ出土地名表(第1表)を見てみよう。器種を壺類の貯蔵具と高杯などの供膳·祭祀具に分けて、全30個体での比率を見ると、貯蔵具としての壺類が約63%、すなわち2/3近くが壺類であるということが特に注意される。

次に、咸安タイプ出土地名表(第2表)を見てみよう。壺類などの貯蔵具は4世紀に出土例が見られる。しかし、5~6世紀では出土例が0%、すなわち壺類などの出土例は全く見られないということが特に注意される。ただし、5~6世紀の咸安タイプの壺類の識別が難しく、咸安タイプの壺類が出土している可能性も無いではないが、管見によれば以上のような結果となっている。

高霊タイプには壺類などの貯蔵具が多く、咸安タイプには高杯などの供膳·祭祀具が多いという傾向が見られるという結果になった。この器種構成の相違は、大加耶と倭、阿羅加耶と倭との対外関係の内実を示しているのではないだろうか。すなわち、貯蔵具には何かしらの物質が容れられて搬入されたと考えれば、壺類が約2/3を占める高霊タイプの様相から見ると、大加耶と倭との対外関係は交易の側面が強かった可能性が想定できるかもしれない。一方、供膳·祭祀具がほとんどを占めている咸安タイプの様相から見ると、阿羅加耶と倭との対外関係は政治的関係を含めた交渉の側面が強かった可能性を想定することができるのではないだろうか。

3. それは蜂蜜だった！？―壺類に何が容れられていたのか―

加耶と倭との対外関係は、交渉の視点からだけではなく、交易という視点から検討することも必要である。倭にとっては加耶からの鉄素材の入手は最重要であったと思われる。この鉄素材を含めた固形物などは梱包材でまとめれば搬入可能であろうと思われる。陶質土器から見た場合、貯蔵具としての壺類の存在理由は検討すべき対象と考える。壺類は、内容物なし、すなわち何も容れずに日本へは搬入されないと考えるべきであろう。そうすると、何を容れてきたのか。

高霊タイプの器種構成は壺類が約2/3を占め、咸安タイプや固城タイプの器種構成とは全く異なることは前述した。前拙稿「陶質土器からみた倭と大加耶」(『大加耶와周邊諸國』、高靈郡·韓國上古史學會、2002年)では、壺類には内容物が容れられていたはずであり、薬物などではないかと類推しておいた。その後、内容物は具体的に何なのかをいろいろと考えてみたものの、思い浮かぶものがなかった。ところが、数年前に受け持っていた講義の学生が提出してきたレポートを読んで、気付いたのである。そのレポートには、渤海と日本との交易品の中に「蜂蜜」があるということを調べて記述していたのであった。

そこから私自身も調べていくと、日本では養蜂が定着したのは平安時代に入ってからと推測されていることが分かった。それまでは、蜂蜜は基本的に交易品として搬入されていたと考えられる。

『日本書紀』皇極天皇2年(643年)の記事に、「是歳、百濟太子餘豐、以蜜蜂房四枚、放養於三輪山。而終不蕃息。」とある。643年に百済の王子·余豊が奈良県の三輪山で養蜂を試みたが失敗したという記事である。

この記事から、少なくとも7世紀中葉には蜂蜜を採取する養蜂技術が持ち込まれたが、結局養蜂は成功しなかったことが分かる。したがって、蜂蜜は7世紀中葉までは、韓半島から交易品として搬入されていたことを表していると思われる。同時に、養蜂が失敗に帰しているので、7世紀中葉以降も、しばらくは輸入に頼らざるを得なかったと想像される。

正倉院にある「鳥毛立女屏風」の下貼文書には、天平勝宝4年(752年)と推定される統一新羅からの輸入品の中に、「蜜汁」として蜂蜜が記載されている。8世紀中葉にもまだ輸入されていたことが分かる。そして、前述したように、渤海との交易品としても蜂蜜が記録されているのである。

このように、文献史料の記録によると、蜂蜜は日本で養蜂が定着するまでは、統一新羅·渤海から交易品として日本に搬入されていたわけである。文献史料の記録にはないが、恐らくそれ以前にも三国から蜂蜜が搬入されていたであろうことは想像に難くない。蜂蜜は、古今東西、薬としての用途があり、日本でもその需要はあったものと思われる。

陶質土器の壺類に液体を容れていた場合、搬送の途中に流出する恐れがある。まして、揺れの激しい航海であれば、尚更であろう。液体ではなく、ゾル状ないしは結晶化の性質を有する「蜂蜜」は流出の恐れが少ない。そして、それほど大量に生産されなかった希少品であったであろうから、陶質土器の壺類ないしは小型の甕などに容れられる程度の交易品であった可能性がある。

日本出土の高霊タイプないしは陶質土器の壺類すべてに当てはめることはできないが、貴重な薬としての「蜂蜜」を容れていた可能性を本稿で強く提起しておきたい。日本では鳥足文壺類なども出土していて、百済系陶質土器の壺類などの内容物も「蜂蜜」であった可能性は高いのではなかろうか。

4. 交渉·交易ルート

韓半島と日本列島とは海を隔ててはいるが、後期旧石器時代以来、連綿と波濤を超えた交流が続き現在に至っている。古墳時代には、様々な交流ルートが存在していたであろうが、加耶と倭との対外関係の主要なルートは瀬戸内ルートと日本海(東海)ルートの二つであったであろう。この二つのルートは従来から様々な歴史分野の研究者によって検討されてきたものであり、別段目新しい見解ではない。しかし、私は本稿で日本出土陶質土器、神社、地名、文献などからこの二つのルートの考古学的検討を行って、両ルートの重要性を再強調してみたいと思う。

(1) 瀬戸内ルート

私は前拙稿「陶質土器からみた倭と大加耶」(『大加耶와周邊諸國』、高靈郡·韓國上古史學會、2002年)と「鳴門市土佐泊の新羅神社」(『考

古学と地域文化』、一山典還暦記念論集刊行会、2009年)で、加耶と倭との交渉·交易ルートとしての瀬戸内ルートについて若干論じたことがある。

前者の論考では、愛媛県での高霊タイプの出土例が多いことから、当時の古代豪族である越智氏が水軍を有して韓半島なかんずく大加耶と対外関係を有していたのではないかと推測した。

その根拠の一つが、9世紀前半に成立した仏教説話集『日本霊異記』上巻の17話にある「兵災に遭ひて、観音菩薩の像を信敬しまつり、現報を得し縁」の説話である。伊予国(愛媛県)越智郡の大領の先祖である越智直が百済救援にむかい唐の捕虜となったが、観音菩薩を拝んで帰国できたという説話である。兵災は663年の白村江の戦を示し、7世紀中葉には越智氏は大規模な水軍を所持していたことが推測できる。この越智氏の水軍は恐らく中世の村上水軍にも繋がるものであろう。翻って、遡った4~6世紀にも越智氏は海上交通に関与していた古代豪族と考えても大過なかろう。越智氏が韓半島と何らかの関係があるという記事は文献史料には無いが、恐らく韓半島の特定勢力と何らかの交渉·交易を行っていた可能性は高いと思われる。

そして、後者の論考では、文献史学でその越智氏は紀氏と同族関係にあるとされていることから、和歌山県を流れる紀ノ川河口にその勢力圏があった紀氏が韓半島へ往還するルートを考えてみた。なぜならば、紀氏は『日本書紀』の雄略天皇の記事に紀小弓·紀大磐の韓半島での活動記録がある古代豪族であるからである。

私は一時期、徳島大学に勤務していたことがある。その際、徳島県鳴門市に新羅神社が存在していたことから、鳴門海峡周辺の渡来系文物や渡来系の地名などを調べた結果、少ないながらもその痕跡を探すことができた(第８図)。そして、紀氏の韓半島への往還ルートは鳴門海峡を通過して瀬戸内、同族の越智氏領域を通過して韓半島へと考えたのである(第９図)。

なお、愛媛県から出土した陶質土器に関しては、拙稿、「愛媛縣出土百濟系陶質土器」(『季刊韓國의考古學』第９號、周留城、2008年)·「愛媛縣出土加耶系陶質土器」(『季刊韓國의考古學』第10號、周留城、2008年)·「愛媛縣出土新羅系陶質土器(『季刊韓國의考古學』第11號、周留城、2009年)でも紹介している。

(2) 日本海ルート

上述の瀬戸内ルートと共に、日本海(東海)ルートも韓半島と倭との交渉·交易ルートとして非常に重要であったことを、私は最近になって再認識した。すなわち、瀬戸内ルートは韓半島とヤマト政権との交渉·交易ルートとして非常に太いパイプ的役割を担っていたと思われるが、日本海(東海)ルートもヤマト政権と共に地方の古代豪族にとっては非常に重要なルートではなかったのかと考えるようになったのである。この再認識に関しては、数年前に口頭発表したものであるが、未完であることから公表はしていない。したがって、粗削りな記述になることをご寛恕願いたい。

滋賀県に在住している身として、滋賀県と韓半島との交渉·交易ルートを考えた場合、ヤマト政権中枢を介したｱﾘｶﾀ瀬戸内ルートより、日本海(東海)ルートの方が理解しやすい。日本海(東海)沿岸の福井県の小浜湾周辺から、あるいは若狭湾や敦賀湾周辺から、川沿いや峠越えで琵琶湖に至ることができるルートが想定されるからである。

なお、現在の福井県敦賀市の地名の由来は、『日本書紀』に記載されている大加耶の王子·「都怒我阿羅斯等」に由来するとされている。

それでは、滋賀県の４世紀の主な渡来系文物の分布を見てみよう(第10図)。まず、高島市上御殿遺跡から出土したオルドス式短剣鋳型に注目したい。この鋳型の時期は、弥生時代中期から古墳時代前期までの幅があり、細かな時期は特定できない。しかし、金海会峴里貝塚から弥生時代後期の近江系受口状口縁甕が出土していることと考え合わせると、弥生時代から滋賀県と韓半島との交渉·交易ルートが存在していたことが想定できる。具体的にイメージするには考古資料が少ないが、高島市の位置を考えれば、滋賀県と韓半島との交渉·交易ルートとして日本海(東海)ルートを考えるのが自然であろう。

高島市の琵琶湖岸に到達するルートとしては、小浜湾周辺から北川を遡り、峠を越えて安曇川などの河川を下るルートが考えられる。若狭湾周辺や敦賀湾周辺からのルートも存在したと考えられるが、高島市の位置を考えると、小浜湾→琵琶湖のルートになるだろう。河川を最大限に利用した船運と考えられるが、峠を越える場合、船の山越えもあっただろう。

４世紀の高島市の上御殿遺跡·天神畑遺跡に見られる渡来系遺物(オルドス式短剣鋳型)·遺構(大壁建物)が存在する意味を若干考えてみたい。４世紀ではなく、時期が下って５~６世紀にかけて若狭地域では、北川沿いに大型前方後円墳が多数築造されていることが注意される。また、その地に近い福井県三方上中郡若狭町の三生野遺跡では前述したように釜山周辺で見られる５世紀初の組紐文を施した長頸壷が出土している。ヤマト政権の影響下にありながらも、韓半島との交渉·交易で強盛化した若狭地域の古代豪族の存在を窺うことができよう。そうであれば、4世紀にも若狭地域にその先達が存在していて、高島市で見られた韓半島の文物を仲介していた、あるいは若狭地域を経由して韓半島の人々が直接渡来してきたのではなかろうか。

5~6世紀になると、陶質土器などの出土は少ないながらも滋賀県全域に見られる(第11·12図)ようになり、渡来系の大壁建物やドーム状天井の横穴式石室などの遺構も集中して見られる地域も存在するようになる。

以上で簡述したような4~6世紀の日本海(東海)から小浜湾→琵琶湖、あるいは若狭湾→琵琶湖ないしは敦賀湾→琵琶湖という韓半島と倭なかんずく現在の滋賀県との交渉·交易ルートが確かに存在していたことを裏付けてくれる出来事がある。

それは、時期が下った7世紀の三尾城に関する記録である。663年の白村江の戦での敗戦以降、667年に大津宮へ遷都し、防衛のために北部九州や瀬戸内海沿いに朝鮮式山城を築いていく。『日本書紀』には、その頃、大津宮の北方に三尾城が築かれていたことを示す記事が見られる。三尾城は実際にはその存在は確認されていない。ただ、大津宮の北方に築くということは、北方から唐·新羅が攻めてくるという想定をしていたと考えてもおかしくないだろう。そうすると、弥生時代~7世紀中頃まで、日本海(東海)→小浜湾·若狭湾·敦賀湾→琵琶湖のルートが存在していたことを示すことにもなるだろう。

それでは、小浜湾·若狭湾·敦賀湾までに至る日本海(東海)ルートを一瞥してみよう。陶質土器の出土例もいくつか散見されると共に、渡来系の神社や地名が日本海(東海)沿いに散見されることは以前から指摘されてきたところである。

渡来系の神社·地名としては、例えば、島根県大田市には韓島という島があり、また韓神新羅神社が存在すること、島根県出雲市には韓竈神社があることなどは、よく知られている。

考古資料として注目しておきたいのは、京都府京丹後市に全長200m強の網野銚子山古墳と全長190mの神明山古墳、京都府与謝郡与謝野町の全長150m弱の蛭子山古墳という３基の巨大な前方後円墳が存在していることである。丹後地域のこれらの古墳の時期は、４世紀末から5世紀初と考えられている。４世紀において、韓半島との鉄素材を中心とした交易でその勢力を強固にした古代豪族の首長の奥つ城であろう。ヤマト政権中枢とも盟友関係にありながら、日本海(東海)ルートを支配下に治めていたと思われるのである。

この日本海(東海)ルートに関しては、今後も、日本海(東海)沿岸の考古資料、そして渡来系の神社や地名を含めた渡来系文物の存在などを検討していく必要があるだろう。

おわりに

加耶と倭との対外関係、特に大加耶と倭、阿羅加耶と倭との対外関係を日本出土の高霊タイプと咸安タイプとを比較検討した結果、本稿で特に強調したかったことは、以下の３点である。

1. 倭のどのレベルの集団と対外関係を有していたのかに関しては、大加耶は地方の古代豪族との交渉·交易の側面が強く、阿羅加耶はヤマト政権中枢との交渉·交易の側面が強かった可能性が高いのではなかろうか。

2. 交渉·交易という対外関係の中で、大加耶と倭は交易の側面が強く、阿羅加耶と倭は政治的関係を含めた交渉の側面が強かった可能性が高いのではなかろうか。

3. 日本出土の陶質土器壺には、倭との交易品としての「蜂蜜」が容れられて搬入されていた可能性が高いのではなかろうか。

また、交渉·交易ルートに関してはいろいろと異見はあると思うが、瀬戸内ルートと日本海(東海)ルートの重要性を陶質土器や渡来系文物を交えて素描してみたが、考古資料をさらに検討すれば、当時のルート問題はさらに鮮明になってくるだろう。

さらに、日本出土の陶質土器を個別に検討していくことも必要である。例えば、奈良県橿原市南山４号墳出土の騎馬人物土器、御所市室宮山古墳出土の船形土器、三重県津市木造赤坂遺跡出土の特異なコップ形土器などを搬入ルートなどを含めて多方面から検討すると、韓半島と出土地域の当時の古代豪族との対外関係を個別に推測することができると考える。

第1表. 日本出土固城タイプ陶質土器出土地名表

<table>
<tr><td>1</td><td rowspan="7">九州</td><td rowspan="4">長崎県</td><td>上対馬町コフノ隈遺跡</td><td>古墳(發掘)</td><td>蓋</td><td>5~6世紀</td></tr>
<tr><td>2</td><td>上対馬町コフノ隈遺跡</td><td>古墳(發掘)</td><td>蓋</td><td>5~6世紀</td></tr>
<tr><td>3</td><td>峰村下ガヤノキ遺跡G地点</td><td>古墳(發掘)</td><td>有蓋高杯脚</td><td>5~6世紀</td></tr>
<tr><td>4</td><td>美津島町島山赤碕4号石棺</td><td>古墳(發掘)</td><td>有蓋高杯脚</td><td>6世紀前中葉</td></tr>
<tr><td>5</td><td>福岡県</td><td>福岡市飯盛遺跡</td><td>集落(發掘)</td><td>蓋</td><td>6世紀前中葉</td></tr>
<tr><td>6</td><td>佐賀県</td><td>三田川町下中杖遺跡</td><td>集落(發掘)</td><td>蓋</td><td>6世紀前半</td></tr>
<tr><td>7</td><td>熊本県</td><td>竜北町物見櫓古墳</td><td>古墳(發掘)</td><td>𤭯</td><td>6世紀前半</td></tr>
<tr><td>8</td><td rowspan="2">近畿</td><td>大阪府</td><td>河南町神産遺跡</td><td>集落(發掘)</td><td>蓋</td><td>5~6世紀</td></tr>
<tr><td>9</td><td>滋賀県</td><td>米原町入江内湖遺跡</td><td>?</td><td>有蓋高杯</td><td>6世紀前半</td></tr>
<tr><td>10</td><td>北陸</td><td>石川県</td><td>七尾市入江遺内湖遺跡</td><td>集落(發掘)</td><td>蓋</td><td>5世紀前半</td></tr>
<tr><td>11</td><td>東北</td><td>山形県</td><td>高畠町源福寺古墳</td><td>古墳</td><td>脚付短頸壺</td><td>6世紀前半</td></tr>
</table>

第2表. 日本出土高霊タイプ陶質土器出土地名表

<table>
<tr><td>1</td><td rowspan="8">九州</td><td>長崎県</td><td>美津島町根曽古墳群</td><td>古墳(採集)</td><td>蓋</td><td>?</td></tr>
<tr><td>2</td><td rowspan="3">福岡県</td><td>福岡市飯盛遺跡</td><td>集落(採集)</td><td>長頸壺</td><td>6世紀前半</td></tr>
<tr><td>3</td><td>福岡市飯盛遺跡16地区</td><td>古墳(發掘)</td><td>長頸壺</td><td>6世紀前半</td></tr>
<tr><td>4</td><td>宗像市池浦古墳</td><td>古墳</td><td>有蓋高杯</td><td>6世紀前半</td></tr>
<tr><td>5</td><td>佐賀県</td><td>佐賀市藤附
C遺跡ST008古墳</td><td>古墳(發掘)</td><td>短頸壺</td><td>6世紀前半</td></tr>
<tr><td>6</td><td rowspan="3">熊本県</td><td>竜北町物見櫓古墳</td><td>古墳(發掘)</td><td>有蓋把手付鉢</td><td>6世紀前半</td></tr>
<tr><td>7</td><td>竜北町物見櫓古墳</td><td>古墳(發掘)</td><td>短頸壺</td><td>6世紀前半</td></tr>
<tr><td>8</td><td>竜北町物見櫓古墳</td><td>古墳(發掘)</td><td>短頸壺</td><td>6世紀前半</td></tr>
<tr><td>9</td><td rowspan="8">四国</td><td rowspan="8">愛媛県</td><td>松山市播磨塚古墳群</td><td>古墳</td><td>長頸壺</td><td>6世紀前半</td></tr>
<tr><td>10</td><td>宇和町伊勢山大塚古墳</td><td>古墳</td><td>短頸壺</td><td>6世紀前半</td></tr>
<tr><td>11</td><td>朝倉村樹之本古墳</td><td>古墳(發掘)</td><td>長頸壺</td><td>5世紀中葉</td></tr>
<tr><td>12</td><td>朝倉村</td><td>?</td><td>短頸壺</td><td>6世紀前半</td></tr>
<tr><td>13</td><td>朝倉村城ヶ谷古墳</td><td>古墳?</td><td>有蓋高杯</td><td>6世紀前半</td></tr>
<tr><td>14</td><td>吉海町</td><td>?</td><td>長頸壺</td><td>6世紀中葉</td></tr>
<tr><td>15</td><td>今治市唐子台NO.80地点</td><td>古墳?</td><td>有蓋高杯</td><td>5世紀中葉</td></tr>
<tr><td>16</td><td>今治市唐子台NO.80地点</td><td>古墳?</td><td>有蓋高杯</td><td>5世紀中葉</td></tr>
<tr><td>17</td><td rowspan="7">近畿</td><td rowspan="2">兵庫県</td><td>神戸市郡家遺跡</td><td>集落(發掘)</td><td>蓋杯</td><td>5世紀後半</td></tr>
<tr><td>18</td><td>青垣町(筆者確認)</td><td>?</td><td>長頸壺</td><td>6世紀前半</td></tr>
<tr><td>19</td><td rowspan="2">大阪府</td><td>岬町西小山古墳</td><td>古墳(發掘)</td><td>長頸壺</td><td>5世紀中葉</td></tr>
<tr><td>20</td><td>藤井寺市</td><td>?</td><td>長頸壺</td><td>6世紀前半</td></tr>
<tr><td>21</td><td>奈良県</td><td>橿原市</td><td>?</td><td>短頸壺</td><td>6世紀前半</td></tr>
<tr><td>22</td><td>滋賀県</td><td>米原町入江内湖遺跡</td><td>?</td><td>長頸壺</td><td>6世紀前半</td></tr>
<tr><td>23</td><td>滋賀県</td><td>米原町入江内湖遺跡</td><td>?</td><td>蓋</td><td>6世紀前半</td></tr>
<tr><td>24</td><td rowspan="4">東海</td><td rowspan="4">岐阜県</td><td>岐阜市権現山</td><td>?</td><td>長頸壺</td><td>6世紀前半</td></tr>
<tr><td>25</td><td>土岐家伝來品</td><td>?</td><td>長頸壺</td><td>6世紀前半</td></tr>
<tr><td>26</td><td>古川町高野古墳</td><td>古墳</td><td>有蓋把手付鉢</td><td>?</td></tr>
<tr><td>27</td><td>古川町上町久中(筆者確認)</td><td>?</td><td>長頸壺</td><td>6世紀前半</td></tr>
<tr><td>28</td><td>山陰</td><td>島根県</td><td>浜田市森ヶ曽根古墳</td><td>古墳(發掘)</td><td>小型器台</td><td>6世紀前半</td></tr>
<tr><td>29</td><td>北陸</td><td>富山県</td><td>富山市福居古墳</td><td>古墳</td><td>長頸壺</td><td>6世紀中葉</td></tr>
<tr><td>30</td><td>東北</td><td>山形県</td><td>山形市東金井</td><td>?</td><td>有蓋高杯</td><td>6世紀前半</td></tr>
</table>

第3表. 日本出土咸安タイプ陶質土器出土地名表

<table>
<tr><td>1</td><td rowspan="4">九州</td><td rowspan="4">長崎県</td><td>大将軍山古墳</td><td>両耳付縄蓆文短頸壺</td><td>古墳</td><td>4世紀</td></tr>
<tr><td>2</td><td>大将軍山古墳</td><td>両耳付縄蓆文短頸壺</td><td>古墳</td><td>4世紀</td></tr>
<tr><td>3</td><td>箕島遺跡</td><td>高杯</td><td>古墳</td><td>5世紀 後半</td></tr>
<tr><td>4</td><td>コフノ遺跡</td><td>無蓋高杯</td><td>墳墓群
採集</td><td>6世紀 前半</td></tr>
<tr><td>5</td><td rowspan="4">中国</td><td>鳥取県</td><td>青木稲葉遺跡</td><td>両耳付縄蓆文短頸壺</td><td>集落</td><td>4世紀</td></tr>
<tr><td>6</td><td>島根県</td><td>上長浜遺跡</td><td>縄蓆文短頸壺</td><td>貝塚</td><td>4世紀</td></tr>
<tr><td>7</td><td rowspan="2">岡山県</td><td>高塚遺跡</td><td>蓋</td><td>集落</td><td>5世紀 前半</td></tr>
<tr><td>8</td><td>高塚遺跡</td><td>蓋</td><td>集落</td><td>5世紀 前半</td></tr>
<tr><td>9</td><td rowspan="3">四国</td><td rowspan="3">愛媛県</td><td>船ヶ谷遺跡</td><td>小型器台</td><td>集落</td><td>5世紀 前半</td></tr>
<tr><td>10</td><td>船ヶ谷遺跡</td><td>小型器台</td><td>集落</td><td>5世紀 前半</td></tr>
<tr><td>11</td><td>猿ヶ谷2号墳</td><td>高杯</td><td>古墳墳丘</td><td>5世紀 前半</td></tr>
<tr><td>12</td><td rowspan="12">近畿</td><td>兵庫県</td><td>雨流遺跡</td><td>高杯</td><td>集落</td><td>5世紀</td></tr>
<tr><td>13</td><td rowspan="7">奈良県</td><td>南山4号墳</td><td>小型器台</td><td>古墳</td><td>5世紀</td></tr>
<tr><td>14</td><td>新堂遺跡</td><td>火炎形透孔無蓋高杯</td><td>集落</td><td>5世紀</td></tr>
<tr><td>15</td><td>新堂遺跡</td><td>火炎形透孔無蓋高杯</td><td>集落</td><td>5世紀</td></tr>
<tr><td>16</td><td>布留遺跡</td><td>火炎形透孔脚付短頸壺</td><td>集落</td><td>5世紀</td></tr>
<tr><td>17</td><td>布留遺跡</td><td>火炎形透孔脚付短頸壺</td><td>集落</td><td>5世紀</td></tr>
<tr><td>18</td><td>室宮山古墳</td><td>把手付短頸壺
(19と同一個体?)</td><td>古墳墳丘
(採集)</td><td>5世紀 前半</td></tr>
<tr><td>19</td><td>室宮山古墳</td><td>把手付短頸壺
(18と同一個体?)</td><td>古墳墳丘
(採集)</td><td>5世紀 前半</td></tr>
<tr><td>20</td><td>和歌
山県</td><td>田屋遺跡</td><td>高杯</td><td>集落</td><td>5世紀 前半</td></tr>
<tr><td>21</td><td rowspan="3">三重県</td><td>琴平山古墳</td><td>蓋</td><td>古墳</td><td>6世紀 前半</td></tr>
<tr><td>22</td><td>琴平山古墳</td><td>蓋</td><td>古墳</td><td>6世紀 前半</td></tr>
<tr><td>23</td><td>琴平山古墳</td><td>コップ形土器</td><td>古墳</td><td>6世紀 前半</td></tr>
<tr><td>24</td><td rowspan="2">東北</td><td>栃木県</td><td>二ノ谷遺跡</td><td>蓋</td><td>集落</td><td>5世紀</td></tr>
<tr><td>25</td><td>群馬県</td><td>前二子塚古墳</td><td>高杯</td><td>古墳</td><td>6世紀 前半</td></tr>
</table>

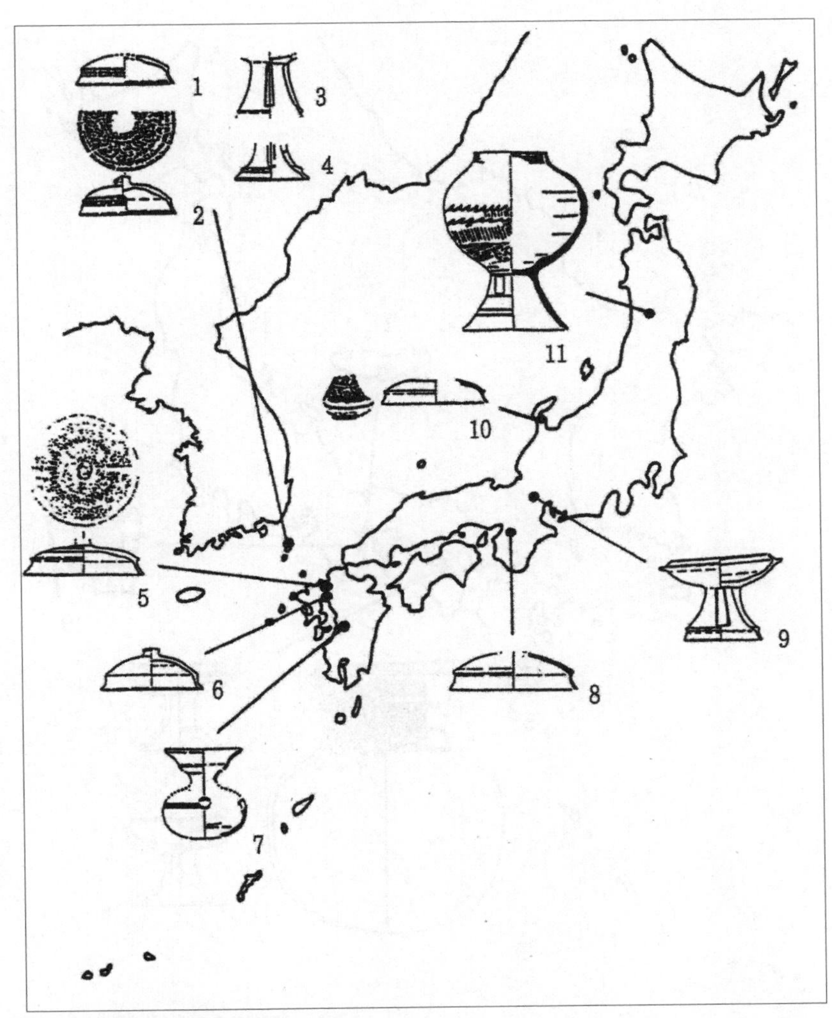

第1図. 固城タイプ陶質土器の分布
番号は第1表に一致

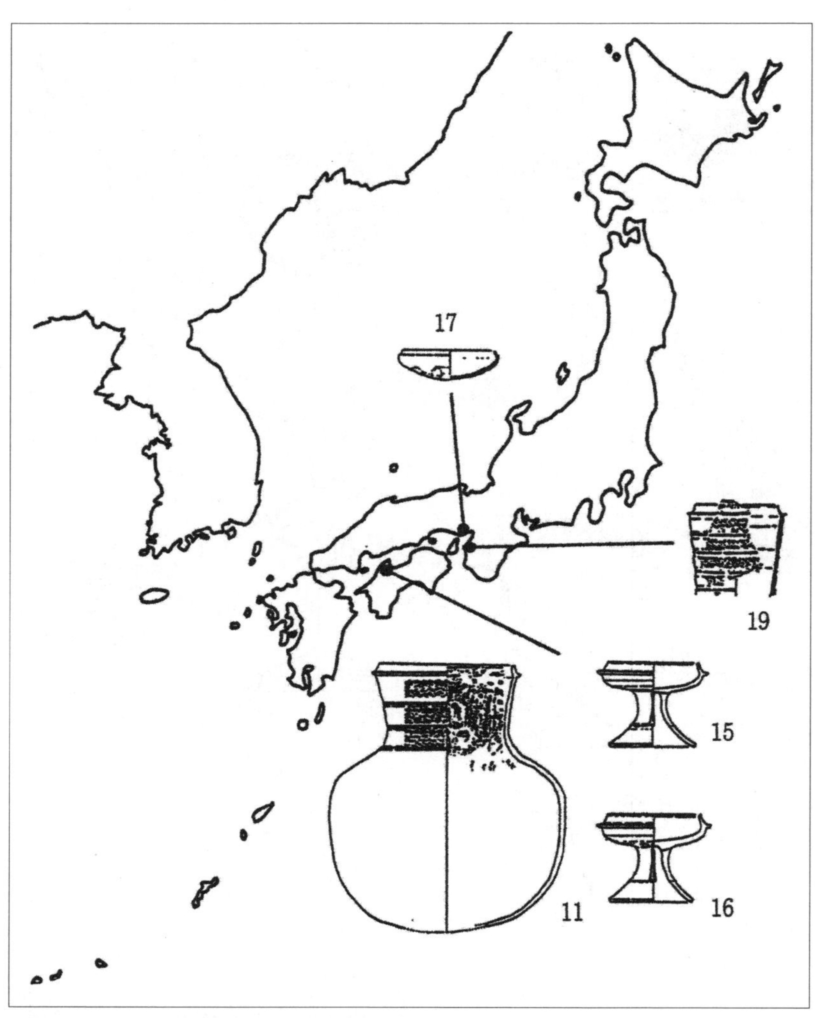

第2図. 高霊タイプ陶質土器の時期的分布(1)
5世紀中葉~5世紀後半 番号は第2表に一致

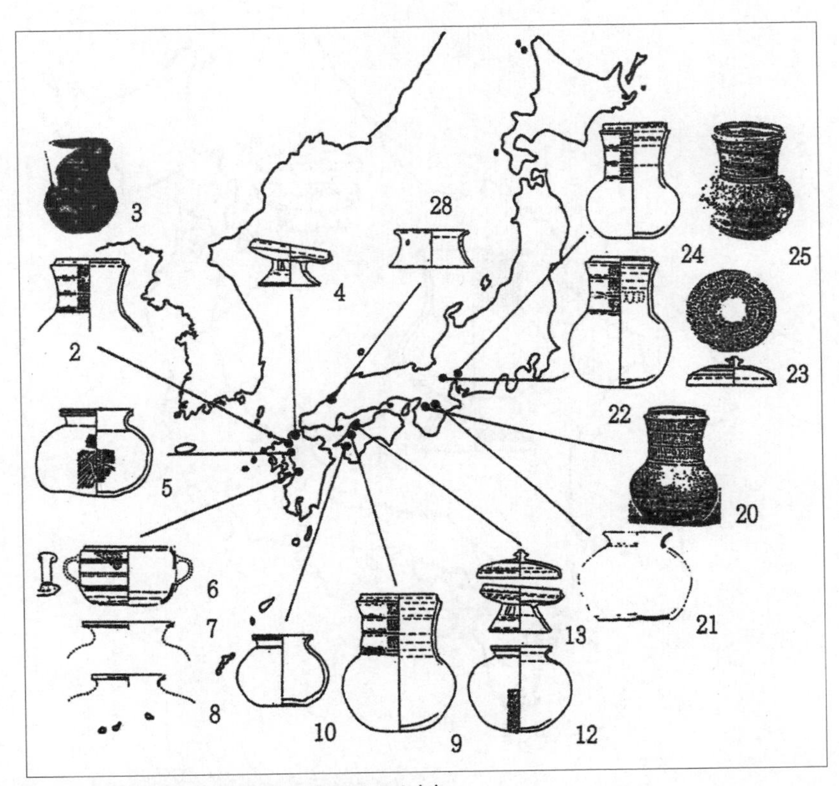

第3図. 高霊タイプ陶質土器の時期的分布(2)
6世紀前半 番号は第2表に一致

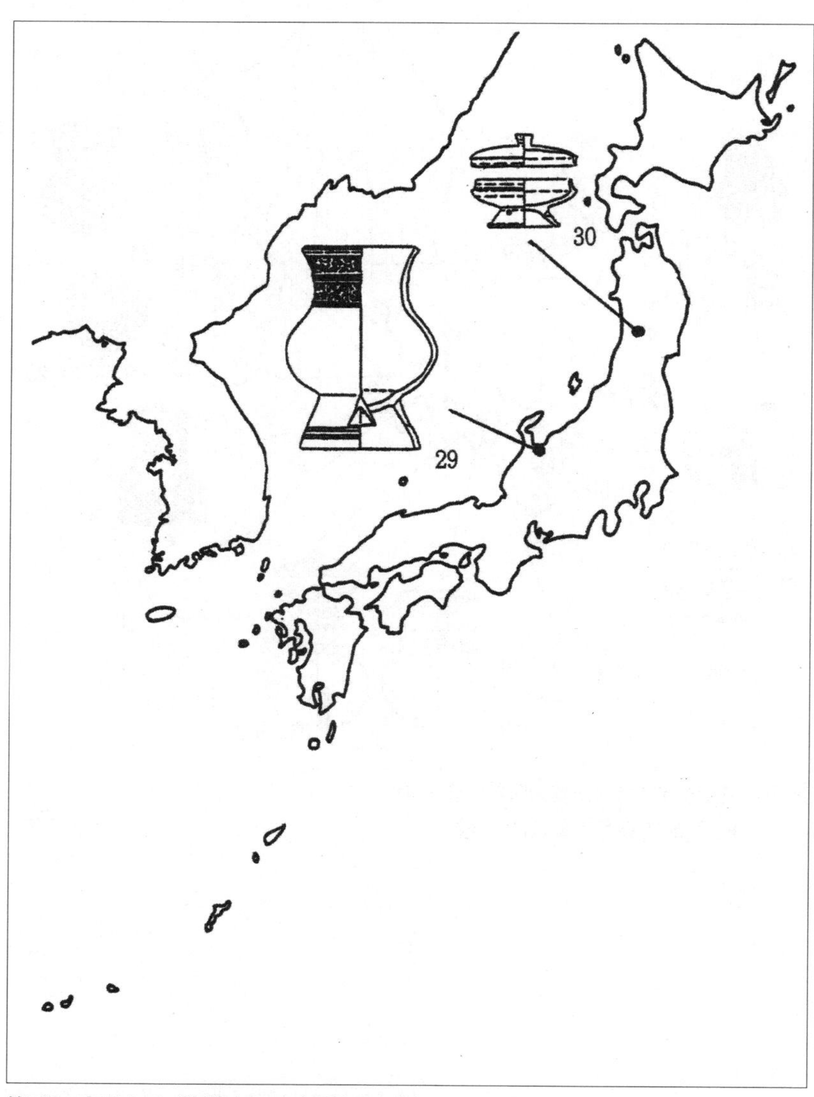

第4図. 高霊タイプ陶質土器の時期的分布(3)
6世紀中葉 番号は第2表に一致

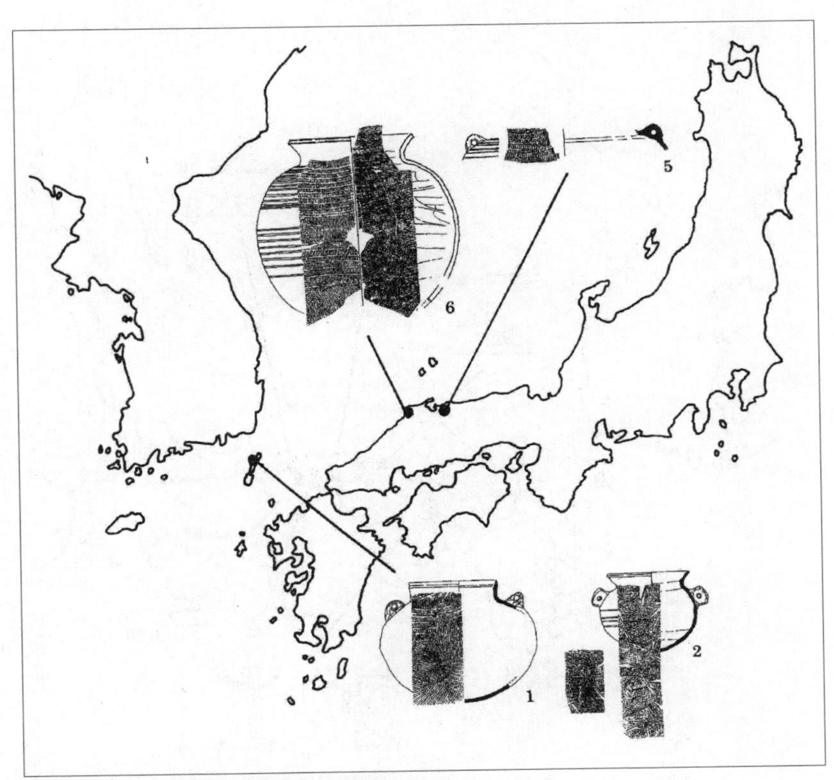

第5図. 咸安タイプ陶質土器の時期的分布(1)
4世紀 番号は第3表に一致

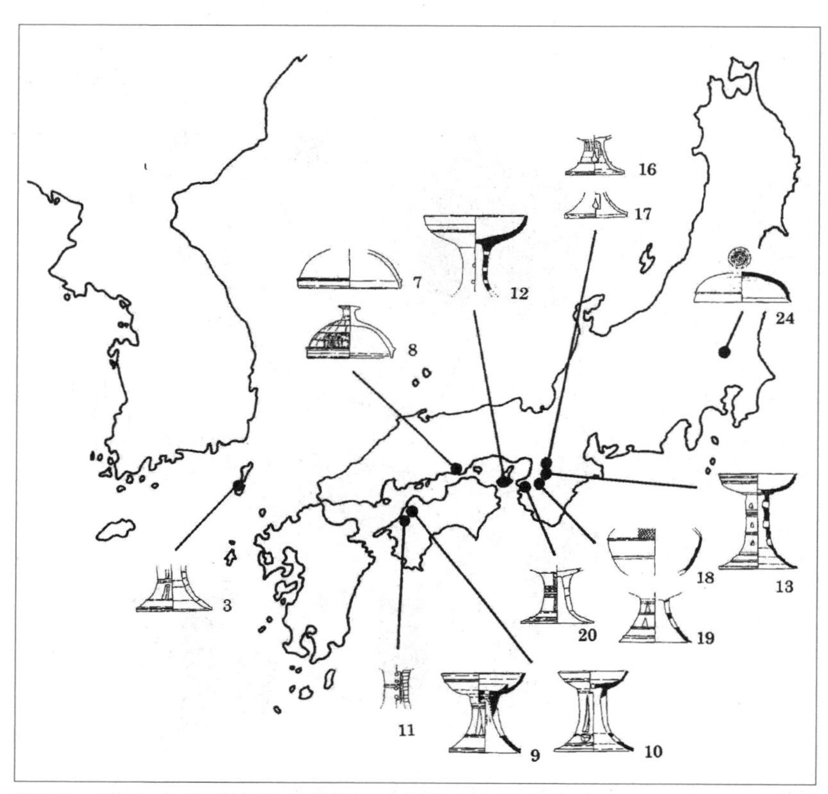

第6図. 咸安タイプ陶質土器の時期的分布(2)
5世紀 番号は第3表に一致

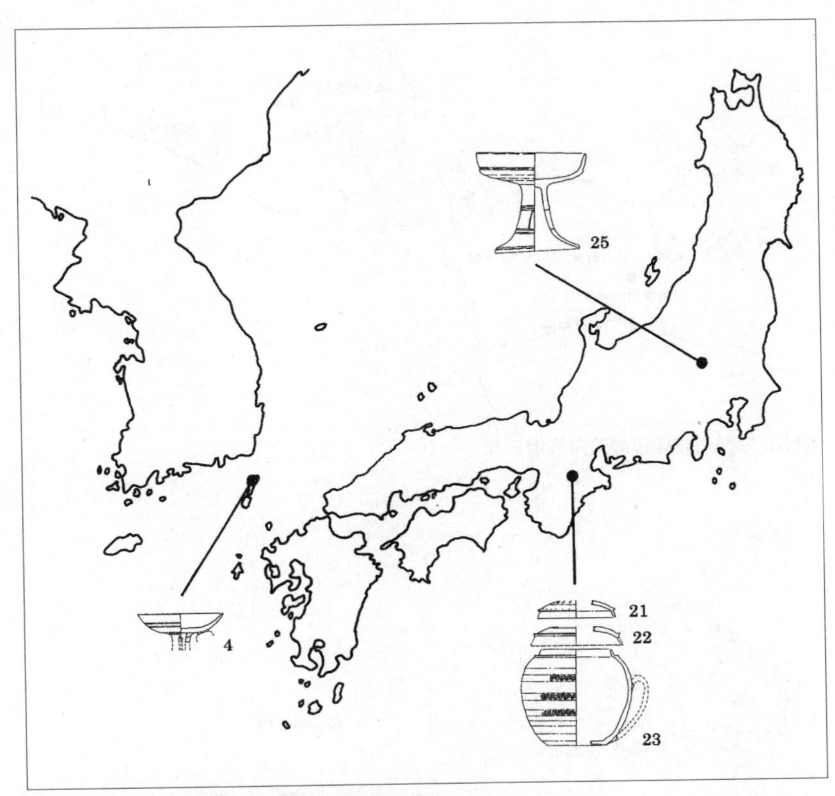

第7図. 咸安タイプ陶質土器の時期的分布(3)
6世紀 番号は第3表に一致

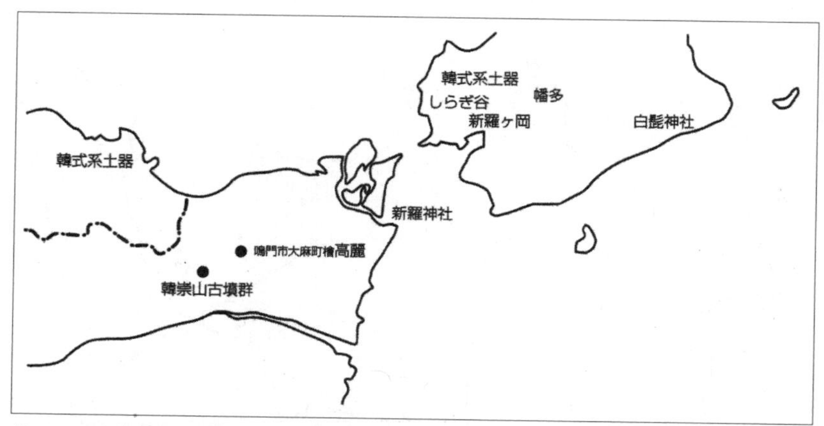

第8図. 鳴門海峡周辺の渡来系地名など

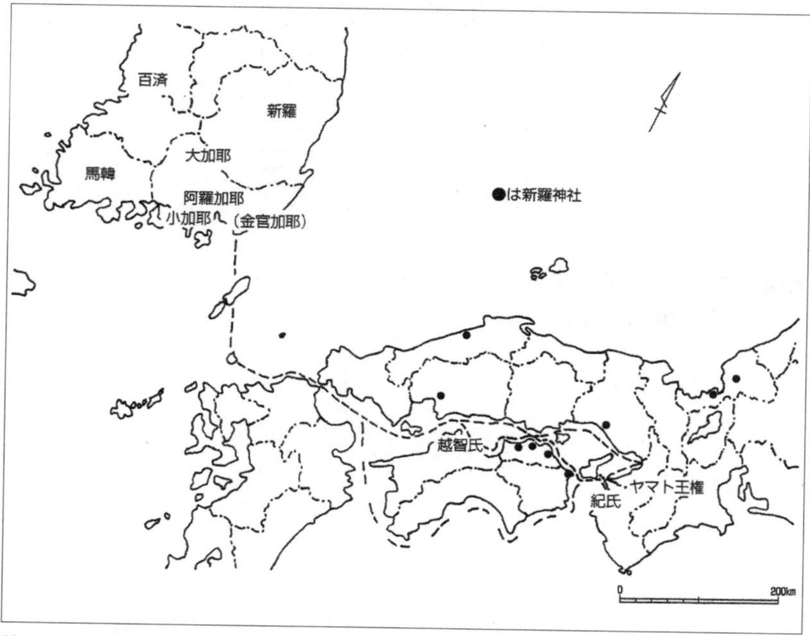

第9図. 韓半島への瀬戸内ルート想定図

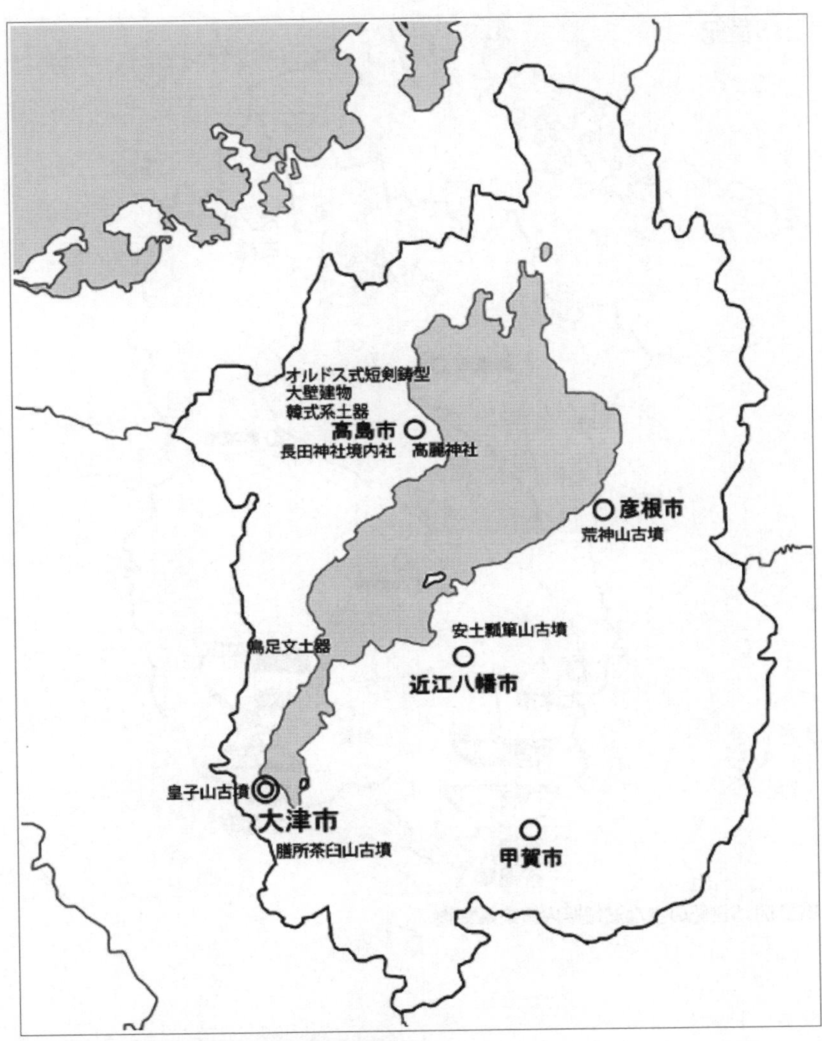

第10図. 4世紀の主な滋賀県内渡来系文物

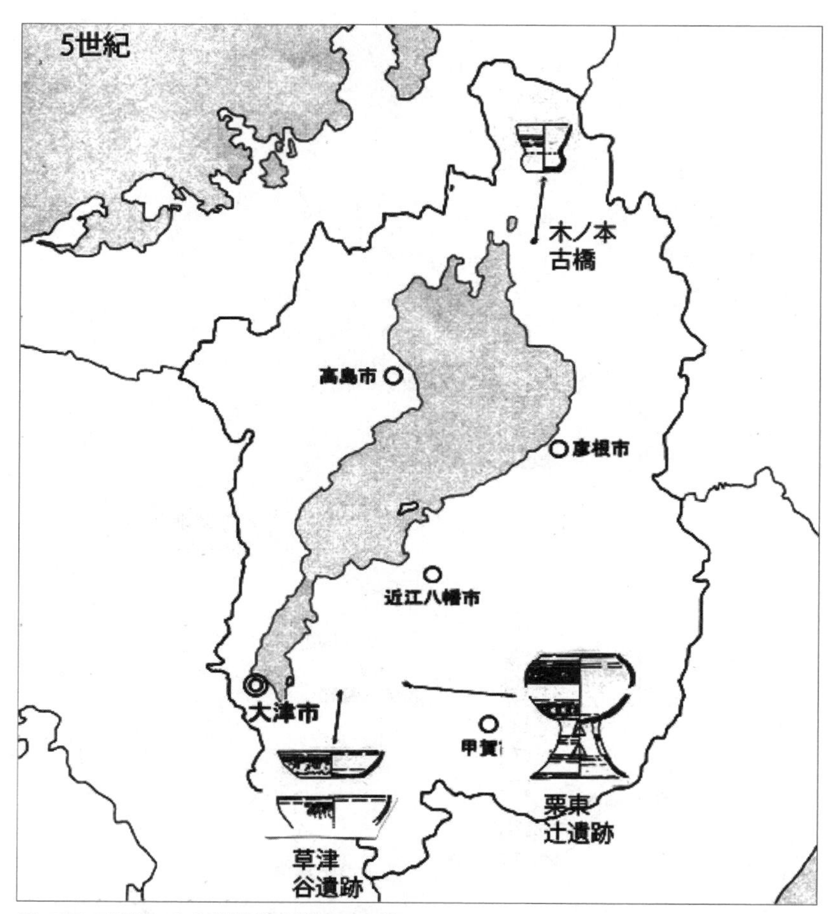

第11図. 5世紀の主な滋賀県内渡来系文物

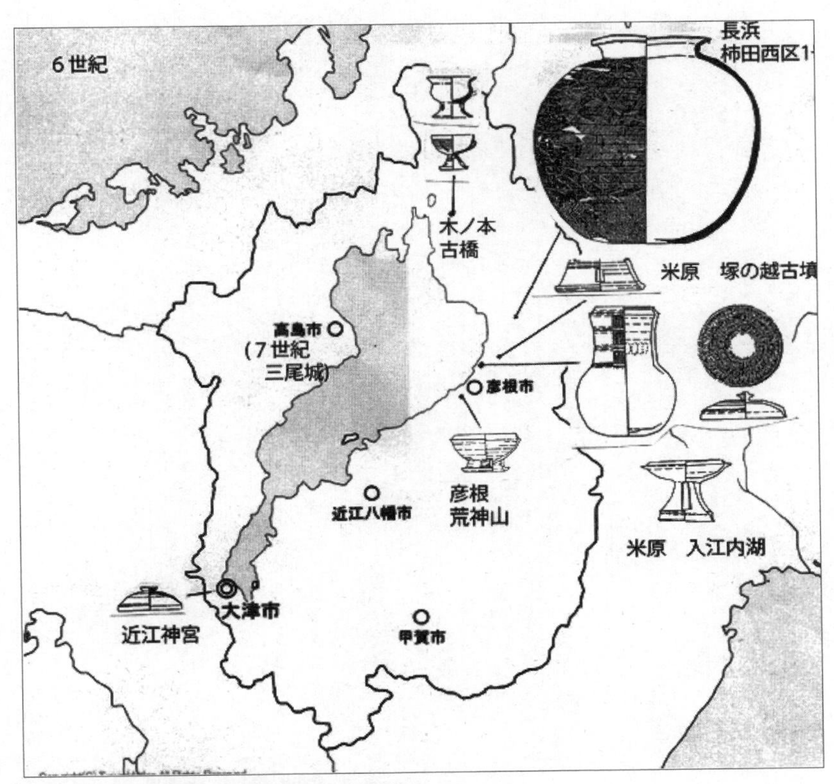

第12巣. 6世紀の主な滋賀県内渡来系文物

4~5세기 동아시아와 가야의 토기

사다모리 히데오*
번역 : 김도영**

目 次

머리말

삼국시대 도질토기의 지역성 추출과 시기 비정에 관한 연구는 한국의 발굴 조사가 진전됨에 따라 최근 수십 년 동안 눈부신 진전을 이루었다. 필자도 1980년대부터 한국 고고학의 성과를 필요로 하는 일본인 연구자의 시

* 사가현립대학
** 경북대학교

점에서 도질토기를 연구해 왔다.

도질토기에는 백제토기(백제계 도질토기), 신라토기(신라계 도질토기), 가야토기(가야계 도질토기) 등 세 유형이 존재하는 것으로 이전부터 지적되었다. 또 백제토기, 신라토기, 가야토기 모두 지역성이 확인되어 지역양식(type)을 상세하게 추출할 수 있다는 인식 속에서 세분화가 진행되었다.

필자는 가야토기에 김해타입 도질토기(≒고식도질토기 낙동강하구양식), 고령타입 도질토기, 함안타입 도질토기, 고성타입 도질토기 등 4가지 타입이 존재하는 것을 확인했다. 그리고 각 타입이 주로 분포하는 지역을 금관가야, 대가야, 아라가야, 소가야의 영역 내지는 세력권으로 인식할 수 있으며 이를 금관가야토기(금관가야계 도질토기), 대가야토기(대가야계 도질토기), 아라가야토기(아라가야계 도질토기), 소가야토기(소가야계 도질토기)로 호칭할 수 있다.

각 타입이 가야 이외의 지역인 백제, 신라, 왜에서도 출토되는데 그 사례를 집성, 검토하여 각 가야들의 상호관계, 가야와 백제·신라의 상호관계, 가야와 왜의 대외관계(교섭, 교역)을 추측할 수 있다.

이 글에서는 일본열도에서 출토된 가야토기를 통해 4~5세기 가야와 왜의 대외관계를 추측해보고자 하는데 주로 고령타입과 함안타입에 한해 검토하고자 한다. 또 내용상 4~5세기를 전후하는 시기를 언급하는 경우도 있다. 그리고 가야토기 이외의 고고자료, 도래계 전승이 있는 신사와 도래계 지명 등을 검토하여 당시 가야를 포함한 한반도 남부의 삼국과 왜의 대외관계 루트에 관해서도 약간 언급하도록 하겠다.

1. 일본 출토 가야토기

필자는 가야토기를 포함하여 일본에서 출토된 도질토기에 관하여 몇 편의 논고를 지금까지 일본에서 발표하였으며, 한국에서 간행된 서적에도 몇 번 발표한 적이 있다. 기본적으로는 집필했을 당시의 생각과 큰 변화가 없으므로 그 논고를 참고하면 이 글을 더욱 쉽게 이해할 수 있을 것이라 생각한다. 아래에서는 가야토기에 관해 현시점에서 필자가 생각하고 있는 문제점 등을 약간 제시해두고자 한다.

(1) 김해타입 도질토기

김해타입은 4세기 고식도질토기 낙동강하구양식에 해당하는데 5세기에 들어서 형식학적인 변화를 감지하기 어려워 기본적으로 4세기에 존재한 타입으로 필자는 생각하고 있다. 무개무투공고배와 저각노형기대 등 특징적인 기형을 식별할 수 있는데 현재 후쿠오카현福岡縣 마에바루시前原市에서 출토된 무개무투공고배가 확인될 정도이다.

금관가야의 주도권은 5세기에 들어서면서 김해지역에서 복천동고분군이 축조되는 현재 부산지역으로 옮겨가고 토기도 신라계 도질토기가 된다. 다만 그 초기 단계의 것, 즉 4세기 말~5세기 초의 것은 가야토기의 요소가 꽤 강한데 이를 김해타입의 최말기로 생각하면 예를 들어 후쿠이현福井縣 미카타카미나카군三方上中郡 와카사정若狭町의 미쇼우노三生野유적에서 출토된 조뉴문이 시문된 장경호, 오사카大阪府 기시와다시岸和田市 모치노키持ノ木고분에서 출토된 복천동31호분 출토 고배형기대와 매우 비슷한 기대 등은 김해타입으로 볼 수 있을 것이다.

이 글에서는 일단 5세기 극초기의 부산 복천동고분군 출토 도질토기까지를 김해타입으로 인식해 두지만 필자 자신도 앞으로의 검토 과제로 생각하고 있다.

(2) 고령타입 도질토기

고령타입에 관해서는 『대가야大加耶와 주변제국周邊諸國』(高靈郡 · 韓國上古史學會 2002年)에 졸고 「陶質土器からみた倭と大加耶」에서 논한 적이 있다. 당시에는 30개체를 확인했다. 그 후 17년 정도 경과되었는데 미야자키현宮崎縣 노베오카시延岡市에서 출토된 것으로 여겨지는 개(뚜껑) 1점이 확인될 뿐이다. 이 개는 6세기 전반에 제작되었을 것이다. 관견에 의하면 노베오카시延岡市 출토 개를 제외하면 자료가 더 증가하지 않았으므로 기본적으로는 이전 논고의 생각과 변화가 없다.

필자는 고령타입은 매우 지역성이 강한 것으로 생각하고 있다. 예를 들어 현재 합천 옥전고분군 주변에서만 출토되는 특이한 컵형토기가 있는데 대가야권에 속하는 다라국 특유의 컵형토기로 생각된다. 졸고 「三重縣出土陶質土器」(『季刊 韓國의 考古學』第8號, 周留城, 2008年)에서 이 특이한 컵형토기가 미에현三重縣 쓰시津市 고츠쿠리아카사카木造赤坂유적에서 출토된 것을 소개했다. 이 유적에서는 연질의 한식계토기도 출토되어 대가야권 가운데 다라국과 모종의 교섭을 생각할 수 있는 중요한 자료라고 생각한다.

(3) 함안타입 도질토기

함안타입에 관해서는 졸고인 「陶質土器からみた倭と阿羅加耶」(『지역과 역사』第35號, 釜慶歷史研究, 2014年)에서 논한 적이 있다. 그 후, 5년 정도가 지났는데 자료는 증가하지 않았다. 따라서 기본적으로는 고령타입과 마찬가지로 이전 논고의 견해에 변화가 없다.

다만 지금까지 출토품 가운데 함안타입으로 설정해도 좋은 자료가 약간 있는 것 같다. 특히 소형평저호에 관해서는 함안타입과 김해타입의 식별이 어렵다. 또 파수부단경호에 관해서도 함안타입과 김해타입의 식별이 어렵다. 따라서 일본 출토 소형평저호, 파수부단경호 가운데 일부는 함안타입의 가능성이 있고 또 일부는 김해타입의 가능성이 있다.

예를 들어 졸고 「京都府城陽市出土把手付短頸壺」(『季刊 韓國의 考古學』 第13號, 周留城, 2009年)에서 교토후京都府 조요시城陽市의 시바가하라芝ケ原 9호분에서 출토된 파수부장경호 2개체도 김해타입인지 함안타입인지 확정하기 어렵다. 현시점에서는 필자는 이 두 기종을 크게 가야토기로 불러 두고자 한다.

(4) 고성타입 도질토기

고성타입에 관해서도 예전 고령타입과 함께 졸고 「陶質土器からみた倭と大加耶」(『大加耶와 周邊諸國』, 高靈郡·韓國上古史學會, 2002年)에서 1페이지에 걸쳐 검토한 적이 있다. 일본 출토 사례는 11개체가 확인된다. 그 후 자료가 증가하지 않았으므로 졸고의 견해와 그다지 변함이 없다.

제1표와 제1도를 살펴보자. 분포는 규슈九州, 특히 쓰시마対馬의 출토 사례가 압도적으로 많고 긴키近畿 출토 사례는 적다는 것을 알 수 있을 것이다. 기종 구성에서는 야마가타현山形縣 히가시오키타마군東置賜郡 다카하타정高畠町의 복원사고분군福源寺古墳群 횡혈식석실에서 출토된 것으로 여겨지는 각부단경호를 제외하면 모두 고배 등의 공선供膳·제사구祭祀具인 것이 특징이다. 분포 경향은 지금까지 상술한 고령타입과 유사하나 기종 구성은 함안타입과 유사한 상황을 나타내고 있다.

상술한 야마가타현山形縣 출토 각부단경호에 관해서는 졸고 「山形縣出土陶質土器」(『季刊 韓國의 考古學』第12號, 周留城, 2009年)에서 소개하였다. 후술하는 동해루트를 북상하여 야마가타현山形縣 사카타시酒田市의 모가미카와最上川 하구에서 강을 거슬러 올라가면 다카하타정高畠町에 이를 수 있다. 야마가타현山形縣의 내륙부에서 도질토기 몇 점이 출토되었는데 이 도질토기들은 모가미카와最上川 루트를 상정할 수 있는 자료일 것이다.

2. 일본 출토 고령타입과 함안타입

(1) 분포의 비교

일본에서 출토된 5~6세기 고령타입 30개체는 제2표에, 4~6세기의 함안타입 25개체는 제3표에, 개체의 출토지, 출토유구, 기종, 시기 등을 나타냈다. 전술한 것처럼 졸고 이후로 자료가 거의 증가하지 않았으므로 표 및 도면은 졸고에 게재한 것을 그대로 사용했다.

우선 4~6세기 전 시기를 통해 지리적 분포를 살펴보면 고령타입과 함안타입의 명확한 차이가 확인되는 것을 알 수 있을 것이다. 즉 고령타입은 북부 규슈九州, 세토우치瀨戸内, 긴키近畿에서 80% 가깝게 출토되었으며 그 중에서도 에히메현愛媛縣의 출토 사례가 압도적으로 많다는 것을 알 수 있다.

한편, 함안타입은 규슈九州에서 출토된 사례는 없지만 쓰시마対馬, 세토우치瀨戸内, 긴키近畿에서 90% 가깝게 출토되었으며 그 중에서도 야마토정권 중추에 가까운 나라현奈良縣의 출토 사례가 압도적으로 많은 것으로 확인된다.

다음으로 시기적 분포를 살펴보자. 고령타입 출토 사례에 대하여 졸고에서는 5세기 중엽~5세기 후반(제2도), 6세기 전반(제3도), 6세기 중엽(제4도)의 3시기로 나누었다. 함안타입은 출토 사례에 대해 졸고에서는 4세기(제5도), 5세기(제6도), 6세기(제7도)의 3시기로 나누었다. 고령타입의 6세기 전반과 6세기 중엽의 분포를 합치면 함안타입의 6세기와 비교하기 쉬울 것이다.

4세기~5세기 전엽의 고령타입에 관해서는 출토 사례를 확인할 수 없었다. 필자는 고령타입으로 식별할 수 있는 특징적인 지역성은 5세기 중엽 이후에 성립한다고 생각하는데 이에 기인하는 것으로 보인다.

5세기에 관해서는 함안타입에 5세기 전반의 것이 많다는 것이 특징이다.

그리고 고령타입과 함안타입 모두 세토우치지역에 집중하는 경향도 확인된다.

6세기에 관해서는 고령타입 출토 사례는 서일본 일대에 많으나 함안타입의 출토 사례 자체는 매우 적은 것으로 확인된다.

이상 분포경향으로 보아 대가야와 왜, 아라가야와 왜와의 대외관계에 몇 가지 차이점이 있음을 간취할 수 있을 것이다.

특히 5세기에 관해서는 야마토정권 중추인 나라현奈良縣에서 함안타입이 많이 출토된 것에 주의해야 할 것이다. 고령타입은 세토우치지역에서 출토되나 야마토정권 중추에서 출토된 사례를 거의 확인할 수 없다. 이것은 5세기 아라가야의 대외관계는 야마토정권 중추와 강하였던 것을 나타낼 가능성이 있다.

다만, 6세기가 되면 함안타입은 적고 고령타입이 서일본 일대에 비교적 분산되어 분포하는 것을 엿볼 수 있다. 이러한 현상은 게이타이천황繼体天皇 옹립을 둘러싼 야마토정권 내의 동요에 기인하는 것이 아닐까. 고령타입의 분포상황은 야마토정권 중추가 혼란한 가운데 지방호족이 독자적으로 대가야와 대외관계를 구축하였을 가능성을 반영할지 모른다.

(2) 기종 구성의 비교

일본 출토 고령타입과 함안타입에 다른 양상이 또 하나 있다. 그것은 6세기도 포함하여 보면 기종 구성의 차이이다.

우선 고령타입 출토 지명표(제1표)를 살펴보자. 호류의 저장구와 고배 등의 공선供膳·제사구로 나누어 30개체의 비율을 보면 저장구로서의 호류가 약 63%, 즉 2/3 가까이가 호류인 것이 특히 주의된다.

다음으로 함안타입 출토 지명표(제2표)를 살펴보자. 호류 등의 저장구는 4세기에 출토된다. 그러나, 5~6세기는 0%, 즉 호류 등이 전혀 확인되지 않는 점에 특히 주의할 필요가 있다. 물론, 5~6세기 함안타입 호류의 식별이 어려워 함안타입 호류가 출토될 가능성도 있으나, 관견에 의하면 이상과 같은 결과이다.

결과적으로 고령타입에는 호류 등 저장구가 많고 함안타입에는 고배 등의 공선供膳·제사구가 많다. 이러한 기종 구성의 차이는 대가야와 왜, 아라가야와 왜의 대외관계 내실을 나타내는 것이 아닐까. 즉 저장구에 무언가를 넣어 반입된 것이라고 생각한다면, 호류가 약 2/3를 점하는 고령타입의 양상으로 보아 대가야와 왜의 대외관계는 교역의 측면이 강했을 가능성을 상정할 수 있을지 모른다. 한편 공선供膳·제사구가 대부분을 점하는 함안타입의 양상으로 보아 아라가야와 왜의 대외관계는 정치적 관계를 포함한 교섭의 측면이 강하였을 가능성을 상정할 수 있지 않을까.

3. 그것은 벌꿀이었다!? -호류에 무엇이 담겨 있었는가-

가야와 왜의 대외관계는 교섭의 시점만이 아니라 교역이라는 시점에서도 검토할 필요가 있다. 가야로부터 입수된 철소재는 왜에게 매우 중요하였던 것으로 생각된다. 이 철소재를 포함한 고형물固形物 등은 포장재로 싸서 반입할 수 있었을 것으로 생각된다. 도질토기의 경우, 저장구로서 호류의 존재 이유는 검토해야 할 대상이라고 생각한다. 호류는 내용물 없이, 즉 아무것도 넣지 않고 일본으로 반입되지는 않았을 것으로 생각해야 할 것이다. 그렇다면 무엇을 넣었을까?

고령타입의 기종 구성은 호류가 약 2/3로 함안타입과 고성타입의 기종 구성과 전혀 다르다고 전술했다. 졸고 「陶質土器からみた倭と大加耶」(『大加耶와 周邊諸國』, 高靈郡·韓國上古史學會, 2002年)에서는 호류에 담긴 내용물을 약물로 추측했다. 그 후 내용물이 구체적으로 무엇일까 여러 생각을 했

었지만 떠오르는 것이 없었다. 그런데 수년 전, 담당한 강의에서 학생이 제출한 레포트를 읽고 깨달은 것이 있었다. 그 레포트는 발해와 일본의 교역품 가운데 '벌꿀'이 있었다는 것을 조사하여 기술한 것이었다.

이후 필자 자신도 조사하여 보았더니 일본에서 양봉이 정착된 것은 헤이안시대平安時代였음을 알 수 있었다. 그 이전까지 벌꿀은 기본적인 교역품으로 반입되었을 것이라 생각된다.

『일본서기日本書紀』 고교쿠천황皇極天皇 2년(643년) 기사에 '是歲, 百濟太子餘豐, 以蜜蜂房四, 放養於三輪山. 而終不蕃息.'라는 기록이 있다. 643년에 백제 태자太子 여풍餘豐이 벌통 4개를 가져와 삼륜산三輪山에 놓아 길렀으나 끝내 번식시키지 못하였다는 기사이다.

이 기사로 보아 늦어도 7세기 중엽에는 벌꿀을 채취하는 양봉기술이 도입되었으나 결국 성공하지 못했음을 알 수 있다. 따라서 벌꿀은 7세기 중엽까지 한반도에서 교역품으로서 반입된 것으로 생각된다. 동시에 양봉이 실패로 끝났으므로 7세기 중엽 이후까지 수입에 의존해야 했을 것이다.

정창원에 있는 '鳥毛立女屛風'의 하첩문서에는 천평승보天平勝宝 4년年(752年)으로 추정되는 통일신라로부터 수입품 중에 '밀즙蜜汁', 즉 꿀이 기재되어 있다. 8세기 중엽까지도 수입된 것이다. 그리고 전술한 것처럼 발해와 교역품 가운데에도 꿀이 기록되어 있다.

이처럼 문헌사료의 기록에 의하면 벌꿀은 일본에서 양봉이 정착될 때까지 삼국, 통일신라, 발해로부터 일본으로 반입되었던 것이다. 문헌사료에는 기록되지 않았으나, 아마 그 이전에도 삼국으로부터 벌꿀이 반입된 것은 충분히 상정해 볼 수 있다. 벌꿀은 동서고금을 막론하고 약으로 사용되었고 일본에서도 그 수요가 있었을 것이라 생각된다.

도질토기의 호류에 액체를 넣었을 경우 반송 도중에 유출될 위험이 있다. 하물며 흔들림이 심한 항해라면 더욱 심할 것이다. 액체가 아니라 졸

(콜로이드 용액)상 내지는 결정화 성질이 있는 '벌꿀'은 호류에서 쏟아질 위험이 적다. 그리고 그만큼 대량으로 생산되지 않은 희소품이었을 것이므로 도질토기의 호류 내지는 소형의 옹 등에 넣을 정도의 교역품이었을 가능성이 있다.

일본 출토 고령타입 내지는 모든 도질토기의 호류에 적용할 수는 없겠지만 귀중한 약으로 '벌꿀'을 넣었을 가능성을 이 논문에서 강하게 제기해두고자 한다. 일본에서는 조족문호류 등도 출토되는데, 백제계 도질토기(호류)에 담긴 내용물도 '벌꿀'이었을 가능성이 크지 않을까?

4. 교섭·교역 루트

한반도와 일본열도는 바다를 사이에 두고 있으나 후기 구석기시대 이래 지속적으로 이루어진 교류가 현재까지도 이어지고 있다. 고분시대에는 다양한 교류 루트가 존재하였을 것이나 가야와 왜의 대외관계에서 주요루트는 세토우치瀨戶內루트와 동해루트 두 개였을 것이다. 이 두 루트는 종래부터 다양한 역사 분야의 연구자에 의해 검토되어 별반 새로운 견해는 아니다. 그러나 필자는 일본 출토 도질토기, 신사, 지명, 문헌을 통해 이 두 루트를 고고학적으로 검토함으로써 양 루트의 중요성을 재강조해보고자 한다.

(1) 세토우치瀨戶內루트

필자는 졸고 「陶質土器からみた倭と大加耶」(『大加耶와 周邊諸國』, 高靈郡·韓國上古史學會, 2002年)와 「鳴門市土佐泊の新羅神社」(『考古学と地域文化』, 一山典還曆記念論集刊行会, 2009年)에서 가야와 왜의 교섭, 교역루트로 세토우치瀨戶內루트에 대해 약간 논한 적이 있다.

전자의 논고에서는 에히메현愛媛縣에서 고령타입 출토 사례가 많기 때문에 당시 고대 호족인 오치越智씨가 수군이 있는 한반도, 그 중에서도 대가야와 대외관계가 있었던 것이 아닐까라고 추측했다.

그 근거 가운데 하나가 9세기 전반에 성립된 불교설화집 『일본영이기日本霊異記』 상권의 17화에 있는 '兵災に遭ひて，観音菩薩の像を信敬しまつり，現報を得し縁'(전란을 만나 관음보살상을 빌고, 이 세상에서 좋은 보답을 만난 이야기) 설화이다. 이여국伊予國(에히메현愛媛縣) 오치군越智郡 대령大領의 선조인 越智直가 백제를 구원하는 과정에 포로가 되었으나 관음보살을 빌고 귀국할 수 있었다는 설화이다. 병재兵災는 663년 백촌강 전투를 의미하며, 7세기 중엽에는 오치越智씨가 대규모의 수군을 소지하고 있었던 것으로 추측할 수 있다. 이 오치越智씨의 수군이 아마 중세의 무라카미수군村上水軍으로 이어졌을 것이다. 거슬러 올라가 4~6세기에도 오치越智씨는 해상교통에 관여한 고대 호족이라고 생각해도 크게 틀리지 않을 것이다. 오치越智씨가 한반도와 모종의 관계가 있었을 것이라는 기사는 문헌에는 없으나 아마 한반도의 특정 세력과 어떠한 교섭, 교역했을 가능성은 크다고 생각된다.

그리고 후자의 논고에서는 문헌사학에서 오치越智씨가 기씨紀氏와 동족관계라고 여겨지므로 와카야마현和歌山縣을 흐르는 기노가와紀ノ川 하구가 그 세력권이었을 기씨紀氏가 한반도로 왕래하는 루트에 대하여 생각해 보았다. 왜냐하면 기씨紀氏는 『일본서기日本書紀』 웅략천황의 기사에 来小己·紀大磐가 한반도에서 활동기록이 있는 고대 호족이기 때문이다.

필자는 한때 도쿠시마대학德島大學에서 근무한 적이 있다. 그때 도쿠시마현德島縣 나루토시鳴門市에 신라신사新羅神社가 있어서, 나루토鳴門해협 주변의 도래계문물과 도래계의 지명 등을 조사한 결과, 그 흔적을 조금 찾을 수 있었다(제8도). 그리고 기씨紀氏의 한반도 왕래 루트는 나루토鳴門해협을 통과하여 세토우치, 동족인 오치越智씨 영역을 통과하여 한반도로 간 것이라 생각한 것이다(제9도).

더욱이 에히메현愛媛縣에서 출토된 도질토기에 관해서는 졸고 「愛媛縣出土百濟系陶質土器」(『季刊 韓國의 考古學』第9號, 周留城, 2008年)·「愛媛縣出土加耶系陶質土器」(『季刊 韓國의 考古學』第10號, 周留城, 2008年)·「愛媛縣出土新羅系陶質土器(『季刊 韓國의 考古學』第11號, 周留城, 2009年)에서도 소개하였다.

(2) 동해루트

상술의 세토우치瀨戶內루트와 함께 동해루트도 한반도와 왜의 교섭, 교역루트로 매우 중요한 것을 필자는 최근 재인식했다. 즉 세토우치瀨戶內루트는 한반도와 야마토정권의 교섭, 교역루트로 매우 두꺼운 파이프와 같은 역할을 담당한 것으로 생각되나 동해루트도 야마토정권과 함께 지방의 고대 호족에게는 매우 중요한 루트였던 것이 아닐까 라고 생각하게 된 것이다. 이 재인식에 관해서는 수년 전에 구두로 발표한 적이 있으나 미완성이었으므로 공개하지 않았다. 따라서 깔끔하게 정리되지는 않았으므로 너그러이 이해해주셨으면 한다.

시가현滋賀縣에 거주하는 사람으로 시가현瀨戶內과 한반도의 교섭, 교역루트를 생각할 경우, 야마토정권 중추를 경유하는 세토우치루트보다 동해루트가 더욱 교섭하기 쉬울 것이라 생각한다. 동해연안의 후쿠이현福井縣 오바마만小浜湾 주변에서, 혹은 와카사만若狭湾과 쓰루가만敦賀湾 주변에서 강가와 산마루에서 비와호琵琶湖에 이르는 루트를 상정할 수 있기 때문이다. 더욱이 현재 후쿠이현福井縣 쓰루가시敦賀市의 지명은 『일본서기日本書紀』에 기재되어 있는 대가야의 왕자 「都怒我阿羅斯等」로부터 유래된 것으로 여겨진다.

그렇다면 4세기대 시가현滋賀縣에서 확인되는 주요 도래계문물의 분포를 살펴보자(제10도). 우선 다카시마시高島市 가미고텐上御殿유적에서 출토된 오르도식단검 거푸집에 주목해본다. 이 거푸집의 시기는 야요이시대 중기부터 고분시대 전기로 시기를 상세하게 특정할 수 없다. 그러나 김해 회현리패총에서 야요이시대 후기의 근강계近江系 수구상구연옹受口状口縁甕가 출토된 것을 종합적으로 생각하면 야요이시대부터 한반도와 교섭, 교역루트가 존재한 것으로 상정할 수 있다. 구체적으로 추정하기에는 고고자료가 적지만 다카시마시高島市의 위치를 고려하면 시가현滋賀縣과 한반도의 교섭, 교역루트로 동해루트를 생각하는 편이 자연스러울 것이다.

다카시마시高島市의 비와호琵琶湖까지 도달하는 루트로 오바마만小浜湾 주변에서 기타카와北川을 거슬러 올라가 고개를 넘고, 아도가와安曇川 등의 하천을 내려오는 루트를 생각할 수 있다. 와카사만若狭湾주변과 쓰루가만敦賀湾주변에서 이어지는 루트도 생각할 수 있으나 다카시마시高島市의 위치를 고려하면 오바마만小浜湾→비와호琵琶湖 루트가 될 것이다. 하천을 최대로 이용하여 배로 사람, 물자를 운반한 것으로 생각되며 고개를 넘을 때 배로 산을 넘는 경우도 있었을 것이다.

4세기 다카시마시高島市의 가미고텐上御殿유적 · 텐진바타天神畑유적에서 확인되는 도래계유물(오르도스식동검 거푸집), 유구(대벽건물)가 존재하는 의미에 대해 약간 생각해보고자 한다. 4세기보다 늦은 5~6세기에 걸쳐 와카사若狭지역에서는 기타카와北川 주변에 대형전방후원분이 많이 축조된 것에 주의할 필요가 있다. 또 그곳과 가까운 후쿠이현福井縣 미카타카미나카군(三方上中郡) 와카사정若狭町의 미쇼우노三生野유적에서 전술한 것처럼 부산 주변에서 확인되는 5세기 초의 조뉴문을 시문한 장경호가 출토되었다. 야마토정권의 영향력이 있으면서도 한반도와 교섭, 교역으로 강화된 와카사若狭지역의 고대 호족의 존재를 엿볼 수 있을 것이다. 그렇다면 4세기에도 와카사若狭지역에 선도자가 존재하여 다카시마시高島市에서 확인되는 한반도 문물을 중개하였거나 혹은 와카사若狭지역을 경유하여 한반도 사람들이 직접 도래하였던 것이 아닐까?

5~6세기가 되면 출토 사례는 적으나 시가현滋賀縣 전역에 도질토기가 확인되고(제11, 12도), 도래계의 대벽건물과 돔상의 천장이 있는 횡혈식석실 등의 유구도 집중적으로 확인되는 지역도 등장하게 된다.

이상에서 간단히 서술한 4~6세기 동해에서 오바마만小浜湾→비와호琵琶湖, 혹은 와카사만若狭湾→비와호琵琶湖, 내지는 쓰루가만敦賀湾→비와호琵琶湖라는 한반도와 왜, 그 중에서도 현재 시가현滋賀縣과의 교섭, 교역루트가 분명히 존재한 것을 뒷받침해주는 사건이 있다.

시기는 조금 늦으나 7세기 미노오키三尾城에 관한 기록이다. 663년 백촌강전투에서 패전한 이후, 667년 오오츠노미야大津宮로 천도하고 방어를 위해 북부 규슈와 세토나이해 연안에 한반도식 산성을 쌓아 간다. 『일본서기日本書紀』에는 그 즈음 오오츠노미야大津宮의 북쪽에 미노오키三尾城를 쌓았다는 내용이 확인된다. 미노오키三尾城가 실제로 존재하였는지 확인되지 않는다. 다만 오오츠노미야大津宮의 북쪽에 성을 쌓았다는 것은 북쪽으로부터 당과 신라가 공격해 올 것이라고 상정하였을 것이라고 생각해도 틀리지 않을 것이다. 이는 야요이시대~7세기 중엽까지 동해→오바마만小浜湾·와카사만若狭湾·쓰루가만敦賀湾→비와호琵琶湖 루트가 존재한 것을 나타내는 것이기도 하다.

그렇다면 오바마만小浜湾·와카사만若狭湾·쓰루가만敦賀湾까지 이르는 동해루트를 일별해보자. 도질토기 출토 사례가 몇 군데 산견되며 이와 함께 도래계의 신사와 지명이 동해 근처에 산견되는 것은 이전부터 지적되었다.

도래계의 신사, 지명으로는 예를 들어 시마네현島根縣 오다시大田市의 가라시마韓島라는 섬이 있고, 또 가라카미시라기韓神新羅신사가 존재하며 시마네현島根縣 이즈모시出雲市에 가라카미韓竈신사가 있는 것은 잘 알려져 있다.

주목할만한 고고자료로는 교토후京都府 교탄고시京丹後市에 축조된 전장 200m의 아미노쵸시야마網野銚子山고분, 전장 190m의 신메이야마神明山고분, 교토후京都府 요사군与謝郡 요사노정与謝野町 전장 150m의 에비스야마蛭子山고분이라는 3기의 거대한 전방후원분이다. 단고丹後지역에 있는 이 고분의 축조 시기는 4세기 말부터 5세기 초로 생각된다. 4세기에 한반도로부터 철소재를 중심으로 한 교역을 통해 그 세력을 강고하게 한 고대 호족 수장의 묘소일 것이다. 야마토정권 중추와도 맹우盟友관계이면서 동해루트를 지배하여 다스렸던 것으로 생각된다.

이 동해루트에 관해서는 앞으로도 동해연안의 고고자료, 그리고 도래계의 신사와 지명을 포함한 도래계 문물의 존재 등을 검토할 필요가 있을 것이다.

맺음말

가야와 왜의 대외관계, 특히 대가야와 왜, 아라가야와 왜의 대외관계를 일본에서 출토된 고령타입과 함안타입을 비교·검토함으로써 이 글에서 특히 강조하고자 한 것은 아래의 3가지이다.

왜의 어느 집단과 대외관계를 맺고 있었는가에 관해서, 대가야는 지방의 고대 호족과 교섭, 교역한 측면이 강하며, 아라가야는 야마토정권 중추와 교역, 교섭의 측면이 강하였을 가능성이 크지 않을까?

교섭, 교역이라는 대외관계 속에서 대가야와 왜는 교역의 측면이 강하며 아라가야와 왜는 정치적 관계를 포함한 교섭의 측면이 강하였을 가능성이 크지 않을까?

일본 출토 도질토기 호에는 교역품으로서 '벌꿀'이 담겨져 반입되었을 가능성이 크지 않을까?

그리고 교섭, 교역루트에 관하여 여러 이견은 있으리라 생각되나, 세토우치瀨戶內루트와 동해루트의 중요성을 도질토기와 도래계문물을 통해 모색하였는데 고고자료를 좀 더 검토하면 당시의 루트 문제는 더욱 선명해질 것이다.

또 일본에서 출토된 도질토기를 개별적으로 검토하는 것도 필요하다. 예를 들어 나라현奈良縣 가시하라시橿原市 미나미야마南山4호분 출토 기마인물토기, 고세시御所市 무로미야아마室宮山고분 출토 선형토기船形土器, 미에현三重縣 쓰시津市 고츠쿠리아카사카木造赤坂유적에서 출토된 특이한 컵형토기의 반입루트 등을 다방면으로 검토하면 한반도와 출토 지역의 당시 고대 호족과의 대외관계를 개별로 추측할 수 있으리라 생각한다.

「4~5世紀東亞細亞と加耶の土器」討論要旨

武末純一 (福岡大学)

日韓の交易·交渉の問題では、いくつか異なる回路の同時存在が示唆された(高霊タイプ·咸安タイプの陶質土器、百済系の馬匹生産地と新羅·加耶系の騎馬文化)。私も地域間の交渉では、その時代特有の中心的な回路が当然存在しつつも、常に重層的かつ多軸的で多様であったと考える。例えば、日本の福岡市西新町遺跡では、日本列島のほかの遺跡では類を見ないほど古墳時代前期(4世紀)の加耶系土器が多く出土する国際交流港で、釜山·金海地域の同時期の土師器系土器と併せ考えれば、金官加耶から近畿のヤマト王権に至る一大交渉·交易回路が形成され、その主目的は「加耶の鉄」にあった。しかし、日本の古墳時代前期前半(3世紀後半~4世紀初)の京都府椿井大塚山古墳では百済型のサルポとともに、忠清北道忠州市弾琴台遺跡で出たような分厚い弾琴台型鉄鋌をもとに製作された板状鉄斧3点が出ている。西新町遺跡では湖南地域を中心とする馬韓(百済)系土器もみられ、「百済の鉄」との関係もこの時期から考えられる。

この点で、定森秀夫氏は5世紀以降、「高霊タイプの様相から見ると大加耶と倭との対外関係は交易の側面が強かった可能性」が想定でき、「咸安タイプの様相から見ると、阿羅加耶と倭との対外関係は政治的関係を含めた交渉の側面が強かった可能性」が想定できるという。それでは、固城タイプの陶質土器からはどのような関係が想定できるのだろうか？

また、5世紀以降の日本列島の出土資料から想定された韓半島の高霊タイプや咸安タイプの根源地で、日本の該当地域(例えば高霊タイプならば瀬戸内地域、咸安タイプならば近畿でも奈良県地域)の同時代倭系遺物が出ているのだろうか？もしそれが明確でないならば、日本列島と韓半島の政治体の直接接触ではなく、その間には弥生時代に見られたような対外交易·交渉にたずさわる日韓の海村世界の存在は考えられないだろうか？

西新町遺跡は4世紀後半のある時点で消滅して、5世紀には福岡市吉武遺跡が新たな国際交流港となる。韓半島での4世紀末~5世紀前半代の土師器の搬入·忠実再現品も、それまで4世紀代の土師器系土器が集中した釜山·金海地域の中心遺跡には無く、周辺地域に広がって、特に巨済鵝州洞遺跡や鎮海龍院里遺跡から全羅南道光陽龍江里石停遺跡など、南海岸地帯に点々と分布する。そこには、金官加耶から近畿のヤマト政権に至る一大交渉·交易回路の断絶がやはりこの時期に想定され、その背後に高句麗の南征を考えざるを得ない。その結果、4世紀末~5世紀前半には日本列島の各地域政権と韓半島の各地域政権との多軸的な交渉·交易が著しくなったのではないか？また、金官加耶を中心に4世紀代に居住した倭人たちは高句麗の重装騎馬軍団に圧倒され、危機に面した倭政権はその情報をもとに富国強兵策をとるようになったと私は考える。5世紀の近畿の巨大古墳の評価は、ヤマト王権の順調な発展の証ではなく、5世紀初頭前後の対外交渉·交易の危機に直面した恐怖感の表れという側面からの接近も必要ではないか？

最後に、議論を支える資料の質の問題がある。今回のシンポジウムの発表は、多くが墳墓から出た資料に基づく検討である。これは今回に限らず、日韓の古墳·三国時代研究も多くが墳墓研究である。そこで取り扱う資料は墓の副葬品だから、人の死に関わる墓の資料で、生きている人々の社会の様相を歪みなく捉えられるのかという疑問が出る。首長層や軍団が居住した集落や、土器、甲冑、馬具などを生産した遺跡、あるいは馬匹生産遺跡の検討が今後は必要ではないだろうか？

「4~5세기 동아시아와 가야의 토기」에 대한 토론문

다케쓰에 준이치 (후쿠오카대학)

번역 : 김도영 (경북대학교)

한일의 교역·교섭의 문제에서는 몇 가지 다른 회로가 동시에 존재하였을 가능성이 제기되었다(고령 타입, 함안 타입의 도질토기, 백제계 마필생산지와 신라·가야계의 기마문화). 필자도 지역 간 교섭에서는 그 시대 특유의 중심적인 회로가 당연히 존재하면서도 항상 중층적 혹은 다축적多軸的이며 다양하였다고 생각한다. 예를 들어 일본 후쿠오카시福岡市 니시신마치유적西新町遺跡은 일본열도의 다른 유적에서는 유례를 보기 힘들 정도로 고분시대 전기(4세기)의 가야계토기가 많이 출토된 국제 교역항인데, 부산·김해지역에서 동시기에 확인되는 하지키계토기를 함께 고려하면 금관가야에서 긴키의 야마토 왕권에 이르는 일대一大 교섭·교역회로가 형성되었고 그 주목적은 '가야의 철'에 있었다. 그러나 일본 고분시대 전기전반(3세기 후반~4세기 초)의 교토부 쓰바이오오츠카야마椿井大塚山古墳고분에서는 백제계의 살포와 함께 충청북도 충주시 탄금대유적에서 출토된 두꺼운 탄금대형철정을 기반으로 제작된 판상철부 3점이 확인되었다. 니시신마치유적西新町遺跡에서는 호남지역을 중심으로 하는 마한(백제)계토기도 확인되어 '백제의 철'과의 관계도 이 시기부터 생각할 수 있다.

이와 관련하여 사다모리 히데오定森秀夫씨는 5세기 이후, '고령타입의 양상으로 보아 대가야와 왜의 대외관계는 교역의 측면이 강했을 가능성'을 상정할 수 있으며 '함안타입의 양상으로 보아 아라가야와 왜의 대외관계는 정치적 관계를 포함한 교섭의 측면이 강하였을 가능성'을 상정할 수 있다고 한다. 그렇다면 고성타입의 도질토기는 어떠한 관계를 상정할 수 있을까?

또 5세기 이후 일본열도에서 출토된 자료로부터 상정되는 한반도 고령타입과 함안타입의 근원지로, 일본의 해당지역(예를 들어 고령타입이라면 세토우치지역, 함안타입이라면 긴키에서도 나라현지역)의 동시대 왜계유물이 출토되고 있을까? 만약 그것이 명확하지 않다면 일본열도와 한반도 정치체의 직접 접촉이 아니라 그 사이에는 야요이시대부터 보이는 대외교역·교섭과 관련된 한일 해촌세계의 존재는 생각할 수 없을까?

니시신마치유적西新町遺跡은 4세기 후반의 어느 시점에 소멸되고 5세기에는 후쿠오카시福岡市 요시타케유적吉武遺跡이 새로운 국제 교역항이 된다. 한반도에서 4세기 말~5세기 전반대 하지키의 반입·충실재현품도 4세기대의 하지키계토기가 집중된 부산·김해지역의 중심유적에는 없고 주변지역으로 확산되며 특히 거제 아주동유적과 진해 용원리유적에서 전라남도 광양 용강리석정유적 등 남해안지대에 분포한다. 이와 관련해서 금관가야에서 긴키의 야마토정권에 이르는 일대一大 교섭·교역회로의 단절을 역시 이 시기에 상정할 수 있으며 그 배후에 고구려 남정을 생각하지 않을 수 없다. 그 결과 4세기 말~5세기 전반에는 일본열도 각지의 정권과 한반도 각 지역 정권과의 다축적인 교섭·교역이 현저하게 되지 않았을까? 또 금관가야를 중심으로 4세기대에 거주한 왜인들은 고구려의 중장기마군단에 압도되었고, 위험에 면한 왜정권은 그 정보를 토대로 부국강병책을 취하고자 한 것으로 필자는 생각한다. 5세기 긴키의 거대고분에 대한 평가는 야마토정권이 순조롭게 발전하였다는 증거가 아니라 5세기 초두 전후에 이루어진 대외교섭·교역의 위험에 직면했던 공포감의 표현이라는 측면에서 접근할 필요도 있지 않을까?

마지막으로 논의와 관련된 자료 질의 문제가 있다. 이번 심포지엄 발표는 대부분이 분묘에서 출토된 자료에 근거한 검토이다. 이번만이 아니라 한일의 고분, 삼국시대 연구도 대부분이 분묘 연구이다. 결국 다루는 자료는 무덤의 부장품로 사람의 죽음과 관련된 무덤의 자료이므로, 살아 있는 사람들의 사회 양상을 왜곡하지 않고 파악할 수 있는가라는 의문이 든다. 수장층이나 군단이 거주한 취락이나, 토기, 갑주, 마구 등을 생산한 유적, 혹은 마필 생산 유적의 검토가 앞으로는 필요하지 않을까?

「4~5세기 동아시아와 가야의 토기」에 대한 토론문

이주헌 (국립문화재연구소)

定森秀夫의 발표문인 「4~5세기 동아시아와 가야의 토기」는 일본에서 출토된 가야토기를 통하여 4~5세기 가야와 왜의 대외관계를 추적한 것이다. 그는 일본 출토 도질토기 가운데 고령과 함안타입을 중심으로 분석한 결과, 세토우치지역에서 5세기 전반에는 함안타입, 5세기 중엽 이후에는 고령타입이 집중되는 특색을 확인하였다.

특히, 나라현에서 함안타입의 도질토기가 고령타입에 비하여 많이 출토되는 것으로 보아 5세기대 아라가야는 야마토 정권의 중추와 깊은 관련을 가진 것으로 보았다. 이는 고령타입의 도질토기가 주로 호류 등의 저장기貯藏器로 구성되어 있지만, 함안 타입에는 고배 등의 공선供膳·제사구祭祀具가 출토된 것으로 보아 대가야와 왜의 관계는 교역적인 측면이 강하지만, 아라가야는 정치적인 관계를 포함한 교섭의 측면이 강한 것으로 파악하였다. 또한, 일본출토 도질토기와 신사 및 지명, 문헌 등을 통해 본다면 한반도와 일본열도와의 교류 루트로는 기존에 널리 알려진 세토우치 루트 외에도 동해루트가 있으며 동해루트는 야마토정권는 물론이고 지방의 고대 호족에게 있어서 매우 중요한 루트인 것으로 이해하였다.

발표자는 일본 출토 도질토기의 분석을 통해 얻은 결과를 직접적으로 가야와 왜의 대외관계에 적용하면서 교섭과 교류라는 형태로 해석하였다. 특히, 나라지역에서 함안타입의 도질토기가 다수 출토되고 있는 상황에 대하여 아라가야와 야마토 정권과의 정치적인 관계를 직접적으로 보여주는 것으로 인식하고 있다. 그렇지만, 일부의 기능성 토기가 정치의 중심지역에 존재한다는 것만으로 이를 교섭관계로 확대하여 해석하는 것은 설득력이 약하다. 또한, 지배계층이 소유한 장식마구나 갑주, 금제 장신구 등과 같은 위신재의 존재를 근거로 정치세력간의 교섭관계를 추적해 온 지금까지의 연구 경향과도 어느 정도 인식의 차이가 있다. 발표자는 함안타입의 도질토기를 위신재적인 성격으로 파악하는 입장인 것 같은데, 4~5세기 무렵 야마토정권에서 교섭의 대상으로 인식한 아라가야의 위상은 어느 정도였다고 생각하시는지? 이에 대한 보완적인 설명을 바란다.

4~5세기 전후 가야加耶와 주변정세
– 가야제국加耶諸國의 대외교섭對外交涉과 광개토왕廣開土王 남정南征을 중심으로 –

백 진 재*

目 次

* 양산시청

머리말

각각의 상호작용 속에서 성장한 가야제국加耶諸國[1]은 4세기 전후 커다란 변화를 맞이하게 되었다. 3세기 후반 서진西晉은 팔왕八王의 난亂과 영가永嘉의 난亂으로 큰 혼란에 빠지게 되고, 그 사이에 모용선비慕容鮮卑와 고구려高句麗는 요동遼東지역을 두고 대립하였다. 그 결과 자연히 중국군현中國郡縣의 통치력은 약화될 수밖에 없었고 서진이 오호五胡에 무너지자 고구려는 낙랑樂浪·대방군帶方郡을 축출하였다.

이와 같은 4세기 전후 정세변동은 ①가락국駕洛國의 쇠퇴로 이어졌다는 견해 ②한이군漢二郡 교역 중단에 대한 반대급부로 가야加耶와 왜倭의 교섭交涉강화로 본 견해 ③백제百濟 또는 고구려를 통한 제한적인 선진문물의 입수로 본 견해 등 다양한 논의로 이어졌으나 결국은 낙랑·대방군의 소멸消滅이 주요 배경으로 인식되어 왔다.[2]

---

1) 본고에서는 가야연맹체의 존재에 대하여 부정적인 인식을 견지하고자 한다. 연맹체의 구성요소 중 공동행동(군사적, 정치적, 외교적)은 필연적으로 수반되어야 하는데, 가야전기 변한사회 내에서는 이와 같은 연맹의 실체를 확인할 수 있는 증거를 아직 확인 할 수 없었다.(이영식, 「伽倻諸國의 國家形成問題 - 伽倻聯盟說의 再檢討와 戰爭記事分析을 中心으로 -」, 『白山學報』32, 1985, 64~76쪽; 이영식, 「가야제국의 발전단계와 연맹체론」, 『가야사 기획 학술회의』 발표자료집, 2017, 87~96쪽.) 오히려 포상팔국전쟁과 같이 가야제국은 자국의 이해관계에 따라 전쟁과 동맹의 상호작용 속에서 성장하였다고 보는 것이 타당한 해석이라고 생각한다.

2) 김정배, 『한국고대사입문2』, 신서원, 2006, 김태식, 『加耶聯盟史』, 一潮閣, 1993, 김양훈, 「4~5세기 남부가야제국과 백제의 교섭 추이」, 『역사와 경계65』, 2007, 신경철, 「加耶土器의 編年」, 『伽耶考古學論叢3』, 2000, 이도학, 「加羅聯盟과 高句麗」, 『加耶와 廣開土大王』, 2003, 이영식, 「문헌으로 본 가락국사」, 『가야각국사의 재구성』, 혜안, 2000, 이현혜, 「4세기 加耶社會의 交易體系의 변천」, 『한국고대사연구1』, 1988, 이형기, 『대가야의 형성과 발전 여구』, 경인문화사, 2009, 유우창, 「대외관계로 본 가라국의 발전 - 5세기대를 중심으로 - 」, 『지역과 역사』16, 2005, 정인성, 「변한·가야의 대외교섭」, 『가야 고고학의 새로운 조명』, 2003, 井上主稅, 「영남지방 출토 외계유물로 본 한일교섭」, 경북대

그러나 이미 서진이 태강太康년간(281~289) 동이교위東夷校尉[3])를 설치한 시점부터 낙랑·대방군은 쇠퇴하기 시작하였다. 뿐만 아니라 한이군은 고구려와 백제의 침공을 받으면서 더욱 군현郡縣으로써의 기능이 약화되었을 것이다.

한편 최근 대성동 88호분과 91호분에서는 중국·동북지역 금동제金銅製 마구류馬具類나 진식대금구晋式帶金具[4])와 같은 위세품威勢品이 다량으로 출토되었다. 즉 한군현漢郡縣 소멸 이후에도 가락국에 중국·동북지역 유물이 계속 공급되고 있는 것이다. 이런 점에서 미루어 볼 때 한이군의 소멸 이후 가야제국의 변동에 대해서는 재검토가 필요하다고 사료된다.

반면 4세기 전후 가야제국과 주변 세력 간의 관계 등을 확인할 수 있는 사료는 극히 미비한 형편이다. 다만 한국韓國과 한이군 사이의 교섭기사를 통해 4세기 전후 가야제국의 동향을 파악할 수밖에 없다고 생각한다. 이에 이 글의 시공간적 배경은 4~5세기대임에도 불구하고 4세기 전후 가야제국의 대외교섭[5]) 또한 포함하여 살펴보고자 한다.

학교 고고인류학과 박사학위논문, 2007.

3) 교위관은 중국 국가와 그 주변 공동체의 책봉조공 관계를 조절, 운영하는 역할을 수행한 것으로 이해된다.(김한규, 『요동사』, 문학과 지성사, 2004, 312쪽.) 한편, 동이교위의 설치 시기에 대해서는 다양한 견해가 제시되고 있으나, 실제 임용한 사례나 활동내용은 西晉시기에 이루어지므로 본고에서는 西晉 武帝 太康연간(281~289)사이에 실질적으로 운영되었다고 생각한다.(윤용구, 「고대중국의 동이관과 고구려 - 동이교위를 중심으로- 」, 『역사와 현실』55, 2005, 63~68쪽.)

4) 진식대금구의 용어에 대해서는 서진시기 형성된 대금구 양식을 전형적 대금구로 보고 진식대금구라는 명칭을 사용하였으나 최근 조위시기에도 이와 유사한 대금구가 확인되고 있어 용어에 대한 재검토가 필요하다는 의견이 있다.(조윤재, 「考古資料를 통해 본 三燕과 高句麗의 문화적 교류」, 2015, 126~129쪽.) 그러나 본고에서는 후술하겠지만 진의 책봉체제속에서 대금구가 가락국에 사여되었다고 보고 있으므로 진식대금구라는 명칭을 사용하고자 한다.

5) 대외교섭이란 한 정치집단이 다른 정치집단과의 관계 속에서 전쟁과 같은 적대적 대립 상황을 제외한 통상적인 우호관계를 말한다. 평화적 관계 추구를 위한 외교 활동이나, 경제적 이익 추구를 위한 교역 등이 교섭의 주요 내용이 될 것이다.(백승옥, 「가야 대외교섭

또한 5세기 초 광개토왕廣開土王의 신라新羅구원군 파견(이하 남정南征)은 가락국을 포함한 가야제국에 큰 영향을 끼쳤던 것으로 이해되어 왔다. 특히 광개토왕비문廣開土王碑文에서 확인되는 임나가라종발성任那加羅從拔城과 안라인수병安羅人戍兵에 대한 다양한 해석은 가야사의 주요화두로 자리 잡고 있었다. 본고에서는 기존의 연구사를 간략하게 서술하고 약간의 의견을 제시하고자 한다.

1장에서는 가야제국과 주변세력의 대외교섭시기를 총 5기로 구분하고 먼저 1장 1절에서는 4세기 전후 가야의 대외교섭을 간략하게 살펴볼 것이다. 1장 2절에서는 313년 낙랑·대방군이 소멸하였음에도 불구하고 장통張統의 모용선비 귀부사건을 통하여 오히려 모용선비와 가야제국의 대외교섭이 본격적으로 시작되었음을 밝혀나가고자 한다. 또한 가야제국이 모용선비에만 국한되지 않고 동진東晉, 백제, 왜 등 다원화된 교섭이 이루어졌음을 살펴볼 것이다.

2장에서는 광개토왕 남정의 배경과 가야제국의 대응을 살펴볼 것이다. 2장 1절에서는 광개토왕 남정의 배경과 임나가라종발성의 위치비정을 약술하여 볼 것이다. 2장 2절에서는 안라인수병에 대한 여러 견해들을 확인하여 보고 약간의 사견을 덧붙이고자 한다. 사료를 해석하는데 있어 비약이 있는 점도 부인할 수 없다. 많은 가르침을 부탁드린다.

의 발전과정과 그 담당자들」, 『가야의 대외교섭』, 1999, 81쪽.)

Ⅰ. 4세기 가야제국加耶諸國과 주변정세

1. 4세기 전후 가야제국의 대외교섭對外交涉

1) 가야加耶—공손씨정권公孫氏政權—왜倭 교섭기交涉期(204~238)

3세기 전반에 발생한 포상팔국전쟁浦上八國戰爭[6] 이래로 4세기 전후 가야제국에 대한 관련 사료는 미비한 형편이다. 다만 한국韓國과 군현사이의 교섭기사를 통해 4세기 전후 가야의 동향을 파악할 수밖에 없다. 먼저 이 글에서는 3세기대 가야제국의 대외교섭을 크게 3시기時期로 구분하고자 한다. 시기 구분의 기준은 한이군에 대한 정치권력의 교체시기로 설정하였으며 그 내용은 아래와 같다.

Ⅰ期(204~238) : 加耶—公孫氏政權—倭

Ⅱ期(238~265) : 加耶—魏—倭

Ⅲ期(265~313) : 加耶—西晉—倭

Ⅰ기는 공손씨정권에 의해 대방군이 설치된 204년부터 위魏에 의해 한이군이 함락되기 전 238년까지의 기간이다. Ⅰ기에서는 대방군 관련기사를 토대로 가야제국이 공손씨정권과 왜 사이에서 대외교섭을 중재하거나 직접 참여하였음을 유추할 수 있다.

---

6) 浦上八國戰爭 발생 시기에 대해서는 다양한 논의가 진행되었으나, 전쟁목적에 대해서만큼은 해상교역권 쟁탈전을 대부분 수용하고 있다. 한편 발표자는 2세기 전반 倭國大亂의 발생함에 따라 사천·늑도권역과 부산·김해권역이 왜에 대한 수출경쟁을 벌이게 되었고, 그 결과 浦上八國戰爭이 발발하게 되었다고 보았다.(拙稿, 「加耶諸國의 對倭交涉과 浦上八國戰爭」, 『지역과 역사』37, 2015, 21~36쪽.)

먼저 대방군은 당시 요동의 실력자였던 공손강公孫康에 의해 설치되었는데[7] 낙랑군樂浪郡을 대신하여 삼한三韓과 왜에 대한 교섭업무를 담당하기 위함이었다.[8] 한편 『삼국지三國志』 위지동이전魏志東夷傳 한전韓傳 왜인조倭人條에서는 왜로 가는 해로를 자세히 기록하고 있는데[9] 대방군과 왜로 이어지는 해안 교역권이 형성되어 있었음을 알 수 있다.[10] 그 중 중간 기착지로 구사한국狗邪韓國이 기술된 점이 주목된다. 즉 가야제국 중 하나인 가락국은 3세기대 사마대연합邪馬臺聯合과의 대왜교섭對倭交涉을 주도하고 있었으므로[11] 왜와 대방군 사이의 교섭 중개자로서의 역할도 함께 수행하였을 가능성이 높다고 볼 수 있다.

또한 이와 같은 교섭 중개자로서의 역할은 건안년간建安年間(196~220) 왜와 한漢이 대방군에 속屬하였다는 기사를 통해서도 알 수 있는데,[12] 여기서

7) 帶方郡은 曹操가 柳城 원정을 단행한 207년 이전 어느 시기에 설치, 7쪽, 윤용구, 「三韓과 樂浪의 交涉」, 『한국고대사연구』34, 2004, 된 것으로 보는 견해가 있다.(임기환, 「3세기~4세기 魏·晉의 동방정책 – 樂浪郡·帶方郡을 중심으로 – 」, 『역사와 현실』36, 2000, 127쪽, 권오중, 「요동 공손씨 정권의 대방군 설치와 그 의미」, 『대구사학』105, 2011, 9~10쪽.)

8) 帶方郡 설치배경으로는 桓靈之末 시기 中原지역의 혼란을 주된 원인으로 보는 것이 절대 다수이다. 즉 中原지역의 혼란으로 樂浪郡이 郡縣 운영과 三韓에 대한 통제력을 상실하게 되었고, 이에 韓·倭에 대한 公孫氏의 영향력 재건 및 체제정비의 목적으로 帶方郡을 설치하였다는 것이다.(백승충, 『加耶의 地域聯盟史 硏究』, 부산대학교박사학위논문, 1995, 95쪽, 김미경, 「高句麗의 樂浪·帶方지역 진출과 그 지배형식」, 『학림』17, 1996, 4~7쪽, 권오중, 위의 논문, 2011,17~22쪽, 김한규, 앞의 책, 214~215쪽.) 한편 樂浪郡의 약화와 관련하여 桓靈之末의 영향보다는 樂浪郡이 설치된 이후부터 생겨난 잠재된 모순으로 인해 대량의 유이민이 발생하였다고 본 견해도 있다.(이기백, 『한국사신론』1993, 41쪽, 윤용구, 위의 논문, 2004, 129쪽, 拙稿, 위의 논문, 29쪽.)

9) 『三國志』 卷30 烏丸鮮卑東夷傳30 韓傳 倭人條.

10) 帶方郡은 韓·倭와 교섭함에 있어 처음부터 수로교통에 의하였다고 여겨진다. 遼東에 근거한 公孫氏가 魏와 高句麗를 피하여 吳나 韓·倭와 통교하기 위해서는 수로교통이 효율적이었던 것이다. 이는 魏가 公孫氏를 정벌하고 帶方郡을 접수한 후에도 계속된다.(윤용구, 「三韓의 對中交涉과 그 성격」, 『국사관논총』85, 1999, 116쪽.)

11) 拙稿, 위의 논문, 2015, 35~36쪽.

12) 『三國志』 卷30 烏丸鮮卑東夷傳30 東夷傳 韓傳.

속屬이란 실질적인 종속을 의미하는 것이 아니라 단순히 행정적 관할의 주체를 설명하기 위해 사용된 용어였다.[13] 그렇다면 당시 가락국과 왜는 대방군에 조공사신을 파견하였을 것이며 파견과정에서 상기 해로를 따라 한군현과 교섭관계를 맺었다고 할 수 있다.

그렇다면 가야제국과 공손씨정권의 교섭양상은 어떠하였을까? Ⅰ기期에서는 변진한弁辰韓지역 내 한식위세품漢式威勢品이 거의 확인되지 않고 있다. 다만 양동리 162호, 200호에서 한경漢鏡, 철복鐵鍑, 청동환靑銅環, 동정銅鼎 등 일부만 제한적으로 확인되고 있을 뿐이다.

이에 대하여 한식위세품이 변진한사회 내에서 이미 선택적 수용 또는 위세품으로써의 가치가 줄어들었을 것으로 파악한 견해가 있다.[14] 이 글에서는 이와 같은 한식위세품의 수량감소에 대하여 한漢과 공손씨정권의 관계 속에서 파악해 보고자 한다.

189년 요동태수遼東太守로 부임한 공손탁公孫度은 요동遼東지역에 반독립적인 세력을 형성한 것으로 보이는데, 190년 스스로 요동후遼東侯 평주목平州牧을 칭하고 요동군遼東郡 또한 요동군, 중요군中遼郡, 요서군遼西郡으로 나누었다.[15] 또한 『삼국지三國志』 위지동이전魏志東夷傳에서는 「遂隔斷東夷. 不得通於諸夏」라고 하였는데[16] 한漢과 정치적으로 단절되었음을 의미한다.

즉 변진한지역 내 한식위세품이 급감한 것은 공손씨公孫氏와 한漢의 정치적 단절상태가 원인이었을 것이다. 『삼국지三國志』 위지동이전魏志東夷傳 한전韓傳에서는 삼한사회 내부에 한식위세품의 수효가 상당하였음을 확인할

---

13) 김한규, 앞의 책, 2004, 232쪽.

14) 이재현, 「弁·辰韓社會의 考古學的 硏究」, 부산대학교박사학위논문, 2003, 151쪽, 정인성, 앞의 논문, 2003, 588쪽, 이창희, 「영남지방으로의 철기문화 유입에 대한 再考 - 표비를 중심으로」, 『고고광장』1, 2007, 150~151쪽.

15) 『三國志』 卷8 公孫度傳.

16) 『三國志』 卷30 烏丸鮮卑東夷傳30 東夷傳.

수 있다.[17]

이 중 의책衣幘의 부속품으로써 동물형대구動物形帶鉤는 마형馬形, 호형虎形의 형태를 갖추고 있는데, 호형대구虎形帶鉤는 중국中國 한문화漢文化의 직접적인 영향으로 만들어졌고, 마형대구馬形帶鉤는 한반도에서 자체적으로 제작되었다고 파악하였다.[18]

한편 이와 같은 동물형대구는 기원후 2세기대에서 3세기 전반 김해를 중심으로 확인되는데,[19] 대성동 고분군[20]에서 호형대구 2점, 양동리 고분군[21]에서 마형대구 3점 등 총 7점이 확인된다. 당시 변진한이 대구帶鉤를 비롯한 중국풍의 의책을 선호하였다는 견해를 참조한다면,[22] 공손씨정권과 한漢의 단절은 이와 같은 한식위세품의 공급에 지장을 초래하였을 것이다.

뿐만 아니라 207년 조조曹操는 유성柳城을 급습하였고 오환烏桓의 수장 답돈踏頓은 참수 당하였다. 그 틈에 오환에 투신한 원상袁尙과 원희袁熙 그리고 일부 오환의 수령들은 공손강에게 도주하였다.[23] 이때 공손강은 원상과 원희 그리고 오환의 수령들을 참수하여 그 수급을 조조에게 헌상하였다.[24] 이것은 공손씨정권이 사실상 조조에게 굴복한 것이다.

그러므로 공손씨정권은 가야제국과 교섭관계를 맺었다고 할지라도 조조에게 굴복한 상태였으므로 대외교섭 또한 독자적으로 추진하기는 어려웠

---

17) 『三國志』 卷30 烏丸鮮卑東夷傳30 東夷傳 韓傳.

18) 김구군, 「虎形帶鉤의 形式分類와 編年」, 『경북대학교고고인류학과 20주년기념논총』, 2000, 189~195쪽.

19) 박장호, 「原三國期 動物形帶鉤의 전개와 의미」, 영남대학교석사학위논문, 2011, 73~74쪽.

20) 慶星大學校博物館, 『金海 大成洞古墳群 Ⅰ』, 2000. 慶星大學校博物館, 『金海 大成洞古墳群 Ⅲ』, 2003.

21) 東義大學校博物館, 『金海 良洞里 古墳文化』, 2000.

22) 이재현, 앞의 논문, 2003, 137~138쪽.

23) 『三國志』 卷1 武帝紀 十二年 秋七月條.

24) 『三國志』 卷1 武帝紀 十二年 九月條.

을 것이다. 즉 조공무역을 통한 한漢의 선진문물 입수에 일정한 한계가 있었으므로 사신의 왕래는 현저히 줄어든 시기로 파악된다.[25)]

반면 가야제국과 왜는 긴밀한 교섭관계를 유지한 것으로 보인다. 앞서 왜는 가락국을 통해 대방군에 사신단을 파견하는 등 서로 긴밀한 유대관계를 형성하였음을 알 수 있다. 이를 보여주는 물질자료로 양동리 고분군 200호 목곽묘와 고성 동외동유적에서 출토된 광형동모廣形銅矛가 있다. 왜계倭系 청동기인 광형동모는 공동체의 상징이거나 수장의 묘에 함께 부장되는 경우가 많은데, 이러한 대형동모大形銅矛는 왜와의 교역을 통해서 수입된 것으로 판단된다.[26)] 즉, 광형동모 부장의 의미는 수장층간의 정치적 교섭을 의미하며 가락국과 고성 동외동유적과 관련된 고자국古自國 또한 왜와 긴밀한 관계를 유지하였을 것이다.

2) 가야加耶—위魏—왜倭 교섭기交涉期(238~265)

다음 Ⅱ기는 요동을 장악한 공손씨정권이 위 명제明帝 경초景初 2년 사마의司馬懿의 침공을 받아 멸망한 238년부터 위 멸망 직전인 265년까지의 기간이다. 이 글에서는 위가 한국韓國과 왜에 대하여 2가지 유형의 대외교섭 형태를 보여주고 있다고 생각한다. 첫 번째는 군현을 통한 간접적인 교섭이며, 두 번째는 위 본국과 직접적인 교섭이라고 할 수 있다.

(A-1) 景初(237~239) 연간에 크게 군대를 일으켜 淵을 죽이고, [本志 公

25) 단, 加耶諸國과 公孫氏政權 사이의 私貿易은 일정하게 이루어진 것으로 보이는데, 청동기의 경우 청당동과 송대리, 상주 성당리 출토 馬形帶鉤의 납 동위원소 분석결과 중국 화남산 원료가 사용되었다고 한다. 유리구슬 또한 포항 옥성리 출토품이 중국 화남산으로 판명되었는데 Ⅰ期는 완제품의 교역보다는 원료의 교역이 보다 활발하게 이루어졌을 가능성이 높다고 볼 수 있다.(정인성, 앞의 논문, 2003, 592쪽.)

26) 임소연, 「辰·弁韓지역 출토 銅鉾研究」, 부산대학교 대학원 석사학위논문, 2006, 110쪽.

孫度傳, 景初2년(238), 太尉 司馬宣王을 보내어 淵을 쳤다. 8월 淵 父子를 斬하고, 遼東·帶方·樂浪·玄菟를 평정하였다.] 또 몰래 바다를 건너가서 ⓐ樂浪郡과 帶方郡을 수습하였다. 그 후로 海外가 안정되어 東夷들이 굴복하였다.(『三國志』 卷30 烏丸鮮卑東夷傳30 동이전東夷傳)

(A-2) 景初(237~239) 연간에 明帝가 몰래 帶方太守 劉昕과 樂浪太守 鮮于嗣를 파견하여 바다를 건너가서 2郡을 평정하였다. ⓑ여러 韓國의 臣智에게는 邑君의 印綬를 더해 주고 그 다음 사람에게는 邑長을 주었다.(『三國志』 卷30 烏丸鮮卑東夷傳30 東夷傳 韓傳)

(A-3) 2년(262) 가을 7월 樂浪의 外夷인 韓濊貊이 각각 그 무리를 이끌고 조공하였다.(『三國志』 卷4 陳留王 二年 秋七月)

먼저 군현을 통한 간접적인 교섭을 살펴보고자 한다. 사료(A-1)에서는 요동을 장악한 공손씨公孫氏가 위 명제明帝 경초景初 2년(238)에 사마의의 침공을 받아 멸망하였음을 밝히고 있다. 여기서 낙랑군과 대방군 또한 위에 접수되었음을 알 수 있는데, ⓐ에서는 어떤 연유인지는 알 수 없으나 해외가 안정되어 동이東夷가 굴복하였다고만 기술하고 있다.

사료(A-2)의 경우 사료(A-1)와 마찬가지로 위에 의해 낙랑군과 대방군이 평정되었음을 밝히고 있다. 뿐만 아니라 대방태수帶方太守 유흔劉昕과 낙랑태수樂浪太守 선우시鮮于嗣가 한이군 평정에 참여하였음이 확인되는 등 사료(A-2)는 (A-1)과 동일한 사건을 다루고 있지만 좀 더 구체적인 사실을 전하고 있다.

그렇다면 (A-1)의 ⓐ에 배경은 무엇이었을까? (A-2)의 ⓑ에서는 위가 여러 한국韓國의 읍군邑君과 읍장邑長들에게 인수印綬나 의책을 제공하였다고 하였다. 앞서 한국韓國은 의책과 인수에 대하여 상당한 수요가 있었음을 알 수 있는데, 대방태수 유흔과 낙랑태수 선우사는 제한국諸韓國에 그들이 좋아하는 인수와 의책을 제공하는 등 회유책을 사용하였다.[27)]

이와 같은 모습은 대방태수 궁준弓遵이 인수를 왜왕倭王에게 하사하고 금비단, 융단, 거울 등을 주었다는『삼국지三國志』위지동이전魏志東夷傳 한전韓傳 왜인조倭人條에서도 확인할 수 있다. 즉 위는 군현조직을 중간 매개로 하여 한韓과 왜에 관작을 수여하는 등 주변 여러 국國과의 교류·교역체계를 장악하고자 한 것이다.[28)]

반면 해당시기 이와 관련된 물질자료는 앞선 Ⅰ기와 마찬가지로 희소한 상황이다. 다만 상주출토로 전해지는 위솔선한백장동인魏率善韓佰長銅印이 확인된 점에서 위는 삼한에 대하여 인수를 사여하는 등 Ⅰ기 때와는 달리 적극적으로 한韓에 대하여 대외교섭을 추진하고 있음을 알 수 있다.[29)]

아무튼 상기사항 등을 검토해 보았을 때 (A-1)의 ⓐ와 같이 위는 공손씨 정권으로부터 차단되어 있던 한韓에 대하여 군현을 통한 정통적인 교섭관계를 회복하기 위해 노력하였다. 가야제국 또한 제한국諸韓國 속에 포함되어 있었을 것이므로 대방군과의 교섭관계를 회복하였을 것이다.

특히 위는 가야제국으로부터 철을 입수하기 위해 예전의 교섭관계를 회복하고자 노력하였을 것이다. 이전시기부터 가야제국의 판상철부가 낙랑·대방군을 통해 중원中原으로 유통되었다는 견해를 참조한다면[30)] 위는 당시 촉蜀, 오吳와 계속된 전쟁으로 군수물자가 부족해지자, 적극적으로 가야의 철을 입수하고자 하였을 것이다.

---

27) 백승옥, 「前期 加耶 小國의 成立과 發展」, 『한국 고대사 속의 가야』, 혜안, 2001, 156쪽.

28) 윤용구, 앞의 논문, 1999, 120쪽.

29) 이재현은 3세기대의 대외교역은 단순한 이윤창출보다는 정치력을 강화하고자 하는 의도가 강하였고, 이러한 과정을 통해 영남의 제지역에는 威勢品 보다는 정치적 상징성이 강한 유물이 들어오게 된 것으로 판단하였다.(이재현, 「弁韓社會의 形成과 發展」, 『가야 고고학의 새로운 조명』, 2003, 42~43쪽.)

30) 東湖, 「弁辰과 加耶의 鐵」, 『가야제국의 철』, 신서원, 1995, 86~87쪽.

또한 위는 후한後漢시기에 쉽게 구할 수 있었으나 당시의 상황에서 구입이 불가능하였던 중국 남방 물자를 얻기 위해 일본열도와도 교섭이 필요한 입장이었다.[31] 이에 그 중간 교섭창구였던 가야제국의 도움이 절실하였을 것으로 보인다.

다음 가야와 위 본국의 직접적 교섭은 사료(A-3)에서 확인할 수 있다고 생각한다. 사료(A-3)에서는 낙랑군의 외이外夷중 하나인 한韓이 조공하였음을 알 수 있다. 여기서 그 대상이 대방군이 아닌 위 황제皇帝 조환曹奐에게 직접 조공하였다는 사실이 주목된다. 이것은 위가 동이제족東夷諸族에 대하여 대방군을 통한 간접적인 교섭에서 위 본국本國의 직접적인 교섭으로 변화하였음을 의미한다.[32]

경초景初 2년(238)[33] 왜여왕倭女王 卑彌呼가 대부大夫 難升米 등을 대방군으로 보내 천자天子에게 조헌朝獻하기를 요청하였고, 대방태수 유하劉夏가 왜의 사절을 경도京都에 전송하여 위 명제明帝와의 알견謁見을 주선한 것과 壹與가 掖邪狗 등을 낙양洛陽에 보내어 조공朝貢하였다는 점에서도 확인할 수 있다.[34] 이와 같이 위 본국이 동이제족에 대한 직접적인 교섭을 시행한 이유는 대방군과 한국韓國의 교섭관계 회복뿐만 아니라 위를 중심으로 하는 세계질서의 수립과 한국韓國에 대한 지배권의 확장이 목적이었을 것

31) 선석열, 「加耶の鐵と倭の南北市曜」, 『國立歷史民俗博物館研究報告110』, 2000, 128~129쪽.

32) 사료(A-3)와 관련하여 김수태는 馬韓이 중국과의 직접 외교, 즉 본격적인 원거리 국제교역에 참여하게 되었다고 보았다.(김수태, 「3세기 중·후반 백제의 발전과 마한」, 『백제연구』6, 1998, 196쪽.)다만 韓은 馬韓만을 상징하는 미시적인 관점이 아닌 거시적인 관점에서 三韓 전체를 상징한다고 본다. 『三國志』 韓傳에서는 馬韓만을 독립적으로 서술하지 않고 弁辰韓의 내용이 함께 서술된 점이 이를 방증하는 것이다.

33) 景初2년(238)은 景初3년(239)의 誤記로 보인다. 『日本書紀』에 인용된 『魏志』와 『梁書』는 모두 3년으로 기재하였기 때문이다.(石原道傳, 『新訂 魏志倭人傳 他三篇 - 中國正史日本傳1』, 岩波書店, 2005, 50쪽.)

34) 『三國志』 卷30 烏丸鮮卑東夷傳30 韓傳 倭人條.

이다.[35]

한편 왜 또한 상기 238년과 240년 기사를 포함하여 총 6차례 위와 교섭하였음이 확인된다. 이와 같은 교섭의 중계자역할은 Ⅰ기와 마찬가지로 가야제국이 수행하였을 가능성이 있다.

3) 가야加耶-서진西晉-왜倭 교섭기交涉期(265~313)

다음 Ⅲ기는 서진 무제武帝 함녕咸寧 2년 동이東夷 8국이 귀화歸化한 276년부터 서진이 멸망하는 313년의 기간으로 한정할 수 있다. 앞서 위는 가야제국을 포함한 한韓과 전통적인 교섭관계를 회복하려고 노력하였다. 서진 또한 위 명제明帝로부터 사마염司馬炎이 선양을 받아 탄생한 중국왕조였으므로 위의 정책기조를 유지하였다고 생각한다.

표 1.에서 확인할 수 있다시피 276년을 기점으로 서진에 대한 동이의 견사遣使 조공이 증가하고 있는데, 274년 평주平州를 설치한 것이 원인이라고 생각한다. 서진은 274년 유주幽州를 나누어서 평주를 설치하였는데, 당시 유주幽州관할이었던 창려昌黎, 요동, 낙랑, 현토玄菟, 대방帶方 등 5군郡이 평주에 귀속되었다. 아마도 평주 설치를 계기로 서진의 동이교섭이 보다 적극화되었음을 짐작할 수 있다.[36]

한편 Ⅲ기에서는 가야제국이 어느 시기에 서진에 사신을 파견하였는지 불분명하다. 이에 본고에서는 『진서晉書』 등에서 확인할 수 있는 서진과 동이제족의 교섭기사를 중심으로 가야제국의 교섭시기를 유추해보고자 한다.[37]

---

35) 윤용구, 앞의 논문, 1999, 113~120쪽, 홍승현, 「曹魏時期 樂浪郡 회복과 遼東 인식의 변화 - 東夏 범주에 대한 분석을 겸하여 -」, 『중국학보56』, 2007, 180~182쪽.

36) 임기환, 앞의 논문, 2000, 27쪽.

37) 백승충은 3세기 전반 浦上八國戰爭으로 남부지역의 교역구심체였던 駕洛國이 加耶諸國의 맹주권을 상실하였다고 보았다. 또한 駕洛國은 새로운 유력세력인 安羅國과 함께

표 1. 서진과 東夷의 교섭양상

區分		時期		晉書 本紀 武帝	晉書 夫餘	晉書 馬韓	晉書 辰韓	晉書 裨離等十國	通典	加耶諸國 교섭 가능성
B	B-1	275								×
		276	2월	東夷 8國 歸化	×					×
			7월	(癸丑)東夷 17國 內附	▲					
	B-2	277	(是歲)	東夷 3國 內附	×	復來			馬韓王來朝 自是無聞	×
		278	3월	(辛酉)東夷 6國 來獻		內附				
			是歲	東夷 7國 內附						
		279								
C	C-1	280	6월	(甲申)東夷十國歸化	×	其主頻遣使入貢方物	其王遣使獻方物			▲
			7월	東夷二十國朝獻	▲					
		281	3월	(丙申)東夷五國朝獻	▲	其主頻遣使入貢方物	復來朝貢			
	C-2	282	9월	東夷二十九國歸化 獻其方物	▲					×
		283			▲	頻至				
		284			▲					
		285								
D	D-1	286	8월	東夷十一國內附		又頻至	又來			●
			是歲	馬韓等十一國遣使來獻						
		287	8월	東夷二國內附		又頻至				×
		288	9월	東夷七國詣校尉內附						×
	D-2	289	5월	東夷十一國內附		又頻至				×
			是歲	東夷絕遠三十餘國來獻						
		290	3월	(辛丑)東夷七國朝貢		詣東夷校尉何龕上獻		模盧國帥沙支臣芝 于離末利國帥加牟臣芝……各遣正副使詣東夷校尉何龕歸化		
		291	是歲	東夷十七國 校尉內附						

먼저 『진서晉書』는 당태종唐太宗 정관貞觀 18년~20년(644~646)에 편찬되었는데, 본고에서 검토할 대상인 「제기帝紀」 및 「사이열전四夷列傳 동이전東夷傳」에서 확인되는 동이관련 내용은 『삼국지三國志』와 『후한서後漢書』의 내용을 축약한 것이며 단지 서진과 동이의 조공기사만 첨가한 것으로 이해하고 있다.[38]

한편 『진서晉書』 「사이열전四夷列傳」 서문序文에 따르면 서진 무제武帝 제위 기간인 265년~290년까지 조공한 사이四夷 23국이 입전의 대상이 되었음을 알 수 있는데, 『진서晉書』 「제기帝紀」 등과 비교검증을 하면 앞의 표1과 같다.

먼저 표1. (B)에서는 276년 2월 서진에 동이 8국이 귀화한 가사로부터 278년 시세是歲 동이 7국이 내부來附한 시기까지인데, 통전通典에 따르면 함녕咸寧년간(275~279)에 마한왕馬韓王이 내조來朝하였다고 한다. 한편 해당 시기 부여夫餘 또한 285년 모용선비에게 멸망하기 직전까지 수시로 서진에 사신을 파견하였다고 하였다.

한편 (B)에서는 가야제국과 서진의 통교가 이루어지지 않은 듯하다. (B-1)에서는 276년 2월 동이 8국이 서진에 귀화하였음이 보이는데, 서진과 동이 8국이 처음으로 통교하였음을 의미한다. 물론 『진서晉書』 「사이열전四夷列傳」에서는 고구려와 예맥濊貊 등이 입전에 제외되는 등 자료적 한계가 분명하다. 그렇지만 『진서晉書』 「제기帝紀」에서 보이는 동이와의 모든 교섭기사를 부정할 수는 없을 것이다.[39]

3세기 중반까지 다변화된 교역체계를 유지하였다고 하였다. 그 결과 『晉書』단계에서는 분열된 가야를 대신해 新羅가 새로운 교역주체로 등장하였다고 보았다. 이를 반영한 결과가 『晉書』 「東夷傳 辰韓條」에 弁韓이 辰韓에 부전되었다고 해석하였다.(백승충, 앞의 논문, 1995, 97~103쪽.) 다만 弁韓이 교역을 주도하지 못하고 분열되어 있다고 하여 『晉書』 「東夷傳 辰韓條」에 입전하지 못하였다는 것은 다소 이해하기 어려운 부분이다.

38) 국사편찬위원회, 『중국정사조선전1』, 신서원, 2004, 322~323쪽.

39) 이와 관련하여 윤용구, 「3세기 이전 中國史書에 나타는 한국고대사상」, 『한국고대사연구14』, 1998, 151~155쪽 참조.

그렇다면 (B-1)에서 부여夫餘는 이미 서진과 통교 중이므로 제외된다. 마한馬韓, 진한辰韓 또한 『진서晉書』「사이열전四夷列傳 동이전東夷傳」에서 서진에 사신을 파견한 사실이 없으므로 (B-1)의 동이 8국에 포함시키기 어렵다. 다음 당해 7월 동이 17국 내부內府기사는, 『통전通典』에서 함녕咸寧년간 마한馬韓과 서진의 교섭사실을 확인할 수 있으나 276년 7월에 내부內府하였는지는 불분명하다.

(B-2)에서는 277년과 278년에 동이가 내부內府한 점을 확인할 수 있는데, 『진서晉書』「동이전東夷傳 마한조馬韓條」에서 마한馬韓 또한 『진서晉書』「제기帝紀」와 동일한 시기에 내부內府한 점, 『통전通典』 함녕咸寧년간이 (B-2)의 범위에 포함된 점을 보았을 때, (B-2)는 마한馬韓만이 서진에 사신을 파견하였다고 해석할 수 있다.

다음 (C)의 경우 280년 6월 동이 10국이 서진에 귀화한 기사로부터 285년 부여夫餘가 멸망한 시점까지이다. 여기서 서진과 가야제국이 교섭한 시기는 (C-1)이었을 가능성이 있다고 사료된다. 먼저 280년 6월 동이 10국이 서진에 귀화하였다는 기사는 이때까지 서진과 통교하지 않은 마한馬韓과 진한辰韓의 일부 여러 소국小國이 해당 시기 처음 서진에 사신을 파견하였다고 볼 수 있다.

한편 변한弁韓은 『진서晉書』「동이전東夷傳 진한조辰韓條」에 부전되어 있을 뿐만 아니라, 『후한서後漢書』 및 『삼국지三國志』에서도 변진한은 서로 잡거하는 등 문화적 공통성을 공유하고 있는 점에서 가야제국 또한 해당시기 사신을 서진에 파견하였을 가능성이 있다. 또한 동년 7월과 281년 3월 기사에서 보이는 서진에 동이가 조헌한 기사에서도 진한辰韓이 포함된 점에서 가야제국의 사신 파견이 있다.

반면 (C-2)에서는 282년 동이 29국이 서진에 귀화한 점이 보이는데, 『진서晉書』「동이전東夷傳 마한조馬韓條」에서도 1년의 격차가 확인되었지만 마한

馬韓이 283년 서진에 사신을 파견하였음을 알 수 있다. 또한 『진서晉書』「장화전張華傳」에서도 마한馬韓의 신미국新彌國 등 20여국이 서진에 사신을 파견한 점 등을 미루어 볼 때 282년 마한馬韓이 서진에 견사하였음을 알 수 있다.

(D)의 경우 286년 8월 동이 11국이 서진에 내부內附한 기사로부터 291년 시세 동이 17국이 동이교위에 내부內附한 시기까지이다. 여기서 서진과 가야제국이 교섭한 시기는 (D-1) 286년 8월과 시세조是歲條라고 생각한다.

(D-1) 286년도 8월과 시세 기사는 『진서晉書』「동이전東夷傳 마한조馬韓條」와 동서同書 「동이전東夷傳 진한조辰韓條」에서도 공통적으로 확인된다. 먼저 286년 8월 기사는 (C-1)과 마찬가지로 가야제국이 서진에 사신을 파견하였을 가능성이 있다. 다음 (D-1) 286년조 시세조是歲條의 경우 『진서晉書』「제기帝紀」에서는 마한馬韓 등이 서진에 내헌來獻하였다고 하였는데, ~~등 몇 개국이란 표현 속에 가야제국이 포함되었을 가능성 또한 상정할 수 있다.[40]

반면 (D-1) 287년 8월 기사에서는 동이 2국이 서진에 내부內府한 점이 보이는데, 『진서晉書』「동이전東夷傳 마한조馬韓條」에도 그 사실이 전하고 있으므로 가야제국은 자연스럽게 제외된다. 한편 288년 9월 기사에서는 동이교위에게 동이가 내부內府한 사실이 확인된다. 여기서는 이때까지 예군詣郡하던 동이제족의 모습과는 달리 예교위부詣校尉府한 점이 특징이다. 이것은 위·진晉시대 지방제도의 변화가 원인일 것이다. 즉 한漢의 군현중심 체제와는 달리 위·서진에서는 주자사州刺史의 지방관으로서의 성격이 강화된다. 그 결과 낙랑·대방군을 대신하여 평주의 동이교위가 동이에 대한 대

40) 이영식, 「김해 대성동고분군 출토 외래계 유물의 역사적 배경」, 『금관가야의 국제교류와 외래계 유물』, 제20회 가야사국제학술회의 발표자료집, 2014, 16쪽.

외교섭을 주도하게 된 것이다.[41)]

이와 관련하여 285년 모용선비가 부여夫餘를 멸망시킨 후 동이교위가 부여夫餘회복을 추진한 점은 이미 이 시점부터 한군현을 대신하여 동이교위가 동이와의 교섭을 담당하였음을 보여준다. 다만 299년 9월조 기사는 『진서晉書』「제기帝紀」에만 기록될 뿐 『진서晉書』「동이전東夷傳」에서는 확인이 불가능하므로 가야제국이 동이교위와 교섭관계에 맺었는지는 확인 할 수 없다.

다음 (D-2)에서는 289년 5월과 시세조是歲條 기사를 통해 동이가 서진에 내부內府하였음을 알 수 있는데, 『진서晉書』「동이전東夷傳 마한조馬韓條」에서도 서진에 사신을 파견한 기사가 확인된다. 즉 289년 5월과 시세의 단계에는 마한馬韓이 서진에 견사하였음을 알 수 있다.

290년 3월 기사는 동이 7국이 서진에 조공하였는데, 『진서晉書』「동이전東夷傳 마한조馬韓條」에서도 290년 동이교위에게 사신을 파견하였다고 기록되어 있다. 그뿐만 아니라 『진서晉書』「동이전東夷傳 비리등십국조裨離等十國條」에서도 290년 6국國이 동이교위에게 사신을 파견하였는데, 수장의 칭호가 신지臣芝로 기술되어 있다. 이것은 삼한제소국三韓諸小國의 지배자 신지臣智와 서로 통하는 것으로 마한馬韓의 군장君長들이 서진에 사신을 파견한 것이다.

그렇다면 290년 3월 동이 7국은 동이교위에게 견사하였음이 확인되는데 아마도 이 시점부터 한국韓國은 동이교위를 매개로 서진과 교섭이 이루어졌다고 할 수 있다. 다만 양평襄平에 치소治所를 둔 동이교위 입장에서는 한국韓國과의 거리가 상당하였으므로 독자적으로 교섭을 수행하는 것은 일정한 한계가 있었을 것이다.

41) 임기환, 앞의 논문, 2000, 25쪽.

그러므로 동이교위는 한이군의 협조를 받았을 것으로 예상된다. 그것은 한군현이 동이교위에게 한국韓國의 사신단을 전송하는 역할을 하였다고 생각한다. 그러나 실질적인 교섭권은 동이교위에게 이관되었으므로 한이군의 군현 기능은 급격히 쇠퇴해 갔을 것으로 보인다.

(D-2) 291년 기사 또한, 『진서晉書』「제기帝紀」에서만 확인될 뿐 동서同書 동이전東夷傳에서는 서진에 사신을 파견한 기사가 전무하므로 가야제국과 서진의 교섭을 파악하는 것은 어렵다고 본다.

한편 Ⅲ기 또한 앞선 Ⅱ기와 마찬가지로 가야제국과 서진의 통교를 보여주는 물질자료가 극히 희소한 형편이다. 다만 경상북도 포항에서 발견된 진솔선예백장인장晉率善濊伯長印章 등으로 보았을 때 여전히 Ⅱ기와 마찬가지로 중국왕조는 삼한사회에 인수를 사여하는 정책을 추진하였다고 볼 수 있다.

다음 가야제국과 왜의 통교는 문헌기록상 거의 확인 할 수 없다. 단지 왜가 266년 서진에 사신을 파견한 기사를 통해서 가야제국이 중개자로서의 역할을 수행하였을 것이라고 판단된다.

다만 3세기 후반부터 부산·김해권역에서 출토되는 토사기계토기土師器係土器를 주목하여야 한다. 토사기계토기는 가야제국과 왜와의 교류양상을 확인할 수 있는 물질자료인데, 분묘유적과 취락유적에서 호, 옹, 소형기대, 광구소호 등이 주로 확인되고 있다. 이중 토착화된 토사기계토기는 부산·김해권역을 중심으로 하는 낙동강 하류역과 그 일대에서만 확인된다. 즉 낙동강 하류역을 중심으로 하는 왜인倭人이 지속적으로 도래하거나 장기간 체재하면서 토착인과의 융합을 통해 토착화한 토사기계토기를 생산하게 되었다는 것이다.[42]

---

42) 조성원, 「嶺南地域 출토 4~5세기대 土師器系土器의 재검토」, 『한국고고학보99』, 2016, 160~163쪽.

물론 토사기계토기는 일상용기이므로 가야제국과 왜의 정치적인 산물로는 보기 어려운 측면이 있다. 그러나 토사기계토기로 확인되는 거주 왜인의 존재는 일정한 파견 목적을 가지고 낙동강 하류지역에 정주하였을 것이다. 즉 이들은 선진물자의 획득이 주요목적이었을 것으로 보이는데, 주로 한반도 교류에 종사를 해온 사람이었을 가능성이 높을 것이며 부산·김해권역의 철을 입수하는 것이 주요한 목표였을 것이다.

이상에서 가야제국의 대외교섭을 정리하면 다음과 같다. Ⅰ기의 경우 요동을 점유한 공손씨정권은 당시 삼한사회가 원하는 한식위세품을 공급할 조건을 갖추지 못하였다. 그 결과 가야제국과 한이군 사이의 대외교섭은 쇠퇴하게 되었을 것이며 이에 대한 반대급부로 왜와의 교섭은 강화되었을 것이다. Ⅱ기의 경우 낙랑·대방군을 점유한 위는 가야제국과 전통적인 교섭관계를 회복하고자 하였다. 이에 위는 한이군을 통한 간접적인 교섭과

3세기 가야제국의 대외교섭양상

위 본국과 가야제국의 직접적 교섭을 시행하였다.

마지막으로 Ⅲ기의 경우 서진은 위의 정책기조를 유지하면서 평주의 동이교위를 중심으로 동이교위를 실시하였을 것이다. 무수히 확인되는 서진과 동이의 교섭기사 중 가야제국의 대외교섭은 280~281년, 286년경에 이루어졌을 가능성이 높다고 파악된다. 결국 한이군은 삼한의 사절을 동이교위에게 전송하는 임무만 수행하게 됨으로서 점차 쇠퇴하게 되었다.

한편 291년 이후로 동이교위와 동이의 교섭기록은 전무한 상황이다. 이것은 291년 팔왕의 난으로 중국왕조가 지방에 대한 통제권을 상실하게 된 것이 주요 배경이었다. 이와 관련된 4세기 가야의 대외교섭을 다음절에서 살펴보고자 한다.

2. 4세기 낙랑樂浪·대방군帶方郡의 소멸消滅과 가야加耶의 대외교섭對外交涉

1) 가야加耶—모용선비慕容鮮卑(전연前燕)—백제百濟—왜倭 교섭기交涉期 (313~369)

팔왕의 난은 291년 여남왕汝南王 사마량司馬亮을 시작으로 306년 동해왕東海王 사마월司馬越에 이르기까지 이루어진 서진 왕족의 권력쟁탈전인데 그 결과 왕실의 권위가 무너지면서 지방에 대한 통제권마저 상실하게 되었다. 동이교위가 있는 평주 또한 마찬가지였다.

290년 동이교위 하감何龕 이후 10여 년간 동이교위 임명기사가 전무한데, 팔왕의 난으로 인하여 황제皇帝가 동이교위를 파견할 수 없었던 것이다. 304년 이진李臻이 동이교위로 임명되었지만, 그 또한 309년 요동태수 방본龐本에 의해 살해당하게 되고 방본마저 동이교위 부임한 봉석封釋에게 피살되는 등 극심한 혼란상에 빠지게 된다.

동이교위로 부임한 봉석封釋 또한 서진의 황제가 임명한 것이 아니라 하북河北을 장악한 군부의 실력자인 왕준王浚이 그 속관으로 임명한 사람이었다. 결과적으로 291년 이후 동이교위는 그 기능을 상실하게 되었고 삼한과의 대외교섭을 정상적으로 수행할 수 없었을 것이다.

한편 팔왕의 난 동안 성장한 5호胡는 영가년간永嘉年間 본격적으로 중원中原지역을 침공하게 되는데 이것이 영가의 난이다(307~312). 요동지역 또한 영가 2년(308) 모용외慕容廆가 스스로 선비대단우鮮卑大單于라 칭하는 등 주변 제세력諸勢力을 규합하면서 성장하였다. 먼저 같은 선비족鮮卑族인 소희련素喜連과 목환진木丸津 두 부部를 격파하고 요동 내 중심세력으로서의 입지를 다졌다.

다음 중원中原지역의 백성 가운데 일부는 영가의 난을 피하기 위해 요동지역으로 이동하였다. 이때, 모용외는 선정을 베풀어 유민 수 만 가가 모용선비에게 귀부하는 등 동서 양면에서 흘러 들어오는 유민을 안접시킨 것이 모용선비가 흥성한 원인의 하나가 되었다.[43]

반면 동이교위의 약화와 모용선비의 성장은 평주 소속 제군현諸郡縣의 쇠퇴로 이어졌을 것이다. 그 결과 평주에 속한 낙랑·대방군은 고구려와 백제의 침공을 받게 되었다. 286년 고구려의 대방침공에 대하여 대방군과 혼인관계를 맺었던 백제 책계왕責稽王이 구원군을 파견한다든지[44] 304년 백제 분서왕汾西王의 낙랑 서현 공취를[45] 통해 확인할 수 있다.

물론 낙랑태수가 보낸 자객에 의해 백제 분서왕이 사망하는 등 한이군의 저항도 만만치 않았다. 그러나『속일본기續日本記』환무천왕桓武天皇 연력延曆 4년年 육월조六月條에서는 고구려 및 백제의 침공으로 인하여 낙랑·대방군

43) 金毓黻,『東北通史』, 동북아역사재단, 2007, 124쪽.

44)『三國史記』卷24 百濟本紀 第2 責稽王 元年條.

45)『三國史記』卷24 百濟本紀 第2 汾西王 7年 春二月條.

에 다수의 유랑민이 발생하고 있는 등[46] 한이군의 쇠퇴가 지속적으로 이루어지고 있음을 확인할 수 있다.

이와 같은 상황에서 311년 고구려 미천왕美川王은 요동의 서안평西安平 공격[47]을 시작으로 한이군에 대한 고구려의 침공이 본격화 되었다. 그 결과 313~314년 낙랑·대방군의 소멸로 이어졌다. 한편 이와 같은 4세기대 동북아시아 국제정세의 변동은 가락국의 쇠퇴로 이어졌다고 해석하거나, 한이군 교역 중단에 대한 반대급부로 가야와 왜의 교섭강화, 백제 또는 고구려를 통한 제한적인 선진문물의 입수 등 다양한 견해가 제시되었으나, 결국 근본적인 배경은 낙랑·대방군의 소멸에 있었다.[48]

그러나 앞서 낙랑·대방군은 3세기 후반 이미 교섭의 임무를 상실하고 단순히 양평襄平의 동이교위에게 사절단을 전송하는 업무만을 수행하는 등 한이군의 군현기능은 오래전부터 쇠퇴하고 있었다.

즉 이미 한이군이 쇠퇴하고 있는 입장에서 낙랑·대방군의 소멸로 인한 기존의 4세기 가야제국의 변동에 대하여 있는 그대로 수긍할 수 없는 상황이다. 뿐만 아니라 대성동 고분군 제7차 조사과정에서 4세기대 목곽묘인 대성동고분군 91호분과 88호분이 확인되었는데 중국·동북지역의 금동제 마구류나 진식대금구 등과 같은 위세품이 다량으로 출토되었다.[49] 이와 같은 고고자료의 존재는 오히려 4세기대 가야제국이 왜와 같은 특정지역과의 교류만 이루어 진 것이 아니라, 폭넓은 지역과의 다채로운 교류관계가 이루어 졌음을 보여준다고 할 수 있을 것이다.

반면 이들 유물의 유입에 대하여 다양한 견해가 제시되었으나,[50] 4세기

46)『續日本紀』卷38 今皇帝 桓武天皇 延曆4年 6月條.
47)『三國史記』卷17 高句麗國本紀 第5 美川王 12年 秋8月條.
48) 앞의 주2.
49) 대성동고분박물관,『김해대성동고분군-85호분~91호분』, 2015.
50) 신경철,「대성동88, 91호분의 무렵」,『최근 대성동 고분군의 발굴성과 - 대성동고

전반 동북아시아의 변동보다는 단순히 유물이 존재하므로 교섭이 이루어졌다는 식의 논의전개만 이루어지는 측면이 있다.

그러나 이와 같은 위세품의 존재는 단순히 물자의 교류보다는 집단과 집단사이의 정치적 이해관계가 수반되어야 나타나는 현상일 것이다. 이에 본고에서는 4세기 전반 가야제국의 대외교섭시기를 크게 2시기로 구분하고 그 역사적 배경과 교섭양상을 밝혀보고자 한다.

Ⅳ期(313~369) : 加耶—慕容鮮卑[前燕]—百濟—倭

Ⅴ期(370~392) : 加耶—東晉—後燕—百濟—倭

Ⅳ기는 313년 고구려의 낙랑군 침공으로부터 369년 전연前燕 멸망직전까지의 시기이다. 해당시기 가야제국과 중국·동북지역과의 교류관계를 보여주는 문자기록은 없다. 물질자료를 통해서 그간의 대외교섭 추이를 살펴보았을 뿐이다. 이에 본고에서는 낙랑·대방군의 소멸과 관련된 일련의 기사를 중심으로 당시 가야제국의 대외교섭을 유추해보고자 한다.

(E-1) ⓐ遼東 사람 張統은 樂浪 · 帶方 二郡을 점거하고 高句麗王 乙弗利와 서로 공격하길 몇 년을 계속하면서 해결하지 못했다. 樂浪 사람 王遵이 張統에게 유세하여 ⓑ그 백성 1천여 가구를 인솔하고 慕容廆에게 귀부하니 慕容廆는 그를 위하여 樂浪郡을 설치하고 張統을 태수로 삼고 王遵을 참군사로 삼았다.(『資治通鑑』 卷88 晉紀10 愍帝 建

분박물관 10주년 기념 국제학술회의·공청회』, 김해시, 2013, 9~16쪽, 이영식, 앞의 논문, 2013, 17~18쪽, 홍보식, 「외래계 유물로 본 금관가야의 국제교류와 사회구조」, 『금관가야의 국제교류와 외래계 유물』, 제20회 가야사국제학술회의발표자료집, 2014, 160~167쪽, 심재용, 「금관가야의 외래계 威勢品 수용과 의미」, 『영남고고학74』, 2016,82~83쪽. 조성원, 「4세기 금관가야의 대외관계」, 『고고광장21』, 2017, 46~50쪽.

興 元年)

(E-2) 겨울 10월, 樂浪郡을 침범하여 남녀 2천여 명을 사로잡았다.

(『三國史記』 卷17 高句麗本紀 第5 美川王 十四年)

(E-3) 가을 9월, 남쪽으로 帶方郡을 침공하였다.

(『三國史記』 卷17 高句麗本紀 第5 美川王 十五年)

사료 (E-1)의 ⓐ는 낙랑·대방군을 장통이 점유한 사실이 확인되는데, 관직명은 표기되어 있지 않았다. 앞서 팔왕의 난 및 영가의 난으로 인하여 서진은 지방에 대한 통제권을 상실한 상태였다. 그렇다면 장통은 한이군을 독자적으로 장악하였다고 볼 수 있는 반면, 낙랑·대방군은 군현으로써의 역할을 수행하기 어려웠다는 점 또한 반영한 기사라 할 수 있다.

또한 (E-1)의 ⓐ에서는 이미 고구려와 장통이 이미 여러 차례 전투를 벌였음을 확인할 수 있는데 아마도 많은 유랑민을 양산하였을 것이다. 그 결과 한이군을 통제하기 어려웠던 장통은 왕준王遵의 조언을 받아 들여 (E-1)의 ⓑ와 같이 모용외에게 귀순하게 된다. 그때 1천여가도 함께 귀순하게 되는데, 군郡내에서 중추적인 역할을 담당하는 사람들로 추정된다.

한편, 이주의 유형분석에 의하면 사료(E-1)의 ⓑ는 「본인 의지형」에 가깝다고 생각한다. 즉 이주자가 이주지의 세력에게 무엇인가 기여할 수 있거나 또는 이주자의 사회적 위치가 높을 경우에 해당하는 것인데, 특히 그들의 이해관계에 따라 체제를 달리하는 세력집단으로 망명하고, 망명을 받아들이는 측은 망명자의 이용가치에 따라 그에 상응하는 이주지를 제공하고 대우하였을 것으로 추정된다.[51]

사료 (E-1)의 ⓑ에서는 모용선비가 요서遼西 대릉하大凌河 유역에 낙랑군

51) 홍보식, 「삼국시대의 이주와 생활 유형」, 『한국고고학보 87』, 2013, 62~63쪽.

을 교군僑郡하고[52] 장통을 태수로 삼는 등 그 지위를 그대로 유지해주었는데, 「본인 의지형」에 부합한다고 볼 수 있다. 그렇다면 모용선비는 장통세력을 수용한데 대한 반대급부로 이에 상응하는 역할을 장통에게 주문하였을지 모른다.

한편 사료 (E-2)에서도 고구려 미천왕이 314년 10월 낙랑군을 침공하였다고 하였으나 병합되었는지 여부는 알 수 없다. 다만 사료 (E-1)의 ⓑ와 같이 한이군의 상위계층이 모용선비에게 귀순한 점을 고려한다면 사료 314년 10월 고구려의 낙랑 침공기사는 사실상 420여 년간 한반도에 자리잡았던 낙랑군이 축출되었음을 의미한다고 볼 수 있다.

사료 (E-3)에서는 고구려 미천왕이 대방군을 침공하였다고 하였는데, 사료 (E-1)의 ⓑ와 같이 모용선비에게 장통세력이 귀순하였으므로 대방군 또한 사실상 해당시기 축출되었다고 보아도 무방하다.

그렇다면 모용선비는 장통세력에게 어떤 역할을 부여하였을까? 본고에서 장통세력이 고구려 견제에 대한 역할을 부여받았다고 생각한다. 그뿐만 아니라 장통세력은 낙랑·대방군이 전통적으로 수행하던 한국韓國사회와의 대외교섭 업무 또한 수행하였다고 본다.

먼저 고구려 견제에 대해서는 319년 고구려 여노자如奴子의 우하성于河城 선제공격 사건에서 확인할 수 있다. 여노자는 모용선비의 우하성을 점거하였는데 모용외는 모용한慕容翰이나 모용인慕容仁 등 모용선비의 주축대신 낙랑태수太守 장통을 파견한다. 그 결과 장통은 여노자를 포로로 잡고 우하성을 회복하였다.[53]

고구려와의 전투에 모용선비가 장통을 파견한 것은 (E-1)의 ⓐ에서 확

52) 공석구, 「高句麗의 領域擴張에 대한 연구 - 4세기를 중심으로 -」, 충남대학교박사학위논문, 1991, 38~41쪽.

53) 『資治通鑑』 晉紀 13 元帝 太興 2年條.

인할 수 있듯이 고구려에 대응한 경험이 풍부하였기 때문일 것이다. 이후 장통관련 기사는 더 이상 확인되지 않지만 319년 이후에도 고구려가 모용선비에게 지속적으로 공격을 감행하였던 만큼 장통 또한 고구려와의 전투에 참가하였을 것이다.

다음 장통세력은 낙랑·대방군이 전통적으로 수행하던 한국韓國사회와의 대외교섭 업무를 담당하였을 것이다. 앞서 모용선비에 귀화한 1천여가의 유민들 중 낙랑·대방군내에 식자층이 포함되어 있을 가능성이 높다. 또한 그 중에서 전통적으로 한이군과 한국韓國사회의 교섭을 담당했던 인물들이 존재하였을 것이다.

한편 당시 대방군은 고구려에 의해 점령된 상태였다. 그러나 고구려계통 석실묘石室墓가 조영되는 낙랑지역과는 달리 대방군은 본래의 묘제인 전축분塼築墳이 4세기 중반까지 계속 조영된다. 이에 대하여 낙랑·대방군 멸망 후 남아있던 한인漢人집단들이 황해도를 중심으로 반독립적인 자치구역을 형성하였거나,[54] 대방군이 해당시기 소멸되지 않았다는 견해 또한 상존한다.[55]

그러나 당시 고구려는 모용선비와 요동지역을 둘러싸고 치열한 각축전을 벌이는 상황이었다. 즉 해당 지역의 지배질서를 전면적으로 재편하거나 새로운 지배거점을 구축하기 어렵다는 것이다.[56] 이에 대방군은 최소한 314년부터 전축분의 축조가 중단되는 353년까지 기존의 재지세력을 중심으로 외부세력과 독자적인 교섭을 어느 정도 수행할 가능성이 있다고 여겨

54) 공석구, 「고구려 영역확장사 연구」, 서경문화사, 2006, 75~89쪽, 趙俊杰, 「4~5세기 한반도 서북지역 삼연계 고분의 고구려화 과정」, 제20회 가야사국제학술회의발표자료집, 2014, 208~209쪽.

55) 송지연, 「帶方郡의 盛衰에 대한 硏究」, 『사학연구74호』, 2004, 14~23쪽, 김기섭, 「4~5세기 동아시아 국제정세와 백제의 외교정책」, 『백제문화56』, 2017, 275쪽.

56) 여호규, 「4세기 고구려의 낙랑·대방 경영과 중국계 망명인의 정체성 인식」, 『한국고대사연구53』, 2009, 167~168쪽.

진다.

그렇다면 요서 대릉하 유역에 위치한 낙랑군은 밀접한 관계에 있었던 대방군의 고지故地를 통해 한국韓國사회와 대외교섭을 추진하였을 것이다. 특히 대릉하 유역에서는 라마동유적, 북구묘, 삼합성묘 등과 같은 삼연三燕관련 고고자료가 집중적으로 확인되는데, 아마도 이 지역에 있었던 낙랑군은 모용선비계통 마구류 등과 같은 위세품을 토대로 가야제국과 대외교섭을 추진하였다고 생각한다.

본고에서는 대성동 91호분을 주목하고자 한다. 대성동 91호에서는 운주雲珠, 마령馬鈴, 마면馬面 등과 같은 마구馬具가 다량 출토되는데, 모두 전연과 관련성이 깊은 유물로써 심재용의 편년안에 따르면 4세기 2/4분기에 해당한다.[57] 물론 3세기 4/4분기에서 4세기 1/4분기로 편년되는 대성동에서도 모용선비와의 관련성이 확인되는 금동관식金銅冠飾이 출토되었으나[58] 본격적인 모용선비와 가야제국의 대외교섭은 313년 낙랑군이 요서 대릉하 유역에 교군된 시점을 고려할 때 대성동 91호분단계에 시작되었다고 볼 수 있다.

다음 가야제국과 모용선비의 대외교섭은 353년 모용준慕容儁의 칭제를 기점으로 일대 전환기를 맞이하게 되었다고 생각한다. 전연황제前燕皇帝 모용준은 스스로 제위에 오른 354년 31명의 왕과 3명의 공을 책봉하였고,[59] 355년 고구려와 전쟁 관계를 종식하고 고국원왕故國原王을 낙랑공樂浪公으로 봉하는 등[60] 전연을 중심으로 한 책봉조공관계를 확립한다.

본고에서는 가야제국 또한 전연을 중심으로 한 책봉조공관계 속에 포함

57) 심재용, 앞의 논문, 2016, 74~76쪽.

58) 김일규, 「금관가야고분 출토 외래유물의 성격과 의의」, 『호남고고학보60』, 2018, 47쪽.

59) 『資治通鑑』 卷99 晉紀 21 永和 8年條.

60) 『資治通鑑』 卷99 晉紀 21 永和 10年條.

되었을 것으로 추정한다. 이를 증명할 문자자료는 현재까지 확인되지 않았다. 다만 모용준의 354년 칭제를 기점으로 대성동고분군에서는 중국·동북지역 유물이 증가됨을 주목하여야 한다.

한편 이렇게 유입된 중국·동북지역의 위세품은 대성동 29, 91, 88호분 등 모두 대성동 고분군내 대형묘에 부장되는데 이를 전연의 신분표상제도가 가락국에도 수용되고 있다고 본 견해가 있다.[61] 그러나 이것은 전연을 중심으로한 책봉체제 속에 가락국 또한 포함되었음을 의미하는 전거자료라고 생각한다. 즉 가락국과 전연의 정치적 교섭물의 상징으로 이해할 수 있으나, 가락국 내부 계층화의 산물로 보기는 어렵다고 생각한다.[62]

계층화와는 별도로 위세품의 착용 및 부장은 수장층의 특별한 권력과 신분을 지닌 이들임을 확인해 주는 Ideologie의 산물로 이해되는데[63] 가락국 또한 전연과의 대외교섭으로 획득한 위세품을 통하여 지배자의 권위를 강화하고자 하였을 것이다.

한편 전연은 가락국과 교섭을 통하여 철을 확보하였을 것으로 보인다. 앞서 살펴보았듯이 전연은 요서 및 요동지역에 대한 지배권을 확립하기 위한 대외전쟁을 수행하였는데, 이 과정에서 전쟁 물자에 대한 수요가 증가하였을 것이다. 특히 무기 및 갑주 등을 제작하는데 철은 필수 불가결하였을 것이므로, 이에 대한 철의 수요를 확보하기 위해 가락국과 접촉하였을 가능성이 있다고 생각한다.

Ⅴ기에서는 가야제국과 왜의 통교 또한 문헌기록상으로 거의 확인 할 수 없다. 다만 4세기 2/4분기부터 왜계유물倭系遺物이 풍부하고 다양하게 확인되고 있는 점은 주목하여야 할 것이다. 먼저 대성동 13호분에서는 파형

61) 심재용, 앞의 논문, 2016, 79~80쪽.

62) 조성원 또한 중국·북방계 유물은 금관가야내부 계층화를 보여주는 산물이라기보다는 선진 지역과의 정치적 교류관계로 해석하였다.(조성원, 앞의 논문, 2017, 48쪽.)

63) Timothy K, Earle, 『족장사회의 정치권력』, 도서출판 考古, 2008, 272~273쪽.

동기巴形銅器 5점과 편 1점, 석촉石鏃 15점 등이 확인되었다. 또한 같은 시기로 편년되는 18호에서도 통형동기筒形銅器 2점, 방추차형석제품紡錘車形石製品, 비취곡옥翡翠曲玉 등이 출토되었다.

여기서 주시해야 할 유물은 파형동기이다. 파형동기는 무기류의 장식용으로 추정하는데, 주로 화살통, 방패 등에 부착한 것으로 추정된다. 특히 대성동 13호분과 왜의 동대사산고분東大寺山古墳에서 출토된 파형동기는 거의 동시기에 제작된 것으로 시차가 거의 확인되지 않는다. 즉 응회암제 석제품과 마찬가지로 왜가 가락국과의 교류를 위해 특별하게 마련한 유물인 것이다.[64]

또한 Ⅴ기에 파형동기와 응회암제 석제품 등이 출토된 점은 가락국과 기내畿內의 대화정권大和政權이 대외교섭이 본격적인 대외교섭이 이루어지고 있음을 보여준다.[65] 최근에는 Ⅴ기 가락국과 대화정권의 대외교섭은 군사적 의미를 지니고 있었다는 견해가 제시되었다. Ⅴ기 대성동에서 출토된 기내畿內 관련 유물은 무장武裝으로 볼 수 있는 동촉銅鏃, 파형동기 등이 중심을 이루고 있다. 이것은 가락국과 기내 대화정권 사이에 있었던 교류가 군사적 의미를 내포하고 있다는 것이다. 즉 대화정권은 가락국을 통해 중국·동북지역 선진문물과 철을 입수하여 내부에서의 세력 강화를 도모하였고, 이에 대한 반대급부로 가락국에게 군사력과 지휘권을 보장하였다는 것이다.[66]

5세기대 왜의 군사적 활동을 생각해 보면 일정부분 동의하는 바도 있다. 다만 왜의 가락국에 대한 군사 지원과 지휘권의 보장이란 것이 정확하게 어떤 성격의 군사조직을 의미하는지는 고민해 보아야 할 것이다. 이와 가

---

64) 조성원, 앞의 논문, 2017, 37~38쪽.
65) 신경철, 앞의 논문, 2013, 11~13쪽.
66) 조성원, 앞의 논문, 2017, 50쪽.

장 유사한 성격의 군사조직은 용병으로 군사력을 보강하였을 가능성도 있지만 동맹국에 대한 해외파병을 통해서도 이루어 질 수 있다. 또한 4세기대 왜와 신라의 군사적 충돌과정에서 가야제국이 깊숙이 개입한 흔적을 확인할 수 없는 없으므로 왜군倭軍이 군사 지휘권을 가락국에게 선듯 양도하였는지도 의문이다.

후술하겠지만, 광개토왕비문에서 왜군은 고구려의 5만 병력으로부터 퇴각하는 과정에서 임나가라종발성으로 후퇴하는 등 일정부분 군사적 행동을 가야제국과 함께 수행하고 있었다. 그러나 왜가 신라와 고구려에 대한 모든 전쟁수행을 가야제국과 한 정황은 비문에서 확인되지 않았다. 오히려 왜병倭兵은 가야제국중 하나인 안라국安羅國을 상대로 농성전을 벌이는 모습도 확인된다. 이런 점에서 가락국과 왜 양국의 대외교섭은 군사적 의미를 내포하고 있었겠지만 마치 대화정권의 왜 병사를 고대 그리스의 용병집단처럼 가락국이 관리·통제하였다고 보기는 어렵다고 생각한다.

한편 해당시기 가야제국과 백제의 대외교섭 또한 이루어지기 시작하였음을 확인할 수 있는데, 이와 관련된 사료는 아래와 같다.

(F-1) 갑자년 7월에 百濟人 久氐, 彌州流, 莫古 등 3인이 우리 땅에 와서, "百濟王은 東方에 일본이라는 貴國이 있다는 것을 듣고 신들을 보내 그 貴國에 가게 하였습니다.……(중략)…… ⓐ그때 久氐 등에게 일러 말하기를 "본래 東方에 貴國이 있음을 들었다. 그러나 아직 통해본 적이 없어 그 길을 알지 못한다. 바다가 멀고 파도가 험하니, 곧 큰배를 타야 겨우 통할 수 있을 것이다. ……(휴략)…… 만약 貴國의 사인이 온다면 반드시 우리나라에게 알려주셔야 하겠습니다. 이와 같이 하고 곧 돌아갔다.(『日本書紀』 卷9 氣長足姬尊 神功皇后)

(F-2) 神功 46년(366) 3월 倭가 斯摩宿禰를 卓淳國에 파견하였다. ……

(중략)…… 이에 斯摩宿禰는 從者 爾波移와 卓淳人 過古 2인을 百濟國에 보내 그 왕을 위로하였다. 때에 百濟 肖古王이 매우 기뻐하며 후하게 대접하였다. 이에 오색비단 1필 및 角弓箭 아울러 鐵鋌 40매를 爾波移에게 주었다.(『日本書紀』 卷9 氣長足姬尊 神功皇后)

(F-3) 24년(369) 가을 9월, 高句麗王 斯由가 보병과 기병 2만 명을 거느리고 雉壤에 와서 주둔하며 병사를 풀어 민가를 노략질하였다. 임금이 태자에게 병사를 주어, 지름길로 雉壤에 이르러 불시에 공격하여 그들을 격파하고 5천여 명을 사로잡았는데, 노획한 물품은 장병들에게 나누어 주었다.(『三國史記』 卷24 百濟本紀2 近肖古王)

사료(F-1)은 백제왕이 탁순卓淳[67]에 사신을 보내어 왜와 통교를 부탁한 부분을 확인할 수 있는데, 신공기神功紀는 다양한 편년자료가 뒤섞여 있어서 그 기년을 신빙할 수 없다. 다만 백제왕력을 중심으로 본다면 2주갑(120년)을 인하해야 함이 바람직 할 것이다.[68] 그렇다면 사료(F-1)과 (F-2)는 각각 364년과 366년으로 기년을 조정하여야 할 것이다.

한편 사료(F-1)은 왜를 일본이라 칭한 점, 백제가 왜에 조공하기 위하여 탁순에게 길을 요청한 부분 등 『일본서기日本書紀』 찬자의 윤색이 가미된 흔적이 확인된다. 그러나 탁순에 파견한 백제사신의 인명이 구체적으로 기록된 점은 사료(F-1)의 내용을 전부 허무맹랑한 기록으로 치부할 수 없음을 보여준다.

---

67) 卓淳의 위치비정과 관련하여 본고에서는 창원설을 따른다.(今西龍, 『朝鮮古史の研究』, 近澤書店, 1937, 349~352쪽, 김정학, 『古代韓日文化交流研究』 한국학중앙연구원 출판부, 1990, 231~236쪽, 김태식, 앞의 책, 1993, 173~189쪽, 백승충, 앞의 논문, 1995, 233~238쪽, 김현미, 「卓淳國의 성립과 대외관계의 추이」, 『역사와 경계57』, 2005, 6~10쪽, 김양훈, 앞의 논문, 2007, 192쪽.)

68) 이근우, 「『日本書紀』 가라7국 정벌 기사에 대한 기초적 검토」, 『한국고대사연구39』, 2005, 115~120쪽.

또한 동방東方으로 표현된 왜의 위치는 북방 한강유역에 위치해 있던 백제가 아닌 남해안에 위치한 창원의 탁순국卓淳國과 같은 가야제국에서 본 방위인 점을 고려하면 해당시기 가장 빈번한 교류가 있었던 가야제국과 왜의 상황을 보여주는 사실을 반영한 사료라고 할 수 있다.[69]

사료(F-2)는 366년 백제와 왜의 대외교섭이 시작된 시점으로 탁순인卓淳人 과고過古가 백제국에 있는 점이 주목된다. 즉 탁순의 중개하에 백제는 왜가 원하는 철정을 제공하는 등 대외교섭이 성사되었음을 보여주는 것이다.

그렇다면 백제가 가야제국과 대외교섭을 한 목적은 무엇이었을까? 그것은 남하하는 고구려에 대한 견제를 위한 목적이었을 것이다.[70] 고구려는 355년 전연에 대한 책봉조공관계를 확립한 후 요동 방면 진출을 일시적으로 포기해야 했지만 한반도 남방지역에 대한 세력 확장을 도모할 수 있었다. 이에 고구려는 남진정책을 추진하기 위해 그 전진기지인 낙랑·대방고지帶方故地에 대한 통제력을 강화하고자 하였는데, 그 결과 대방지역은 352년 이후로 전축분 조영의 전통이 중단되었다.[71]

이후 고구려와 백제는 국경지대인 대방고지를 두고 치열한 접전을 벌였던 것 같은데, 사료(F-3)에서는 369년 고구려가 백제정벌을 위해 2만 군사를 동원하였지만 치양雉壤에서 패하였음을 알 수 있다. 여기서 대방의 고지였던 치양이 이미 백제의 영역으로 된 점이 확인되는데, 즉 고구려가 355~369년 어느 시점에 대방 일대를 상실하였음을 의미한다.[72] 그 결과 백제는 남진정책을 추진하는 고구려를 견제하기 위해 가야제국 및 왜와 교섭을 시도하였을 것이다.

---

69) 이영식, 앞의 논문, 2014, 19쪽.

70) 김양훈, 앞의 논문, 2007, 191~194쪽; 유우창, 「4세기 후반 가야-백제-왜 동맹의 결성」, 『지역과 역사36』, 2015, 70쪽.

71) 여호규, 앞의 논문, 2009, 181~182쪽.

72) 유우창, 앞의 논문, 2015, 66~68쪽.

한편 가야제국 또한 백제와 긴밀하게 대외교섭을 추진하였던 것 같으나, 현재 가야와 백제의 대외교섭양상을 보여줄 수 있는 물질자료는 희소한 상황이다. Ⅴ기에 가야제국에서 확인되는 백제의 위세품은 김해 양동리 462호 및 창원 현동 41호에서 출토된 금박유리옥을 제외하면 확인할 수 없다. 토기류 또한 일부 확인되었지만, 토기는 물질교환의 수단이지 위세품은 아니므로 양집단의 교섭관계를 파악하기에는 일정한 한계가 있다.

이에 대하여 가야제국이 백제의 철 제련기술 등 선진문물을 수입하기 위해 교섭관계를 맺었다는 견해도 제시되었으나,[73] 본고에서는 오히려 가야제국이 전연 등 중국·동북지역 선진문물 등을 공급받기 위해 대방고지를 확보한 백제와 대외교섭을 추진하였다고 생각한다.

앞서 가야제국은 요서 대릉하 유역의 낙랑군을 시작으로 대방고지를 거쳐 중국·동북지역의 선진문물 등을 입수할 수 있었다. 그러나 대방고지가 355~369년 사이 백제의 영역이 되면서 가야제국은 중국·동북지역의 선진문물 입수에 타격을 받게 되었을 것이다.

그 결과 가야제국은 대방지역을 통한 중국·동북지역의 대외교섭권을 백제로부터 확보하고자 하였을 것이다. 백제 또한 당장 고구려를 견제해야 했던 만큼 가야제국의 요구를 받아 들였을 것이며, 탁순국의 중재로 왜까지 합류하게 되면서 가야제국—백제—왜의 교섭관계가 성립되었던 것이다.

2) 가야加耶—동진東晉—후연後燕—백제百濟—왜倭 교섭기交涉期(370~392)

다음 Ⅵ기는 370년 전연 멸망으로부터 392년 광개토왕의 즉위 전까지의 기간으로 한정한다. 전연은 367년 승상丞相 모용각慕容恪이 사망한 후 모용

73) 김양훈, 앞의 논문, 2007, 193~194쪽.

평慕容評의 부패로 인하여 점점 쇠퇴하게 되었고 결국 370년 전진前秦의 부견苻堅에 의해 멸망하게 되었다. 전연의 멸망은 중국·동북지역의 위세품 및 선진문물을 입수하였던 가야제국에게는 큰 타격이 되었을 것이다.

한편 고구려와 백제는 대방고지의 패권을 두고 대립하게 되는데, 양국은 마침내 371년 평양성平壤城 전투를 벌이게 된다.

(G-1) 41년(서기 371) 겨울 10월, 百濟王이 병사 3만을 거느리고 平壤城을 공격하였다. 임금이 병사를 이끌고 방어하다가 화살에 맞았다. 이 달 23일에 임금이 돌아가셨다.(『三國史記』卷18 高句麗本紀6 故國原王 41年 冬10月)

(G-2) 26년(371), 高句麗가 병사를 일으켜 왔다. 왕이 이를 듣고 浿河 강가에 복병을 배치하고 오기를 기다렸다가 불시에 공격하니, 高句麗 병사가 패배하였다. 겨울, 왕은 태자와 함께 精兵 3만을 이끌고 高句麗를 침범하여 平壤城을 공격하였다. 高句麗王 斯由가 필사적으로 항전하다가 화살에 맞아 죽었다.(『三國史記』卷24 百濟本紀2 近肖古王 26年)

(G-3) 2년(372), 봄 정월 신축에 百濟·林邑王이 각각 사신을 파견하여 방물을 바쳤다. 6월 사신을 보내어 百濟王 餘句에게 벼슬을 내려 鎭東將軍 領樂浪太守로 삼았다.(『晉書』 卷9 帝紀9 簡文帝 咸安2年 春正月 辛丑)

사료(G-1)은 371년 고구려 평양성에 백제 근초고왕近肖古王이 선제공격하였음을 알 수 있다. 또한 혼전 중에 고구려 고국원왕이 유시流矢에 맞아 전사하였음을 짧게 서술하고 있다.

사료(G-2)는 사료(G-1)에 대하여 좀 더 구체적인 사실을 기록하고 있는데, (G-1)과는 달리 고구려군이 먼저 백제를 선제공격하였으나, 패하

浿河에서 매복한 백제군에 의해 대패하였다고 하였다. 다음 구절에 백제가 겨울 10월 근초고왕과 태자가 3만 병사를 이끌고 대대적으로 평양성을 침공하였다고 한 점은 (G-1)과 일치하므로 고구려가 먼저 백제에 선제공격하였음을 알 수 있다. 한편, 백제군은 아마도 고구려군의 선제공격을 극복한 직후 평양성에 총공격을 감행하였던 것 같다. 이후 고구려 고국원왕이 유시에 맞아 전사한 것은 (G-1)과 일치한다.

사료(G-3)는 372년 동진이 사신을 파견하여 백제 근초고왕에게 진동장군鎭東將軍 영낙랑태수領樂浪太守라는 봉직을 제수하였음이 확인된다. 아마도 백제는 평양성전투에서 고구려에 승리한 후 낙랑 및 대방고지에 대한 영역화가 이루어 졌을 것이다. 그 결과 동진은 백제의 옛 한이군에 대한 영유권을 인정하는 봉작을 하사하였다.

이후 백제는 동진에 지속적으로 사신을 파견하였는데[74] 아마도 고구려를 견제하기 위해서였을 것이다. 375년 고구려군의 수곡성水谷城 함락을 시작으로 고구려와 백제는 391년 광개토왕 즉위 전까지 치열한 전투를 벌이고 있었다. 이에 백제는 동진과의 친교를 통해 고구려를 견제하는 한편 가야제국과도 관계를 더욱 돈독하게 유지하려 하였을 것이다.

(H) 太元 7년(382) 9월 東夷 5國이 사신을 보내어 방물을 바쳤다.
(『晉書』卷9 帝紀9 孝武帝 太元 7年 9月條)

사료(H)는 382년 동이 5국이 동진에 사신을 파견하였는데, 가야제국 또한 동진과 교섭하였을 가능성이 있다고 생각한다. 아마도 대방고지를 장악한 백제의 중개를 통하여 동진에 견사하였을 것이다.

---

74)『晉書』卷9 帝紀9 孝武帝 太元 九年 秋七月條,『三國史記』卷25, 腆支王 12年條.

이와 관련하여 대성동 88호분 출토 진식대금구가 주목된다. 진식대금구란 중국의 양진兩晉시기에 형태가 갖추어지면서 4세기대 동아시아에 크게 유행한 허리띠로써 정치체 사이에 이루어진 각종 외교행위에 의복과 함께 착용하였다.[75] 진식대금구가 출토된 대성동 88호분은 심재용의 편년안에 따르면 4세기 3/4분기에 해당한다.[76]

그런데 대성동 88호분 출토 진식대금구는 4세기 2/4분기 동진에서 제작되었다는 견해가 있다.[77] 그렇다면 Ⅴ기 전연으로부터 이와 같은 진식대금구를 가야제국이 사여 받은 후 약 25년간 전세되어 88호분에 부장되었을 가능성이 있다.

반면에 Ⅴ기 강남江南에서 제작된 진식대금구가 382년 동진과 가야제국의 교섭과정에서 사여되었을 가능성 또한 상존한다. 본고에서는 이와 같은 위세품의 부장에 대하여 신중하게 검토되어야 한다고 생각하지만 상기 진식대금구는 중원中原의 동진과 가야제국의 직접적 교류의 결과물이라고 생각한다.[78]

한편 모용수慕容垂는 384년 후연後燕을 건국하여 전연의 영토를 거의 회복하는 등 중국·동북지역의 강자로 부상하게 되었다. 이와 관련하여 해당 시기 대성동 23호분과 양동리 441호분 출토 동경銅鏡은 서진경西晉鏡인데

75) 권오영, 「진식대구의 남과 북」, 『加耶, 그리고 倭와 北方』, 제10회 가야사국제학술회의 자료집, 2004, 68쪽.

76) 심재용, 앞의 논문, 2016, 77쪽.

77) 藤井康隆, 「대성동 88호분의 진식대금구와 중국·왜」, 『최근 대성동 고분군의 발굴성과』, 대성동고분박물관 10주년 국제학술회의·공청회 자료집, 2013, 60쪽.

78) 권오영은 夢村土城 출토 金銅製 帶金具가 高句麗, 鮮卑를 통해 百濟가 입수한 것이 아니라 東晉과의 직접교류를 통하였을 것으로 추정하였다.(권오영, 앞의 논문, 2004, 76쪽.) 당시 加耶諸國 또한 百濟의 중개로 東晉과 교류한 점에서 前燕을 통해서 유입되었을 가능성도 있지만, 東晉과의 직접교류를 통해 입수하지 않았을까 추정해 보고 싶다.

삼연을 통해 들어왔을 가능성이 제기되었으므로[79] 후연과 가야제국 사이의 대외교섭이 이루어졌음을 확인 할 수 있다.

한편 가야제국과 왜의 대외교섭양상은 Ⅴ기와 마찬가지로 문헌기록상으로는 거의 확인 할 수 없다. 다만 4세기 3/4분기를 시작으로 왜계유물이 급증하기 시작하는데, 대성동 88호분에서는 왜계 위세품인 파형동기 13점, 통형동기 3점, 응회암제 석제품 2점, 동촉銅鏃 등 확인되었다. 여기서 대성동 88호분은 왜계 위세품 뿐만 아니라 중국·동북지역 위세품 또한 부장된 대형묘로써 가락국의 최고지배층의 분묘라고 할 수 있을 것이다.[80]

Ⅵ기 가락국은 중국·동북지역 및 대화정권, 백제 사이의 대외교섭을 통해 부를 축적하고 성장할 수 있었다. 특히 백제와 대화정권은 가야제국을 통하지 않고서는 서로 물질 교환 및 교섭을 단행하기 어려웠다. 그 결과 가야제국은 백제와 대화정권 양국 사이에서 물질의 재분배를 통해 교섭관계를 유지 확립하는 역할을 하였다고 생각한다. 그러나 이와 같은 가야제국—백제—왜의 교섭관계는 392년 광개토왕의 즉위를 기점으로 위기를 맞게 되었다.

고구려는 371년 백제군에 의하여 고국원왕이 전사하는 등의 패배를 당한 후 태학太學의 설립과 율령律令의 반포 등으로 국내의 정치적 안정에 힘썼다. 한편 대외적으로는 백제공략에 힘을 집중한 듯하다. 즉 소수림왕小獸林王이 고국원왕의 죽음에 대한 복수를 위함이었다.

한편 당시 백제는 고구려견제정책의 일환으로 가야제국 및 왜 뿐만 아니라 신라와도 친선외교를 펼치고 있었다.[81] 그러나 373년 백제 독산성禿山

79) 이양수, 「韓半島 三燕·三國時代 銅鏡에 관한 考古學的研究」, 부산대학교대학원박사학위논문, 2010, 165~168쪽.

80) 심재용, 앞의 논문, 2016, 83쪽.

81) 『三國史記』 卷3 新羅本紀3 奈勿尼師今 11年 春3月條, 13年條, 同書 卷24 百濟本紀2 近肖古王 21년 春3月條, 23年 春3月條.

4세기 가야加耶–백제百濟–왜倭의 대외교섭양상

城 성주의 신라 망명으로 양국의 관계는 파탄을 맞이하게 되었다.[82] 그 결과 신라는 대외적으로 고립될 위기에 처했다. 이에 신라는 고구려와의 외교관계를 모색하였을 것이고, 고구려의 주선으로 전진에 사신을 파견할 수 있었다.[83] 이후 내물마립간奈勿麻立干은 고구려에 실성實聖을 볼모로 보내는 등 양자사이의 교섭관계는 상호 불평등관계로 전환된다.[84]

82)『三國史記』卷3 新羅本紀3 奈勿尼師今18年條, 同書 卷24 百濟本紀2 近肖古王 28年 春2月條.

83)『三國史記』卷3 新羅本紀3 奈勿尼師今 26年條.

84)『三國史記』卷18 高句麗本紀6 故國壤王 9年條, 同書 卷3 新羅本紀3 奈勿尼師今 37年 春正月條.

Ⅱ. 광개토왕廣開土王 남정南征과 가야제국加耶諸國의 대응

1. 광개토왕廣開土王 남정南征의 배경과 임나가라종발성任那加羅從拔城

광개토왕은 4만의 병력을 동원하여 392년 백제 석현성石峴城을 비롯한 10성을 함락하고 393년 백제의 중요 요충지인 관미성關彌城을 공파하는 등 본격적으로 남진정책을 추진하였다.[85] 이때 주목해야 할 점은 한수 북쪽의 일부가 고구려의 영역에 포함된 점이다. 석현성을 비롯한 10성을 개성 서북방지역으로 본다면[86] 백제가 옛 대방고지를 상실하였음을 의미한다. 이것은 중국·동북지역의 선진문물 입수경로가 차단당하였다고 볼 수 있다. 또한 관미성은 예성강 하구에 위치한 것으로 보이는데, 고구려에 의해 공파됨으로써 백제는 동진과의 교역로 또한 차단당하게 되었다.[87]

이에 백제는 393년부터 395년 11월까지 고구려로부터 빼앗긴 영토를 수복하기 위하여 치열한 접전을 벌이지만, 오히려 병력의 피해만 가중시킬 뿐이었다.[88] 광개토왕은 기회를 놓치지 않고 영락永樂 6년(396) 직접 군을 이끌고 백제을 침공하기에 이른다. 그 결과 광개토왕은 한수 이북58성 700촌을 공략하고, 백제왕은 영원히 고구려왕의 노객奴客이 되기로 맹세하는 등 고구려의 침략으로 백제는 엄청난 타격을 받았다.[89]

---

85)『三國史記』卷25 百濟本紀3 辰斯王 8年 秋7月條, 同書 卷18, 高句麗本紀6 廣開土王 卽位條.

86) 서영일, 「고구려의 백제 공격로 고찰」, 『사학지38』, 2006, 51~52쪽.

87) 서영일, 위의 논문, 2006, 52~53쪽.

88)『三國史記』卷25 百濟本紀3 阿莘王 2年 秋8月條, 3年 秋7月條 4年 秋8月條, 冬11月條.

89) 廣開土王碑文 永樂 6年 丙申條.

이와 같은 타격을 입었음에도 불구하고 백제는 397년 왜에 태자 전지腆支를 볼모로 보내고 우호관계를 맺고자 하였다.[90] 이에 대하여 백제가 고구려와 동맹을 맺은 신라를 견제하기 위한 목적이란 의견도 있으나[91] 오히려 397년 군대를 사열하거나, 398년에서 399년 사이 고구려 공격을 위해 군대를 움직인 상황 등을 보았을 때[92] 정황상 군사적 목적이 내포되어 있는 듯하다. 이와 관련하여 아래의 사료가 주목된다.

(I-1) 永樂 9년 己亥(399) ⓐ百殘이 서약을 어기고 倭와 和通하므로, 왕이 平壤으로 순행해 내려가니 新羅가 사신을 보내 아뢰기를 "倭人이 우리 국경 내에 가득차서 성을 무너뜨리고 못을 부수며 奴客을 民으로 삼으려 하기에 왕께 귀의하여 분부를 청합니다."라 하였다. 太王이 은혜롭고 자비롭게 그 충성을 칭찬하고 특별히 사신을 돌려보내며 비책을 알려 주었다.(廣開土王碑文 永樂9年 己亥條)

(I-2) 永樂 10년 庚子(400)에 왕이 보병과 기병 5만을 파견하여 新羅를 구원하게 하였다. 男居城에서부터 新羅城에 이르니 倭兵이 가득했다. 官軍이 도착하자 倭賊이 퇴각하였다. 그 뒤를 추격하여 ⓑ任那加羅 從拔城에 이르니 城이 곧 항복하였다.(廣開土王碑文 永樂10年 庚子條)

사료(I-1)에서는 백제가 영락永樂 6년(396) 맹세를 어기고 왜와 화통하니 광개토왕이 이를 견제하기 위해 평양平壤으로 순행했음이 보인다. 또한 신라의 사신은 왜인이 신라의 국경지대를 침범한 사실을 고구려에 고하는 한편 구원군을 요청하고 있는 대목을 확인할 수 있다.

---

90)『三國史記』卷25 百濟本紀3 阿莘王 6년 夏5月條.

91) 남재우,『안라국사』, 2003, 138쪽.

92)『三國史記』卷25 百濟本紀3 阿莘王 7年 春3月條, 秋8月條, 9月條, 8年 秋8月條.

먼저 (I-1)의 ⓐ는 백잔百殘이 서약을 어기고 화통을 하였다고 하였는데, 앞서 397년과 398년 백제의 군사적 움직임과 연동되는 구절이라고 생각한다. 즉 397년 왜에 백제 태자 전지腆支를 볼모로 파견한 점은 단순히 화친을 위한 목적이 아니라, 고구려 공격을 위한 군사적 원조 요청일 수 있는 점이다.

이에 399년 백제의 아신왕阿莘王은 고구려 공격을 위해 대대적으로 병사와 군마를 징발하였지만, 백제 내부의 반발로 인하여 실패하였다.[93] 광개토왕은 이와 같은 백제의 불온한 움직임에 대항하기 위해 직접 평양平壤으로 순행하였을 것이다.

한편 앞서 백제는 왜와 군사적 목적을 가지고 서로의 관계를 강화하고 있었다. 반면 가야제국은 언급되고 있지 않다. 이것은 무엇을 의미하는 것일까? 왜와 마찬가지로 가야제국 또한 고구려의 남진정책으로 인하여 중국·동북지역의 선지문물 입수루트 등을 차단당하게 되었다. 이는 선진물자의 분배 및 철의 교역으로 성장하였던 가야제국에게는 치명적이었을 것이다. 왜 또한 이와 무관하지 않았다.

그러나 가야제국은 개별 국이 독자적인 정치체의 성격을 유지하고 있었으므로 하나의 구심력을 형성하지는 못하였다. 또한 백제와 왜의 중개역할을 담당한 세력은 가야제국 중 하나인 탁순이었다. 가락국 또한 백제와 왜 사이에서 교역의 역할을 담당하였을 것이지만, 백제와의 관계는 탁순만큼 가깝지는 않았던 것 같다. 좀 더 많은 조사가 이루어져야겠지만 4~5세기 전후 가야제국 내 백제의 위세품이 거의 확인되지 않는 점도 이를 반영한 결과라고 생각한다.

반면 가야제국과 왜倭는 앞서 Ⅴ기에서도 확인할 수 있다시피 대성동 88

93)『三國史記』卷25 百濟本紀3 阿莘王 8年 秋8月條.

호에서 다량의 왜계 위세품이 확인되는 등 매우 긴밀한 관계였음을 확인할 수 있다. 또한 가야제국 중 가락국과 대화정권은 군사적 의미를 암시하는 무장을 서로 공유하고 있는 점에서 양 집단의 교섭은 군사적 목적을 내포하고 있었을 것이다.

한편 백제의 경우 가야제국보다는 왜와의 긴밀한 관계가 엿보이는데, 이를 증명하는 것이 칠지도七支刀라고 생각한다. 칠지도는 명문의 해석에 따라 다양한 의견이 제시되고 있으나, 이 글에서는 372년 양국의 통교를 기념해서 백제 측에서 제작하여 왜에 증여한 기념물이라고 생각한다.[94] 그 결과 (I-1)의 ⓐ와 같은 군사적 목적의 교섭이 양국사이에서 이루어지게 된 것이다.

그렇다면 왜인의 신라 침공시기와 목적은 무엇이었을까? 왜인의 신라 침공시기의 경우 먼저 사료 (I-1)의 ⓐ의 시기가 중요하다고 생각한다. (I-1)의 ⓐ는 시기가 명기되어 있기 않다. 다만 399년 가을 8월 백제가 고구려 정벌을 위해 대대적으로 장병을 징병하려 한 점을 보았을 때 (I-1)의 ⓐ는 399년 가을 8월 이전이 되어야 할 것이다. 광개토왕이 399년 8월 이후에 평양일대를 순행한다면 백제의 침공을 방비할 틈이 없다.

다음 왜인은 『삼국사기三國史記』 신라본기新羅本紀에 따르면 1대 혁거세赫居世부터 소지왕炤智王대까지 총 36차례 신라를 침략한 기록이 보인다. 또한, 대부분 4~6월 사이에 집중되고 있는 점이 특징이다. 또한 왜인이 신라 국경 내에 가득 찼다고 한 점이 주목되는데, 왜가 신라 수도의 주변부를

94) 七支刀의 명문을 통해서 百濟가 倭에 대하여 문화적인 우위에 있다는 관념을 가지고 있었던 사실은 확인할 수 있다. 그러나 그것이 곧 현실적인 외교과정에서 百濟와 倭의 관계를 말해주는 것은 아닐 것이다. 현실적으로 七支刀는 대등한 관계에서 양국의 통교를 기념하기 위한 징표인 동시에 당시 百濟가 보유하고 있던 선진문물의 상징물이었던 것이다.(이근우, 『日本書紀』에 인용된 百濟三書에 관한 硏究』, 한국정신문화연구원 한국학대학원 박사학위논문, 1994, 69~70쪽.

주로 침략한 점을 고려한다면 여기서 말하는 국경이란 경주 주변부임을 알 수 있다. 그렇다면 왜인은 최소 399년 6월경 신라의 수도 주변부를 침공한 셈이 된다. 여기서 신라의 사신은 고구려의 백제에 대한 경계가 누그러지는 8월 이후에야 평양을 방문하여 고구려에 구원요청을 하였을 것이다.

한편 왜인의 신라 침공 목적에 대하여 백제의 지시에 따라 가야제국과 왜가 함께 침공하였다는 견해도 있으나[95] 앞서 가야제국과 백제는 군사적 목적의 교섭을 한 정황이 포착되지 않았다. 오히려 가야제국과 왜 사이의 군사적 교섭이 확인된다. 즉 가락국과 이에 동조하는 가야의 여러 나라들, 대화정권이 연합군을 형성하여 신라를 침공하였을 것이라고 생각한다. 아마도 고구려를 배경으로 세력을 확장하는 신라를 견제하기 위한 목적이 침공의 배경으로 보인다. 여기서 가야제국은 육로를 통하여 신라의 변경 즉 낙동강 이동지역으로 진출하였을 것이다. 그럼 왜의 경우는 어떤 루트로 신라를 침공하였을까?

사료(I−2)에서는 경자년(400) 고구려의 구원군이 남거성男居城을 거쳐 신라성新羅城에 이르렀다고 하였다. 고구려 구원군이 도착했을 때는 이미 왜군이 남거성과 신라성 주변을 함락한 상태였다. 한편 통상적으로 왜군이 경주로 침공해 오는 루트는 동해변의 감포甘浦로부터 이어지는 선상이었다. 그러므로 남거성은 동해가에 가까운 곳에 소재해야하므로[96] 본고에서는 남거성의 위치를 흥해興海로 보고자 한다.[97] 즉 왜군은 포항의 흥해부터 경주에 이르는 영역을 장악하고 있었다고 보아도 무방하다.

가야제국과 왜는 거의 동시다발적으로 신라를 침공한 것으로 보이는데,

95) 주보돈, 「高句麗 南進의 성격과 그 변천 – 廣開土王 南征의 實相과 그 의미 –」, 『대구사학82』, 2006, 56쪽.

96) 이도학, 앞의 논문, 2003, 8쪽.

97) 田中俊明, 「高句麗 進出 以後의 金官國」, 『加耶와 廣開土大王』, 제9회 가야사국제학술회의 발표자료집, 2003, 142쪽.

사료(I-1)에서 신라의 사신이 왜군만을 언급한 것은, 왜가 신라의 수도 경주를 직접타격하고 있었기 때문이다. 가야제국은 육로를 통해 신라를 공격하였으므로 낙동강 동안東岸의 신라 변경지역을 공격하고 있었을 것이다. 이 때문에 신라입장에서는 가야제국이 당장의 당면과제는 아니었다고 생각한다.

한편 당시 왜병의 무장정도를 추정한 견해에 따르면 왜는 단병短兵 중심의 무장을 하고 있으며 마구 또한 거의 수용되지 않았던 점을 근거로 왜병이 고구려를 상대로 전쟁을 수행하기 어렵다고 파악하였다.[98] 또한 이를 근거로 하여 고구려 남정 자체를 과장된 표현으로 본 의견도 제시되었다.[99]

그러나 본 사료(I-2)에서는 고구려군이 당도하자 왜군이 곧바로 퇴각하고 있음이 확인된다. 다만 후술하겠지만, 광개토왕비문에서는 왜병을 상대로 싸운 상대가 고구려군보다 안라인수병의 빈도가 압도적으로 많은 점은 고려하여야 할 것이다. 고구려는 400년 2월 후연 모용성慕容盛의 공격을 받게 된다. 그 결과 고구려 남정군의 주력군은 다시 요동전선으로 배치되었을 것이다. 그 결과 고구려는 안라인수병과 동맹을 맺고 남은 왜병을 격퇴하였다고 생각한다.

다음 사료(I-2)에서는 정확한 시기는 알 수 없으나 400년 고구려군이 이르자 왜군은 바로 퇴각하게 되는데, 이때 고구려의 압도적인 전력과 왜군의 배후를 쳐 그 도주로를 차단하는 전술 등이 바탕이 되었을 것이다. 그 결과 당초 왜군은 왜선倭船이 정박 중인 동해변으로 퇴각하지 못하고 임나가라종발성으로 후퇴하게 되었다.[100]

여기서 임나가라종발성의 위치에 대하여 주로 가야제국 내 주요국의 본

---

98) 김두철, 「三國(古墳)시대 한일무장체계의 비교연구」, 『영남고고학56』, 2011, 120~126쪽.

99) 송원영, 「金官伽倻와 廣開土王陵碑文 庚子年 南征기사 - 김해지역 고고학 발굴성과를 중심으로 -」, 부산대학교대학원석사학위논문, 2010, 58~59쪽.

100) 이도학, 위의 논문, 2003, 8쪽.

거지인 김해, 고령 등 다양한 논의가 진행되었다.[101] 이에 본고에서는 일단 임나가라종발성에 대한 위치비정을 유보하고자 한다. 다만, 광개토왕비문에서는 고구려군의 진격과정에서 강과 같은 자연경계를 지날 경우 예를 들어 '아리수를 건너'와 같이 표현한 바가 눈에 띈다.

반면 고구려 남정군은 신라를 구원하는 과정에서 강과 같은 자연경계를 넘었다는 흔적이 확인되고 있지 않다. 물론 비문의 훼손으로 인하여 해당 사항을 확인할 수 없을지도 모르지만 현재 확인할 수 있는 자료를 기준으로 검토한다면 낙동강 이동에서 이서지역으로 이동하지 못하였을 수도 있지 않을까 추정해 본다.

또한 광개토왕비문에서는 상대국의 수도에 대하여 국명國名+성城, 국명의 약칭+성城, 기국其國+성城과 같이 표현하고 있는데, 국명의 약칭 및 기국其國 또한 국명國名과 통하므로 똑같은 범위로 파악할 수 있을 것이다. 그런데, 임나가라종발성의 경우 임나가라任那加羅(국명?)+종발從拔(?)+성城과 같은 구조가 된다. 즉 비문상 확인되는 범주에서 벗어나 있는 것이다.

그렇다면 임나가라종발성은 김해, 고령 등 가야제국 내 주요국의 중심지가 아닌 곳으로 보아야 하지 않을까 싶다. 본고에서는 이에 대해서 유보하는 입장을 취하고 있으나, 임나가라종발성은 399년 가락국을 포함한 가야제국이 신라 주변지역을 차지하면서 정복한 성城의 국명이지 않을까 조심스럽게 생각해 본다.

아무튼 고구려군이 당도하자 아마도 그 압도적인 군력을 보고 당황한 임나가라종발성 성주는 귀복하게 된다. 여기서 주목한 점은 귀복歸服 이후의 임나가라종발성에 대한 명칭이다. 광개토왕비문에서는 항복한 상대국에 대하여 멸칭을 붙이지 않고 있다. 즉 백잔百殘이나 왜적倭賊과 같은 항복하

101) 이에 대한 연구사는 남재우의 연구를 참조하기 바란다.(남재우, 2003, 앞의 책, 145~147쪽.)

지 않은 세력과는 확실히 구별 짓는 모습을 확인할 수 있는 것이다.

대성동 1호분은 5세기 1/4분기로 비정되는데, 금동제마구류와 철자금장 행엽 등이 고구려의 제작기술을 수용하여 이곳에서 제작했을 가능성이 제시되었다.[102] 즉 이로 말미암아 당시 전쟁에 참여했던 가락국을 포함한 가야제국의 여러 나라들은 고구려의 통제가 있었을 가능성이 있지만 국의 존립은 유지할 수 있었다고 판단된다. 또한 이를 계기로 가야제국과 고구려와의 대외교섭관계가 구축되었을 가능성이 있다.

2. 안라인수병安羅人戍兵의 참전과 전쟁의 결과

임나가라종발성이 고구려군에 항복한 이후 확인되는 안라인수병의 경우 이를 어떻게 해석하느냐에 따라 의견이 분분한 상황이다. 이에 대하여 안라인수병을 고유명사로 보는 경우와 안安을 술어로 해석하는 경우도 있다.[103] 본고에서는 안라인수병을 고유명사로보고 논의를 진행하고자 한다.[104]

(J-1) ⓐ安羅人戍兵이 新羅城과 鹽城을 뽑았다. 倭寇가 위축되어 궤멸되니, 성 안의 십분지구는 다 倭를 따르는 것을 거부하였다. 安羅人戍兵이………을 사로잡으니……궤멸되어 역시 安羅人戍兵에게 ㅁ하였다. 옛날에는 新羅 寐錦이 몸소 와서 논사한 적이 없었다.……廣開土境好太王……寐錦……의 가복 구를……하여 조공하였다.(廣開

102) 심재용, 앞의 논문, 2016, 77쪽.

103) 이에 대한 연구사는 남재우의 연구를 참조하기 바란다.(남재우, 앞의 책, 147~154쪽.)

104) 安을 안치하다와 같은 술어로 사용한 사례가 전무하다는 연민수의 의견이 타당하다고 사료된다.(연민수, 「광개토왕비문에 보이는 국제관계」, 『고대한일관계사』, 혜안, 1998, 82~86쪽.)

土王陴門 永樂 10年 庚子條)

(J-2) 9년(400) 봄 정월, 임금이 燕나라에 사신을 보내 조공하였다. ⓑ2월 燕나라 왕 慕容盛이 우리 임금의 예절이 오만하다는 이유로 직접 병사 3만을 거느리고 공격해왔다. 그들은 驃騎大將軍 慕容熙를 선봉으로 삼아 新城과 南蘇의 두 성을 빼앗고, 7백여 리의 땅을 점령하여 그들의 백성 5천여 호를 이주시켜 놓고 돌아갔다.(『三國史記』 卷18 高句麗本紀6 廣開土王 9年)

사료(J-1)은 안라인수병이 신라성과 염성鹽城을 함락하였고, 왜구倭寇가 무너지면서, 성안의 백성들 또한 왜인을 따르지 않게 되었다는 내용이 확인된다. 여기서 사료(J-1) ⓐ에 대한 해석으로 안라安羅가 임나가라-왜와 함께 고구려-신라에 대항하였다는 설[105) 고구려의 원군으로 보는 설,[106) 고구려의 순라병巡邏兵으로 보는 설[107) 등이 있다.

먼저 안라가 임나가라-왜와 함께 고구려-신라에 대항하였다는 설의 경우 안라인수병이 동맹국인 왜가 점령한 신라성과 염성을 공격하고 왜병을 무너뜨리는 등 상호 모순된 상황이 발생한다.

다음 고구려의 원군으로 보는 설은 기존의 고구려-신라와 임나가라-왜의 대립속에 안라국이 고구려 측에 동조하였다고 보았다. 본고에서는 안라인수병에 대한 멸칭이 확인되지 않는 점, 임나가라의 동맹국인 왜와 대립

105) 이영식, 『加耶諸國と任那日本府』, 吉川弘文館, 1993, 172쪽. 연민수, 「광개토왕비에 나타난 고구려의 남방 세계관」, 『광개토왕비의 재조명』, 2013, 240~242쪽, 이용현, 「가야의 대외관계」, 『한국 고대사 속의 가야』, 혜안, 2001, 340쪽, 鈴木靖民, 「광개토왕비에 보이는 왜」, 『광개토왕비의 재조명』, 2013, 252~253쪽.

106) 山尾幸久, 『古代の日韓關係』, 塙書房, 1989, 202쪽, 남재우, 앞의 책, 2003, 153~154쪽.

107) 高寬敏, 「永樂10年 高句麗廣開土王の新羅救援戰について」, 『朝鮮史研究會論文集27』, 1990, 161~162쪽, 김태식, 「廣開土王陵碑文이 任那加羅와 安羅人戍兵」, 『韓國古代史論叢6』, 1994, 89쪽.

한다는 점에서 고구려의 원군으로 보는 것이 타당하다고 사료된다. 또한 시기적으로 좀 앞선 감이 있지만 3세기 전반 포상팔국전쟁 당시 안라국이 가락국과 서로 대립하고 있었던 점을 고려한다면,[108] 충분히 고구려군에 동조할 수 있다고 생각한다.

마지막으로 고구려의 순라병으로 보는 설은 라인羅人을 순라병으로 이해한 견해인데, 라인羅人이 순라병이면 수병戍兵과 의미가 중복되는 문제가 있다.[109] 그렇다면 사료(J-1)에서 안라인수병은 고구려와 동맹을 맺고 신라성과 염성 등지에서 왜군을 공격하고 있는 것으로 보아야 할 것이다.

여기서 앞선 사료(I-2)에서는 신라성에 고구려군이 이르니 왜적이 퇴각하였다고 하여 마치 앞선 시기에 고구려군이 신라성을 구원한 것처럼 보인다. 그러나 고구려군이 신라성을 함락하였다는 내용은 (I-2)에서 확인할 수 없다. 즉 고구려군은 왜 주둔지에 대한 기습공격만을 감행한 것일 뿐 신라성을 구원하지는 못하였다고 생각한다.

그렇다면 고구려는 왜 안라와 동맹을 맺고 공동전선을 형성하였을까? 사료(J-2)에서는 400년 1월 광개토왕이 후연 모용성에게 사신을 파견한 점이 확인된다. 앞선 사료(I-2)에서는 400년 어느 시점에 광개토왕의 교시를 받은 고구려 5만 구원군이 신라에 파견되었음을 알 수 있다. 사료(I-1)에서 보이는 신라사신의 구원요청은 당장의 시급성을 요하는 내용이었다. 이에 가장 빠른 400년 1월 신라에 구원군을 파견하였다고 생각한다.

또한 고구려의 경쟁국이었던 후연은 한창 북위北魏와 전쟁 중이었고, 그 결과 후연의 지배자 모용성이 스스로 황제위를 내려놓는 등 국력이 극도로 쇠퇴한 상황이었다. 이에 광개토왕은 요동방위선이 안정되었다고 판단하였던 것 같다. 그 결과 고구려는 신성新城 및 남소성南蘇城 등 요동방위선

108) 이영식, 앞의 논문, 2014, 13쪽, 拙稿, 앞의 논문, 2015, 22~24쪽.
109) 연민수, 앞의 책, 1998, 82~86쪽.

에 최소한의 방위 병력만을 남겨두고 신라구원군을 파견하였을 것으로 보인다.

한편 (J-2)에서는 고구려 사신의 태도가 오만하여, 이에 분노한 모용성이 신성과 남소성을 기습 공격하여 공취한 사건이 발생하였다. 고구려는 후연의 예상 밖의 침공에 당황하였을 것이다. 아마도 고구려는 후연이 공격할 여력이 없다고 판단, 사신을 파견하여 후연에 대등한 입장으로 서술된 국서를 보냈을 것이다.[110]

한편 고구려가 신라에 파병한 5만여 병력은 당시 고구려가 가용할 수 있었던 최대치의 병력이었다.[111] 즉 단순히 신라를 구원하기 위해서 파병한 병사라기보다는 신라를 포함한 가야제국을 고구려의 영역으로 편입시키기 위한 목적이 내포되어 있었을 것이다. 당시 고구려군의 주력부대는 기마부대였다. 기마부대는 그 위력이 치고 빠지는 속도에서 비롯되는 것일 뿐 아니라 과도한 방목에서 초래되는 압박에서 벗어날 수 있었다. 그러나 한반도 남부지방은 강변을 제외한 대부분이 분지지형으로 기마병의 신속한 이동이 쉽지만은 않았을 것이다. 또한 고구려군은 본토로부터 전선이 확대되면서 병참적인 문제 또한 발생하였을 것이다.

이와 같은 상황에서 후연의 공격은 고구려로 하여금 빨리 주력군을 요동방위선으로 철군시켜야 했을 것이다. 이에 가락국과 적대적 위치에 있었던 안라국을 고구려는 포섭하여 신라 구원전을 계속 진행하였던 것이다. 그에 대한 반대급부로 고구려는 안라국에게 위세품 등 선진문물을 제공하였던 것으로 보이는데, 마갑총馬甲塚 출토 마구세트가 이를 증명한다고 생각한다.

---

110) 신정훈, 「동아시아의 정치적 정세와 고구려의 동향 -397년~400년을 중심으로」, 『대구사학118』, 2015, 20~21쪽.

111) 신정훈, 위의 논문, 2015, 24~26쪽.

한편 안라인수병은 왜병이 장악한 신라성과 염성을 공격하고 있는 점이 (J-1) ⓐ에서 확인되는데, 신라성이 경주라는 점에서는 이견이 없는 상황이다. 문제는 염성의 위치인데, 이와 관련하여 울산의 옛 지명인 율포栗浦가 주목된다. 율포는 현재 울산광역시 북구 등에 위치하였을 것으로 추정되는데, 시기적으로 이른 부분이 있으나 7세기경 토성과 목책 및 망루 등 관방시설이 확인되었다.[112] 뿐만 아니라 박제상이 왜에 볼모로 잡혀 있던 미사흔을 구출하기 위해 신라로부터 출발한 곳 또한 율포이다.[113] 이런 점들을 고려하여 볼 때 당시 율포는 신라의 관문 항구 역할을 하였을 것이다.

아무튼 율포와 염성은 음상사적으로도 통하는 점도 하나의 근거가 될 수 있다고 생각한다. (J-1)은 훼손이 심하여 그 이후의 실체를 알 수 없으나 현재 확인되는 점만을 고려하면 당시 왜병은 현 경주와 울산을 중심으로 병력을 배치하였을 것이다. 즉 주전장은 낙동강 동안지역이었으며, 동해안을 낀 한반도 동남부지역으로 한정할 수 있다.

한편 (J-1) ⓐ에서는 안라인수병이 왜구를 토벌하니 성의 백성들이 왜구를 따르지 않았고 그 이후의 행적에 대해서는 광개토왕비문의 훼손이 심하여 확인 할 수 없는 부분이 절대다수 이다. 다만 (J-1)에서는 더 이상 고구려군의 움직임이 보이지 않고 있다. 즉 앞서 설명하였지만 이미 주력부대가 요동전선으로 떠난 상황에서 실질적으로 낙동강 동안지역 특히 경주와 울산을 중심으로 전선을 형성한 왜병과 전투를 벌이는 존재는 안라인수병이었다. 이와 같이 고구려는 안라국과 동맹을 맺고 신라구원전을 전개하였다. 그 결과 안라인수병의 활약으로 신라영역을 일부 점거한 왜병은 격퇴될 수 있었다.

---

112) 울산발전연구원 문화재센터, 『울산반구동 유적 - 중구 반구동 303번지 아파트신축부지 발굴조사 보고서』, 2009, 386쪽.

113) 『三國史記』 卷45 列傳5 朴堤上傳.

이후 안라국은 가야제국 내에서 하나의 중심세력으로 성장하게 되는데, 5~6세기대 조영된 말이산고분군末伊山古墳群이 그 모습을 보여주고 있다.

다음 가락국은 5세기 전반대로 편년되는 대성동 93호분이 확인된 점에서 광개토왕의 남정 이후에도 연속적으로 대성동고분군 내 고분군이 축조되었음을 확인할 수 있다.[114] 즉 가락국은 광개토왕 남정 이후에도 대성동 고분군내 고분이 축조된 점에서 가야제국 내 중심 세력을 유지하고 있었음을 보여준다고 생각한다.

그러나 대성동 고분군은 현재까지 발굴성과 등을 고려하였을 때 대성동 93호분 이후 고분 축조가 중단되었음을 확인 할 수 있는데, 이와 같은 현상에 대해서는 좀 더 많은 검토가 필요한 실정이다.

한편 최근 발굴 조사된 원지리元支里 고분군古墳群의 경우 대성동 고분군과 같은 6세기대 주부곽식 구조로써, 가락국 내에서 확인되는 유일한 고총고분이라고 할 수 있다.[115] 이제 시작된 측면이 있지만 5~6세기대 가락국의 역사적 상황을 추정하는데 하나의 중요한 자료란 측면에서 주목하여야 할 것이다.

맺음말

이상 4~5세기 전후 가야제국의 대외교섭 양상을 살펴보았고, 광개토왕 남정에 대한 가야제국의 대응에 대하여 고찰하여 보았다. 그 내용을 요약하면 다음과 같다.

---

114) 대성동고분박물관,『金海大成洞古墳群 – 92호분~94호분, 지석묘 –』, 2016. 122쪽.
115) 가야문물연구원,『김해 원지리 고분 정비사업부지 내 유적 약식보고서』, 2019.

첫째, 4세기 전후 가야제국의 대외교섭 양상은 3시기로 구분하여 해석한 결과 Ⅰ기와 Ⅱ기는 낙랑·대방군을 중심으로 가야제국이 대외교섭을 추진하였다. Ⅰ기의 경우 한이군의 실력자였던 공손씨정권으로 인하여 한식위세품의 입수가 어려웠으며 교섭 자체도 부진한 것으로 파악하였다. Ⅱ기의 경우 위는 철자원의 확보와 기존의 지배질서를 강화하기 위해 가야제국과 왜에 간접적으로는 군현을 통해서, 직접적으로는 중국왕조中國王朝가 직접 대외교섭을 추진한 점을 확인하였다.

Ⅲ기의 경우 서진은 기존의 군현 중심에서 지방관 중심으로 지방제도가 변하게 되었고 가야제국은 교섭대상이 한이군이 아닌 동이교위로 대체되었음을 확인하였다. 여기서 가야제국은 280년, 281년, 286년경 서진에 사신을 파견하였다고 해석하였다.

둘째, 4세기 낙랑·대방군의 소멸과 가야의 대외교섭은 2시기로 구분한 결과 Ⅳ기의 경우 가야제국이 모용선비(전연)–백제–왜를 중심으로 교섭관계를 형성하였다고 보았다. 특히 가야제국 내 선비계鮮卑系 위세품이 확인되는 배경으로 313년 장통의 모용선비 귀순사건을 주목하였다. 특히 대성동 91호 중국·동북지역 위세품을 근거로 하여 354년 전연의 책봉체제冊封體制 속에 가야제국이 포함되었다고 간주하였다.

한편 가야제국과 왜의 관계 또한 무장의 존재를 통해 군사적 성격의 교류가 있었음을 확인하였다. 백제의 경우 가야제국 중 탁순의 중개로 왜와 교섭관계를 형성하게 되고 가야제국–백제–왜의 교섭관계가 형성되었다고 파악하였다.

Ⅴ기의 경우 가야제국은 백제의 중개로 동진과 대외교섭을 하였다. 대성동 88호 진식대금구는 이를 증면하는 상징물이다. 한편 백제는 고구려를 견제하기 위해 신라와도 친교를 유지하려 하였다. 그러나 백제 독산성 성주의 신라망명으로 양국관계는 파탄을 맞이하였다. 이후 신라는 고립된 국

제관계를 타파하기 위해 고구려와 교섭관계를 형성하고 실성實聖을 볼모로 보냈다.

셋째, 백제는 고구려 광개토왕 즉위 이후 고구려에 의해 대방고지 및 관미성을 빼앗기는 등 동진 및 후연과의 대외교섭 창구가 차단되었다. 또한 백제는 396년 한수 이북 58성 700촌을 고구려에게 공취당하는 등 엄청난 타격을 받게 되었다. 이에 백제는 고구려를 견제하기 위해 왜와의 대외교섭 성격을 군사적 목적으로 전환하였다.

반면 가야제국은 백제와 교류하고는 있었으나, 각국各國의 이해관계가 다른 개별 독립국이었으므로 백제와 군사적 목적의 교섭은 이루어지지 못하였다. 오히려 가락국은 이미 Ⅴ기에 왜와 군사적 목적의 교섭이 이루어지고 있었다.

399년 6월경 가야제국은 왜군과 연합하여 신라를 침공하였다. 아마도 고구려를 배경으로 세력을 확장하는 신라를 견제하기 위해서였을 것이다. 가야제국과 왜군은 각각 육로와 동해안 감포를 통하여 동시다발적으로 신라를 공격하였다. 이에 신라는 고구려에 구원을 요청하게 되었고 400년 광개토왕의 남정이 시작되었다. 이때 광개토왕은 남거성과 신라성 사이로 기습공격을 감행하여 왜군의 퇴로를 차단한 듯하다. 그 결과 왜군은 동해바다로 피신하지 못하고 임나가라종발성으로 후퇴하였다.

임나가라종발성의 위치비정은 다양한 설이 제시되었으나 본고에서는 낙동강 이동 경주 주변 어디쯤 정도로 해석하고자 한다. 광개토왕비문에서 수도는 國名+城, 국명의 약칭+城, 其國+城으로 서술되어 있는데, 任那加羅(국명)+從拔(?)+城은 광개토왕비문의 서술구조상 맞지 않다.

넷째, 안라인수병 또한 그 정체를 두고 다양한 설이 제시되었으나, 이글에서는 고구려와 동맹을 맺은 안라국의 수비병이라고 보았다. 또한 400년 2월 후연의 고구려 침공으로 인하여 고구려는 주력군 대부분을 요동전선에 급파하여야했을 것이다. 이에 고구려는 가야제국 내 가락국의 경쟁 상대였던 안라국에 동맹을 제안하여 안라인수병이 고구려를 대신하여 신라 영역 내 잔존한 왜병을 축출하였던 것이다.

참고문헌

1. 史料

『三國志』

『後漢書』

『晉書』

『通典』

『資治通鑑』

『三國史記』

『日本書紀』

『續日本記』

2. 單行本

공석구, 2006, 「고구려 영역확장사 연구」, 서경문화사.

국사편찬위원회, 2004, 『중국정사조선전1』, 신서원.

김정배, 2006, 『한국고대사입문2』, 신서원.

김정학, 1990, 『古代韓日文化交流研究』 한국학중앙연구원 출판부.

김태식, 1993, 『加耶聯盟史』, 一潮閣.

김한규, 2004, 『요동사』, 문학과 지성사.

남재우, 2003, 『안라국사』.

부산대학교 민족문화연구소, 2000, 『가야각국사의 재구성』, 혜안.

부산대학교 민족문화연구소, 2003, 『가야 고고학의 새로운 조명』.

연민수, 1998, 「광개토왕비문에 보이는 국제관계」, 『고대한일관계사』, 혜안.

연민수 외, 2013, 『광개토왕비의 재조명』, 동북아역사재단.

이기백, 1993, 『한국사신론』.

이영식, 1993, 『加耶諸國と任那日本府』, 吉川弘文館.

이형기, 2009, 『대가야의 형성과 발전 여구』, 경인문화사.

인제대학교 가야문화연구소, 1995, 『가야제국의 철』, 신서원.

Timothy K, Earle, 2008, 『족장사회의 정치권력』, 도서출판 考古.

今西龍, 1937, 『朝鮮古史の研究』, 近澤書店.

山尾幸久, 1989, 『古代の日韓關係』, 塙書房.

3. 論文

공석구, 1991, 「高句麗의 領域擴張에 대한 연구 - 4세기를 중심으로 - 」, 충남대학교 박사학위논문.

권오영, 2004, 「진식대구의 남과 북」, 『가야, 그리고 왜와 북방』, 제10회 가야사국제학술회의 자료집.

권오중, 2011, 「요동 공손씨 정권의 대방군 설치와 그 의미」, 『대구사학』105.

김기섭, 2017, 「4~5세기 동아시아 국제정세와 백제의 외교정책」, 『백제문화56』.

김구군, 2000, 「虎形帶鉤의 形式分類와 編年」, 『경북대학교고고인류학과 20주년기념논총』.

김두철, 2011, 「三國(古墳)시대 한일무장체계의 비교연구」, 『영남고고학56』.

김수태, 1998, 「3세기 중·후반 백제의 발전과 마한」, 『백제연구』6.

김양훈, 2007, 「4~5세기 남부가야제국과 백제의 교섭 추이」, 『역사와 경계65』.

김일규, 2018, 「금관가야고분 출토 외래유물의 성격과 의의」, 『호남고고학보60』.

김태식, 1994, 「廣開土王陵碑文이 任那加羅와 安羅人戍兵」, 『韓國古代史論叢6』.

김현미, 2005, 「卓淳國의 성립과 대외관계의 추이」, 『역사와 경계57』.

박장호, 2011, 「原三國期 動物形帶鉤의 전개와 의미」, 영남대학교 문화인류학과 석사학위논문.

백승옥, 1999, 「가야 대외교섭의 발전과정과 그 담당자들」, 『가야의 대외교섭』.

백승옥, 2001, 「前期 加耶 小國의 成立과 發展」, 『한국 고대사 속의 가야』, 혜안.
백승충, 1995, 『가야의 지역연맹사 연구』, 부산대학교 사학과 박사학위논문.
백진재, 2015, 「加耶諸國의 對倭交涉과 浦上八國戰爭」, 『지역과 역사』37.
서영일, 2006, 「고구려의 백제 공격로 고찰」, 『사학지38』.
선석열, 2000, 「加耶の鐵と倭の南北市曜」, 『國立歷史民俗博物館硏究報告110』.
신경철, 2000, 「加耶土器의 編年」, 『伽耶考古學論叢3』.
신경철, 2013, 「대성동88, 91호분의 무렵」, 『최근 대성동 고분군의 발굴성과 – 대성동고분박물관 10주년 기념 국제학술회의·공청회』, 김해시.
신정훈, 2015, 「동아시아의 정치적 정세와 고구려의 동향 –397년~400년을 중심으로」, 『대구사학118』.
심재용, 2016, 「금관가야의 외래계 威勢品 수용과 의미」, 『영남고고학74』.
송지연, 2004, 「帶方郡의 盛衰에 대한 研究」, 『사학연구74호』.
여호규, 2009, 「4세기 고구려의 낙랑·대방 경영과 중국계 망명인의 정체성 인식」, 『한국고대사연구53』.
유우창, 2005, 「대외관계로 본 가라국의 발전 – 5세기대를 중심으로 – 」, 『지역과 역사』16.
유우창, 2015, 「4세기 후반 가야–백제–왜 동맹의 결성」, 『지역과 역사36』.
윤용구, 1998, 「3세기 이전 中國史書에 나타는 한국고대사상」, 『한국고대사연구14』.
윤용구, 2005, 「고대중국의 동이관과 고구려 – 동이교위를 중심으로– 」, 『역사와 현실』55.
윤용구, 1999, 「三韓의 對中交涉과 그 성격」, 『국사관논총』85.
윤용구, 2004, 「三韓과 樂浪의 交涉」, 『한국고대사연구』34.
연민수, 2013, 「광개토왕비에 나타난 고구려의 남방 세계관」, 『광개토왕비의 재조명』.
이근우, 1994, 「『日本書紀』에 인용된 百濟三書에 관한 研究」, 한국정신문화연구원 학국학대학원 박사학위논문.

이근우, 2005, 「『日本書紀』 가라7국 정벌 기사에 대한 기초적 검토」, 『한국고대사연구39』.
이도학, 2003, 「加羅聯盟과 高句麗」, 『加耶와 廣開土大王』.
이양수, 2010, 「韓半島 三燕·三國時代 銅鏡에 관한 考古學的硏究」, 부산대학교 대학원박사학위논문.
이영식, 1985, 「伽倻諸國의 國家形成問題 – 伽倻聯盟說의 再檢討와 戰爭記事分析을中心으로 –」, 『白山學報』32.
이영식, 2001, 「문헌으로 본 가락국사」, 『가야각국사의 재구성』, 혜안.
이영식, 2014, 「김해 대성동고분군 출토 외래계 유물의 역사적 배경」, 『금관가야의 국제교류와 외래계 유물』, 제20회 가야사국제학술회의 발표자료집.
이용현, 2001, 「가야의 대외관계」, 『한국 고대사 속의 가야』, 혜안.
이재현, 2003, 「弁·辰韓社會의 考古學的 硏究」, 부산대학교 사학과 박사학위논문.
이재현, 2003, 「弁韓社會의 形成과 發展」, 『가야 고고학의 새로운 조명』.
이창희, 2007, 「영남지방으로의 철기문화 유입에 대한 再考 – 표비를 중심으로」, 『고고광장』1.
이해련, 2014, 「흉노·선비 동복의 특징과 변천」, 『고고광장14』.
임가환, 2000, 「3세기~4세기 魏·晉의 동방정책 – 樂浪郡·帶方郡을 중심으로 –」, 『역사와 현실36』.
임소연, 2006, 「辰·弁韓지역 출토 銅鍑硏究」, 부산대학교 대학원 석사학위논문.
조성원, 2016, 「嶺南地域 출토 4~5세기대 土師器系土器의 재검토」, 『한국고고학보 제99집』.
조성원, 2017, 「4세기 금관가야의 대외관계」, 『고고광장21』.
주보돈, 2006, 「高句麗 南進의 성격과 그 변천 – 廣開土王 南征의 實相과 그 의미 –」, 『대구사학82』, 56쪽.
정인성, 2003, 「변한·가야의 대외교섭」, 『가야 고고학의 새로운 조명』.

홍보식, 2013, 「삼국시대의 이주와 생활 유형」, 『한국고고학보 87』.

홍보식, 2014, 「외래계 유물로 본 금관가야의 국제교류와 사회구조」, 『금관가야의 국제교류와 외래계 유물』, 제20회 가야사국제학술회의발표자료집.

홍승현, 2007, 「曹魏時期 樂浪郡 회복과 遼東 인식의 변화 - 東夏 범주에 대한 분석을 겸하여 -」, 『중국학보56』.

金毓黻, 2007, 『東北通史』, 동북아역사재단.

高寬敏, 1990, 「永樂10年 高句麗廣開土王の新羅救援戰について」, 『朝鮮史研究會論文集27』.

東湖, 1995, 「弁辰과 加耶의 鐵」, 『가야제국의 철』, 신서원.

石原道傳, 2005, 『新訂 魏志倭人傳 他三篇 - 中國正史日本傳1』, 岩波書店.

藤井康隆, 2013, 「대성동 88호분의 진식대금구와 중국·왜」, 『최근 대성동 고분군의 발굴성과』, 대성동고분박물관 10주년 국제학술회의·공청회 자료집.

田中俊明, 2003, 「高句麗 進出 以後의 金官國」, 『加耶와 廣開土大王』, 제9회 가야사국제학술회의 발표자료집.

井上主稅, 2007, 「영남지방 출토 외계유물로 본 한일교섭」, 경북대학교 고고인류학과 박사학위논문.

趙俊杰, 2014, 「4~5세기 한반도 서북지역 삼연계 고분의 고구려화 과정」, 제20회 가야사국제학술회의발표자료집.

鈴木靖民, 2013, 「광개토왕비에 보이는 왜」, 『광개토왕비의 재조명』.

4. 發掘報告書

가야문물연구원, 2019, 『김해 원지리 고분 정비사업부지 내 유적 약식보고서』.

慶星大學校博物館, 2000, 『金海 大成洞古墳群 Ⅰ』.

慶星大學校博物館, 2003, 『金海 大成洞古墳群 Ⅲ』.

東義大學校博物館, 2000, 『金海 良洞里 古墳文化』.

대성동고분박물관, 2015, 『김해대성동고분군-85호분~91호분』.

대성동고분박물관, 2016, 『金海大成洞古墳群 - 92호분~94호분, 지석묘 -』.

울산발전연구원 문화재센터, 2009, 『울산반구동 유적 - 중구 반구동 303번지 아파트신축부지 발굴조사 보고서』.

「4~5세기 전후 가야加耶와 주변정세」에 대한 토론문

조윤재 (고려대학교)

백진재선생은 4세기 전후 시점 동아시아의 정세 속에서 진행되었던 가야의 대외교섭 및 고구려의 남정에 대한 가야제국의 대응이라는 주제를 논의하였다. 서로 다른 교섭대상과 교섭시기에 대한 관련 문헌 및 고고 자료를 꼼꼼하게 운용하여 고찰하였다. 가야사 전공자가 감소하는 국면에서 반가운 논고이며 활기 있는 연구자에 대한 기대도 크다. 워낙 가야사에 대해 과문寡聞한지라 몇 가지 질문으로 토론을 대신하도록 하겠다.

1. 수차례 제기된 사안이지만 여전히 혼란이 가중되고 있다. "진식대금구"라는 용어에 대한 문제이다. 학계에서는 일반적으로 서진시기 형성된 대금구 양식을 전형적 대금구로 보고 "진식대금구晉式帶金具"라는 명칭을 사용하고 있으나 최근 낙양洛陽 조휴묘曹休墓 및 남경南京 동오東吳 설추묘薛秋墓 등에서 기존의 "진식대금구晉式帶金具"가 확인되고 있어 용어에 대한 재검토가 필요한 시점이다.[1)]

토론자도 이를 보완하기 위해 "중원식대금구中原式帶金具"라는 용어를 제안한 바 있다. 이는 단지 공간적인 함의만이 아니라 대금구 자체가 중앙정부의 사여 체계 안에서 분배되었던 점을 감안한 설정이기에 적어도 "진식대금구晉式帶金具"라는 용어의 잠정적 대체재로서는 그 역할을 할 것 같아

1) 조윤재, 2015, 「考古資料를 통해 본 三燕과 高句麗의 문화적 교류」, 『선사와 고대』43.

서였다. 이에 대한 필자의 입장을 듣고 싶다.

2. 동북아시아 대금구문화의 전체적인 향배는, 중원中原 정권과의 외교적 관계를 통해 직접 유입된 중원식대금구도 고구려 고분에서 확인되고 있기에 중원–요동–서북한–한반도중남부–일본으로 연계되는 공간적인 흐름을 보여주고 있다. 이는 중원식대금구 및 삼연식대금구의 동점東漸 노선路線에서 고구려가 하나의 분절점分節点이었다는 사실을 의미하고 있다.

대금구는 당시 관복에 수반되는 장신구로써 조공 및 책봉의 순환적인 사여 체계 속에서 유입되었을 것이다. 삼연과 고구려가 한때 이러한 공적 관계[2]를 맺은 것은 고구려 고분의 대금구 출토와 연계하여 주목해야 할 사안이다. 한편 가야 고지의 대성동고분군에서 검출된 대금구의 유입에 고구려의 개입은 상정되는지 발표자의 견해가 궁금하다. 만약 그러하다면 개입의 형태는 어떠했는지 고견을 부탁드린다.

3. 발표자는 가야와 공손정권 사이의 사무역私貿易을 전제하면서 청당동, 송대리, 상주 성당리 및 포항 옥성리 등지에서 출토된 마형대구와 유리제품의 산지를 언급하였다. 특히 해당 유물의 성분분석 사례를 인용하면서 중국 화남산 원료가 사용되었다는 사실을 적시하여 공손정권과의 관계를 설명하려 하였다. "화남산華南産"은 중국 남방지역을 의미하는 것은 분명해 보인다. 원료 혹은 완제품의 산지가 남방지역이라면 오히려 확장된 유입의 경로를 논해야 할 것이다.

화남산의 구체적 지역을 제시하는 것은 불가능하겠지만 토론자의 생각으로는 유리의 경우 동한·삼국시대 교주자사부交州刺史部인 교지군交趾郡,

2) 여호규, 2006, 「고구려와 모용연의 조공 책봉관계 연구」, 『한국고대국가와 중국왕조의 책봉관계』, 고구려연구재단 연구총서 15.

남해군南海郡 및 합포군合浦郡 지역, 즉 현재 양광지역兩廣地域(광서廣西, 광동廣東), 베트남 북부를 포함한 통킹만 일대와의 관계도 배제할 수 없다. 상당수의 유리제품 및 원료가 남양南洋루트를 통한 후 교주지역 해안선을 활용하여 내지로 수송된 것은 익히 알려진 사실이다.[3] 마형대구 역시 강소성 남부 및 절강성 일부 지역에 해당하는 장강하류역長江下流域과의 관계를 모색해봐야 하는 것이 아닐까 생각된다. 즉 가야와 공손정권 및 왜와의 도식적 관계 설정보다는 당시 동아시아의 관계망을 차용借用한 설명이 더욱 합리적이지 않을까 생각되는데, 이에 대한 발표자의 의중을 듣고 싶다.

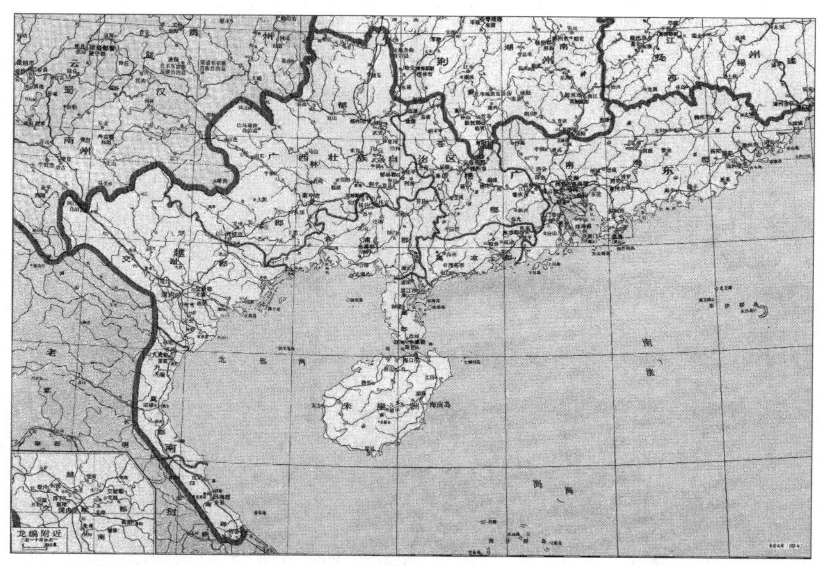

도 1) 三國時代 交州

3) Cho, YunJae, 2013, Relations between the Southern Dynasties (Nanchao)and the Xiyu, International Journal of Korean History (Vol.18 No.1)

기마인물형토기와 가야 중장기병의 실체

김 혁 중*

目 次

Ⅰ. 연구사 검토 및 문제 제기

기마인물형토기는 국보 275호로 지정되어 있다. 출토 맥락이 정확하지 않은 약점을 가지고 있음에도 불구하고 국보로 지정된 배경은 기마인물형토기가 갖고 있는 역사성에 주목했기 때문일 것이다. 많은 상형토기가 신라와 가야에 출토되었다. 상형토기가 가진 조형미에만 주목하자면 기마인물형토기는 다른 상형토기에 비하여 우수하다고 할 수 없다. 그러나 이 토기의 특징은 갑옷으로 무장한 기사가 무기를 갖추고 무장한 갑옷에 올라타

* 국립김해박물관

있는 모습을 사실적으로 표현하였다는 점이 중요하다.

문헌과 고고자료는 당대의 역사상을 전달하는데 있어서 큰 약점이 있는데 우선 문헌은 당시 모습을 추정해 볼 수 있으나 정확하게 그려볼 수는 없다. 또한 고고자료도 유구에서 출토된 유물로 당시 사람들이 어떤 도구를 사용하였는지 알 수 있으나 어떤 방식으로 사용하였는지 추정해 볼 뿐 그 모습을 정확하게 재현하기 어렵다. 반면 벽화나 상형토기 등은 문헌이나 고고자료에서 도출한 추정이나 가설을 검증하거나 용도를 분명히 보여주는 점에서 중요하다. 그런 의미에서 기마인물형토기는 당대 중장기병의 모습을 가장 사실적으로 우리에게 제공해 준다고 할 수 있다. 기마인물형토기가 한 점뿐이고 출토 맥락을 알 수 없지만 이를 둘러싸고 그 의미를 밝혀보려는 연구가 적지 않았던 것은 그러한 이유가 크다.

이와 관련하여 본고가 가장 주목할 수 있는 주제는 중장기병의 실체에 대한 것이다. 중장기병은 고구려 벽화를 중심으로 연구가 이루어졌는데 벽화에 그려진 모습을 통해 고구려 중장기병의 전술을 시간적으로 살펴보려는 연구(김두철 2000, 정동민 2008, 류창환 2010)가 대표적이다. 이러한 연구를 바탕으로 신라와 가야가 고구려의 중장기병을 어떤 방식으로 수용하고 발전하였을가를 구체적으로 살펴보는 시도가 이루어졌다(송영대 2018, 신광철 2018). 이 연구들에서 시도된 기마인물형토기에 표현된 갑주 분석은 가야 갑주 더 나아가 삼국시대 갑주 연구의 실상 파악에도 큰 도움을 준다.

그렇지만 몇 가지 연구 상의 난제도 남아있다. 기왕의 연구는 기마인물형토기에 표현된 갑주를 세부적으로 분석해보고자 하였다. 그러나 최근 연구 성과가 충분히 반영되지 못하였으며 일부는 검증이 어려운 가설적 성격이 강하다고 판단된다. 예를 들어 투구 부분에 확인되는 챙을 일본열도에서 확인되는 투구와 비교한 점(신광철 2018: 18)은 최근 연구 성과가 충분히 반영되지 못한 구체적 사례로 들 수 있다.

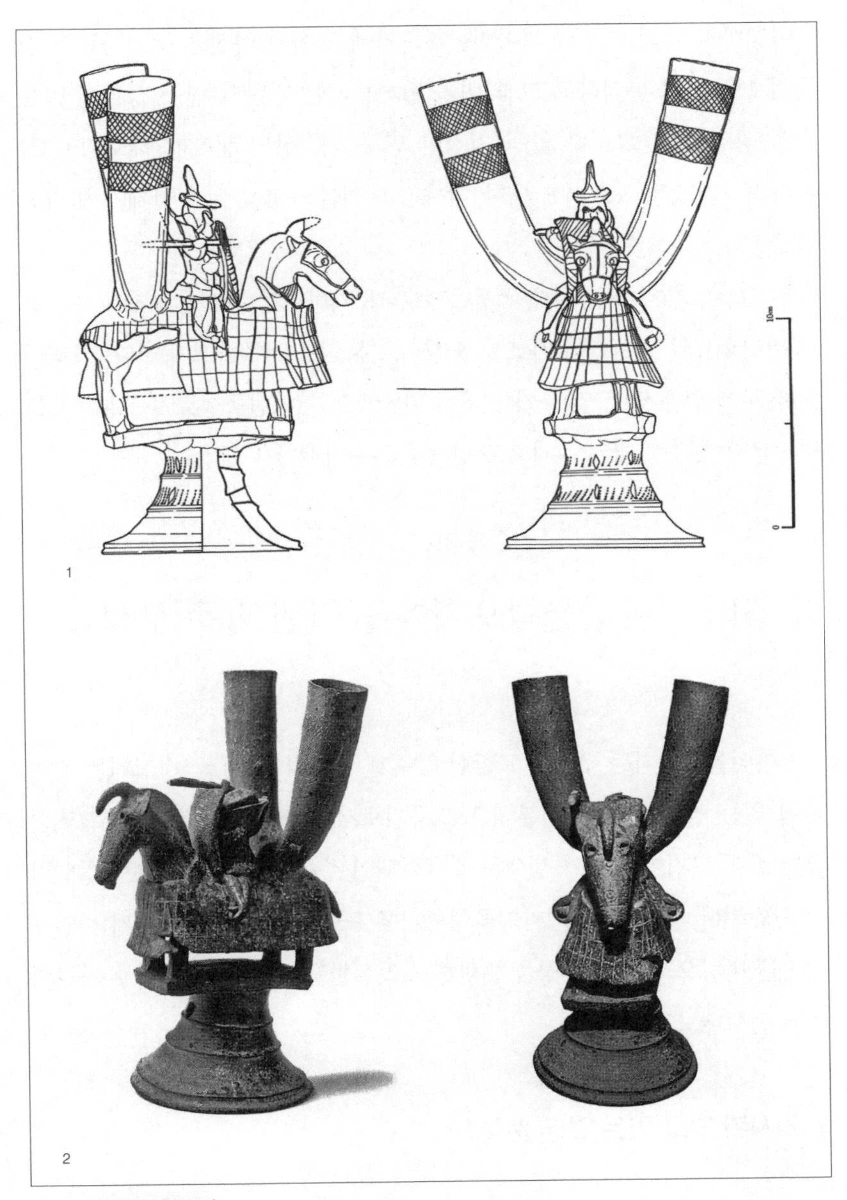

도 1. 기마인물형토기

국립경주박물관 소장품 도면(1, 국립경주박물관 1987)
2. 개인 소장품(2, 박천수 2010)

이제까지 여러 연구가 기마인물형토기에 표현된 무장을 고고자료와 적극적으로 비교 분석하고 그 의미를 밝혀보려한 기왕의 연구 성과에 많은 점을 공감한다. 그러나 앞서 지적한 연구방법 상의 문제가 해소되지 않는다면 기마인물형토기에 대한 역사적 의미를 도출하는데 한계가 있다고 판단된다.

본고는 토기에 표현된 대각 등을 보건대 기마인물형토기가 가야 토기라고 판단되므로 가야 고고자료를 중심으로 논의를 진행하고자 한다. 그러한 전제 하에 현재 갑주 및 무기 연구를 바탕으로 기마인물형토기를 분석하고 당시 가야 중장기병의 실체를 추정해보도록 하겠다.

Ⅱ. 기마인물형토기에 표현된 갑주 분석

기마인물형토기는 투구를 포함한 갑주가 표현되어 있다. 이 토기는 같이 붙어 있는 각배로 보아 기본적으로 용기로서 제작되었을 것이다. 그러나 오늘날 이 토기에 갑주가 생생하게 표현되어 주목받듯이 다른 용도가 있다고 판단된다. 이번 장은 기마인물형토기에 표현된 갑주를 지금까지의 연구 성과를 바탕으로 개별 특징을 분석해보고 실물로 확인된 가야 갑주 자료와 비교 검토해보고자 한다.

1. 기사가 입고 있는 갑주 분석

1) 투구

기마인물형토기에 표현된 기사의 투구는 이제까지 고고자료로 확인된 투구와 차이가 있다. 투구의 가장 특징적인 면은 챙이 달려 있고 복발도 마치 관모의 형태와 유사한 점이다. 이러한 형태는 삼국시대에 가장 일반적으로 사용된 투구인 종장판주와 차이가 있다. 보통의 종장판주는 챙이 달려 있지 않으며 복발의 형태도 반구형이거나 편평형을 띠고 있다. 그러므로 기마인물형토기에 표현된 투구는 일반적인 형태로 보기 어렵고 장식성이 강하다.

이 특징들을 주체부와 볼가리개부로 나누어 좀 더 상세히 검토해보겠다. 우선 주체부는 차양과 복발(입식) 그리고 'V'자형 미간부가 특징적이다. 그러나 주체부의 정확한 형태를 알기 어렵다. 다시 말해 대개의 투구는 종장판이나 소찰 여러 매가 가죽끈 등을 이용하여 주체부의 외형을 이룬다. 기마인물형토기에 표현된 투구는 세부가 생략되었다. 이에 앞서 언급한 형태와 비교하여 구체적으로 어떤 구조를 이루고 있는지 알기 어렵다. 그렇지만 투구는 귀를 감싸고 있어 볼가리개부도 있었을 것으로 추정해 볼 수 있다.

이 투구와 가장 비슷한 형태를 기왕의 연구는 일본日本 나라현奈良縣 고조네코츠카五條猫塚 출토 금동장차양주에서 찾았다(신광철 2018: 18). 그러나 이 투구는 논자가 유사하다고 언급한 투구와 비교해 볼 때 차양이 달려 있다는 점을 제외하고 동일한 형태로 보기 어렵다. 무엇보다 그 투구는 왜계 투구이다. 그렇다면 기마인물형토기에 표현된 투구와 가장 유사한 형식을 갖춘 투구는 어떤 것인지 재검토할 필요가 있다.

현재까지 삼국시대 투구 중 차양주는 그 명칭에 특징이 나타내듯이 모자와 같은 챙이 달려 있다. 차양주는 충각부주 및 대금식판갑과 함께 대금식갑주로 불리며 생산지 및 계통에 관해서는 왜계로 보는 견해가 많다. 차양주를 대금식갑주의 범주에 포함하는 근거는 주체를 이루는 부분은 대금이 있고 그 사이에 삼각형이나 소찰과 같은 세장방형판을 붙여 만들었기 때문이다. 이 투구는 특히 차양에 투조나 선각을 통해 장식성을 극대화한 점이 특징이다. 그러나 기마인물형토기의 투구와 미간부 형태가 다르고 귀를 가

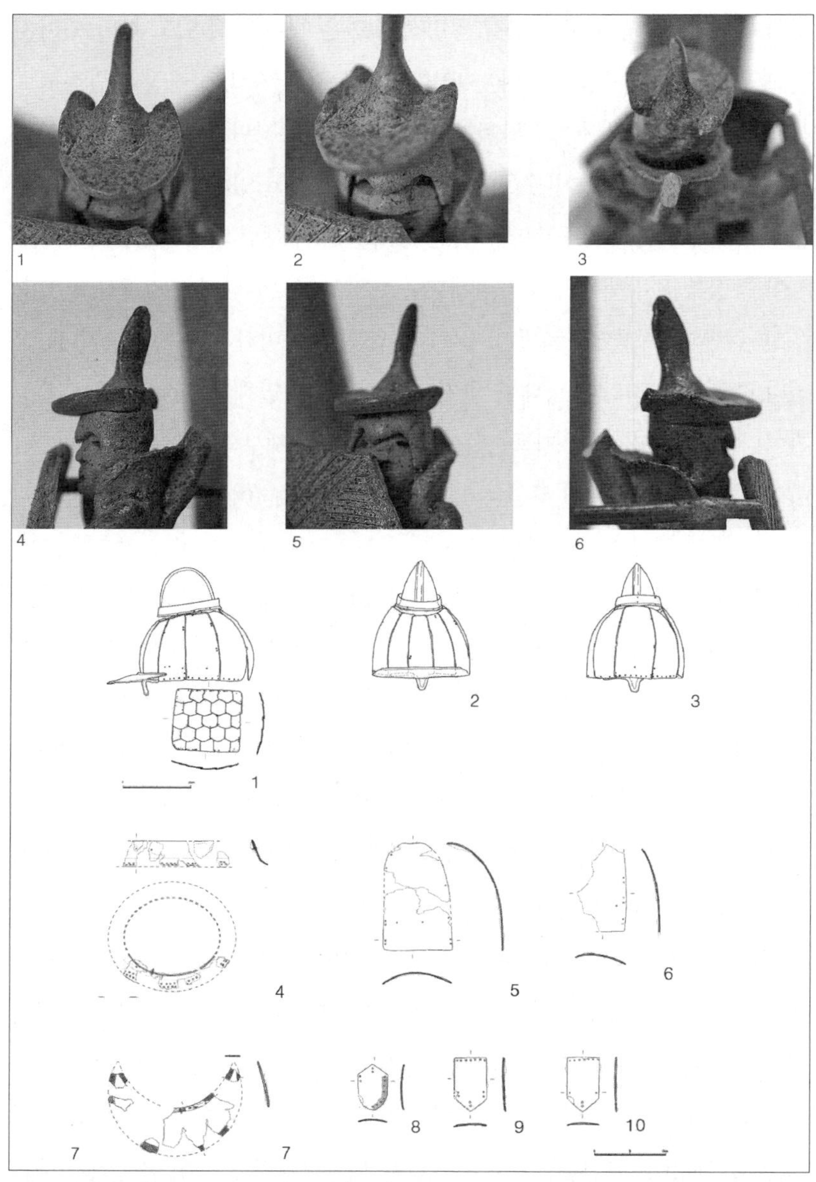

도 2. 기마인물형토기 투구 표현 상세 (1~6), 남원 월산리 M5호분 출토 투구(1~3), 고령 지산동 518호분 출토 투구(4~10)

리는 볼가리개부도 감싸는 형태가 아니라 치마처럼 펼쳐진 구조라 그 구조 자체에 차이가 있음을 어렵지 않게 알 수 있다.

이러한 특징들에 주목하면 다시 종장판주를 재검토해 볼 필요가 있다. 종장판주는 주체부가 종장판으로 이루어진 것을 기본 구조로 하면서 볼가리개나 단면 형태 등에 따라 다양한 형식으로 구분할 수 있다. 기왕의 연구는 여러 속성들 중에서 주체부가 높아지고 볼가리개부가 소찰로 제작되는 점이 시간성을 반영하는 것으로 이해하였다. 최근에 알려진 자료에 따라 차양과 관모형 복발이 포함된 새로운 형식이 추가되었다. 이 중에 차양이 붙은 종장판주는 시기적으로 제작 시기가 가장 늦고 관모와 같은 장식성이 강화되어 있다. 이처럼 종장판주는 삼국시대를 대표하는 투구이면서 시간이 지나면서 새로운 속성이 추가되고 기존의 속성이 소멸되면서 여러 형식으로 세분화되었다.

하지만 기마인물형토기는 이 투구들과 비교하여 엄밀히 분석한다면 완전히 동일한 구조는 찾기 어렵다. 다만 투구를 표현한 부분이 생략되었으며 특징을 강조한 것이라 이해한다면 종장판주의 형태가 가장 근접한 것으로 보인다. 그 이유는 차양이 달린 종장판주의 복발이 관모와 같은 형태로 부착되어 있고 미간부가 'V'자 형태로 되어 있기 때문이다. 또한 귀를 감싸는 부분은 볼가리개부를 축약적으로 보여준다고 판단된다.

현재 이와 같은 관모형종장판주는 출토 사례가 많지 않다. 지산동고분군을 중심으로 대부분 대가야 권역을 중심으로 확인되고 있다. 좀 더 사례 증가와 면밀한 검토가 필요하지만 가야형 투구로 보는 견해(김혁중 2018)가 있다. 관모형종장판주는 다른 투구와 비교하여 장식성이 증대된 형태로 가야에서 출토된 소찰주와 더불어 일종의 위세품적 성격이 더해졌다고 판단된다. 그러한 점을 염두에 두면 기마인물형토기에 묘사된 투구도 기사의 위세를 더해주는 상징으로 이해할 수 있다.

2) 갑옷

기마인물형토기에 표현된 갑옷은 목 부위부터 허벅지 부분까지 몸의 대부분을 보호하는 것으로 표현되어 있다. 그러나 갑옷은 몸의 어느 부위를 보호하는지 분명하게 표현하고 있으면서도 그 구조의 세부 표현이 충실하지 못한 부분은 아쉬운 점이 많다. 그렇기에 오늘날까지도 이 갑옷의 종류가 판갑인지 찰갑인지에 대한 여부가 논란이 되고 있다. 또한 갑옷의 종류만으로 존속시기도 분명히 구분할 수 없기 때문에 기마인물형토기에 묘사된 갑옷이 어떤 형태인지 명확하게 알기 어렵다. 따라서 판갑과 찰갑으로 보았을 경우 각각의 문제점이 무엇인지 살펴보고 본고가 생각하는 갑옷의 구조를 제시하고자 한다.

먼저 기마인물형토기에 표현된 갑옷을 판갑으로 볼 경우이다. 판갑으로 판단하는 근거는 기마인물형토기의 마갑을 표현한 부분이 선각으로 소찰을 표현한 점을 들 수 있다. 다시 말해 기마인물형토기에 표현된 갑주가 생략없이 그대로 대부분 표현되었다고 보는 견해이다. 그러나 갑옷을 판갑으로 보아도 실제 유물과 차이가 있다. 이제까지 판갑으로 제작된 갑옷은 모두 세로로 된 세장방형 철제지판이 못이나 가죽 끈으로 연결된 형태로 엄밀히 보면 기마인물형토기에 표현된 갑옷과 동일하지 않다.

판갑으로 보는 견해는 뒷부분에 표현된 장식금구의 존재 여부도 주목하고 있다(신광철 2018: 21). 현재 기마인물형토기의 이 부분은 대부분이 결실되어 어떤 형태인지 정확하게 알기 어렵다.

갑옷의 후동부 뒷부분은 막대 형태처럼 일부가 남아 있다. 이러한 부분을 종장판갑에서 확인되는 금구와 연결해서 보고 있다. 종장판갑은 후동부 중앙의 아랫단에 단면이 'Ω'자 형태인 금구가 확인된다. 이 금구의 용도를 가운데 비어있는 공간을 주목하여 깃대 등을 꽂았을 것이라 추정하는 것이다. 그러나 기마인물형토기에 결실된 부분이 깃대라고 단정할 수 없

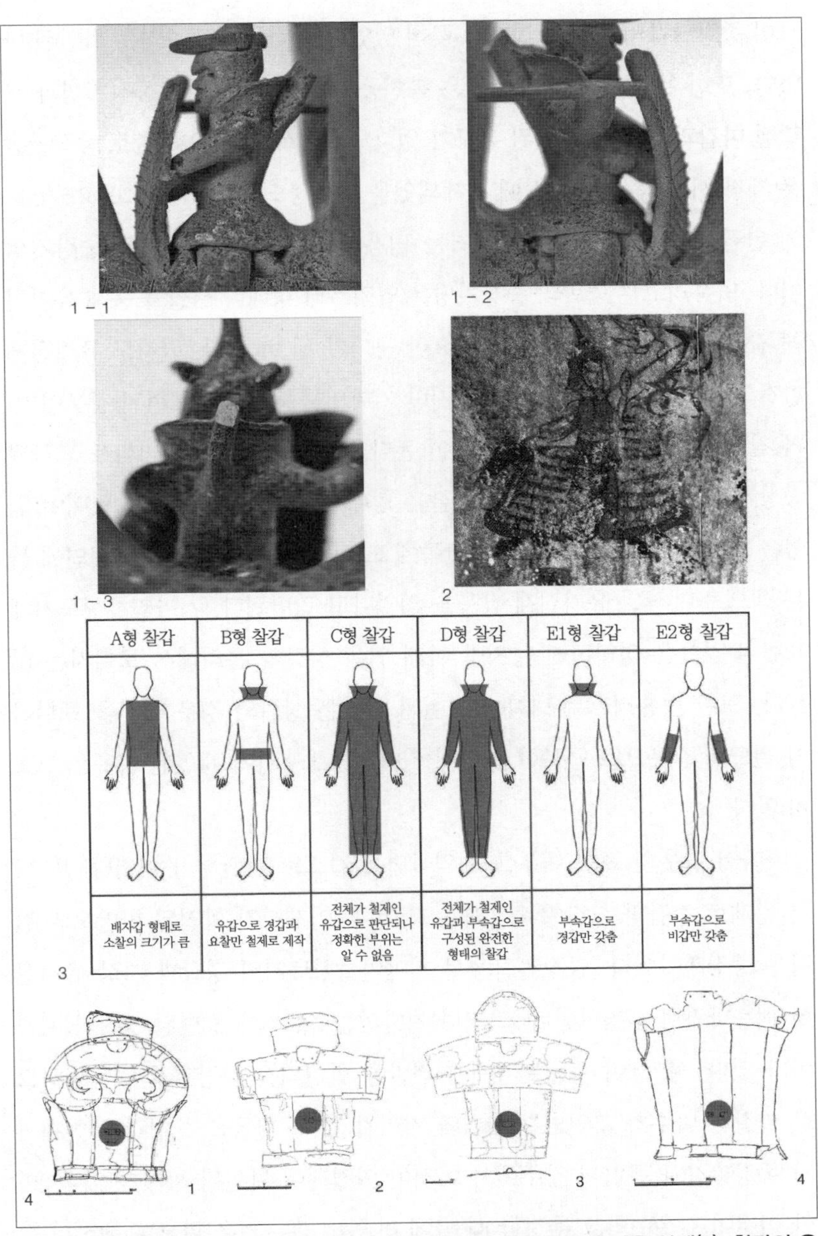

도 3. 기마인물형토기 갑옷 표현 상세(1 - 1~3), 덕흥리 고분 벽화 갑옷 상세(2), 찰갑의 유형(3, 황수진 2011), 종장판갑 'Ω'자 금구 위치(4 – 1~3)

으며 종장판갑의 금구도 깃대가 꽂혀 있었다는 적극적인 증거는 확인된 바 없다. 또한 논자가 언급한 판갑은 복천동 10호를 제외하고 중장기병과 관련된 마갑과 마주가 공반된 유구가 없다. 또한 복천동 10호 출토 종장판갑은 제작 시기 등을 보았을 때 전세되었을 가능성도 있다(김혁중 2008: 52).

판갑으로 보는 또 다른 근거는 덕흥리고분 벽화에 표현된 중장기병이다. 덕흥리고분 벽화의 중장기병은 일찍부터 형태나 색깔을 통해 유기질제 갑옷의 존재를 언급하는데 주요한 근거가 된 바 있다. 필자도 유기질제 판갑의 존재 가능성이 높다고 보지만 기마인물형토기에 표현된 갑옷이 이와 같은 형식으로 보기에는 의문이 든다. 우선 덕흥리고분 벽화에 묘사된 중장기병의 갑옷은 마치 조끼와 같은 형태로 그 안에 무언가를 덧대어 입었을 가능성이 높다. 다시 말해 안쪽에 또 다른 철제갑옷을 입고 외연에 붉은 색으로 제작된 유기질제 갑옷을 입었다고 판단된다. 기마인물형토기에 표현된 갑옷은 명확하지 않지만 아래 입은 상갑과 분리해서 보이지는 않는다. 또한 덕흥리고분 벽화에 표현된 갑옷은 상갑의 경우 사선을 표현하여 별도의 갑옷으로 구분한 반면에 기마인물형토기에 표현된 갑옷은 그렇지 않다.

따라서 갑옷의 표현 여부를 제외하면 판갑으로 판단하기 어렵다. 또 다른 문제로 경갑과 상갑이 확인되는 점이다. 이제까지 확인된 한반도의 판갑은 종장판갑이다. 종장판갑에서 기마인물형토기의 경갑과 가장 유사한 형태는 나팔형 후경판이다. 그러나 기마인물형토기에 표현된 경갑과는 차이가 있다. 대개 이 형태는 4세기 전반에 확인되는 종장판갑과 동일하므로 마갑과 마주가 확인되는 시기와 거리가 있다. 다음으로 상갑은 현재까지 종장판갑과 공반된 갑주에서 이것이 연결되어 확인된 사례가 없다. 또한 이것이 갑옷이라고 추정할 때 말에 기승할 경우 넓은 판으로 제작된 갑옷보다 소찰로 제작된 갑옷이 합리적 구조라 판단할 수 있다.

다음으로 기마인물형토기에 표현된 갑주를 찰갑으로 보는 견해이다. 대부분 중장기병의 성격과 더불어 찰갑 형태일 가능성을 잠정적으로 인정하는 것으로 보인다. 이 견해들처럼 찰갑으로 볼 수 있는지 문제점을 중심으로 살펴보고자 한다. 우선 찰갑이라면 기마인물형토기 외 갑주가 그려진 벽화에 소찰이 생략된 형태로 갑옷을 표현한 사례가 있는지 여부이다. 물론 이것도 당대 자료가 생략이 아니라 그대로 표현한 것이라 본다면 더욱 판단하기 어렵다.

이와 같은 여러 문제점을 적절히 수용하여 판갑과 찰갑이 혼용되었을 가능성도 제기되었다(박선희 2017). 논자는 혼용된 갑옷의 사례로 덕흥리고분과 통구 16호의 벽화 사례를 들었다. 이 부분은 유기질제 갑옷의 존재를 생각하면 충분히 가능성이 높다. 그러나 앞서 언급하였듯이 덕흥리고분군에 표현된 판갑 형태는 찰갑과 혼용되어 사용된 갑옷으로 보기엔 면밀한 검토가 필요하다. 그러나 출토 양상이나 구조를 통해 볼 때 판갑과 찰갑이 혼용되었을 가능성은 아직 불분명하다. 필자도 고고자료로 확인되는 유기질제와 철제를 혼용한 갑옷에 대한 초보적인 검토를 한 바 있다(김혁중 2019). 그 중 소찰로 제작되는 갑옷을 분석해 보았는데 찰갑과 판갑이 혼용된 형태보다 소찰로 제작된 찰갑은 소찰을 유기질과 철제로 혼용하여 갑옷을 제작한 것으로 보았다.

결론적으로 말하면 필자는 기마인물형토기에 표현된 갑옷은 찰갑이라 판단한다. 우선 구조에 대한 부분에서 기마인물형토기에 찰갑의 부속갑인 경갑이 분명히 있고 갑옷의 구조에 상갑이 가미된 구조를 표현하였다. 판갑에서도 상갑이 더해진 구조는 충분히 고려해 볼 수 있다. 그러나 이제까지 고고자료로 확인된 판갑인 종장판갑은 상갑을 갖춘 상태로 확인된 바 없다. 팔뚝을 보호하고 어깨를 보호하는 부속갑이 공반되어 출토된 사례가 적지 않았음에도 상갑을 갖춘 구조가 없었다는 점은 앞으로도 상갑의 존재가 확인되기 어렵다고 판단된다. 그러므로 기마인물형토기에 표현하고 있는 구조를 모두 갖춘 갑옷은 찰갑이라고 볼 수밖에 없다. 비록 기마인물형토기에 선각으로 소찰이 엮어진 형태를 표현하지 않았지만 여러 가지 안을 검토했을 때 가장 합리적인 결론은 찰갑을 표현했을 가능성이 높다는 것이다.

3) 소결

이제까지 기마인물형토기에 표현된 갑주를 기왕의 연구를 참고하여 살펴보았다. 기마인물형토기에 표현된 갑주는 현재 고고학적으로 확인되는 갑주를 통해 보면 여러모로 축약되거나 일부 특징이 과장되게 표현된 것으로 보인다. 그럼에도 불구하고 고고자료와 일치하거나 추정이 가능한 자료가 많이 확인되므로 당시 시대상을 일정 부분 반영하고 있다고 판단된다. 무엇보다 기마인물형토기에 표현된 투구는 기사의 위계를 보여주는 자료로 판단되며 이 토기가 제작된 배경을 짐작해 볼 수 있다.

그러나 표현의 생략이나 축약으로 인해 현재 고고자료에서 완전히 동일한 형태는 확인하기 어렵다. 이점은 상형토기가 가지고 있는 특징에 기인한다고 볼 수 있지만 투구에 표현한 차양처럼 향후 자료의 증가와 비교 분석을 통하여 그 구조를 명확하게 이해할 수 있으리라 기대된다.

2. 전마구(마주·마갑) 분석

이번 항은 말에 표현된 갑주(전마구)를 분석해보고자 한다. 고구려 고분벽화를 제외하고 전마구가 어떤 모습인지 정확한 형태를 알기는 어렵다. 국내에서도 쪽샘 C10호, 마갑총을 제외하고 출토 상태가 온전한 자료가 드물다. 이 자료도 말에 입힌 상태로 확인된 것이 아니라 전체를 시상에 펼친 모습으로 완전한 구조가 복원되었다고 보기 어렵다. 그런 의미에서 기마인물형토기에 표현된 전마구는 구조 복원에도 중요한 자료로 판단된다.

1) 마주의 존재 여부

결론적으로 필자는 기마인물형토기는 마주를 표현하지 않았다고 본다. 마주가 존재한다고 언급한 신광철은 안공 여부를 중점적으로 역설하였다(신광철 2018: 16). 그러나 몇 가지 요소를 살펴보면 마주의 존재를 인정하기 어렵다.

우선 기마인물형토기에 표현된 챙의 존재 여부 문제이다. 이제까지 실물로 확인된 마주나 벽화에 표현된 마주는 챙이 확인된다. 또한 말갈기를 마치 유니콘과 같이 뾰족하게 모아서 표현한 점도 마주가 없었음을 보여주는 부분이다. 그리고 마두에 선각으로 표현된 부분은 마주의 분리 부분을 나타내는 것으로 보기도 어려우며 오히려 재갈이나 다른 마구에 필요한 가죽끈을 표현한 것으로 보인다.

다음으로 말이 입은 전마구에서 마주가 필수적으로 존재하지도 않는 점이다. 표 1은 신라와 가야의 고분에서 마주와 마갑이 출토된 사례를 정리한 것이다.

가야에서 출토된 전마구에서 마주가 없는 비율은 전체 36기 중 15기로 42%이다. 이는 절반에 가까운 비율로 결코 적지 않다. 이러한 양상이 매장의례와 같은 부장양상을 보여주는 것으로 볼 수 있으나 이러한 점도 증명하기 어렵다. 유구에서 확인된 부장양상을 존중하다면 기마인물형토기에 마주가 표현되지 않은 점도 별다른 문제가 되지 않는다고 판단한다.

2) 마갑의 구조

마갑은 유적에서 확인되는 고고자료를 분석하여 구성 요소와 제작 기법이 검토된 바 있다(장경숙 2009, 우순희 2010). 이러한 마갑 연구는 동아시아에서 어느 지역보다 가장 많은 자료가 출토되는 경향에 기인하는데 쪽샘 C10호나 지산동 75호와 같이 구조를 추정하는데 많은 도움이 되는 양호한 자료도 증가하고 있다. 최근에는 이러한 연구 성과를 종합적으로 정리하고 마갑의 구체적 구조를 복원한 연구(김성호 2019)가 있어 기마인물형토기에 표현된 마갑을 추정 복원하는데 많은 도움이 된다.

마갑은 경·흉갑, 신갑, 고갑으로 크게 나눌 수 있다(김성호 2019: 7). 그리고 소찰을 가죽끈으로 엮어서 구조를 이루는데 소찰 형태는 장방형, 상원하방형 등이 있다. 이를 기준으로 살펴보면 기마인물형토기에 표현된 마갑의 소찰은 장방형소찰로 구성되어 있다. 목 부위는 별도의 마갑은 확인되지 않고 삼각상의 문양이 왼쪽에 표현되어 있고 양쪽은 끈으로 추정되는 부분이 굵게 표현되어 있다. 삼각상의 문양도 전면에는 안쪽에 사선을 표현하여 차이가 확인된다. 이제까지 알려진 마갑 구조로 보건대 신갑 부분만이 분명하고 경·흉갑도 흉갑만이 확인된다.

기왕의 연구(우순희 2010: 770)는 경·흉갑의 형태 차이를 분류의 기준으로 삼았는데 최근에는 경·흉갑, 신갑, 고갑이라는 구조의 조합관계를 통해 유형을 분류하였다(김성호 2019: 51). 이 연구에 따르면 기마인물형토기에 표현된 마갑은 경·흉갑, 신갑을 갖춘 Ⅱ형이다. 그런데 이 분류 유형은 경갑과 흉갑이 분리되지 않고 신갑의 일부를 덮고 있어서 차이가 있다. 그도 이를 경·흉갑으로 보기보다 흉갑에 가깝다고 보았다(김성호 2019: 53). 그런데 이 유형은 옥전고분군에서 확인되는 사례가 많아서 그의 지역성 분류에 따르면 옥전형으로 언급하였다.

기마인물형토기에 표현된 마갑은 이외에도 특이한 부분으로 목에 표현된 삼각문을 들 수 있다. 문양은 좌측과 우측에 삼각문 안에 표현된 사선 여부에 따라 조금 차이가 있다. 이것이 상형토기에 표현된 장식인지 마갑

표 1. 신라·가야 전마구 출토 사례

연번	지역	출토 유구명	마주	마갑
1	부산	복천동 10·11호	●	
2		복천동 34호		◎
3		복천동 35·36호		◎
4		학소대 1구 2·3호		◎
5		연산동 M3호	●	◎
6		연산동 M8호	●	
7		연산동 M10호		◎
8	김해	대성동 1호	●	
9		대성동 11호		◎
10		대성동 57호	●	
11		대성동 93호	●	
12		두곡 8호	●	
13	함안	도항리 6호	●	◎
14		도항리 (현) 8호	●	◎
15		도항리 (현) 4호		◎
16		도항리 34호		◎
17		마갑총	●	◎
18	합천	옥전 20호		◎
19		옥전 23호	●	
20		옥전 28호	●	◎
21		옥전 35호	●	
22		옥전 91호		◎
23		옥전 M1호	●	◎
24		옥전 M3호	●(2)	
25		반계제 가A호	●	
26	고령	지산동 45호		◎
27		지산동 75호		◎
28		지산동 518호	●	
29	경산	임당 G5호		◎
30		조영동 CⅡ-2호		◎
31	경주	황남동 109호 3·4곽	●	◎
32		사라리 65호	●	◎
33		황오동 쪽샘 C10호	●	◎
34		황오동 54호묘 을총		◎
35		황남동 계림로 1호묘		◎
36		오륜대 채집품	●	◎

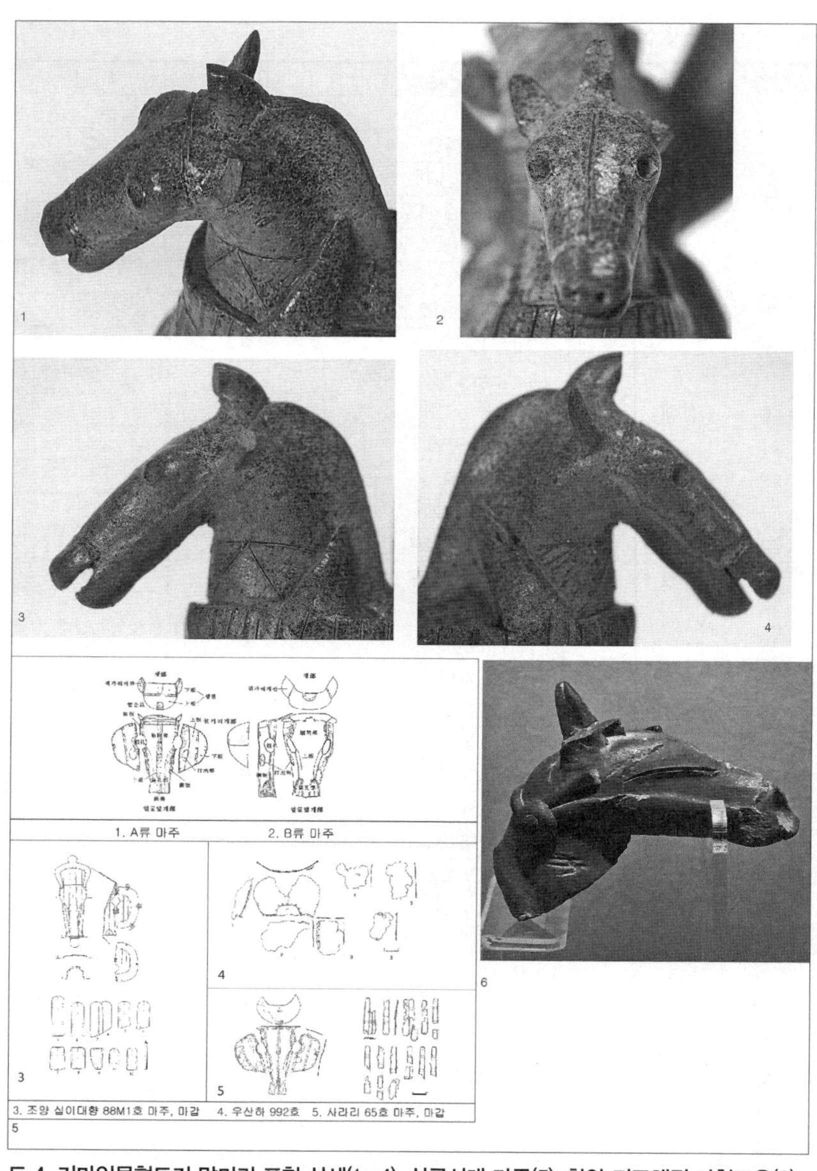

도 4. 기마인물형토기 말머리 표현 상세(1~4), 삼국시대 마주(5), 함안 지표채집 마형토우(6)

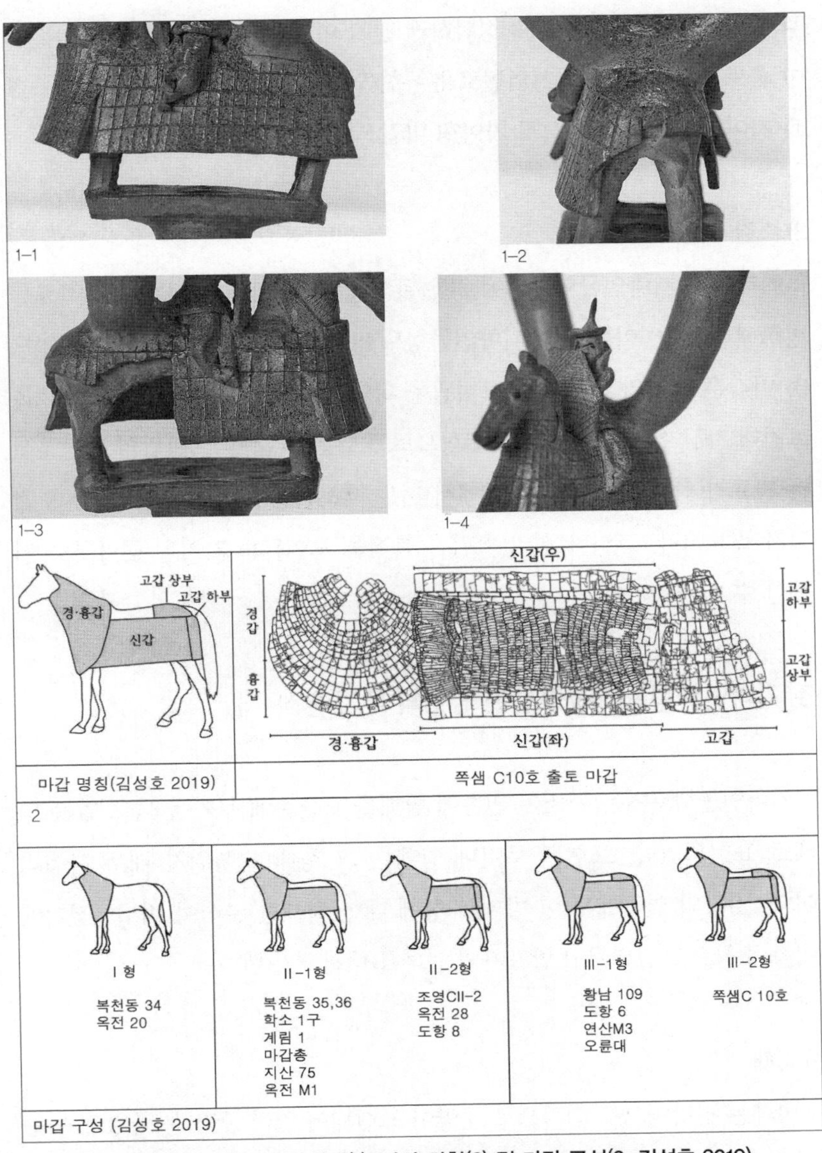

도 5. 기마인물형토기 마갑 표현 상세(1), 마갑 명칭(2) 및 마갑 구성(3, 김성호 2019)

과 관련된 표현인지는 현재 정확하게 알기 어렵다. 아무튼 최근 신라와 가야 출토 마갑의 구조를 지역별로 분류한 연구(김성호 2019)에 따르면 경주형과 차이가 있는 옥전형으로 가야형 마갑으로 볼 수 있다.

3) 소결

이제까지 기마인물형토기에 표현된 마갑과 현재 확인되는 고고자료를 비교해 보았다. 이를 통해 기마인물형토기에 표현된 전마구는 마주가 없으며 마갑은 흉갑과 신갑으로 구성됨을 확인할 수 있었다. 현재까지 자료를 보건대 가장 유사한 자료는 옥전형으로 분류된 마갑이다. 마갑의 유형분석은 자료가 충분하지 않은 상황에서 너무 세분화한 부분이 있어서 향후 검토가 필요하다. 그러나 신라와 다른 특징을 보이므로 가야의 전마구로 이해할 수 있다.

3. 기마인물형토기에 표현된 방패와 무기 분석

기마인물형토기는 기병이 왼손에 방패를 오른손에 무기를 들고 있는 형태로 표현되었다. 표현된 무기나 방패는 그 형태나 행위가 매우 사실적이다. 기왕의 연구에서 이 방패와 창에 대한 자세한 분석이 이루어졌기에 이를 중심으로 살펴보고 발표자의 견해를 더하고자 한다.

1) 방패

방패는 장방형으로 선각으로 문양이 표현되어 있다. 문양은 중앙에 능문을 배치하고 능문 안은 평행선, 능문 외연은 사선으로 장식하였다. 방패는 몸의 상반신 이상을 가릴 정도로 크다. 방패의 단면 형태는 직선이 아니라 약간 굴곡진 형태이다.

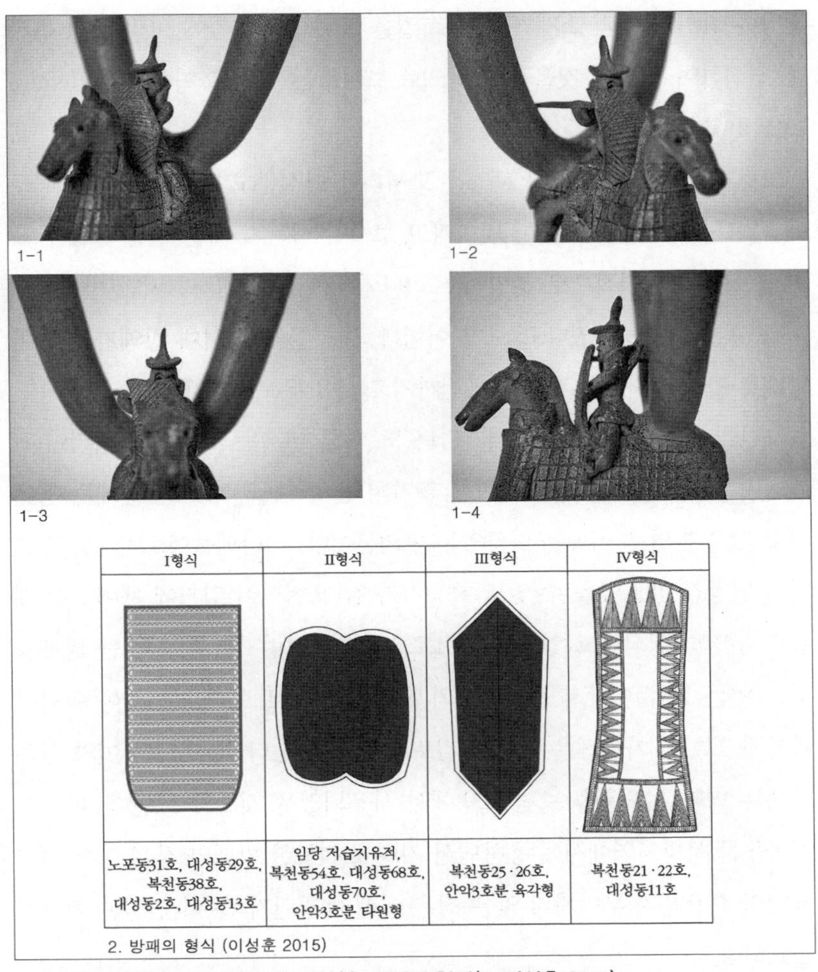

도 6. 기마인물형토기 방패 표현 상세(1), 방패의 형식(2, 이성훈 2015)

삼국시대 방패는 실물이 잘 남아 있지 않다. 그럼에도 불구하고 금구 등의 남겨진 자료를 통해 삼국시대 방패를 추정한 연구가 있다. 이 연구에 따르면 모두 Ⅰ~Ⅳ 형식으로 나누었으며 기마인물형토기에 표현된 방패를 Ⅲ형식으로 구분하였다(이성훈 2015: 193 – 194).

기마인물형토기에 표현된 방패의 특징은 무엇보다 문양이다. 그런데 이 문양은 당시 방패의 소재가 목제로 결을 표현한 것이기에 여러 개의 목판을 연접하여 제작한 것을 간접적으로 보여주는 것으로 이해하였다(이성훈 2015: 184).

그렇지만 방패에 선각한 문양은 모서리에 사선문도 표현되어 있기 때문에 반드시 나무결을 표현한 것이라고 보아야 하는지 의문이다. 마갑에 표현된 소찰은 외연적으로 분명히 드러나기에 이를 표현하였지만 방패에도 이를 충분히 반영하였다고 보기 어렵다. 아무튼 삼국시대 방패가 완전한 형태로 출토된 자료가 확인되기 전까지 결론을 유보하고자 한다.

그런데 방패의 형태에서 제기되는 또 다른 문제는 기병의 움직임이다. 기병이 기마인물형토기에 표현된 크기의 큰 방패를 쥐고 한 손에는 창을 들고 있으면 말을 어떻게 다루었는지 의문이다. 기마인물형토기에는 기승자가 안정감있게 있을 수 있도록 등자가 잘 표현되어 있기에 제어구인 재갈도 분명히 인식하고 있었을 것으로 보인다. 그렇지만 이토록 큰 방패를 쥐고 있는 모습은 당시 중장기병의 모습을 그대로 드러내는 것이 아니라 과장된 표현일 가능성은 없는지 검토할 필요가 있다. 무엇보다 이와 같은 방패는 벽화나 도용을 보면 보병에서 사용되었을 것으로 보인다. 따라서 전마구를 북방지역에서 수용하면서 기병에 적합한 방패와 같은 다른 무기체계의 수용은 이루어지지 않은 점은 어떤 배경인지 좀 더 면밀한 검토가 필요하다.

2) 무기

기병의 오른쪽 손에는 무기가 표현되어 있는데 선단부가 결실되어 있으나 일종의 창으로 추정된다. 이 창은 앞부분이 결실되어 정확한 형태를 알 수 없으나 마치 잡고 던지려는 형태를 띠고 있다.

창과 관련하여 송영대의 연구가 주목되는데 그는 삼국사기 등의 문헌을 통해 극戟, 삭矟, 모鉾, 연鋋이라는 종류로 구분하고 그 특징을 정리하였다(송영대 2018: 21~25).

이 중에 논자는 신라와 가야 중장기병이 연鋋을 사용하였을 가능성을 제기하였다. 이러한 결론을 내리게 된 배경은 기마인물형토기에 기사가 방패를 들고 창을 던지려는 모습에 주목하였다. 연鋋은 다른 창과 달리 길이가 짧아서 투창에 주로 사용하였기에 기마인물형토기에 마치 창을 던지려는 표현으로 창의 종류를 연鋋으로 추정하였다(송영대 2018: 28).

그런데 마갑이나 마주가 공반된 무기를 정리한 표 7과 표 2를 보면 연鋋일 가능성이 보이는 창은 그렇게 많지 않다.[1] 뒤에서 가야 중장기병의 전술에 대해서 언급하겠지만 과연 창을 던지려는 모습으로 이해해야 할지 검토가 필요한 부분이다.

또한 필자는 앞에서 갑옷의 후동부에 표현된 부분을 깃대를 꼽는 금구일 가능성에 대하여 반론을 제기하였다. 발표자는 이 부분이 별도의 무기를 표현하였을 가능성도 있다고 생각한다. 이를테면 화살대나 검과 같은 다른 무기일 가능성은 없는지 재고해 볼 필요가 있다.

Ⅲ. 가야 중장기병의 실체

1. 공반 양상 검토

기왕의 여러 연구에서 가야는 고구려 남정으로 인하여 중장기병의 위력

1) 옥전 20호에 공반된 모 중 鋋일 가능성이 있는 것(도 7~9)이 1점이 있으나 검토가 필요하다.

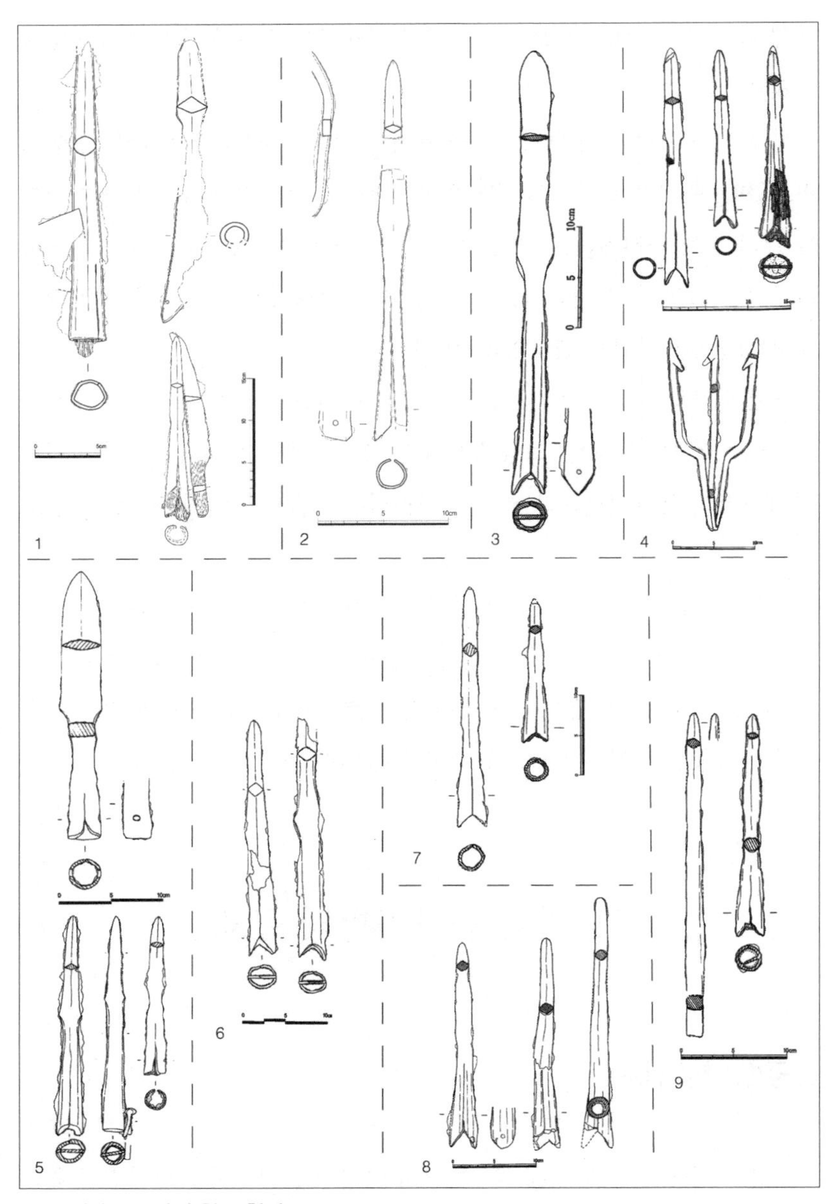

도 7. 전마구 공반된 철모 형태

1. 복천동 35호, 2. 복천동 34호, 3·4. 복천동 10호, 5. 마갑총, 6. 도항리 (현) 8호, 7. 옥전 20, 8. 옥전 28, 9. 옥전 23

표 2. 전마구가 부장된 고분의 갑주 및 무기 부장양상

지역	출토 유구명	마주	마갑	판갑	찰갑	모	도	촉
부산	복천동 10·11호	●		●	●	●	●	●
	복천동 34호		●		●	●		●
	복천동 35·36호		●		●	●		●
	학소대 1구 2·3호		●		●	●	●	●
	연산동 M3호	●	●	●	●	●	●	●
	연산동 M8호	●		●	●	●	●	●
	연산동 M10호		●		●	●	●	●
김해	대성동 1호	●						
	대성동 11호		●		●	●		●
	대성동 57호	●		●	●	●		●
	대성동 93호	●		●	●	●		●
	두곡 8호	●						
함안	도항리 6호	●	●				●	●
	도항리 (현) 8호	●	●		●	●		●
	도항리 (현) 4호		●			●		●
	마갑총	●	●			●	●	●
합천	옥전 20호		●		●	●		●
	옥전 23호	●			●	●	●	●
	옥전 28호	●	●	●	●	●	●	●
	옥전 35호	●			●	●	●	●
	옥전 91호		●			●	●	●
	옥전 M1호	●	●		●	●	●	●
	옥전 M3호	● (2)			●	●	●	●
	반계제 가A호	●				●	●	●
고령	지산동 45호		●		●	●	●	●
	지산동 75호		●		●	●	●	●
	지산동 518호	●			●	●	●	●
경산	임당 G5호		●		●	●	●	
	조영동 CⅡ-2호		●		●	●	●	●
경주	황남동 109호 3·4곽	●	●		●	●		●
	사라리 65호	●	●		●	●	●	
	황남동 계림로 1호묘		●		●			

을 체험하고 영향을 받았을 것이라 추정하고 있다. 그러나 최근의 고고자료나 이를 해석하는 여러 견해로 보건대 고구려 남정이 중장기병이 성립하는데 직접적인 계기가 되었다고 보기 어려움이 있다.

특히 대성동 57호 출토 마주를 4세기대로 보고 삼연을 통해 수용했을 가능성을 제기한 견해(김일규 2018: 45)는 연대관 문제를 넘어서 새롭게 중장기병의 수용과정을 새롭게 바라볼 수 있는 견해이다.

필자도 고구려 남정에 의한 영향을 재평가해야 한다는 견해를 주장하였다(김혁중 2015). 무엇보다 중장기병의 중요 요소인 찰갑은 기왕의 연구보다 좀 더 이른 시기부터 발달하였고 자체적인 수용과정을 통해 발전한 점을 주목할 필요가 있다. 그렇다면 중장기병과 같은 발전에 고구려 남정만이 계기가 되었다는 점은 이해하기 어렵다.

표 2는 전마구가 출토된 유구에서 갑주와 무기가 공반된 양상을 정리한 것이다. 도굴 등으로 부장양상이 완전하다고 할 수 없지만 일반적인 경향성은 확인할 수 있다고 판단된다.

표 2를 보면 공통적으로 다음과 같은 세 가지 사항을 확인할 수 있다. 첫째, 갑옷은 판갑도 있으나 찰갑을 기본적으로 부장한다. 둘째, 무기는 대개 도, 모, 촉으로 구성되어 있다. 셋째, 전마구가 출토된 유구는 대개 유구의 크기가 대형분 위주이다.

그러나 앞 장에서 분석한 갑주와 전마구를 조합하여 기마인물형토기에 표현된 조합과 가장 유사한 유형은 지산동 518호분 정도이지만 완전히 동일한 양상은 확인되지 않았다. 특히 방패로 추정할만한 자료가 없어서 분석에 한계가 있다.

그렇지만 공반양상에서 공통되는 요소나 차이점이 있기에 추후 전마구 구조뿐만 아니라 소유계층에 대한 분석도 연구 과제가 될 수 있다. 이를 위해 향후 공반된 무기에 대한 비교 분석이 전제가 되어야 할 것이다. 특히 창의 형태는 중장기병이 어떤 전술을 수행했는지 추정해 보기 위한 기초 자료가 될 것으로 판단된다.

이와 더불어 기왕에 검토된 삼국사기 등의 문헌 자료는 신라 기병에 대한 자료로 가야 기병을 알 수 있는 자료가 없다. 그렇지만 가야는 고고자료로 보건대 복천동 38호 사례처럼 일찍부터 갑주 출토 고분에 마구가 공반되고 있어서 기병 운용이 이루어졌음을 간접적으로 알 수 있다. 표 3은 함안 도항리 고분군에서 전마구가 없지만 갑주가 출토된 유구를 정리한 것이다. 이 표 3을 보아도 전마구 없이 갑주가 부장된 유구는 마구가 부장되어 기병의 다양한 모습을 추정해 볼 수 있다.

표 3. 함안 도항리 고분군의 전마구가 없는 갑주 부장 사례

연번	출토 유구	갑주	무기	마구
1	도항리 36호	종장판주	도, 모, 촉	재갈
2	도항리 39호	찰갑	촉	안교
3	도항리 40호	찰갑	모	
4	도항리 48호	찰갑	도, 모, 촉	재갈
5	도항리 43호	종장판주, 찰갑	도, 모, 촉	재갈
6	도항리 (문) 54호	종장판주	도, 모, 촉	등자, 재갈
7	도항리 (현) 22호	종장판주	도, 모	등자, 재갈
8	도항리 25호	종장판주		
9	암각화고분	찰갑	도, 촉	등자, 재갈
10	도항리 13호	삼각판갑	도, 모, 촉	등자
11	도항리 428-1-5호	장방판갑	도, 모, 촉	

2. 가야 중장기병 성립과 복원

필자는 이전 마주와 마갑 조합 양상을 통해 영남지방 독자의 전마구 제작 전통이 성립(김혁중 2015: 73)되었다고 보았다. 최근 마갑 연구를 검토한 김성호도 4가지 지역별 유형(부산형, 옥전형, 경주형, 마갑총형)으로 구분한 바와 같이 구조적으로도 제작 기술을 수용한 후 독자적인 발전을 이루어나간 것으로 판단된다(김성호 2019 :56).

중장기병을 활용하는 전술적인 방법도 기마인물형토기의 모습을 통해 추정한 바 있다(송영대 2018, 신광철 2018). 기본적으로 중장기병은 밀집된 모습을 갖추고 적진에 돌진하여 충격전술을 사용하는 것이지만 이 연구들을 참고하면 그와는 거리가 있어 보인다. 특히 송영대는 중장기병 출현 이전과 이후를 구분하면서 중장기병을 수용한 후 신라와 가야가 어떻게 전술적 변화했는지 언급하고 있어 참고된다.

중장기병 이전의 전술은 창과 방패를 이용한 전술로 마치 그리스의 밀집보병의 팔랑크스와 같은 전술을 사용하였을 것으로 추정하였다. 이후 중장기병을 수용한 후 창과 방패를 활용한 전술을 이에 접목하였을 것으로 보았는데 그 근거를 보여주는 자료로 기마인물형토기에 표현된 기병의 모습이 창을 던지려는 행위에 주목하였다. 그는 이러한 형상을 근거로 중장기병이 적의 전열에 돌진하여 붕괴하는 충격전술보다는 전장에서 투창을 던져 적의 전열을 붕괴하는 모습을 추정하였다(송영대 2018: 13~14).

이러한 전술에 대하여 신광철은 의문을 제기하였는데 서양의 사례이지만 칸타브리아 기병을 예로 들면서 투창 공격은 경기병이 하였으며 중장기병에 이를 적용하기 쉽지 않다고 보았다(신광철 2018: 41). 필자도 창을 던지는 전술에 초점을 맞춘다면 무거운 방어구를 입고 움직이는 말 위에 정확한 타격이 가능할지 의문이 생기며 전마구를 제작하여 입힌 목적이 애초에 적진에 돌진하는 충격전술을 위한 것이라면 굳이 이런 전술을 구사하였을지 재검토해 볼 필요가 있다고 생각한다.

우선 전술은 상대하는 적의 전력이나 전술을 고려하며 사용하여야 할 것이다. 가야의 경우 위와 같은 목적으로 중장기병을 운용하는 전술이 가지고 있는 이점은 무엇인가를 본다면 적합한 방법이라 보기 어렵다. 최근에는 가야의 중장기병 출현으로 보병중심의 전투에서 기병중심의 전투로 변화를 상정하고 기마무사의 모습을 복원하려는 시도가 있었다(김도영 2016: 401). 이 중 창의 길이를 철창과 통형동기의 배치를 기준으로 장병기로 복원하고 전장에서 위력적인 힘을 발휘한 것으로 보는 견해도 앞의 짧은 투창을 중심으로 창을 던지는 전술을 구사한 것으로 보는 관점과도 배치가 된다.[2)]

기왕의 견해로 보건대 필자는 기마인물형토기에 표현된 중장기병이나 대형분에 부장된 중장기병은 지휘자의 상징적인 역할을 보여주는 것으로 이해한다. 다시 말해 고구려와 같이 여러 기가 밀집된 중장기병전술은 당시 신라와 가야가 운용하였다고 보기 어렵고 필요시마다 기병을 운용하였을 것으로 보는데 그러한 배경은 상대하는 적의 전술과 경제적인 이유 등 여러 가지 사항이 있을 것이다. 이에 대해서는 무기 체계를 포함한 여러 연구를 종합적으로 검토해 볼 필요가 있다고 생각한다.

Ⅳ. 맺음말 – 향후 연구 과제

이제까지 기왕의 고고자료를 중심으로 기마인물형토기에 표현된 모습을 비교 검토하고 가야 중장기병의 실체에 대해서 살펴보고자 하였다. 일부는 결락되어 완전한 복원을 이루기 어렵지만 상세한 표현으로 적지 않은 부분

2) 청동으로 제작된 통형동기를 창의 물미 역할로 복원한 것이지만 실제로 전장에서 사용했을지는 검토가 필요하다. 그 이유로는 통형동기의 내구성이나 내부의 방울이 다른 기능이나 목적으로 제작되었을 가능성도 배제할 수 없기 때문이다.

이 당시 시대상을 반영하고 있음은 틀림없어 보인다. 무엇보다 기마인물형 토기는 당시 가야의 중장기병의 모습을 표현한 것으로 당시 삼국과 치열하게 다투면서 성장하던 가야의 모습을 잘 반영하고 있다.

그러나 몇 가지는 향후 연구 과제로 남겨두고자 한다. 우선 이 기마인물형토기가 표현한 중장기병의 모습은 구체적인 모습을 확인하기에 어려운 점이 있어 당시 가야의 무기체계와 비교하여 얼마나 잘 반영하고 있는지 면밀한 검토가 필요하다. 다음으로 어디서 어떠한 이유로 이 기마인물형토기를 제작하게 되었는지 구명될 필요가 있다. 이러한 점이 밝혀진다면 기마인물형토기가 가야사를 복원하는데 있어서 좀 더 중요한 역할을 할 것으로 기대된다.

참고문헌

1. 논문

김두철, 2000, 「한국 고대 마구의 연구」, 동의대학교대학원 문학박사학위논문.

김도영, 2016, 「가야의 무기」, 『가야고고학개론』, 진인진.

김일규, 2018, 「금관가야고분 출토 외래유물의 성격과 의의」, 『호남고고학보』제60집.

김혁중, 2008, 「영남지방 4~5세기 종장판갑의 지역성 연구」, 경북대학교석사학위논문.

김혁중, 2015, 「중국 중원동북지방 갑주로 본 영남지방 갑주문화의 전개과정과 특징」, 『영남고고학』72호.

김혁중·최지은, 2017, 「황남동 109호 3·4곽 출토품 연구(1)」, 『신라문물연구』10.

김혁중, 2018, 「신라·가야 갑주의 고고학적 연구」, 경북대학교박사학위논문.

김혁중, 2019, 「삼국시대 영남지방 유기질제 혼용 찰갑의 기술계통과 특징」, 『영남고고학』83호.

김성호, 2019, 「삼국시대 마갑 연구」, 부산대학교 석사학위논문.

박선희, 2017, 「고구려 갑옷과 말 갑옷의 종류와 양식적 특징」, 『백산학보』107.

박천수, 2010, 『가야토기 - 가야의 역사와 문화』, 진인진.

류창환, 2010, 「삼국시대 기병과 기병전술」, 『한국고고학보』제76집.

이성훈, 2015, 「삼국시대 한반도 출토 방패와 무기류의 변화」, 『한국고고학보』제97집.

우순희, 2010, 「동북아시아 출토 마갑 검토」, 『부산대학교 고고학과 창설20주년 기념논문집』.

신광철, 2018, 「국보 제275호 도기 기마인물형 각배와 기병전술」, 『신라문물연구』11.

송영대, 2018, 「고구려 남정 이후 신라·가야의 전술 변화 고찰」, 『한국고대사탐구』30.

장경숙, 2009, 「말갑옷(마갑) 연구 시론」, 『학예지』16, 육군사관학교 육군박물관.

정동민, 2008, 「고구려 중장기병의 특징과 운용형태의 변화」, 『한국고대사연구』52.

황수진, 2011, 「삼국시대 영남 출토 찰갑의 연구」, 『한국고고학보』제78집.

2. 도록

국립경주박물관, 1987, 『국은이양선수집문화재』.

국립김해박물관, 2015, 『갑주, 전사의 상징』.

「기마인물형토기와 중장기병의 실체」에 대한 토론문

이주헌 (국립문화재연구소)

김혁중의 발표문인 「기마인물형토기와 중장기병의 실체」에서는 가야토기로 인정되는 기마인물형토기에 표현된 갑주를 세부적으로 분석함과 동시에 가야 중장기병의 존재양상에 대하여 검토하였다. 그는 기마인물형토기에 표현된 무구 가운데 기사가 착용한 투구는 지금까지의 고고자료에서는 찾을 수 없지만, 그나마 유사한 것을 든다면 위세품적 성격이 강한 관모형종장판주일 것으로 보았다. 또 기사의 갑옷은 경갑이라는 부속갑이 분명하고 상갑이 가미된 구조인 것으로 보아 찰갑으로 파악하였다. 말에 표현된 전마구인 마주는 표현되지 않았지만 말의 몸체에 신갑과 경·흉갑이 명확하게 표현된 것으로 보아 옥전형마갑이 착용된 것으로 분석하였다.

한편, 기승자의 발에는 등자가 잘 표현되어 있어 안정감을 주지만, 기사의 왼손에는 대형의 장방형 방패가 들여 있고 오른손에는 창을 들고 있으므로 손으로 말을 제어하기 어려운 상태이므로 이 토기에 표현된 중장기병의 도상은 이해하기 어려운 모습이므로 표현에 과장된 것이 있음을 인정하였다. 그리고 갑옷의 후동부에 표현된 부분은 별도의 무기를 표현한 것이며 아마도 화살대나 검과 같은 다른 무기일 가능성도 제시하였다.

나아가, 발표자는 가야의 고고자료 가운데에는 갑주가 출토된 고분에서 마구가 공반하는 경우가 다수 있으므로 당시에 다양한 모습의 기병이 운영되었음을 간접적으로 알 수 있지만, 신라와 가야지역에서 중장기병의 실존은 부정하였다. 특히 가야에서는 고구려와 같은 밀집된 형태의 중장기병전술은 실질적으로 운영되지 못하였으며, 적의 전술이나 경제적인 이유에 의해 필요시마다 기병을 운영한 것으로 이해하고 있다.

발표문은 무구와 무기가 표현된 기마인물형토기의 세부적인 모습에 대하여 유적에서 출토된 고고자료를 상호 비교하면서 해당유물의 실제적인 모습과 가야 중장기병의 성격에 한발 더 가깝게 접근하고자 하였다. 하지만, 발표자도 지적하였듯이 ① 무사가 착용한 투구는 5세기 후반 이후 대가야지역에서 확인된 관모형종장판주와 유사한 형태인 점 ② 왼손에 큰 방패를 쥐고 있는 모습은 고구려 고분벽화나 고대의 도용자료에서는 모두 보병이 사용하는 점 ③ 무사의 오른손에 들린 기물은 무사의 동작으로 보아 투창(鋋)이라는 것으로 지금까지 삼국시대의 유적에서는 출토된 사례가 거의 없는 점 ④ 마갑의 경·흉갑은 말의 목 상단부를 보호하지 않고 있어 사실상 흉갑에 가까우며, 이처럼 경·흉갑의 길이가 짧은 것은 5세기 4/4분기에 해당하는 옥전20호와 M1호에서만 확인되고 있는 점 등은 좀 더 신중하게 검토해 보아야 할 의문점이다.

상기의 의문점들은 5세기 전반대 '전김해 출토 기마인물형토기'의 제작지로 알려진 낙동강 하구지역이나 함안지역에서는 좀처럼 찾아 볼 수 없는 사항이므로, 향후 유물의 진정성에 문제를 제기할 수도 있을만하다. 이에 대한 발표자의 견해는 어떠한가?

「기마인물형토기와 가야 중장기병의 실체」에 대한 토론문

이상율 (부경대박물관)

1. 전傳김해 덕산의 기마인물형토기가 가야제이며 기사가 관모형종장판주와 찰갑으로 무장하고 말머리의 표현이 마주가 아니라 재갈 등을 장착하기 위한 끈(굴레, 면계)으로 본 발표자의 견해에 동감한다. 마갑은 흉갑에 비해 신갑과 고갑의 구분이 분명치 않으나 경갑을 제외한 전형을 갖춘 것이다. 말목에 표현된 삼각문은 장식일 가능성이 크지만, 마갑을 장착하기 위한 혁끈으로 이해할 수도 있다.

이 기마인물형토기에서 부분적으로 과장된 표현은 있지만, 통상적으로 여러 기마인물형토기의 묘사에 정교한 예가 많은 점에서 양손에 창과 방패를 든 기사의 모습까지 과장된 것으로 볼 필요가 있을까. 전마구와 공반되는 방패 실물이 거의 없지만, 유기재질에 따라 미확인될 가능성은 얼마든지 있다.

2. 가야가 고구려남정을 계기로 중장기병이 성립되었다는 것은 90년대의 설說이다. 토론자는 오래 전부터 금관가야가 4세기대에 이미 전마구를 위시한 마구일식을 갖추었음을 밝힌 바 있다. 그러나 고구려 남정이 남부지방 마구의 변화나 기마전술에 끼친 영향은 결코 무시할 수 없다. 중장기병을 통한 기마전술은 주어진 환경과 적진의 전투형태, 갑주와 무기의 발달과 밀접한 연관이 있다. 발표자가 생각하는 가야 (중장)기병의 편제와 전술 형태는 어떠하였는가.

4~5세기 가야의 마구와 무기

장 윤 정*

目 次

Ⅰ. 머리말

이제까지 마구에 대한 접근은 가야, 신라, 백제, 고구려 등에서의 분포와 편년, 제작방법 그리고 주변지역 즉, 중국의 동북지역과 일본열도에 대한 각각의 교류에 많은 비중을 차지하고 있다. 이번에 부여된 주제 가운데 키워드인 마구와 무기에 대한 접근방식도 크게 2가지로 나눌 수 있는데 하나는 마구를 기본적으로 하고 무기적 요소를 부가하는 것이며 또 다

* 경남대학교

른 하나는 무기가 주축을 이루는 가운데 마구를 언급하는 것이다. 여기서는 전자前者에 해당하는 마구에 중점을 두고 공반하는 무기에 대해 살펴보고자 한다. 이러한 연구 입장은 문헌에 기술된 내용과 고구려의 고분벽화에 표현된 기마 혹은 기병에 주목하여 유형을 분류하고 이것을 실제 고분에서 출토된 마구와 무기에 적용시켜 삼국시대의 무장武裝, 기병騎兵, 전쟁 등을 복원하고 있다. 여기서는 기존의 연구 성과를 바탕으로 마구, 무기 등의 기능을 강조하기보다는 무덤의 부장품 즉, 장례과정 중에 사용되는 하나의 물품으로 생각하여 이들이 무덤에 부장되는 양상의 변천에 주목하고자 한다. 무덤에서 출토된 마구의 종류, 마구 조합상의 변화, 공반된 무기의 종류 및 조합상 변화 등을 통해 당시의 매장의례를 복원하고자 한다. 시간적 범위는 4~5세기를 기준으로 하며 묘제는 목곽묘 → 석곽묘에 따른 변화에 주목하여 마구와 무기의 조합관계가 시간적, 공간적 변화에 어떻게 표현되는지를 살펴봄으로서 가야 내의 장례습속으로 대두되는 이데올로기의 표상을 밝히는데 그 목적이 있다. 공간적으로는 가야라고 규정된 지역 가운데 김해, 부산, 함안, 합천 등의 지역을 중심으로 언급하고자 한다.

Ⅱ. 연구사

기존의 연구 성과를 살펴보면 가야에 집중하고 있는 마구, 무기의 성격을 밝히고자 고구려 고분벽화에 주목하여 가야의 무장武裝, 기병騎兵, 전쟁 등을 복원하고 있다. 먼저 김두철은 고구려 무덤 중 고분벽화의 상태가 양호한 3기와 역사기록을 통하여 기병騎兵의 성격과 실전을 복원하였다. 그 가운데 접근전을 치르는 기병은 창을 이용한 충격전술이기 때문에 피아彼我간에 말과 사람 모두 중무장을 해야 할 필요가 생겼다고 주장하였다. 가야에 있어서 4세기부터 매장출토품으로 뚜렷한 변화를 보이는 마구류와 갑주류의 부장 및 실용적 마구를 이용한 1인 기승 기마술의 변화는 주공격용무기인 철모鐵鉾의 변화와 함께 중장기병술의 수용에 기인하는 것으로 판단하였다(이난영·김두철 1999). 또한 김두철은 김해, 고령, 합천지역 등 가야 분묘 출토 무기·무구 및 마구에 주목하여 5가지 유형 즉 (A) 무구(갑주甲冑)와 마구가 일괄 출토된 고분, (B) 무구나 마구 어느 한쪽이라도 출토된 고분, (C) 무구나 마구는 출토되지 않고 장병長兵인 모鉾가 기본적으로 포함된 고분, (D) 무구, 마구 장병長兵은 출토되지 않고 단병短兵인 검劍이나 도刀가 기본적으로 포함된 고분, (E) 사병射兵인 화살촉만 출토된 고분 등으로 분류하였다. 그리고 이들의 보유유형에 따라 각 유적단위를 최상급유적, 상급유적, 중급유적, 하급유적 등 4개의 등급으로 계층화하고 이러한 변화는 삼한 후기부터 이루어졌다고 추정하였다. 또한 가야에서 전사戰士들은 직업군인과 같은 전업직專業職이 아닌 비상시에 대비하는 상비군이며 이러한 성격의 상비군은 최상급유적, 적어도 상급유적의 존재를 전제로 성립하였다고 주장하였다(김두철 2003).

한편 류창환 역시 고구려 고분벽화에 주목하여 고구려의 기병을 장창長槍 무장형武裝型, 장창長槍·갑주甲冑 무장형武裝型, 개마무사형鎧馬武士型 등으로 구분하고 이를 바탕으로 4세기부터 6세기대의 가야 고분 출토 마구와 무기·무구의 공반관계에 주목하여 5가지 유형으로 나누었다. 즉 1) A형型은 재갈, 안장, 등자로 구성되는 기본마구 일부 또는 일식一式과 대도大刀, 철모, 철촉으로 구성되는 기본무기 일부 또는 일식一式이 공반된다. 2) B형型은 A형型에 갑주甲冑 일부 또는 일식一式이 공반된다. 3) C형型은 기본마구, 기본무기, 갑주에 갑마구甲馬具인 마주馬冑 또는 마갑馬甲이 일부

(C1형型)또는 일식一式(C2형型)이 공반된다. 4) D형型은 기본마구, 기본무기, 갑주, 장식용마구가 공반되며 장식용마구의 재질과 갑마구甲馬具의 공반에 따라 세분하였다. 5) E형型은 마구만 단독으로 부장된다. 그 결과 가야 고분의 각 유형을 고구려와 비교하여 A형型은 장창長槍 무장형武裝型, B형型은 장창長槍·갑주甲冑 무장형武裝型, C형型은 개마무사형鎧馬武士型 등과 관련지어 이들을 실용적 또는 전투적 성격의 기마·기병으로 규정하였다. 또한 D형型은 무장적 성격보다 의장적 성격이 강한 비전투적인 기마·기병으로, E형型은 왕족 또는 근시 및 상위계층에 속하는 여성이거나 남성 문관으로 추정하였다(류창환 2007).

이상과 같이 마구를 중심으로 무기, 무구의 공반관계에 주목한 연구들을 살펴보았다. 마구와 말, 무기와 무구에 연계하여 기병騎兵, 전쟁, 전술戰術 등 군사적인 관점으로 접근하고 있음을 알 수 있다. 여기서는 마구를 비롯한 무기로 대표되는 철기가 무덤에서 대다수 출토되고 있는 점에 착안하여 무덤 부장품副葬品으로서 사용되고 있는 마구와 무기의 조합관계에 주목하고자 한다. 이를 통해 가야라는 커다란 정치체에 포함된 각 지역간의 특성을 파악함으로서 가야의 장례습속을 복원하는데 그 목적이 있다.

Ⅲ. 각 지역별 마구와 무기의 공반관계[1)]

먼저 가야로 표현되는 지역 중 김해, 부산, 함안, 합천 등의 지역을 중심으로 마구, 무기, 무구 등의 출토현황을 파악하고자 한다. 이 때 각 지역에

1) 기존에 발간된 보고서를 중심으로 조사하였다.

서 대표되는 유적을 활용하고자 한다.

1) 김해지역

김해지역에서는 대성동유적을 중심으로 살펴보고자 한다. 대성동유적의 목곽묘는 총 67기가 조사되었다.[2] 철기가 알려진 유구는 총 51기이고 전체의 약 76.1%를 차지하여 매우 높은 비율을 나타낸다. 마구가 확인된 유구는 총 16기로 전체 유구 중에서는 23.8%이고 철기가 출토된 유구 중에서는 31.4%를 차지하고 있다. 철기의 종류는 다양해지고 수적으로도 증가하였다. 마구는 마갑과 마주를 비롯하여 안장, 등자, 재갈, 행엽, 운주 등이 출토되었다.

석곽묘는 총 37기가 확인되었다.[3] 그 가운데 철기가 출토된 유구는 28기로 75.7%에 이른다. 마구가 조사된 유구는 총 5기로 전체 유구 중에서는 13.5%이고 철기가 출토된 유구 중에서는 17.9%를 차지하고 있다.

2) 부산지역

부산지역에서는 복천동유적을 중심으로 살펴보고자 한다. 복천동유적의 목곽묘는[4] 총 101기가 조사되었다.[5] 철기가 알려진 유구는 총 69기이며

2) 경성대학교박물관, 2000a(44기), 경성대학교박물관, 2003(15기, 구지로 2기는 제외된 수치), 대성동고분박물관, 2011(3기), 대성동고분박물관, 2015(1기), 대성동고분박물관, 2015(2기), 대성동고분박물관, 2016(2기) 등이 확인되었다.

3) 경성대학교박물관 2000a에서는 수혈식석실묘로 표현되어 있으며 28기가 알려져 있다. 경성대학교박물관 2003(3기), 대성동고분박물관 2011(1기), 대성동고분박물관 2015(5기) 등이 확인되었다.

4) 주부곽의 구조에서 주곽은 석곽이고 부곽이 목곽일 경우 주곽의 묘제인 석곽묘로 수치화하였다.

5) 부산대학교박물관 1990(영남고고학회, 9기), 부산대학교박물관 1996(16기), 부산대학교박물관 2001(1기), 부산대학교박물관·부산광역시 2012(1기), 부산대학교박물관·부산광역시 2013(3기), 부산대학교박물관·부산광역시 2014(1기), 부산대학교박물관·부산광역시 2015(6기), 부산직할시립박물관 1993(1기), 부산광역시립박물관 1997(31기), 부

전체적으로 68.3%의 높은 비율을 나타낸다. 마구가 확인된 유구는 총 18기로 전체 유구 중에서는 17.8%이고 철기가 출토된 유구 중에서는 26.1%를 차지하고 있다. 철기의 종류는 철촉, 철도자, 철모, 철부, 갑주 등 다양하다. 마구는 마갑과 마주를 비롯하여 안장, 등자, 재갈, 행엽, 운주 등이 출토되었다.

석곽묘는 총 56기가 확인되었으며[6] 그 가운데 철기가 출토된 유구는 42기로 75%에 이른다. 마구가 확인된 유구는 총 21기로 전체 유구 중에서는 37.5%이고 철기가 출토된 유구 중에서는 50%를 차지하고 있다.

3) 함안지역

함안지역에서는 도항리유적과 말산리유적을 중심으로 살펴보고자 한다. 두 유적에서 보고된 목곽묘는 총 86기가 조사되었다.[7] 철기가 알려진 유구는 총 50기이며 전체 유구의 58.1%로 약간 높은 편에 속한다. 마구가 확인된 유구는 총 7기이고 전체 유구 중에서는 8.14%정도로 낮은 편이다. 또한 철기가 출토된 유구 중에서는 14%이다. 마구는 마주馬冑, 마갑馬甲의 출토예가 있으나 1예에 지나지 않으며 등자, 재갈 등이 대부분이다.

산광역시립박물관·복천분관 1998(1기), 부산광역시립박물관·복천분관 1999(10기), 부산광역시립박물관·복천분관 2001(2기), 복천박물관 2004(4기), 복천박물관 2008(5기), 복천박물관 2010(7기), 복천박물관 2015(3기) 등 총 92기가 확인되었다.

6) 동아대학교박물관 1971(1기), 동아대학교박물관 1984(6기), 부산대학교박물관 1983(1기), 부산대학교박물관 1990(1기), 부산대학교박물관 1990(영남고고학회, 2기), 부산대학교박물관 1996(3기), 부산대학교박물관 2001(2기), 부산대학교박물관·부산광역시 2014(2기), 부산대학교박물관·부산광역시 2015(3기), 부산대학교박물관·부산광역시 2016(5기), 부산대학교박물관·부산광역시 2017(5기), 부산광역시립박물관 1997(18기), 부산광역시립박물관·복천분관 1998(1기), 복천박물관 2004(1기), 복천박물관 2008(1기), 복천박물관 2015(4기) 등으로 총 54기이다.

7) 국립창원문화재연구소, 1997(19기), 국립창원문화재연구소, 1999(8기), 국립창원문화재연구소, 2000(2기), 국립창원문화재연구소·함안군, 2002(1기), 경남고고학연구소·함안군, 2000(39기), 경상문화재연구원, 2011(17기) 등 총 86기가 확인되었다.

석곽묘는 총 45기가 확인되었다.[8] 그 가운데 철기가 출토된 유구는 39기이며 전체 유구의 86.7%를 차지하여 매우 높은 편이다. 마구가 확인된 유구는 총 18기로 전체 유구 중에서는 40%의 비율을 나타내며 철기가 출토된 유구 중에서는 46.2%를 차지하고 있다. 마구는 안교, 등자, 재갈, 행엽, 운주 등을 갖추고 있는 유례가 주류를 이룬다.

4) 합천지역

합천지역에서는 옥전유적을 중심으로 살펴보고자 한다. 옥전유적의 목곽묘는 총 71기가 조사되었는데[9] 철기가 알려진 유구는 총 41기이다. 전체 유구 중 57.8%로 절반에서 약간 높은 편이다. 마구가 확인된 유구는 총 18기로 전체 유구 중에서는 25.4%이고 철기가 출토된 유구 중에서는 43.9%를 차지하고 있다. 마구는 마주馬冑, 마갑馬甲를 비롯하여 안장, 등자, 재갈, 행엽, 운주 등이 출토되었다.

석곽묘는 총 39기가 확인되었다.[10] 그 가운데 철기가 출토된 유구는 26기이며 전체 유구 중 66.7%에 해당된다. 마구가 확인된 유구는 총 11기로 전체 유구 중에서는 28.2%의 비율을 나타내며 철기가 출토된 유구 중에서는 42.3%정도이다.

---

8) 국립창원문화재연구소, 1996(1기), 국립창원문화재연구소, 1997(1기), 국립창원문화재연구소, 1999(4기), 국립창원문화재연구소, 2000(3기), 국립창원문화재연구소, 2001(2기), 국립창원문화재연구소, 2004(2기), 국립창원문화재연구소·함안군, 2002(2기), 경남고고학연구소·함안군, 2000(6기), 경남발전연구원 역사문화센터, 2004(1기), 동아세아문화재연구원, 2008(4기), 경상문화재연구원, 2011(19기) 등 총 45기가 확인되었다.

9) 경상대학교박물관·경상남도, 1988(53기), 경상대학교박물관, 1992(3기), 경상대학교박물관, 1995(2기), 경상대학교박물관, 1997(2기), 경상대학교박물관, 1998(3기), 경상대학교박물관, 1999(3기), 경상대학교박물관, 2000(2기), 경상대학교박물관, 2003(3기) 등 총 71기이다.

10) 경상대학교박물관·경상남도, 1988(1기), 경상대학교박물관, 1990(1기), 경상대학교박물관, 1992(9기), 경상대학교박물관, 1993(8기), 경상대학교박물관, 1995(6기), 경상대학교박물관, 2000(4기), 경상대학교박물관, 2003(10기) 등 총 39이다.

이상과 같이 4지역을 살펴 본 결과 목관묘에서 수치적으로 비교 가능한 지역은 김해와 함안지역이다. 철기가 출토된 유구는 후자後者가 비율이 높다. 그리고 두 지역 모두 이 단계에서 마구의 부장은 확인되고 있지 않다. 목곽묘는 김해, 부산, 함안, 합천 등 4지역에서 조사되었으며 철기가 출토된 유구가 차지하는 비율이 가장 높은 곳은 김해지역이다. 또한 철기 출토 유구 중 마구가 확인된 비율이 가장 높은 곳은 합천지역이다. 마지막으로 석곽묘 역시 김해, 부산, 함안, 합천 등 4지역 모두에서 확인되었으며 철기가 출토된 유구가 차지하는 비율이 가장 높은 곳은 함안지역이다. 또한 철기 출토 유구 중 마구가 확인된 비율이 가장 높은 곳은 부산지역이다.

Ⅳ. 각 지역별 시기적인 변천과 전개

지금까지 김해, 부산, 함안, 합천 등 4지역의 마구, 무기 등 무덤에서 출토된 철기의 현황을 파악하였다. 이를 바탕으로 각 지역별 시기적인 변천에 따른 변화상을 살펴보고자 한다. 이때 시간적 기준은 보고자의 편년에 근거한다.[11)]

한편, 무기武器로 규정하는 유물은 먼저 근거리近距離무기와 원거리遠距離무기로 나누고 전자에는 모鉾(모矛, 피鈹, 창槍), 검劍, 도刀를, 후자에는 궁시弓矢를 포함시키고 있다. 그리고 근거리近距離무기를 다시 검劍과 도刀는 단병短兵으로, 모鉾는 장병長兵으로 세분하며 갑주甲冑는 무구武具로 분류하였다(김두철 2003). 또한 4~5세기 무기를 공격용무기와 방어용무기로 구분

11) 편년작성에 있어서 각 지역별 유적간 상호 선후관계에 대해서도 많은 의견을 제시할 수 있으나 여기서는 보고자의 시기적인 기준을 그대로 수치화한 것을 인용하고자 한다.

하고 전자에는 도검刀劍(환두대도, 목병도, 검, 곡도曲刀), 철모, 창, 철촉 등이며 후자에는 투구, 종장판갑, 찰갑 등을 포함시키기도 한다(이현주 2010). 여기서는 선학들의 연구성과를 바탕으로 하여 모鉾(모矛, 피鈹, 창槍), 검劍, 도刀, 철촉 등을 무기로 규정하고자 한다. 참고로 농구農具를 대상할 때 낫, 주조괭이(주조철부), U자형삽날, 살포, 따비, 쇠스랑, 쟁기날 등을 언급하고 있다(천말선 1994). 다음은 각 지역별 묘제의 시간적 변천에 따른 마구, 무기, 갑주 등의 조합관계에 주목하여 서술하고자 한다.

1) 김해지역

김해 대성동유적의 목곽묘는 조사된 철기 출토 유구 52기 가운데 시기가 명확한 유구를 중심으로 마구와 무기의 출토현황을 살펴보면 다음과 같다.(표1)

표1을 참고하면 2세기 후반부터 3세기 말에 걸쳐 마구와 무기의 조합관계는 철촉이 한 유구에서 확인되는 수량도 급증하며[12] 출토 수도 많아 주류를 이룬다. 철검, 도자刀子가 그 뒤를 잇고 철모, 대도大刀가 일부 확인된다. 이 시기 목관묘에서 보이는 철촉, 철검, 도자가 주류를 이루는 것과 유사하나 철모의 유례가 적은 것이 차이점이라고 할 수 있다.

4세기 2사분기·3사분기에는 철촉,[13] 철모, 도자刀子[14]가 조합을 이루며 한 유구에서도 다량으로 출토되는 경향을 보이고 있다. 이 시기 마구와 갑주가 등장한다. 먼저 마구가 처음 확인되는 91호분의 경우 원삼국시대와는 형태가 다른 표비 4점, 패제운주를 비롯한 삼계三繫를 장식하는 운주, 동령銅鈴·금동령金銅鈴 등 다양한 요소가 출토되었다. 이 시기 마구와 갑주

12) 29호분의 경우, 304점이 보고되어 있다(경성대학교박물관 2000b).

13) 70호분 주곽에서는 429점, 부곽에서 31점이 보고되어 있으며 1호분에서는 111점이 출토되었다.

14) 91호분에서는 도자가 22점 출토되었다(대성동고분박물관 2015).

표 1. 김해 대성동 목곽묘 출토 마구와 무기의 공반관계

시기	유구 /철기	철촉	철모 (창)	철검	鐵刀	도자	大刀	甲冑	馬具	
2세기 후반	45호	○	○	○			○			
3세기 말	52호	○		○						鐵鉈
	55호	○								
	59호	○				○				
	29호	○		○		○	○			鐵鉈
4세기2/4분기	13호(主)	○	○		○	○				파형동기, 석제품
	18호	○	○			○	○	○		통형동기, 석제품
	91호		○			○	○		○	鐵鉈, 통형동기
	95호	○		○		○		○		
4세기3/4분기	88호	○	○				○	○		동촉, 석촉, 弓金具, 파형동기, 통형동기, 석제품
	70호(主)	○	○	○	○	○		○	○	통형동기
	70호(副)	○	○					○		
	2호	○	○	○			○	○	○	골촉, 석촉, 물미, 파형동기, 통형동기
	23호	○	○			○	○	○		
	68호	○	○			○		○	○	
	47호(主)				○	○		○	○	
4세기4/4분기	3호(主)		○	○		○	○	○	○	
	3호(副)							○		
	57호		○					○	○	
5세기1/4분기	1호(主)	○	○			○			○	통형동기
	1호(副)							○		
	8호		○						○	
5세기2/4분기	93호(主)	○	○	○		○		○	○	

의 공반관계를 보면 2가지의 흐름이 파악된다. 즉, 갑주와 마구가 따로 부장되는 경우와 갑주와 마구가 함께 부장되는 경우이다. 전자前者는 18호분, 95호분, 23호분 등이며 후자後者는 70호분, 2호분, 68호분, 47호분 주

곽, 3호분 주곽, 39호분, 57호분 등이 속한다. 수적으로는 마구와 갑주가 함께 출토되는 것이 우세하며 주부곽식에서는 주곽 부장이 눈에 띈다. 이러한 흐름으로 4세기 4사분기까지 이어지며 5세기대가 되면 갑주의 부장이 전단계前段階에 비해 감소한다. 덧붙여서 마주馬冑, 마갑馬甲는 1호분, 11호분, 93호분 등 5세기대 유구에서 알려져 있다.

다음은 수혈식석곽묘이다. 조사된 철기 출토 유구는 28기이며 철도자(20기), 철촉(13기), 철부(8기), 철겸(7기), 철모(5기) 등의 순으로 점유율을 나타내고 있다. 그 가운데 시기가 명확한 유구를 중심으로 마구와 무기의 출토 현황을 살펴보면 다음과 같다.(표2)

표 2. 김해 대성동 석곽묘 출토 마구와 무기의 공반관계

시기	유구 철기	철촉	철모 (창)	철검	鐵刀	도자	大刀	甲冑	馬具	
4세기4/4분기	42호	○	○			○			○	
5세기 전반	6호					○				
	16호	○				○				
	Ⅰ-7호	○				○				
5세기4/4분기	85호	○	○			○			○	
	90호	○				○		○	○	
6세기1/4분기	87호		○			○			○	물미
	89호								○	

대성동유적에서 수혈식석곽묘는 4세기 후반부터 알려져 있다. 무기는 철촉, 도자刀子의 조합이 확연하다. 갑주는 목곽묘와 달리 매우 희소하여 1예에 지나지 않으며 철검, 철도鐵刀는 확인되지 않는다. 마구는 안장, 재갈, 등자, 행엽, 운주 등을 갖추고 있으며 42호분의 X자형 경판비를 제외하고는 표비가 대부분이다. 마주馬冑, 마갑馬甲은 알려져 있지 않다.

2) 부산지역

부산지역은 복천동유적을 중심으로 살펴보고자 한다. 복천동유적에서 철기가 출토된 목곽묘 68기 중 시기가 명확한 유구를 중심으로 마구와 무기의 출토현황을 살펴보면 다음과 같다.(표3)

4세기 전엽부터 무기는 철촉, 철모, 도자刀子가 주류를 이루며 38호분 주곽에서는 철촉 384점, 철모 17점 등 다량으로 출토되었다. 이들 조합에 철검, 철도鐵刀, 대도大刀가 일부 확인된다. 이 시기부터 마구와 갑주가 출토되는데 부장위치를 보면 주곽과 부곽 모두, 주곽 혹은 부곽 등에서 출토되어 다양한 부장 패턴을 보인다.[15] 마구의 경우 38호분과 71호분은 주곽에서, 42호분과 43호분은 부곽에서 확인되었다. 이러한 현상은 5세기대까지 연결되고 있다. 마구의 종류는 재갈이 대부분이며 표비, 환판비, 판비 등 다양한 형태가 확인되고 있다. 등자, 안장은 일부에서 알려져 있다. 한편, 그러나 마구와 갑주가 함께 출토되는 경향을 살펴보면 주곽에서는 38호분·71호분, 부곽에서는 54호분·35호분 등에서 확인되고 있다. 또한 갑주는 주곽에서 마구는 부곽에서 출토되는 경우는 42호분, 43호분, 학소대 1구2호·3호 등이 있다. 규칙성을 확언하기는 어려우나 시기적으로 이른 것은 갑주와 마구가 주곽에서 부장되다가 점차 마구는 부곽으로 이동하고 있음을 알 수 있다. 덧붙여서 마주馬冑, 마갑馬甲는 34호분, 35호분(부副), 학소대 1구2호(부副) 등 5세기대 유구에서 알려져 있다.

다음은 수혈식석곽묘이다. 조사된 철기 출토 유구는 42기이며 철도자(26기), 철부(25기), 철촉(23기), 철모(21기), 철정(17기), 철겸(15기) 등의 순으로 점유율을 나타내고 있다. 그 가운데 시기가 명확한 유구를 중심으로 마구

15) 이 시기에 해당되는 60호분 주곽에서 재갈과 등자가 알려져 있으나 봉토에서 수습된 것으로 확인되었다. 또한 69호분에서 출토된 재갈은 주곽과 부곽 중 어디에서 출토되었는지 알 수가 없다(부산대학교박물관 1996).

표 3. 부산 복천동 목곽묘 출토 마구와 무기의 공반관계

시기	유구/철기	철촉	철모(창)	철검	鐵刀	도자	大刀	甲冑	馬具	
3세기 후반~	84호	○				○				
4세기 전엽	56호(主)	○	○	○				○		철정
	56호(副)						○	○		
	38호(主)	○	○	○	○	○		○	○	유자이기, 통형동기
	38호(副)									청동제검파
	73호(主)		○			○				물미
	73호(副)	○						○		
4세기 중·후엽	71호(主)	○	○			○	○	○	○	철정, 유자이기, 통형동기
	71호(副)	○						○		
	57호(主)	○	○			○		○		유자이기
	42호(主)	○						○		통형동기
	42호(副)								○	
	43호(主)	○	○			○		○		
	43호(副)								○	
	44호	○	○			○		○		유자이기
	46호(主)	○	○				○			철정, 유자이기
	46호(副)						○	○		
4세기 말	48호(主)	○	○			○				
	48호(副)					○			○	
	54호(主)					○				
	54호(副)	○				○		○	○	철정
	95호(主)	○	○			○				물미
	95호(副)								○	
	70호					○				유자이기
5세기1/4분기	32호(主)	○				○				철정
	31호(副)					○			○	
	36호(主)	○						○		
	35호(副)		○					○	○	
	26호(主)	○	○			○				방패금구
	25호(副)								○	
	34호	○	○					○	○	
5세기2/4분기	16호	○	○			○		○	○	철정
	학소대 1구3호(主)	○	○	○		○	○	○		물미, 철정
	학소대 1구2호(副)	○				○			○	

표 4. 부산 복천동 석곽묘 출토 마구와 무기의 공반관계

시기	유구/철기	철촉	철모(창)	철검	鐵刀	도자	大刀	甲冑	馬具	
5세기 전반	93호(石)	○				○				
	93호(木)							○	○	
5세기2/4분기	22호(石)	○	○			○	○	○	○	유자이기, 물미, 철정
	21호(木)	○	○			○		○	○	
	9호(石)		○			○			○	물미, 철정, 弓金具
	8호(木)						○			
	53호(主)		○	○		○	○			철정
	53호(副)		○		○	○			○	유자이기
	11호(石)	○	○	○		○	○	○		유자이기, 철정
	10호(木)					○		○	○	
5세기3/4분기	15호	○	○	○		○		○	○	철정
~4/4분기	7호	○	○	○		○		○	○	물미, 철정
5세기4/4분기	23호	○	○			○	○		○	
	4호	○	○	○		○	○	○	○	유자이기, 철정
5세기 말	6호					○				유자이기, 철정

와 무기의 출토현황을 살펴보면 다음과 같다.(표4)

수혈식석곽묘는 5세기 전반부터 알려져 있으며 주부곽식 구조에서 주곽은 석곽묘이고 부곽은 목곽묘인 유례가 두드러진다. 무기의 조합은 철촉, 철모, 도자刀子가 주류를 이루고 철검, 대도大刀도 많은 수를 차지하고 있다. 이 시기부터 갑주와 마구도 주부곽식 구조, 단독묘에 부장되고 있다. 마구의 구성은 안장, 재갈, 등자, 행엽, 운주 등을 갖춘 유례가 목곽묘에 비해 증가하였다. 또한 재갈, 행엽 등의 형태, 재질이 다양하다. 마주馬冑, 마갑馬甲는 10호분(부副) 1예로 희소한 편이다. 부장위치는 주부곽 모두, 주곽 혹은 부곽 등이나 목곽묘에서 보이는 4세기 중·후엽의 42호분과 43호분 단계부터 확인되는 부곽 부장이 우세한 편이다. 이에 반해 갑주는 주곽과 부곽 모두 부곽에서 출토되고 있어 목곽묘에서 알려진 주곽 부장은 확인되고 있지 않다.

3) 함안지역

함안 도항리·말산리유적 중 철기가 출토된 목곽묘는 총 50기 중 시기가 명확한 유구를 중심으로(보고서 외, 김현 2000, 우지남 2000, 류창환 2007) 마구와 무기의 출토현황을 살펴보면 다음과 같다.(표5)

표 5. 함안 도항리·말산리 목곽묘 출토 마구와 무기의 공반관계

시기	유구/철기	철촉	철모(창)	철검	鐵刀	도자	大刀	甲冑	馬具	
4세기1/4분기	문35호	○	○			○				
	경고33호					○				
	경고36호	○				○				
5세기 전반대	경상13호					○				유자이기
	문6호	○				○	○			
	문36호	○	○				○	○	○	철정, 유자이기
	문3호		○				○		○	유자이기
	문10호	○				○			○	철정, 유자이기
	문43호	○	○			○	○	○	○	鐵鐏, 철정, 유자이기
	문48호	○	○			○	○	○	○	鐵鐏, 철정, 유자이기
	경고13호	○	○	○		○	○	○	○	鐵鐏, 유자이기
	마갑총	○	○			○	○	○	○	
	경상10호	○				○				

목곽묘는 4세기 초부터 5세기 전반대가 중심으로 이루고 있다. 무기의 경우 유례는 적지만 4세기대에는 철촉, 도자刀子의 조합이 두드러진다. 5세기대가 되면 철모와 대도大刀의 수가 증가하여 철촉, 도자刀子, 철모, 대도大刀의 조합관계이 주류를 이룬다. 이 시기에 마구와 갑주도 등장한다. 마구는 재갈이 중심을 이루며 재갈의 종류는 표비, 환판비, 판비(타원형,

장방형) 등 다양하다. 마주馬冑, 마갑馬甲은 마갑총 1예가 알려져 있다. 또한 마구가 출토된 7기 중 마갑총을 제외한 6기에서 유자이기를 공반하고 있다. 한편, 갑주는 마구와 함께 출토되는 경향이 있다.

다음은 수혈식석곽묘이다. 조사된 철기 출토 유구는 42기이고 철촉(27기), 철도자(26기), 철부(22기), 철겸(22기), 철모(15기) 등의 순으로 점유율을 나타내고 있다. 그 가운데 시기가 명확한 유구를 중심으로 마구와 무기의 출토현황을 살펴보면 다음과 같다.(표6)

표 6. 함안 도항리·말산리 석곽묘 출토 마구와 무기의 공반관계

시기	유구/철기	철촉	철모(창)	철검	鐵刀	도자	大刀	甲冑	馬具	
5세기2/4분기	마갑총1호	○				○			○	鐵鉇, 유자이기
5세기 후반대	문14호	○				○			○	
	문39호	○				○		○	○	유자이기
	문38호	○							○	鐵鐏, 유자이기
	경상18호		○						○	유자이기
	말산리파괴분	○	○			○			○	유자이기
	동아세아6호	○	○			○	○	○	○	유자이기, 물미, 철정
	동아세아6-1호	○				○	○		○	유자이기, 철정
	문54호	○	○			○	○	○	○	鐵鐏, 유자이기, 철정
	(現)15호	○	○			○	○		○	鐵鐏, 유자이기, 철정
	(現)8호	○	○	○		○	○	○	○	鐵鐏, 유자이기, 철정
	(現)5호	○	○			○	○		○	鐵鐏
	말산리451-1		○			○	○		○	유자이기, 물미
6세기 전반대	(現)22호	○	○			○	○	○	○	鐵鐏, 유자이기, 철정
	암각화고분	○			○	○	○	○	○	鐵鐏, 유자이기
	경상10호		○			○	○		○	유자이기, 철정
	경고3호		○			○			○	鐵鐏, 철정

수혈식석곽묘는 5세기 전반대부터 확인되며 무기의 조합관계는 철촉, 도자刀子가 주류를 이룬다. 여기에 유자이기가 공반되는 경우가 눈에 띈다.

5세기 후반, 특히 말산리 파괴분부터는 철모가 동반되며 여기에 철준鐵鐏 혹은 물미가 함께 출토되는 빈도가 높다. 철준鐵鐏 혹은 물미는 철기가 출토된 유구 42기 중 11기가 출토되었고 그 가운데 철모와 함께 공반하는 유구는 8기이다. 또한 이 시기 대도大刀의 출토도 급증하여 무기의 전체적인 조합관계는 철촉, 도자刀子, 철모(철준鐵鐏 혹은 물미), 대도大刀 등으로 구성할 수 있다. 마구는 5세기 전반부터 알려져 있다. 마구의 종류는 목곽묘와 달리, 안장을 비롯한 재갈, 등자, 행엽, 운주를 갖춘 마장馬裝이 주류를 이룬다. 그 가운데 행엽은 심엽형, 편원어미형, 검릉형, 원형 등 다양한 형태가 출토되고 있다. 마주馬冑, 마갑馬甲은 (현)8호, 동아세아 6호 등에서 확인되었다. 마구가 출토된 유구 18기 중 유자이기가 공반되는 것은 14기로 매우 높은 비율을 차지하고 있다. 목곽묘와 유사한 현상이다. 또한 갑주는 5세기 3사분기부터 확인되며 단독으로 출토되기도 하나 마구와 공반하는 경우가 많은 편이다.

4) 합천지역

합천지역은 옥전유적을 중심으로 살펴보고자 한다. 먼저 철기가 출토된 목곽묘 41기 중 시기가 명확한 유구를 중심으로 마구와 무기의 출토현황을 살펴보면 다음과 같다.(표7)

4세기대 목곽묘에서 무기는 철촉이 대부분이고 마구의 부장은 확인되지 않고 있다. 5세기대가 되면 철모, 도자刀子, 대도大刀의 출토 수가 증가하고 철검이 일부 확인된다. 즉, 철촉, 도자刀子, 철모, 대도大刀의 조합관계가 확인되는데 5세기 4사분기가 되면 출토 수가 감소하는 경향을 보인다. 갑주와 마구는 5세기 전반부터 등장하는데 갑주는 마구와 공반하는 경우가 많다. 예를 들면 목곽묘에서 갑주가 출토된 유구는 10기인데 전부 마구와 함께 부장되고 있다. 갑주 역시 5세기 4사분기가 되면 출토 수가 감소하는

표 7. 합천 옥전 목곽묘 출토 마구와 무기의 공반관계

시기	유구 /철기	철촉	철모(창)	철검	鐵刀	도자	大刀	甲冑	馬具	
4세기대	49호	○								鐵鉇, 물미
	52호	○								
	17호	○								
	40호	○				○				
5세기 전반대	23호	○	○	○			○	○	○	물미
	67-A호		○			○	○	○	○	異形유자이기
	67-B호	○	○	○				○	○	
	68호	○					○	○	○	
	8호	○	○			○	○	○	○	異形유자이기
	42호		○				○		○	異形유자이기
5세기3/4분기	31호	○	○			○	○			
	5호	○	○			○	○	○	○	유자이기
	28호	○	○	○		○	○	○	○	
	35호	○	○	○		○	○	○	○	유자이기
	95호	○	○				○		○	異形유자이기
	12호					○			○	
	20호	○	○				○	○	○	유자이기
5세기4/4분기	24호(主)	○	○			○				유자이기
	24호(副)								○	
	7호(主)					○				유자이기
	7호(副)								○	
	13호		○	○		○				
	82호					○			○	
	91호	○	○				○		○	異形유자이기
	70호(主)	○	○				○	○	○	異形유자이기
	72호(主)								○	유자이기

경향을 보인다. 한편, 마구는 안장을 비롯한 재갈, 등자, 행엽, 운주를 갖춘 마장馬裝이 주류를 이룬다. 마갑馬甲, 마주馬冑는 20호분, 23호분, 28호분, 35호분, 91호분 등 5세기대에 집중하고 있다. 마구의 부장위치를 살펴보

면 주부곽식 구조는 5세기 4사분기부터 알려져 있으며 부곽, 주곽 등 규칙성을 찾기 어렵다. 그러나 전단계前段階 목곽묘 내에서 공간 구분이 확인되는 경우, 마구는 주로 피장자의 발치쪽 출토가 많은 편이다. 그리고 마구가 출토된 18기 중 유자이기를 공반하는 것은 12기(67%)로 높은 편이다.

다음은 수혈식석곽묘이다. 조사된 철기 출토 유구는 25기이고 철촉(11기), 철도자(11기),[16] 철모(9기), 철겸(5기), 철부(4기)[17] 등의 순으로 점유율을 나타내고 있다. 앞에서 살펴본 3지역과 달리 철부, 철겸의 출토 수가 적은 것이 눈에 띈다. 여기서는 시기가 명확한 유구를 중심으로 마구와 무기의 출토현황을 살펴보면 다음과 같다.(표8)

표 8. 합천 옥전 석곽묘 출토 마구와 무기의 공반관계

시기	유구 /철기	철촉	철모 (창)	철검	鐵刀	도자	大刀	甲冑	馬具	
5세기3/4분기	M1호(主)	○	○	○			○	○	○	물미, 異形유자이기
	M2호(主)					○			○	異形유자이기
5세기4/4분기	M3호(主)	○	○	○			○	○	○	물미, 異形유자이기
	102호	○								
6세기1/4분기	M4호	○				○	○		○	물미
	M7호(主)	○	○				○	○	○	물미
	76호		○						○	異形유자이기
	75호	○	○			○	○		○	異形유자이기
	85호					○			○	異形유자이기
6세기2/4분기	M6호	○	○			○	○		○	異形유자이기
	86호		○			○	○		○	異形유자이기
	74호	○	○						○	

16) M1호분의 경우, 주곽과 부곽에서는 도자가 알려져 있지 않고 순장곽이라고 명명된 M1-3호분에서 1점 출토되었다.

17) M3호분 주곽에서 철부 136점이 알려져 있다.

수혈식석곽묘는 5세기 후반대부터 확인되며 무기의 조합관계는 철촉,[18] 철모, 도자刀子, 대도大刀 등으로 구성되어 있다. 이 시기 갑주와 마구도 확인되고 있다. 갑주의 부장위치를 보면 주부곽식 구조에서는 주곽에서 주로 확인되고 있다. 목곽묘와 마찬가지로 마구와 전부 공반하고 있다. 마구의 종류는 목곽묘와 마찬가지로 안장을 비롯한 재갈, 등자, 행엽, 운주를 갖춘 마장馬裝이 주류를 이룬다. 그 가운데 행엽은 심엽형, 편원어미형, 검릉형 등 다양한 형태가 출토되고 있다. 마주馬胄, 마갑馬甲은 M1호, M3호 등의 주곽에서 확인되었다. 한편, 유자이기 혹은 이형異形유자이기는 철기가 출토된 유구 중 12기가 알려져 있으며 이 가운데 마구가 출토된 유구 11기 중 9기에서 이형유자이기를 공반하고 있어 매우 높은 비율을 차지하고 있다.

이상과 같이 4지역의 유적별 묘제간의 마구, 무기, 갑주 등의 부장과 조합관계에 대해 살펴보았다. 그 결과 먼저 마구의 부장은 목곽묘단계부터 확인되고 있다. 시기적으로 1)김해지역– 4세기 2사분기, 2)부산지역– 4세기 전엽, 3)함안지역– 5세기 전반대, 4)합천지역– 5세기 전반대 등 대체로 김해와 부산지역은 4세기 전엽 혹은 전반대, 함안과 합천지역은 5세기 전반대로 상정할 수 있다. 그리고 묘제 즉 목곽묘→ 석곽묘에 따른 마구 부장패턴의 변화를 살펴보면 1)김해지역– 단독묘, 주부곽식(주곽 부장 우세)→ 단독묘, 2)부산지역–단독묘, 주부곽식(주부곽 모두, 주곽, 부곽 등 다양하나 부곽 부장 우세)→ 목곽묘와 동일한 양상, 3)함안지역–단독묘→ 단독묘, 4) 합천지역–단독묘, 주부곽식(주곽, 부곽)→단독묘, 주부곽식(주곽 부장 우세) 등이다. 여기에 출토 마구의 종류는 1)김해지역–안장, 등자, 재갈, 행엽, 운주 등의 마장馬裝 요소를 갖춘 것 5세기대부터 확인, 마갑馬甲이나 마주馬胄 ○→ 마장馬裝이 갖추어진 상태, 마갑馬甲이나 마주馬胄 확인×, 2)부산지

18) M3호분에서 400점, M1호분에서 300점 등이 다량의 철촉이 보고되어 있다.

역-재갈이 주류, 마갑馬甲이나 마주馬冑 ○→ 마장馬裝이 갖추어진 상태, 마갑馬甲이나 마주馬冑 확인되나 목곽묘에 비해 희소, 3)함안지역-재갈이 주류, 마갑馬甲이나 마주馬冑 ○→ 마장馬裝이 갖추어진 상태, 마갑馬甲이나 마주馬冑 ○, 4)합천지역-마장馬裝이 갖추어진 상태, 마갑馬甲이나 마주馬冑 ○→ 마장馬裝이 갖추어진 상태, 마갑馬甲이나 마주馬冑 ○ 등으로 설명할 수 있다. 덧붙여서 마구와의 공반관계를 보면 1)김해지역- 마구 출토 유구 중 갑주를 공반하는 비율 68.8%→ 20%, 2)부산지역-61.1%→ 50%, 3)함안지역-57.1%→ 33.3%, 마구 출토 유구 중 유자이기를 공반하는 비율 85.7%→ 77.8%, 4)합천지역-55.9%→ 27.3, %, 마구 출토 유구 중 유자이기를 공반하는 비율 67%→ 81.8% 등을 나타내고 있다. 한편, 무기 조합관계에 있어서 철촉, 도자刀子를 기본으로 하고 1)김해지역- 목곽묘 +철모→ ○, 2)부산지역- - 목곽묘 +철모→ 석곽묘 +철모(일부 철검, 대도大刀), 3)함안지역- 목곽묘 +철모, 대도大刀→ 석곽묘 +철모(철준鐵鐏 혹은 물미), 대도大刀, 4)목곽묘 +철모, 대도大刀→ 석곽묘 +철모, 대도大刀 등이 확인된다.

V. 각 지역별 유적의 분포

먼저 김해 대성동유적은 표1에 언급한 유구를 중심으로 살펴보고자 한다(도1). 철기가 출토된 목곽묘 중 3세기 말에서 4세기 2사분기까지는 각 유구의 입지를 잘 유지하고 있는 듯하나 4세기 3사분기가 되면 47호분의 경우 주곽은 52호분을, 부곽은 46호분을 파괴하고 조성하고 있다. 보고서의 연대관을 빌리면 52호분과 46호분은 모두 3세기 후반에 해당된다. 이들 무덤을 인식하고 있기에는 시간적인 범위가 1세대를 25년으로 간주

한다면 적어도 2세대 이상의 차이를 두고 있다. 또한 5세기 전반대의 8호분과 12호분은 4세기 2사분기에 축조된 13호분 부곽과 주곽을 각각 파괴하고 5세기 2사분기로 추정되는 93호분은 4세기 3사분기의 94호분을 파괴하고 조성되어 있다. 그러나 4세기 3사분기에 조성된 2호분, 그리고 4세기 4사분기에 축조된 3호 주곽과 부곽, 5세기 1사분기로 추정되는 1호분은 시기차를 두고 있지만 유구의 파괴는 이루어지지 않고 있다. 이러한 유구 파괴 현상은 수혈식석곽묘가 설치될 때 더욱 급증하고 있다. 예를 들면 4세기 4사분기의 42호분은 44호 목곽묘, 5세기 전반의 16호분은 15호 목곽묘, 5세기 4사분기의 85호분과 90호분은 91호 목곽묘 등 대부분 기존의 목곽묘를 파괴하고 석곽묘를 조성하고 있다. 이러한 사실을 바탕으로 하면 목곽묘를 조성한 집단이 하나가 아닌 여러 집단, 최소한 2개의 집단이 존재하였을 것으로 추정할 수 있다. 적어도 4세기 3사분기에는 기존의 집단과는 성격이 다른 새로운 축조집단이 목곽묘를 조성하였을 것으로 판단된다. 그리고 수혈식석곽묘 축조집단은 목곽묘 조성집단과 일정기간 공존하다가 5세기 전반대의 어느 시점부터 점차 우위를 점하는 것으로 현상을 설명할 수 있을 것이다.

부산 복천동유적은 목곽묘단계에서 2가지의 패턴이 확인된다(도2). 마구를 주곽에 부장한 것과 부곽에 부장한 것으로 구분할 수 있다. 먼저 전자前者는 4세기 전엽의 38호분에서 확인되고 있으며 후자後者는 4세기 중·후엽의 42호분부터 추정할 수 있다. 2가지 패턴의 현상을 유구분포도에서 살펴보면 먼저 38호분을 중심으로 같은 구릉에 위치한 71호분에서도 마구가 주곽에 부장되고 있다. 나머지 하나인 부곽에 마구를 부장한 42호분, 43호분, 4세기 말의 48호분, 54호분, 95호분 모두 또다른 구릉에 위치하고 있음을 알 수 있다. 이 구릉의 동쪽에 인접한 5세기 1사분기에 해당되는 31호분·32호분, 35호분·36호분, 25호분·26호분 모두 부곽에서 마구가 출토

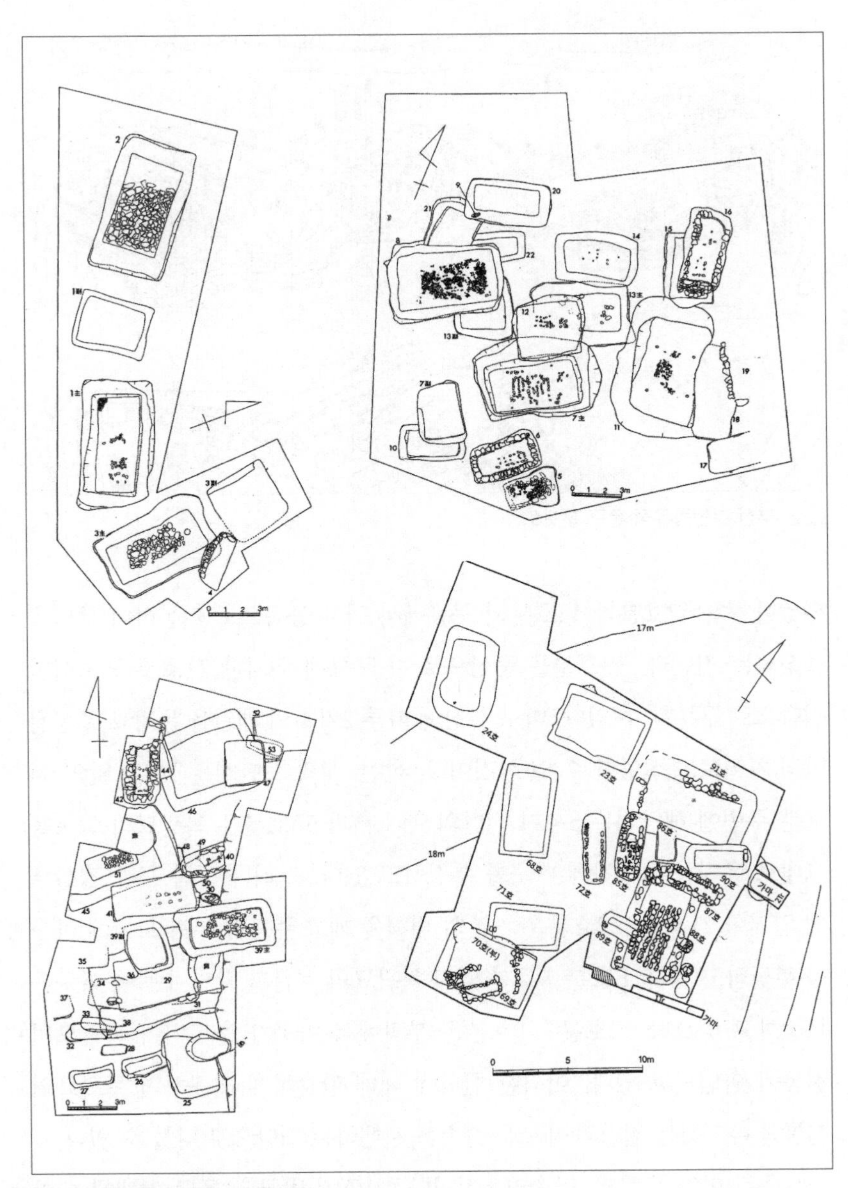

도 1. 김해 대성동 유적 유구 분포

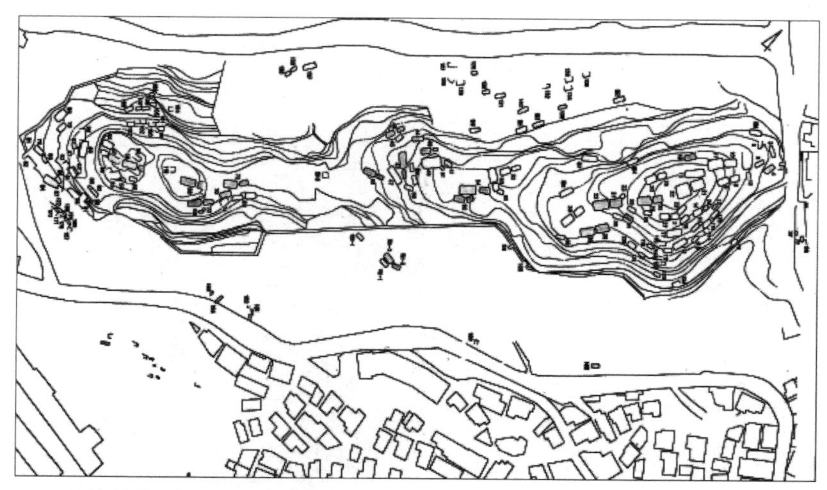

도 2. 부산 복천동유적 유구 분포도

되었다. 즉, 42호분과 43호분의 구릉에서 점차 동쪽으로 이동하며 무덤을 조성하는 집단과, 38호분을 중심으로 한 구릉에 위치한 71호분을 조성한 집단으로 구분할 수 있다. 마구 부장에 따른 2가지의 패턴을 목곽묘 조성집단의 차이로도 설명할 수 있을 것이다. 한편, 석곽묘 단계는 4세기 말의 54호분 주변에 해당되는 5세기 전반의 93호분과 53호분은 목곽묘의 습속을 그대로 유지하여 부곽에 마구를 부장하고 있다. 그러나 동쪽 구릉 정상부에 입지한 21호분·22호분은 기존의 법칙을 깨고 주곽과 부곽 모두에 마구를 부장하고 있다. 8호분·9호분 역시 목곽묘의 흐름과 달리 주곽에 마구를 부장하고 있으나 10호분·11호분은 부곽에서 마구가 출토되어 목곽묘의 전통이 확인되고 있다. 이러한 현상에 대해 단순하게 접근하면 목곽묘의 전통을 유지하는 집단과 새로운 습속을 시행하는 집단으로 나눌 수 있다.

다음은 함안 도항리·말산리유적이다. 기존에 발굴된 유구 전체에 대한 도면 정보가 없어 상황을 이해하기 어렵지만 국립창원문화재연구소가 92년도에 조사한 지역을 보면(도3), 목곽묘 단계에 기존에 조성되어 있던 목관묘나 목곽묘를 파괴하고 축조된 것이 확인된다. 예를 들면 10호분, 27호분, 35호분 등이며 4세기 전반대에서 5세기 전반대로 추정되고 있다. 이러한 무덤 파괴 현상은 수혈식석곽묘가 축조될 때도 확인되는데 5세기 후반대에 해당되는 14호분이다.

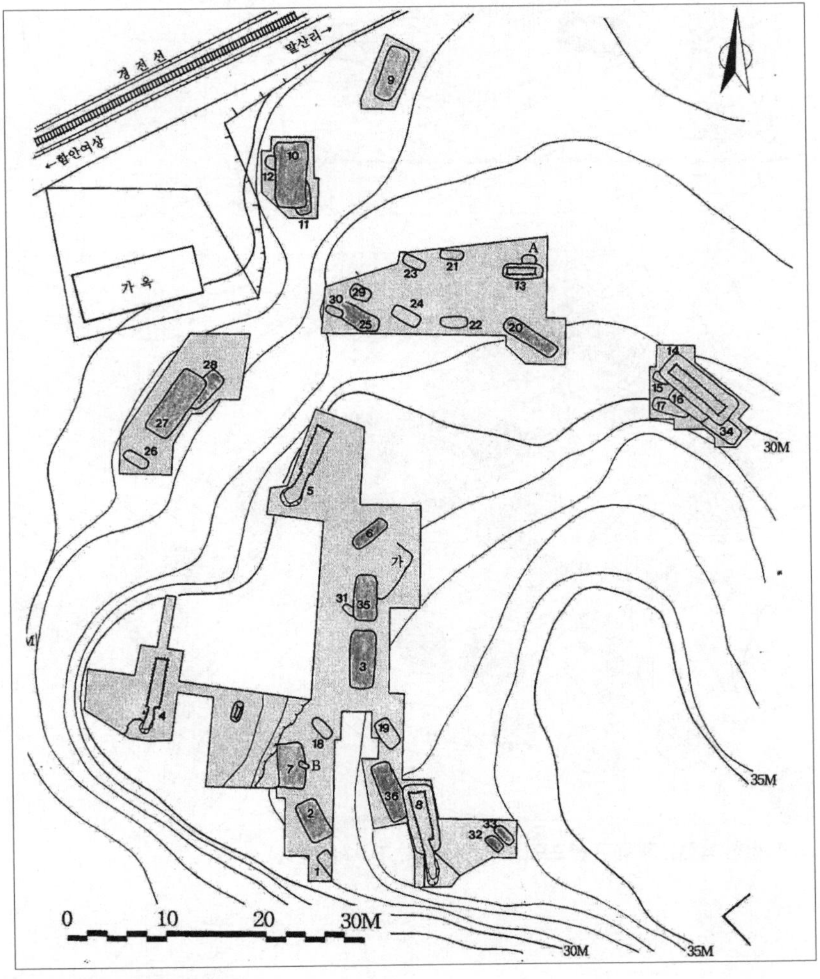

도 3. 함안 도항리유적 유구 분포도

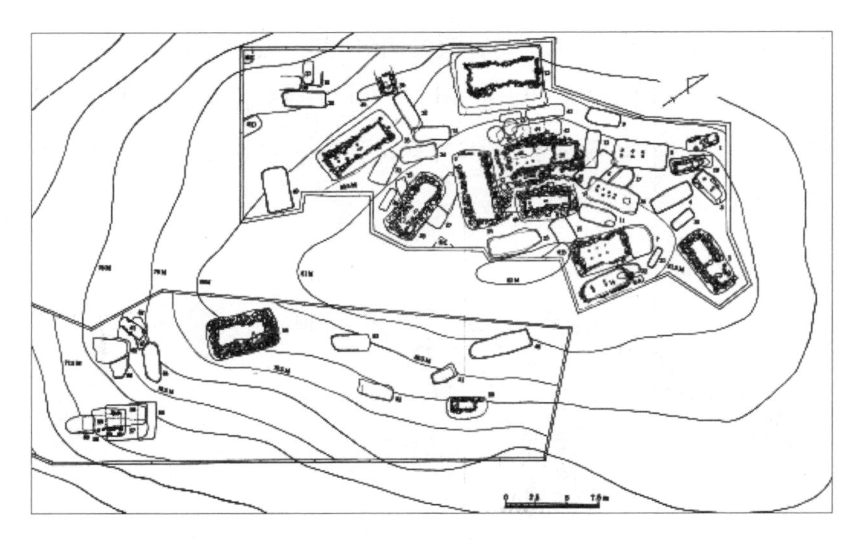

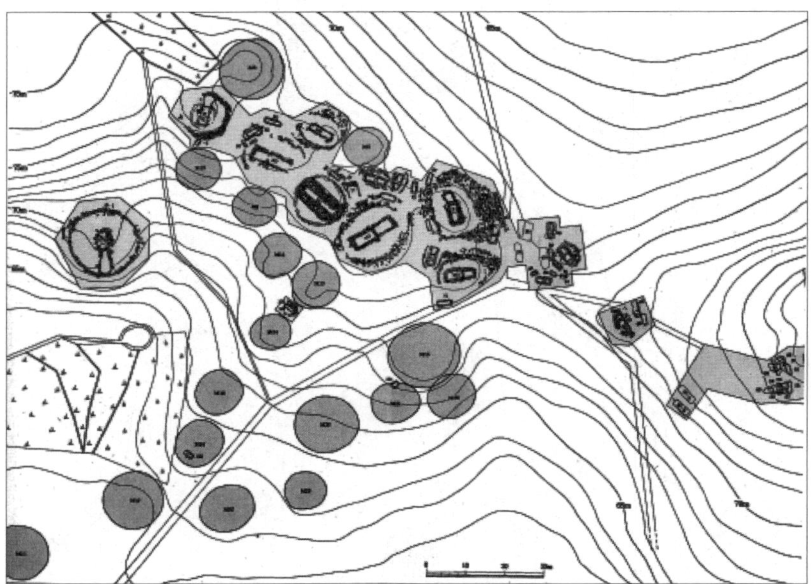

도 4. 합천 옥전유적 유구 분포도(上 : 동쪽구릉, 下 : 서쪽구릉)

마지막으로 합천 옥전유적이다(도4). 먼저 목곽묘는 유적의 동쪽 구릉 정상부를 중심으로 4세기부터 조성되고 있다. 5세기 전반대에 해당되는 8호분은 6호분을 파괴하면서 조성되고 5세기 3사분기가 되면 다수의 무덤들 즉, 31호분은 32호분을, 28호분은 27호분·29호분을, 35호분은 33호분을, 12호분은 15호분·46호분·47호분을, 20호분은 26호분·42호분·47호분·48호분 등을 파괴하면서 축조하였다. 이 구릉에 대한 고집을 유지하면서도 95호분, 70호분과 같은 목곽묘는 서쪽으로 이동하여 입지하고 있다. 수혈식석곽묘는 이들을 중심으로 더 서쪽에 조성하면서 각기 무덤의 영역이 어느 정도 확보되고 있는 듯하다. 목곽묘 조성에 보이는 심한 중복현상은 보기 어렵다. 마구의 부장에 있어서 목곽묘 70호분, 72호분은 수혈식석곽묘의 주곽 부장이 확인되고 있어 동쪽 구릉에 입지하는 7호분, 24호분 목곽묘에서의 부곽 부장과는 다른 형태를 보이고 있다. 5세기 후반대를 기점으로 조성된 목곽묘의 주체는 기존에 목곽묘를 파괴함으로서 다름을 인정하고 있으며 수혈식석곽묘는 이미 축조되어 있는 기존 무덤의 존재를 의식하고 나름의 공간을 확보하였던 것으로 추정할 수 있다.

Ⅵ. 맺음말

지금까지 기존의 연구 성과를 바탕으로 마구, 무기 등의 쓰임새를 강조하기보다는 무덤의 부장품 즉, 장례과정 중에 사용되는 하나의 물품으로 생각하여 이들이 무덤에 부장되는 양상의 변천에 주목하였다. 이때 무덤에서 출토된 마구의 종류, 마구 조합상의 변화, 공반된 무기의 종류 및 조합상 변화 등을 살펴보았다. 물론 마구에 집중하다보니 묘제, 각 유물의 자세한 분석은 행하지 못하였으나 시기적인 변화와 함께 각 지역 내의 목곽묘와 석곽묘 차이, 같은 묘제 특히 목곽묘 내의 조성방식에 대한 차이 등이 유물의 조합과 부장위치에도 영향을 주고 있는 것을 알 수 있다.

마구를 형식학적 방법에 입각하여 형태를 분류하고 제작방법, 기능 등을 추정하여 각 가야, 즉 금관가야, 아라가야, 다라국 등의 특성을 규정하는 것은 매우 중요한 사실이다. 그러나 마구 역시 무덤에서 출토되는 부장품이라는 것도 잊어서는 안 될 것이다. 이번 작업을 통해 가야 권역에 포함된 유적 내에서도 다양한 부장패턴이 있음을 확인하였다. 이러한 자료가 가야 권역의 각 지역별 장례문화를 복원하는데 기초자료로 활용되기를 기대한다.

참고문헌

諫早直人, 2012,『東北アジアにおける騎馬文化の考古學的研究』, 雄山閣.

김두철, 2003,「무기·무구 및 마구를 통해 본 가야의 전쟁」,『가야고고학의 새로운 조명』, 부산대학교 한국민족문화연구소 편, 혜안.

김현, 2000,「咸安 道項里 木棺墓 出土 瓦質土器에 대하여」,『道項里 末山里 遺蹟(本文)』, 경남고고학연구소·함안군.

류창환, 2007,『加耶馬具의 研究』, 동의대학교 대학원 박사학위논문.

부산대학교박물관, 1990,「東萊福泉洞 古墳群 第3次 調査槪報」,『영남고고학』 제7호, 영남고고학회.

우지남, 2000,「咸安地域 出土 陶質土器」,『道項里 末山里 遺蹟(本文)』, 경남고고학연구소·함안군.

이난영·김두철, 1999,『韓國의 馬具』, 한국마사회 마사박물관.

이창희, 2007,「嶺南地方으로의 鐵器文化 流入에 대한 再考 –鑣轡를 중심으로–」,『고고광장』 창간호, 부산고고학연구회.

이현주, 2010,「4~5세기 부산·김해지역 무장체제와 지역성」,『영남고고학』 54호, 영남고고학회.

천말선, 1994,「鐵製농구農具에 대한 考察–原三國·三國時代 墳墓出土品을 中心으로–」,『영남고고학』 15호, 영남고고학회.

1. 보고서

〈김해대성동유적〉

경성대학교박물관, 2000a,『金海大成洞古墳群 Ⅰ』.

경성대학교박물관, 2000b,『金海大成洞古墳群 Ⅱ』.

경성대학교박물관, 2003, 『金海大成洞古墳群 Ⅲ』.

경성대학교박물관, 2011, 『金海大成洞古墳群Ⅳ』.

대성동고분박물관, 2011, 『金海大成洞古墳群 -68호분~72호분-』.

대성동고분박물관, 2015, 『金海大成洞古墳群 -85호분~91호분-』.

대성동고분박물관, 2015, 『金海大成洞古墳群 -70호분 主槨·95호분-』.

대성동고분박물관, 2016, 『金海大成洞古墳群 -92호분~94호분, 지석묘-』.

〈부산복천동유적〉

동아대학교박물관, 1971, 『一九七〇年度 古蹟調査報告 東萊福泉洞第一號古墳 發掘調査報告』.

동아대학교박물관, 1984, 『上老大島 附 : 東萊福泉洞古墳·固城東外洞貝塚』.

부산광역시립박물관, 1997, 『東萊福泉洞古墳群 -第5次 發掘調査 99~109號墓-』.

부산광역시립박물관·복천분관, 1998, 『東萊福泉洞古墳群 93·95號墳-』.

부산광역시립박물관·복천분관, 1999, 『東萊福泉洞古墳群 -第6次發掘調査 141~153號·朝鮮時代 遺構-』.

부산대학교박물관, 1983, 『東萊福泉洞古墳群 Ⅰ(本文)』.

부산대학교박물관, 1983, 『東萊福泉洞古墳群 Ⅰ(圖面·圖版)』.

부산대학교박물관, 1990, 『東萊福泉洞古墳群Ⅱ(本文)』.

부산대학교박물관, 1990, 『東萊福泉洞古墳群Ⅱ(圖面·圖版)』.

부산대학교박물관, 1996, 『東萊福泉洞古墳群Ⅲ』.

부산대학교박물관, 2001, 『東萊 福泉洞 鶴巢臺古墳』.

부산대학교박물관·부산광역시, 2012, 『福泉洞古墳群Ⅳ -35·36號墳-』.

부산대학교박물관·부산광역시, 2013, 『福泉洞古墳群Ⅴ -19·20, 25·26, 31·32號墳-』.

부산대학교박물관·부산광역시, 2014, 『福泉洞古墳群Ⅵ -2·27, 8·9, 14·24號墳-』.

부산대학교박물관·부산광역시, 2015, 『福泉洞古墳群Ⅶ』.

부산대학교박물관·부산광역시, 2016,『福泉洞古墳群Ⅷ –4·7·12·13·30號墳–』.

부산대학교박물관·부산광역시, 2017,『福泉洞古墳群Ⅸ –15·17·18·23·37號墳–』.

부산대학교박물관·부산광역시, 2018,『福泉洞古墳群Ⅹ –41·42·43·45號墳–』.

부산직할시립박물관, 1993,『東萊福泉洞53號墳』.

부산광역시립박물관·복천분관, 2001,『東萊福泉洞古墳群 –52·54號–』.

복천박물관, 2004,『福泉洞古墳群 第7次調査 報告』.

복천박물관, 2008,『東萊福泉洞古墳群 –第8次發掘調査 160~166號–』.

복천박물관, 2010,『東萊福泉洞古墳群 –第5次發掘調査 38號墳–』.

복천박물관, 2010,『東萊福泉洞古墳群 –第8次發掘調査 167~174號–』.

복천박물관, 2015,『東萊福泉洞古墳群 –第6次 發掘調査 126~132號墓–』.

〈함안 도항리·말산리유적〉

경남고고학연구소·함안군, 2000,『道項里 末山里 遺蹟(本文)』.

경남고고학연구소·함안군, 2000,『道項里 末山里 遺蹟(圖面)』.

경남발전연구원 역사문화센터, 2004,『함안 말산리 451–1번지 유적』.

경상문화재연구원, 2011,『함안 도항리 고분군 –도항리 428–1번지 일원–』.

국립창원문화재연구소, 1996,『咸安岩刻畵古墳』.

국립창원문화재연구소, 1997,『咸安道項里古墳群Ⅰ』.

국립창원문화재연구소, 1999,『咸安道項里古墳群Ⅱ』.

국립창원문화재연구소, 2000,『咸安道項里古墳群Ⅲ』.

국립창원문화재연구소, 2001,『咸安道項里古墳群Ⅳ』.

국립창원문화재연구소, 2004,『咸安道項里古墳群Ⅴ』.

국립창원문화재연구소·함안군, 2002,『咸安 마갑馬甲塚』.

동아세아문화재연구원, 2008,『咸安 道項里 古墳群 –함안 도항리 6–1호분–』.

동아세아문화재연구원, 2008,『咸安 道項里 六號墳』.

〈합천옥전유적〉

경상대학교박물관·경상남도, 1988, 『陜川 玉田古墳群 I -木槨墓-』.

경상대학교박물관, 1990, 『陜川玉田古墳群 II -M3號墳-』.

경상대학교박물관, 1992, 『陜川玉田古墳群 III -M1·M2號墳-』.

경상대학교박물관, 1993, 『陜川玉田古墳群 IV -M4·M6·M7號墳-』.

경상대학교박물관, 1995, 『陜川玉田古墳群 V -M10·M11·M18號墳-』.

경상대학교박물관, 1997, 『陜川玉田古墳群 VI -23·28號墳-』.

경상대학교박물관, 1998, 『陜川玉田古墳群 VII -12·20·24號墳-』.

경상대학교박물관, 1999, 『陜川玉田古墳群 VIII -5·7·35號墳-』.

경상대학교박물관, 2000, 『陜川玉田古墳群 IX -67-A·B, 73~76號墳-』.

경상대학교박물관, 2003, 『陜川玉田古墳群 X -88~102號墳-』.

「4~5세기 가야의 마구와 무기」에 대한 토론문

이주헌 (국립문화재연구소)

장윤정의 「4~5세기 가야의 마구와 무기」에서는 고대의 장례에 사용된 부장품 중의 하나인 마구와 무구가 가야지역의 4~5세기대 무덤에 부장되는 양상에 주목하여 묘제의 변천에 따른 마구의 종류와 조합상의 변화, 공반된 무기의 종류 및 마구와의 조합관계가 시간적, 공간적인 변화에 어떻게 나타나는지를 살피고 가야지역의 장례풍습에 보이는 이데올로기의 표상을 밝히고자 하였다.

이에 따르면, 마구와 무구의 출토 사례가 확인되는 김해, 부산, 함안, 합천지역에서 마구의 부장은 대체로 김해와 부산지역은 4세기 전반 주부곽식 목곽묘에서 나타나며, 함안과 합천지역은 5세기 전반의 단독 목곽묘에서 출현하는 것으로 파악하고 있다. 그리고 부장된 마구 가운데 안장과 등자, 재갈, 행엽 등 마장요소를 갖춘 것은 5세기대부터 확인되며 마구 출토 유구와 갑주가 동반하는 비율은 모든 지역에서 목곽에서 석곽묘로 묘제가 변화되면서 점차 줄어드는 반면, 유자이기가 공반되는 유구의 비율은 증가하는 것으로 분석하였다. 또한, 묘제와 무기의 조합관계에 있어서는 철촉과 도자는 기본이지만, 김해와 부산지역은 목곽묘+철모의 구성을 주로 보이지만 함안과 합천에서는 석곽묘+철모+대도와의 조합관계가 나타난다는 것이다.

이러한 상황을 지역별 유구의 분포양상과 관련지어 각지역에서 후대의 목곽묘나 석곽묘가 설치되면서 전대의 유구가 부분적으로 파괴되는 현상이 확인되는데, 이는 기존의 집단과 성격이 다른 새로운 집단이 일정기간

공존하다가 5세기 후반대 이후 각 지역에서 점차 우위를 점하며 재갈과 등자 위주의 마구체계가 마구 전체를 갖춘 마장이나 갑주와 유자이기와 공반되는 양상으로 부장풍습이 변화되는 것으로 이해하고 있다.

전반적으로 보아, 발표자가 분석 대상으로 다룬 유구 가운데에는 유구가 중복 축조되면서 앞선 유구를 파괴하여 유물의 부장 원형을 훼손하였을 뿐만 아니라, 도굴에 의해 마구와 무기의 부장양상이 온전하게 파악되지 못한 유구들이 많다. 유적지의 후퇴적과정을 통해 무구와 무기의 부장양상이 훼손됨에 따라, 불안정한 고고자료를 대상으로 한 발표자의 분석결과는 독자가 그대로 수용하기에는 어려운 부분이 될지도 모른다. 삼국시대 고고자료의 태생적인 문제를 충분히 감안하여 본다면, 비교적 훼손되지 않은 상태의 각지역별 유구를 선별하여 비교했더라면 그 결과는 새로운 의미를 가질 수 있을 것이라 생각되는데, 이에 대한 발표자의 의견은 어떠한지?

「4~5세기 가야의 마구와 무기」에 대한 토론문

이상율 (부경대박물관)

1. 발표자는 대성동고분군에서 선행묘를 파괴하는 유구의 중복 현상에 대해 4세기 3/4분기를 기점으로 기존집단과는 성격이 다른 새로운 목곽묘 집단의 존재를 상정한다. 그 시점은 대형분끼리 중복을 피한 2호분 주변의 상황을 감안한 것으로 보이는데, 그렇다면 새로운 목곽묘 집단은 유구의 구조나 각종 유물에서 기존 목곽묘 집단과 어떠한 차이가 있는지, 나아가 어떠한 점에서 성격이 다른 집단인지 부연 설명 바란다.

참고로, 최근 연구 성과에 따르면 대성동 주구릉에서 선행묘를 심각하게 파괴하는 중복현상은 목관, 목곽, 수혈식석곽을 망라하여 서로 70년 이상의 시기차가 나는 것들이 대부분이고, 특히 대형목곽묘의 경우 한정된 묘역과 봉분 때문이거나 혹은 격세를 지난 선대묘역의 파괴보다 강하게 작용한 공간관념 때문에 중복이 일어난 것으로 보고 있다.

2. 마구, 무구가 공반유물(철기)과 더불어 가야 제 지역에서 유구의 변천에 따라 어떻게 조합되는지를 통해 장례습속에서 지니는 이들의 이데올로기를 밝히는데 목적을 두고 있다. 그러나 지역별로 열거한 부장패턴은 그렇다 해도, 장례습속의 변화나 이데올로기적 관념에서 어떠한 의미를 지니는지 토론자의 입장에서 명확하게 이해되지 않는다.

토론자는 일찍부터 실용마구를 활발하게 생산한 금관가야, 변용을 통해 장식마구를 자체개발한 대가야의 적극적인 모습과는 달리 아라가야와 소가야는 자체생산보다 영역 내 지위에 따라 여러 루트를 통해 장식마구를 입수하여 시종일관 수장층의 전유물로 매납한 소극성을 지적한 바 있다. 이것이 이데올로기와 장례습속에도 매납방식과 함께 반영되고 있다고 생각한다.

시기나 유구의 변천에 따른 마구, 무구의 부장 방식에서 장례습속의 획기가 있거나 혹은 그들의 이데올로기는 어떤 식으로 접근 가능한지 부연설명 바란다.

4～5世紀日本と加耶の馬具
—百舌鳥·古市古墳群出土馬具を中心に—

諫早直人

目次

Ⅰ. 序論

4～5世紀の倭と加耶の馬具については、日本列島から出土する初期馬具の系譜や製作地、併行関係(暦年代観)などをめぐり、日韓両国の研究者によって盛んな議論がおこなわれてきた(金斗喆1996、宮代1996、柳昌煥2004、桃﨑2004a·b、張允禎2008、諫早2012a、李

* 京都府立大学

尚律2016など)。馬具自体の緻密な観察にもとづくこれらの議論を通じて、日本列島古墳時代の馬具の直接的な系譜が加耶をはじめとする韓半島南部に求められること、そして韓半島南部からの影響は一度ではなく複数回に及ぶことなど、重要な事実が明らかとなりつつある。これは、21世紀前半の日韓両国の馬具研究が共有する大きな成果といえる。一方で、遺物論に偏重するあまり、出土した遺跡や地域の中でそれらを位置づける研究はさほど活発ではない。

本稿では、日本列島で馬具副葬が始まる古墳時代中期における、倭王権中枢勢力の墓域と目されている百舌鳥·古市古墳群から出土した初期馬具について基礎的な検討をおこない、それらの系譜や製作地について現状での整理を試みる。そして、その結果をもとにこの時期に騎馬文化を導入した倭王権中枢勢力(百舌鳥·古市古墳群築造集団)の対外交渉における加耶の位置づけについて考えてみたい。

II. 百舌鳥·古市古墳群出土初期馬具の系譜

1. 百舌鳥·古市古墳群と出土馬具の概要

大阪府堺市に広がる百舌鳥古墳群と大阪府羽曳野市·藤井寺市に広がる古市古墳群は、古墳時代中期における日本列島最大規模の古墳群として著名である(図1·2)。現在、百舌鳥古墳群は47基、古市古墳群は44基の古墳が遺存するが、第二次大戦後、あるいはそれ以前からの開発によって多くの古墳が失われたことが知られており、どちらも本来は100基以上の古墳からなる大規模古墳群であったことがわかっている(西本編2008など)。『古事記』、『日本書紀』や『延喜式』など後代の文献史料の陵墓に関わる記載と、百舌鳥古墳群の大仙陵古墳(仁徳天皇陵古墳、墳長486m)や、古市古墳群の誉田御廟山古墳(応神天皇陵古墳、墳長420m)といった列島最大規模の前方後円墳の存在から、両古墳群には古墳時代中期の王陵が含まれていると早くから考えられてきた(白石2000など)。

馬具は百舌鳥古墳群の２基、古市古墳群の７基の古墳から出土しており、このほかにも百舌鳥古墳群の南西２㎞に位置する四ッ塚古墳群(塔塚古墳、経塚古墳)や、百舌鳥陵南遺跡などの集落遺跡で出土が確認されている(表1)。この数を多いと考えるか、少ないと考えるかは、個々の研究者の判断に委ねられる部分ではある。しかしながら、古市古墳群ほど古墳時代中期の馬具(それも装飾馬具)が出土している古墳群は、少なくとも日本列島にはほかに存在しない。両古墳群を構成する古墳(とりわけ大型前方後円墳)の多くが、明治時代以来、宮内庁(旧宮内省)の管理下にあり、埋葬施設の発掘調査がおこなわれていないこと、第二次大戦後の開発によって墳丘が全て破壊されてしまった古墳の発掘調査において、しばしば馬具が出土していることをふまえれば、本来さらに多くの馬具副葬古墳が存在した(存在する)ことは容易に想像できる。奈良盆地東南部、桜井市·天理市に所在する古墳時代前期における列島最大規模の古墳群であるオオヤマト古墳群(大和·柳本·纒向古墳群)をはじめ、前期古墳からは馬具が一つとして見つかっていないことを鑑みれば、これは非常に大きな変化であり、古墳時代中期のある時点から馬、それも騎馬が日本列島の中央部に出現し、急速に普及していったことを如実に物語っている。

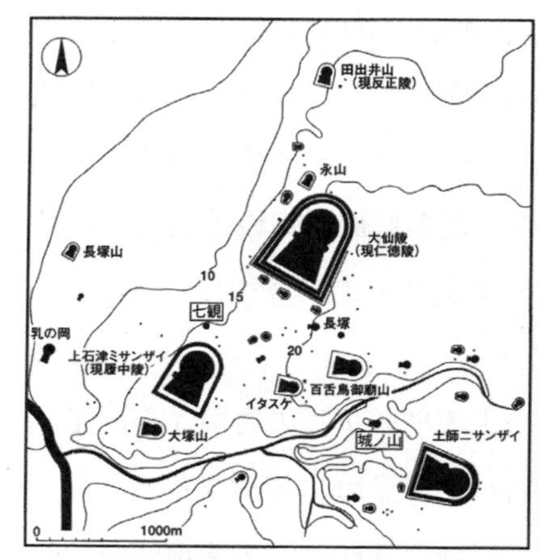

図 1. 百舌馬古墳群(白石2000に加筆)

図 2. 古市古墳群(白石2000に加筆)

表 1. 古市·百舌馬古墳群出土馬具一覧

地名	古墳名	時期	墳丘	埋葬施設	馬具	出土年
堺	七観古墳	中期中葉	円・50	第1槨（粘土槨）（槨外）	鉄製環板轡、木心鉄板張輪鐙、鞍金具、三環鈴、環状雲珠・辻金具、鉄製方円結合金具、鉸具など	1947
藤井寺	鞍塚古墳	中期中葉	帆・51	組合式木棺（棺外）	鉄製楕円形鏡板轡、木心鉄板張輪鐙、鉄製鞍橋、環状辻金具、鉸具、異形鉄器	1955
羽曳野	伝・誉田丸山古墳	中期中葉	円・45	—	鉄地金銅張梯形鏡板轡、鉄地金銅張楕円形鏡板轡、金銅製鞍橋２セット、金銅製歩揺付菊形飾金具、金銅製方円結合金具など	1848
堺	城ノ山古墳	中期中葉?	前円・77	竪穴式石槨	鉄製栗実形鞍金具、鉄製剣菱形杏葉？、鉄製環状辻金具片、鉸具	1950
藤井寺	長持山古墳	中期後葉	円・40	竪穴式石槨（棺外）	鉄地金銅張ｆ字形鏡板轡、鉄製楕円形鏡板轡、鉄地金銅張鞍金具、木心鉄板張輪鐙３セット、木心鉄板装壺鐙、鉄地金銅張剣菱形杏葉、鉄製剣菱形杏葉、環状雲珠、組合式辻金具、鉸具など	1946
藤井寺	唐櫃山古墳	中期後葉	前円・53	竪穴式石槨（棺外）	鉄地金銅張ｆ字形鏡板轡	1955
藤井寺	藤の森古墳	中期後葉	円・24	横穴式石室（石室外（墳丘斜	鉄製円環轡	1965
羽曳野	軽里４号墳	中期末葉	帆・18	—（周濠）	鉄地金銅張ｆ字形鏡板轡、鉄地金銅張変形剣菱形杏葉、鉄地金銅張方形飾金具	1991
羽曳野	峯ヶ塚古墳	後期初頭	前円・96	竪穴式石槨	木心鉄板装壺鐙、鉄製彫鞍金具、鉄製鞍金具、轡片、鉄地金銅張辻金具片、金銅製鈴、鉸具など	1992
堺	塔塚古墳	中期後葉	方・45	横穴式石室	鉄製轡、金銅製鞍金具、木心鉄板張輪鐙、金銅製花形飾金具	1958
堺	経塚古墳	中期末葉	帆・55	南側木棺	馬具（詳細不明）	1961・1962
堺	百舌鳥陵南遺跡	中期後葉～後期初	—	—	木製鞍橋	1974

【注】墳丘　円：円墳、帆：帆立貝形古墳、前円：前方後円墳、方：方墳。数値の単位はm。
塔塚古墳、経塚古墳は四ッ塚古墳群。百舌鳥陵南遺跡は集落遺跡。

表1によってわかるように、両古墳群ではこれまで古墳時代中期中葉から後期初頭にかけて築造された古墳から馬具が出土しているが、本稿ではそれらの中でも「初期馬具」に注目したい。初期馬具とは日本列島における馬具生産が本格化する以前に製作された馬具を

指す。具体的には、鉄地金銅張のｆ字形鏡板轡や剣菱形杏葉が出現し、それらを青銅で模した鈴付鋳造馬具の生産が始まる中期後葉以前の馬具がそれにあたる。初期馬具は出土事例が少なく、形態も多様であることから、韓半島をはじめとする大陸からもたらされた輸入品が含まれている可能性が極めて高い。このため大陸の類例と比較することで、騎馬文化の伝達ルートや受容·普及過程に直接アプローチすることができる(諫早2012a)。以下、百舌鳥古墳群の七観古墳、古市古墳群の鞍塚古墳、伝·誉田丸山古墳から出土した初期馬具の系譜について検討をおこない、それらの製作された場所や時期について考えてみたい。

2. 七観古墳出土馬具

七観古墳は大阪府堺市に所在する直径約50mの円墳である。古墳時代中期前葉に築造された墳丘長365mの前方後円墳である上石津ミサンザイ古墳(履中天皇陵古墳)の後円部北方に近接して築造され、その陪冢(従属墳)と考えられている。主体部(埋葬施設)は少なくとも３基はあり、第２槨(東槨)から７領以上の甲冑をはじめとする鉄製品とともに、新羅製とみられる金銅製龍文透彫帯金具(上野2014、金跳咏2018)が短甲の一つに付着した状態で出土したことで著名である。馬具は、環板轡、木心鉄板張輪鐙、鞍金具、三環鈴、環状雲珠·辻金具、方円結合金具、鉸具などからなり、鉄刀や鉄鏃とともに第１槨(西槨)の槨外からまとまって出土した。筆者の初期馬具編年における日本列島Ⅱ段階の標識資料の一つである(諫早2012a)。その概要はすでに1961年に紹介されていたが、近年、再報告書が刊行され、出土馬具の全容を把握することが可能となった(図3)(阪口編2014)。以下、これをもとに主要な馬具の系譜についてみていく。

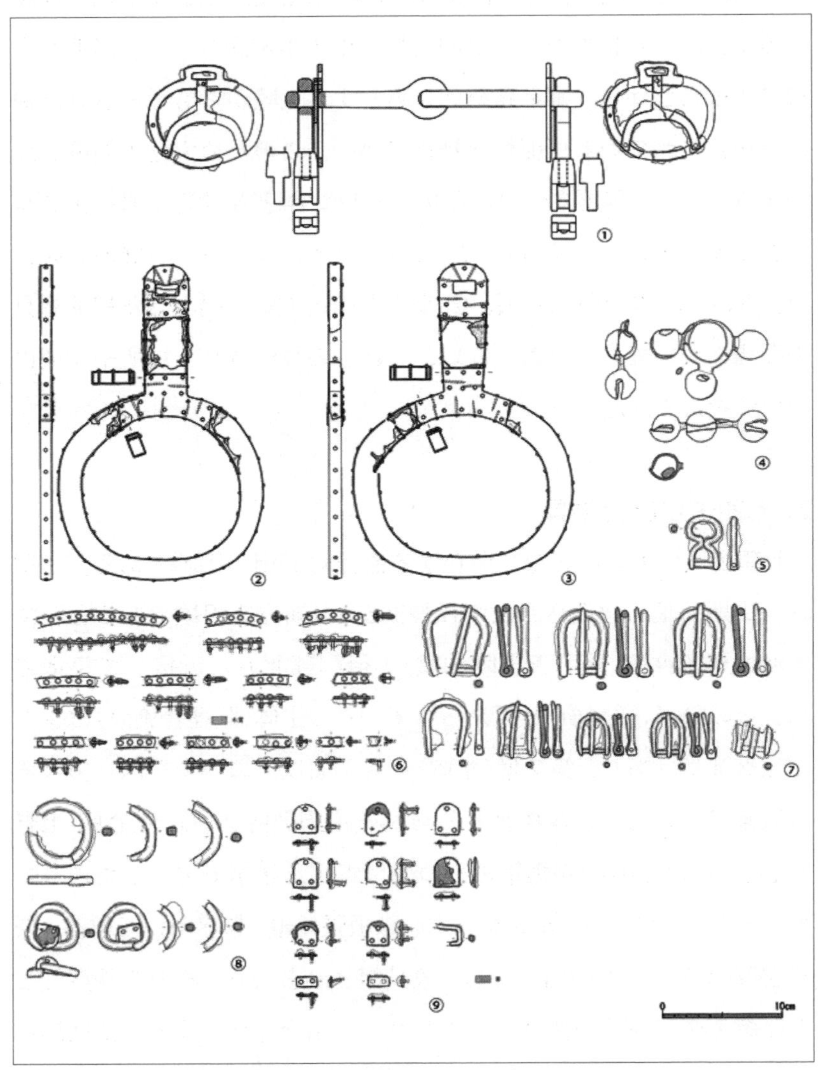

図 3. 七観古墳出土馬具 (S=1/4) (阪口編 2014)

逆Y字形衛留をもつ環板轡B類(図3-①)については以前から指摘している通り、洛東江以東地方に分布の中心がある(図4)(諫早2012a)。逆T字形衛留→逆Y字形衛留→人字形衛留の順に衛留金具が出現し、変遷していくことが明らかとなっていて(柳昌煥2000)、逆T字形衛留が装着可能な孔があいている七観古墳例については、逆T字形衛留から逆Y字形衛留への過渡期的様相を示すものと評価されている(石田2014)。ただしこれに関しては、逆T字形衛留から逆Y字形衛留への補修ないし設計変更を認めず、人字形衛留とみる李尚律の復元案もある(李尚律2016)。また、これまで方形外環の１條線引手とみられてきたが、再報告書によってスコップ柄外環をもつ特殊な１條線引手であることが明らかとなった。

次に柳昌煥(1995)分類ⅠA₁式(無鋲)の木心鉄板張輪鐙(図3-②·③)については、洛東江下流域(金海大成洞1号墳、良洞里429号墳)と洛東江上流域(尚州新興里ナ-39号土壙墓)に類例がみられ(図5)、ひとまず韓半島南東部に系譜を求めることができる(諫早2012a)。

最後に鞍金具については鉄地銀被鋲を密に打った鉄製縁金具が出土している(図3-⑥)。再報告書によって鋲は銀装であること、鋲脚には木質以外に牛革と絹織物が付着していることが明らかとなった(岡田2014)。これまで簡素な木装鞍が想定されてきたが、銀や絹織物で装飾した木心革張鞍であったようである。馬具を報告した石田大輔は、釜山福泉洞21·22号墳や10·11号墳出土鞍金具との共通性を指摘している(石田2014)。福泉洞21·22号墳例は、木製鞍橋に革を張っている点でも七観古墳例と共通する。また鋲脚に付着した木質に対する樹種同定の結果、七観古墳の鞍橋にはカバノキ科ハンノキ属の材が用いられたとみられる。ハンノキ材を鞍に用いる例は、日本列島にはみられないが、洛東江以東地方の慶州皇南大塚南墳や昌寧松峴洞７号墳から出土した鞍に報告例がある。こうした鞍橋の用材選択や、上述の鞍金具の類例からみて、七観古墳例は洛東江以東地方を中心とする韓半島南東部からの輸入品の可能性が高いといってよいだろう(諫早2014)。

以上を総合すると七観古墳出土馬具の系譜は、釜山地域を含む洛東江以東地方に限定できる可能性もあるが、ひとまずは広く韓半島

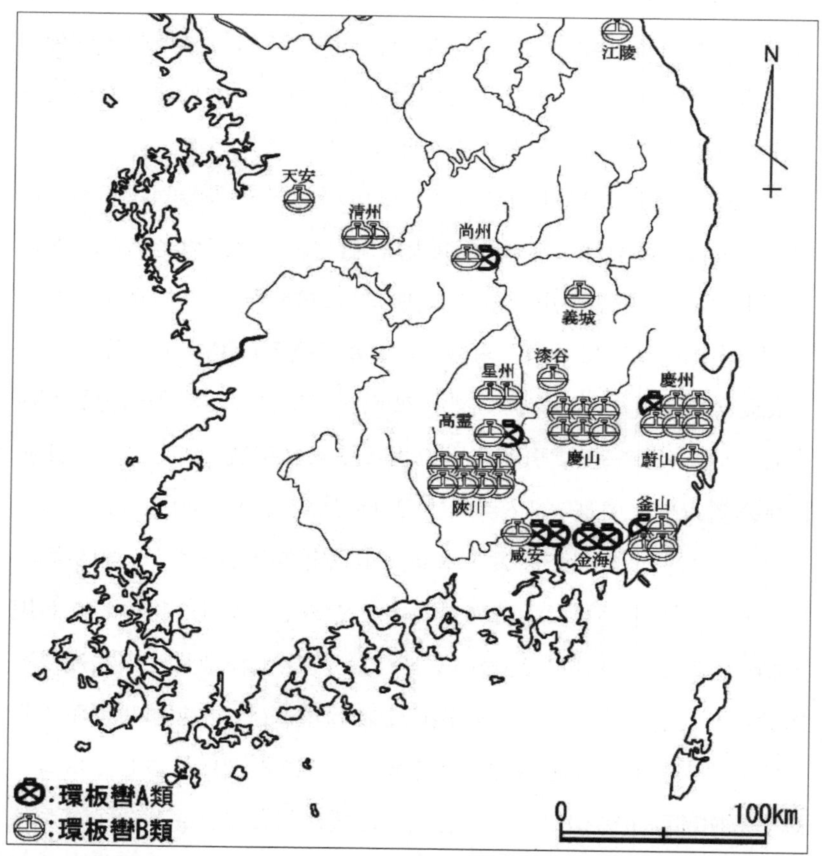

図 4. 環板轡の分布

南東部(新羅·加耶)に求めておくのが妥当であろう。いずれの馬具も日本列島にほとんど類例がないこと、鞍の用材選択に洛東江以東地方(慶州·昌寧地域)との共通性が認められることなどから、一セットの馬装が(おそらくは馬と一緒に)そのまま輸入された可能性が最も高い。仮に日本列島でつくられたとしても、これらをつくりえたのは韓半島南東部からの渡来系の工人であり、その材料の多くも故地から取り寄せたものであったのだろう。

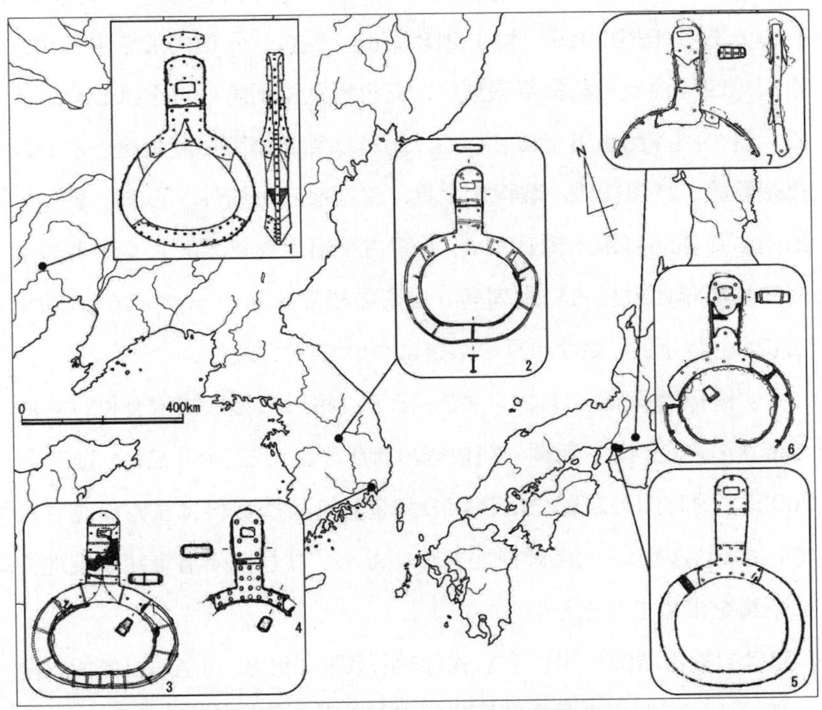

図 5. ⅠA₁式木心鉄板張輪鐙の類例 (S=1/8) ＊1は木心金銅板張

1：北票馮素弗墓 2：尚州 新興里ナ-39号土壙墓 3：金海 良洞里429号墳
4：金海 大成洞1号墳 5：大阪 七観古墳 6：大阪 鞍塚古墳
7：奈良 奈良ウワナベ5号墳

3. 鞍塚古墳出土馬具

鞍塚古墳は大阪府藤井寺市に所在する墳長約51mの帆立貝形古墳である。古墳時代中期前葉に築造された墳長290mの前方後円墳である仲津山古墳(仲姫命陵古墳)と、中期中葉に築造された墳長420mの前方後円墳である誉田御廟山古墳(応神天皇陵古墳)に近接して築造されているが、埴輪や副葬品の分析から付近にある盾塚古墳(帆立貝形古墳、墳長64m)や珠金塚古墳(方墳、一辺25~27m)などとともにそれらの陪冢(従属墳)とは異なる性格を想定する見解が有力である(田中2016、木村2018など)。組合式木棺内部を中心に方格規矩四神鏡や三角板革綴短甲、三角板鋲留衝角付冑をはじめとする大量の副葬品が出土している。馬具は鉄製楕円形鏡板轡、木心鉄板張輪鐙、鉄製鞍橋、環状辻金具、鉸具などが棺外からまとまって出土した(図6)(末永編1991)。七観古墳出土馬具と同じく筆者の初期馬具編年における日本列島Ⅱ段階の標識資料の一つである(諫早2012a)。以下、主要な馬具の系譜についてみていく。

まず鏡板轡(図6-①)についてみると、楕円形鏡板に取り付けられた帯状の鉤金具は、新羅の鏡板轡の特徴とされる(金斗喆1993、千賀2003)。同時期の新羅では帯状の鉤金具をもつ資料はまだ確認されていないものの、他に候補地もないため、ひとまず洛東江以東地方に系譜を求めておきたい。

鐙は七観古墳例と同じⅠA_1式(無鋲)(図6-⑨)と、ⅠA_4式(無鋲)(図6-⑩)という2型式の木心鉄板張輪鐙がセットで出土した。ⅠA_1式鐙は上述のように韓半島南東部に系譜を求められる(図5)。ⅠA_4式鐙は洛東江以東地方の影響を強く受けていたと考えられる陜川地域(玉田67-A号墳)をのぞくと、釜山地域(福泉洞10·11号墳)、慶山地域

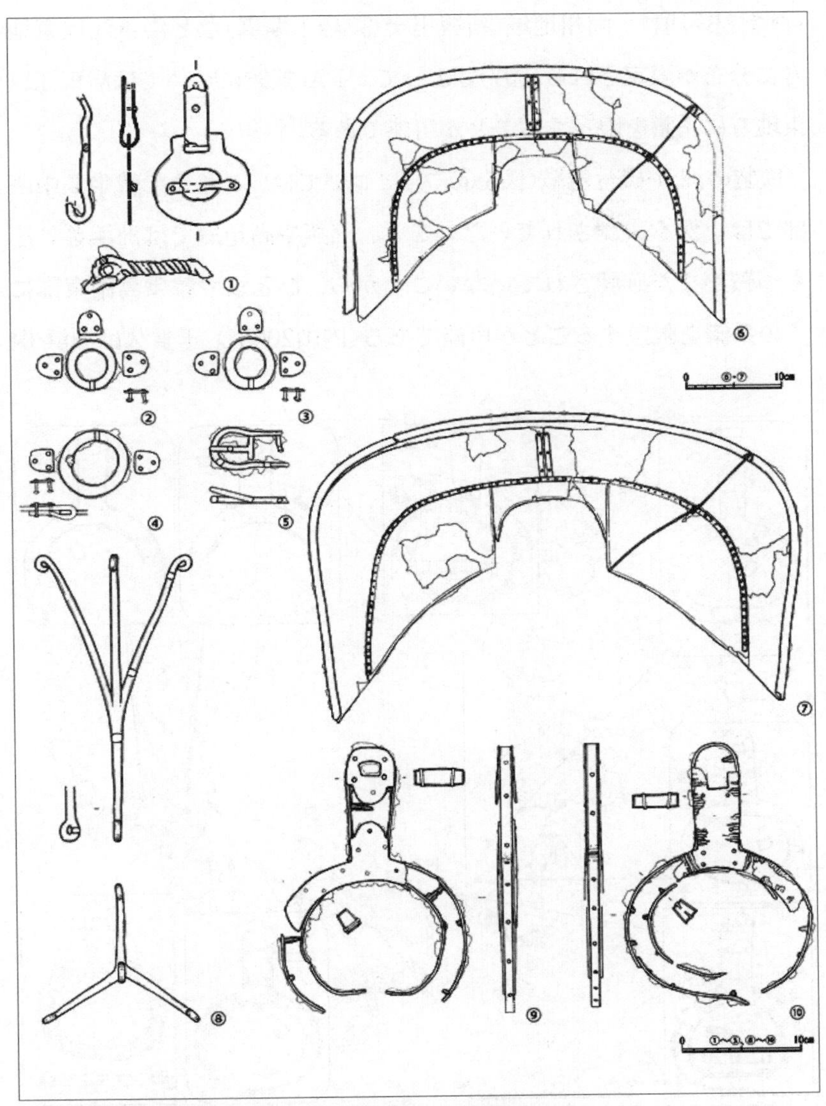

図 6. 鞍塚古墳出土馬具 (S=1/4, 鞍は1/5) (末永編1991)

（林堂7B号墳）、尚州地域（新興里ナ-37号土壙墓）など洛東江以東地方に分布が限定される（図7）。よって、ⅠA4式鐙については洛東江以東地方に系譜を限定することが可能である。

鉄装の洲浜·磯分離鞍（図6-⑥·⑦）については、これまで韓半島中西部では１例も確認されていないこと、三燕や高句麗では洲浜金具をもつ鞍がまだ確認されていないことから、ひとまず韓半島南東部にその系譜を限定することが可能である（内山2005）。千賀久は洲浜·磯

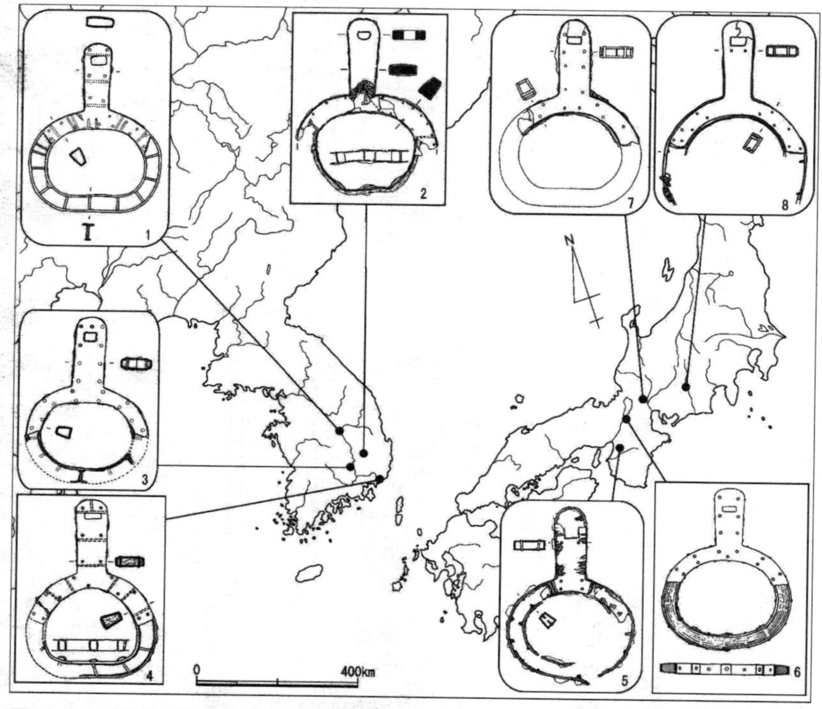

図 7. ⅠA4式木心鉄板張輪鐙の類例 (S=1/8)

1：尚州 新興里ナ-37号土壙墓 2：慶山 林堂7B号墳 3：陜川 玉田67-A号墳
4：釜山 福泉洞10·11号墳 5：大阪 鞍塚古墳 6：滋賀 新開1号墳
7：岐阜 中八幡古墳 8：長野 新井原2号墳
* 隅丸方形枠：踏込鋲なし 方形枠踏：踏込鋲あり

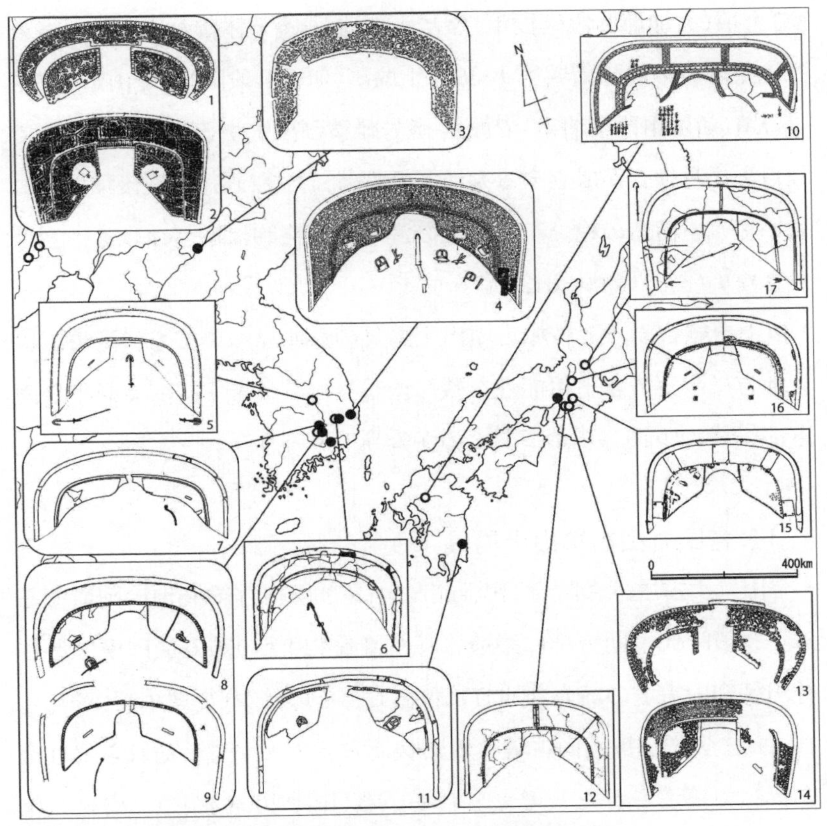

図 8. 洲浜·磯分離鞍と洲浜·磯一体鞍 (S=1/16, 10は縮尺不同)

1：北票 喇嘛洞ⅡM101号墓 2：朝陽 十二台郷磚廠88M1号墓 3：集安 万宝汀78-1号墓
4：慶州 皇南大塚 5：尚州 新興里ナ-39号土壙墓 6：慶山 造永CⅠ-1号墳
7：高霊 池山洞(啓)35号墳 8：陜川 玉田67-B号墳 9：陜川 玉田42号墳
10：福岡 月岡古墳 11：宮崎 下北方5号地下式横穴墓 12：大阪 鞍塚古墳
13：伝·大阪 誉田丸山(2号鞍) 14：伝·大阪 誉田丸山(1号鞍)
15：奈良ベンショ塚古墳 16：滋賀 新開1号墳 17：岐阜 中八幡古墳
○：洲浜·磯分離鞍 ●：洲浜·磯一体鞍 方形枠：前輪 偶丸方形枠：後輪

分離鞍を「非新羅系」、洲浜·磯一体鞍を「新羅系」とし、前者を三燕·加耶、後者を高句麗·新羅の鞍の特徴とみた(千賀2003：105)。しかし、洛東江以西地方の高霊池山洞35号墳(大加耶Ⅱ段階前半)や陜川玉田

M1号墳(大加耶Ⅱ段階後半)などから洲浜·磯一体鞍が出土し、洛東江以東地方の尚州新興里ナ-39号土壙墓(新羅Ⅱ段階)や慶山造永EⅢ-2号墳(新羅Ⅲ段階前半)で洲浜·磯分離鞍が出土するなど、大加耶で独自の馬具様式が成立する大加耶Ⅲ段階、すなわち5世紀後葉以前においては、構造の違いを製作地の違いに短絡的に結びつけることはできない(図8)(諫早2012a)。

以上を総合すると鞍塚古墳出土馬具の系譜についても、洛東江以東地方に限定できる可能性を残しつつも、ひとまずは広く韓半島南東部(新羅·加耶)に求めておくのが妥当であろう。

4. 伝·誉田丸山古墳出土馬具

誉田丸山古墳は大阪府羽曳野市に所在する直径約45mの円墳である。古墳時代中期中葉に築造された墳長420mの前方後円墳である誉田御廟山古墳の前方部北方に位置し、その陪冢(従属墳)と考えられている。誉田御廟山古墳の外濠·外堤に接しており、それらよりは先行して築造されたと考えられている(田中2001など)。嘉永元年(1848)に誉田丸山古墳から出土したと伝えられる装飾馬具(鉄地金銅張梯形鏡板轡、鉄地金銅張楕円形鏡板轡、金銅製鞍橋２セット、金銅製歩揺付菊形飾金具、金銅製方円結合金具など)や鋲留短甲片、鉄鏃、鹿角製鉄刀片などが、後円部南方に位置する誉田八幡宮の所蔵となっており(図9~11)(吉田1994)、百舌鳥·古市古墳群出土品の中で唯一、国宝に指定されている。発掘資料ではなく資料の一括性に疑問の余地はあるものの、おおむね筆者の初期馬具編年における日本列島Ⅲ段階に位置づけられる(諫早2012a)。以下、主要な馬具の系譜についてみていく。

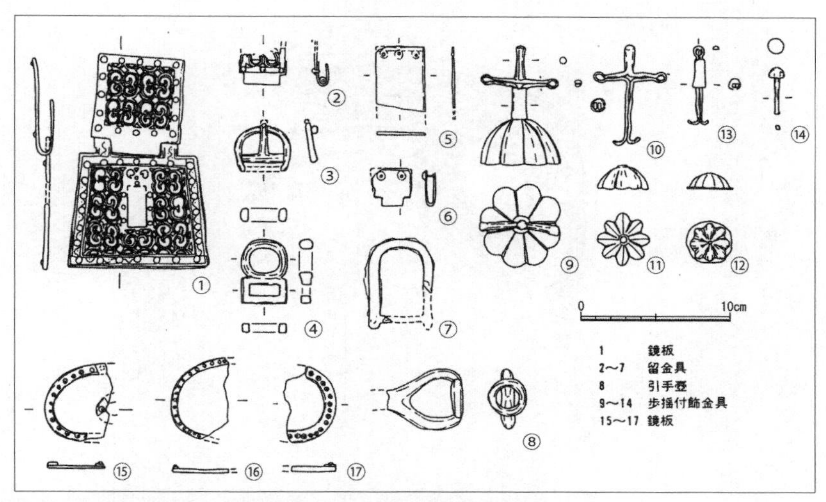

図 9. 伝·誉田丸山古墳出土馬具(鞍以外) (S=1/4) (吉田1994)

まず龍文透彫を施した2対の金銅製鞍橋(図10·11)については、三燕製とする意見もあるが(桃﨑2004)、構造上、三燕(慕容鮮卑)の鞍とは区別され、三燕の系譜をひきつつも韓半島南東部で製作された可能性が最も高く、同地域からの渡来工人によって日本列島で製作された可能性も否定できないとみる内山敏行の指摘が正鵠を射ている(内山2005)。千賀久は洲浜·磯分離鞍であることを根拠に、前期加耶における製作を想定しているが(千賀2003)、先述のように当該期における鞍橋構造の違いを製作地に結び付けることは難しく、また前期加耶の中心である洛東江下流域がそれらをつくるだけの高度な透彫技術や彫金技術を保持していた様子は、少なくとも現在の出土資料からはうかがえない。鞍構造に無視しがたい差異も存在するものの、当該期の龍文透彫製品(鞍を含む)の複数確認されている洛東江以東地方が、現時点での最も有力な製作地候補となろう。

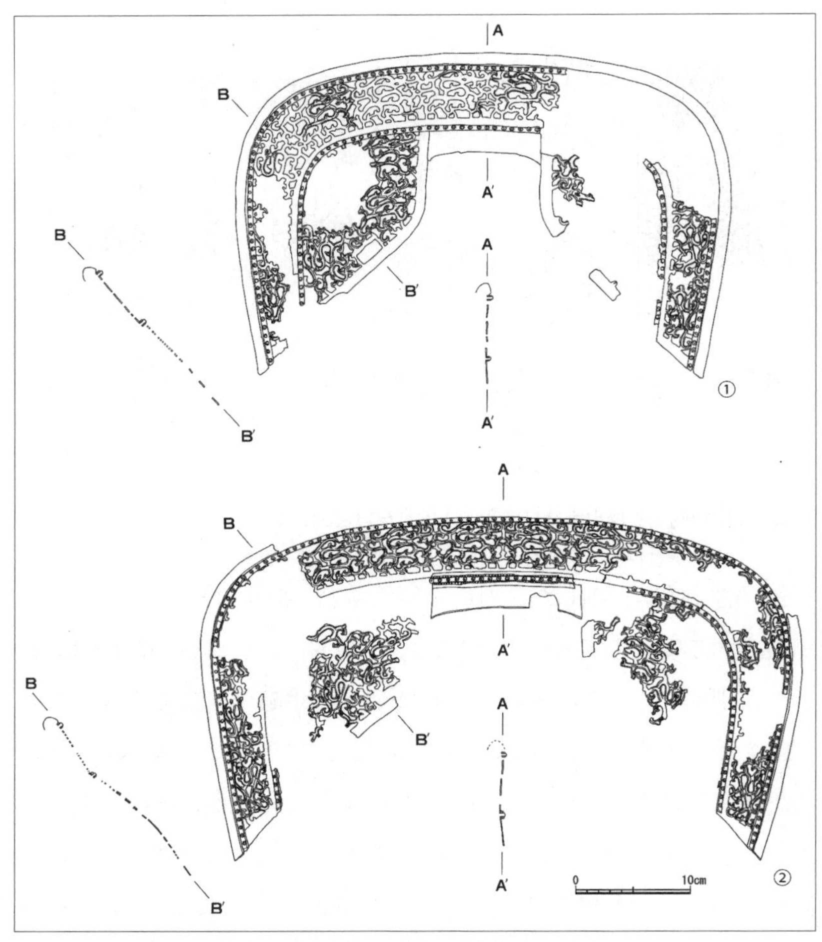

図 10. 伝･誉田丸山古墳出土1号鞍(鞍以外) (S=1/5) (吉田1994)

鉄地金銅張双葉文透彫梯形鏡板(図9-①)はどうだろうか。透彫を施した方形鉤金具については、滋賀県新開１号墳と中国遼寧省の北票喇嘛洞ⅡM16号墓に類例があるものの(図12)、まだ韓半島からは出土していない。梯形鏡板については、三燕や高句麗はもちろん洛東江以東地方にも類例がなく、現状では鉄製の梯形鏡板が洛東江下

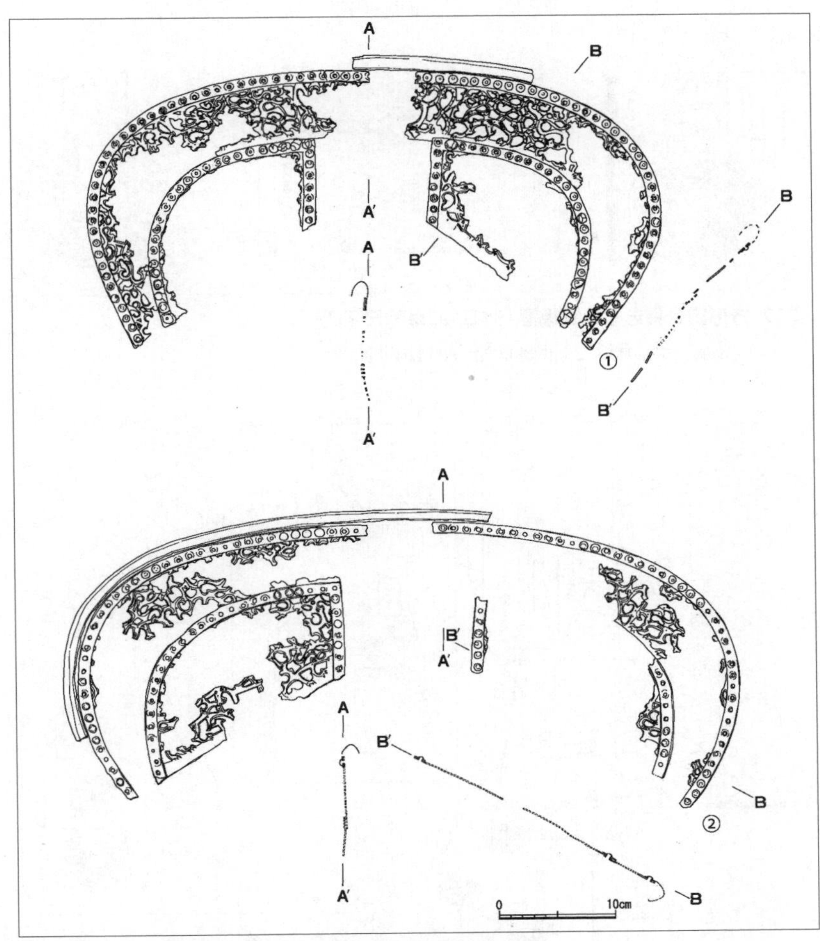

図 11. 伝·誉田丸山古墳出土2号鞍 (S=1/5) (吉田1994)

流域と中西部から洛東江上流域にかけての一帯に

分布するのみである(図13)。伝·誉田丸山古墳出土鉄地金銅張梯形鏡板が、鉄鋌に由来すると思われるこれらの鉄製梯形鏡板と同じ脈絡で製作されたのであれば、その製作地を洛東江以東地方に求めることは現状では難しい。

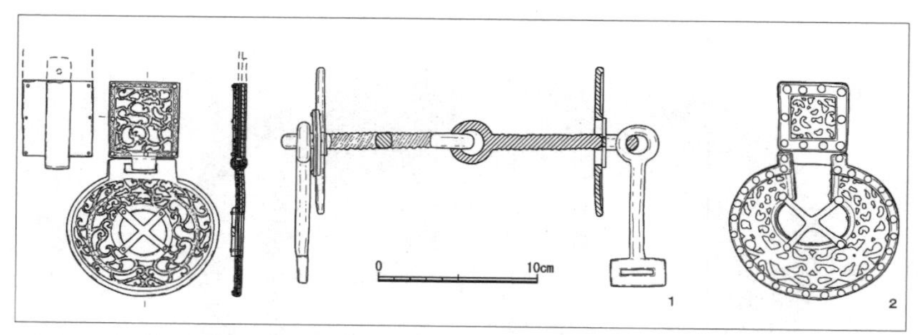

図 12. 方形鉤金具をもつ鏡板轡 (S=1/4, 2は縮尺不同)

1：滋賀 新開1号墳 2：北票 喇嘛洞 II M16号墓

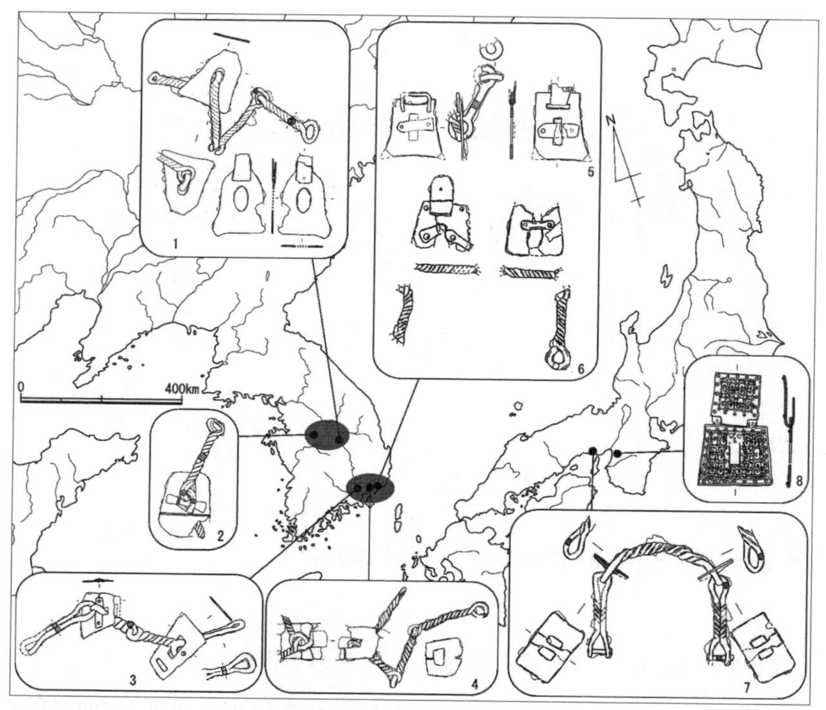

図 13. 梯形(長方形)鏡板轡A類の類例 (S=1/8)

1：尚州 城洞里107号土壙墓 2：清原 松垈里13号墳 3：咸安 道項里<文>3号墳
4：金海 良洞里196号墳 5：釜山 福泉洞54号墳 6：釜山 福泉洞95号墳
7：兵庫 行者塚古墳(2号轡) 8：大阪 伝·誉田丸山古墳

最後に歩揺付菊形飾金具についてみる。かつては高句麗系とみる意見もあったが(千賀1982)、中山清隆によって「歩揺付飾金具は、高句麗系統のものが新羅に受容され、五世紀中葉頃に完成されたかたちで好んでもちいられたものとみられる。加耶諸国や日本は直接には新羅から採りいれたとみる方が自然であろう。(中山1990:224)」という指摘がなされて以来、韓国人研究者を中心に新羅馬具という評価が定着してきた(金斗喆1996、李炫娅2014、朴天秀2016など)。しかしながら誉田丸山古墳から出土したとされる20点の菊形飾金具の中に、新羅に多くみられる心棒式b類だけでなく、現時点では高句麗にしか類例のない心棒式ａ類(図9-⑬)が５点含まれていることは見逃せない(表２)。すなわち菊形飾金具だけをみれば、東潮や濱岡大輔が指摘するように「高句麗から新羅か加耶をへて流入した(東1997:523)」、「中国東北部より直接あるいは半島を介して日本列島に搬入された(濱岡2003:692)」可能性、すなわち製作地が高句麗である可能性も十分にあるように思われる(諫早2018a)。

もし以上のような個々の馬具の系譜に対する筆者の理解が妥当であるならば、２対の鞍を含む伝·誉田丸山古墳出土装飾馬具の製作地候補として残るのは、渡来工人による直接的な技術移転を絶対条件とする日本列島のみとなる。梯形鏡板の平面形態には加耶·百済の馬具、歩揺付菊形飾金具には高句麗の馬具、そして梯形鏡板に取り付く透彫方形鉤金具には三燕の馬具の影響が看取されることからみて、その場合も特定地域からの技術移転では説明することができない(図14)。多様な要素が同一セットの中で共存し、同一個体の中で融合するありようからは、多様なルーツをもつ渡来工人たちが同一工房において共同で馬具製作に従事した様子がうかがえ、このように複数地域からの渡来工人による協業を想定することで、伝·誉田丸山1·2号鞍が、韓半島南東部の鞍の型式学的変遷の中に位置づけられるほど近似しながらも、加耶にも新羅にも直接の類例を見出しがたい理由を整合的に説明することが可能となる(諫早2013)。

表 2. 菊形飾金具一覧

地域	遺跡名		型式	筒金	歩揺		台座	出土数	馬具	時期
					形態	数	弁数			
高句麗	慈城	西海里2-1号墓	心棒式a	×	円	1	8	6	○	高句麗Ⅲ
	集安	禹山下992号墓	心棒式a	×	円	1	8・10	4	○	高句麗Ⅲ
		禹山下3319号墓	心棒式a	×	円	1	10	16	○	高句麗Ⅲ
		麻線溝2100号墓	心棒式a	×	円	1	10?	2	○	高句麗Ⅲ
		西大塚	心棒式a	×	—	1	10	6	○	高句麗Ⅲ
		禹山下3142号墓	心棒式a	×	—	1	8	1+	?	高句麗Ⅲ
		禹山下3231号墓	心棒式a	×	—	1	8	1+	○	高句麗Ⅲ
		禹山下3283号墓	心棒式a	×	—	1	8	1+	○	高句麗Ⅲ
		禹山下3560号墓	心棒式a	×	—	1	8	1+	○	高句麗Ⅲ
		山城下159号墓	鋲留式	×	×	×	8	5	?	高句麗Ⅲ
		千秋塚	心棒式a	○	円	1	10	7	○	高句麗Ⅳ
		太王陵	心棒式a・b	○	円・心葉	1・4	10?	29	○	高句麗Ⅳ
三燕	北票	喇嘛洞ⅡM266号墓	鋲留式	—	—	—	8	1+	○	三燕Ⅰ
		喇嘛洞村1988年採集品	心棒式b	○	円	2	8	1	—	三燕Ⅱ
			鋲留式	—	—	—	8	1	—	—
新羅	慶山	林堂7A号墳	心棒式b	○	心葉	3	8	5	○	新羅Ⅲ前半
	慶州	皇南大塚南墳	心棒式b	○	円・心葉	1〜4	7・8	449	○	新羅Ⅲ後半
			鋲留式	—	×	×		少量		
		皇南大塚北墳	心棒式b	○	円	1〜3	7・8	583	○	新羅Ⅲ後半
		金冠塚	心棒式b	○	—	2・3	7・8	約100	○	新羅Ⅳ
		路東里4号墳	心棒式b	○	円	3・4	8・10	54以上	○	新羅Ⅳ
大加耶	高霊	池山洞75号墳	有脚式	—	×	×	8	3	○	大加耶Ⅱ
倭	大阪	伝誉田丸山古墳	心棒式a	○	—	1	8・10	5	○	日本列島Ⅲ
			心棒式b	○	—	2		9		
			鋲留式	—	×	×		6		
	長野	大星山2号墳	?	?	?	?	10	3	×	日本列島Ⅲ

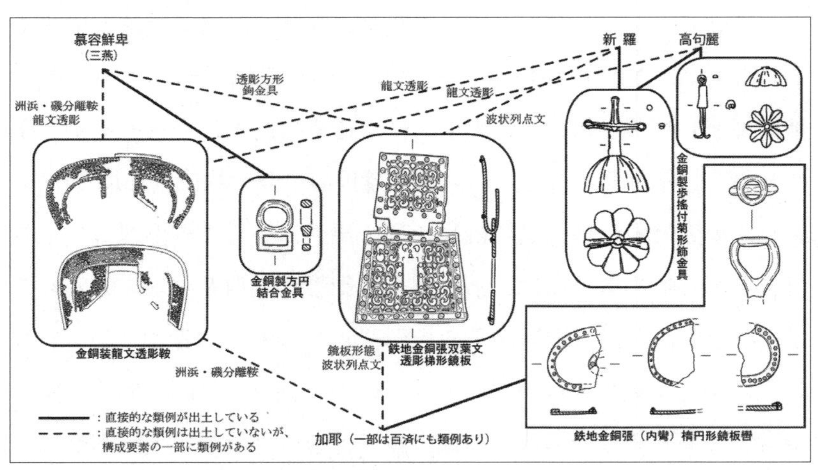

図 14. 伝·誉田丸山古墳出土馬具の構成要素 (S=1/4, 鞍のみ 1/16)

その一方で個々の馬具の系譜が錯綜した現状は、伝·誉田丸山古墳出土馬具の製作背景を説明するものとみるには程遠いと評価する余地も十分あり、今後、中国東北部から韓半島南部にかけてのどこかで直接的な類例となる一括資料が出土する可能性も想定しておく必要があるかもしれない。その場合の最も有力な候補地は、既に指摘されているように洛東江以東地方ということになるだろう(中山1990、李炫娅2014、朴天秀2016など)。ただし、瓢形外環の1條線引手をもつ鉄地金銅張楕円形鏡板轡(図9-⑧、⑮~⑰)については、洛東江以東地方とのかかわりでは理解できず、2対の鞍とのセット関係をどのように考えるかが問題となる。

5. 小結

以上、百舌鳥·古市古墳群から出土した初期馬具について基礎的な検討をおこない、その系譜を明らかにするとともに製作地についても推定を試みた。具体的な製作地についてはなお類例の増加を待つ必要があるが、これらの初期馬具の直接的な系譜が基本的に韓半島南東部(新羅·加耶)に求められること、馬具工人や材料の渡来を前提とする日本列島製の可能性を残しつつも、基本的には韓半島南東部で製作され、舶載された輸入品と考えられることなどは既に指摘してきた通りである。

最後にこれらの製作年代について筆者の見解を述べておくと、日本列島Ⅱ段階に位置づけられる七観古墳、鞍塚古墳出土馬具については4世紀末~5世紀初以降、日本列島Ⅲ段階に位置づけられる伝·誉田丸山古墳については5世紀前葉~中葉という製作年代を想定することが可能である(図15)。ただし、墳丘にはいずれも窖窯で焼成された川西宏幸(1978)編年Ⅳ期の埴輪が樹立されており、副葬年代についてはどれも古墳時代中期中葉、すなわち５世紀前葉~中葉の幅の中で理解すべきであろう。なお、中期前葉に築かれた古市古墳群の野中宮山古墳(前方後円墳、墳長154m)から最古の馬形埴輪が出土していることからみて、馬具の出現時期も中期前葉、すなわち４世紀末~５世紀初にまでは遡る可能性が高い。一方で古市古墳群築造の嚆矢と目されている中期初の津堂城山古墳(前方後円墳、墳長208m)の副葬品に馬具が含まれていないことからみて(藤井寺市教育委員会2013)、馬具副葬のはじまりは現状では両古墳群の築造開始時にまでは遡らず、一定期間を経た後に始まったのであろう。

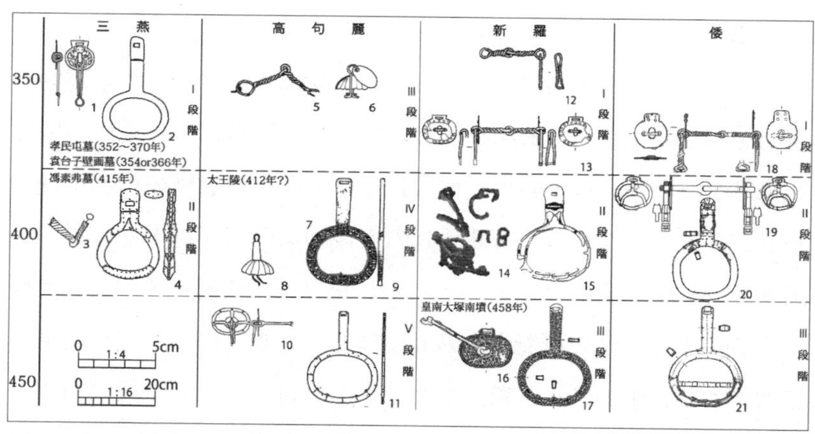

図 15. 東北アヅア出土馬具の製作年代 (S=1/16, 6·8は1/4)

1·2：孝民屯154号墓 3·4：馮素弗墓 5·6：禹山下3319号墓 7：七星山96号墓
8·9：太王陵 10·11：万宝汀78号墓 12：煌城路20号木槨墓 13：月城路カ-13号墳
14·15：皇南洞109-3·4号墳 16·17：皇南大塚南墳 18：行者塚古墳
19·20：七観古墳 21：瑞王寺古墳

III. 百舌鳥·古市古墳群出土初期馬具からみた倭と加耶

ここまで、百舌鳥·古市古墳群出土初期馬具が、基本的に４世紀末~５世紀初以降の韓半島南東部(新羅·加耶)とのかかわりで理解できることをみてきた。千賀久(2003)が「新羅系」、「非新羅系」とみたような違いが新羅と加耶の馬具の間で顕著になってくるのは、慶州皇南大塚南墳出土馬具や陜川玉田M3号墳出土馬具以降、すなわち５世紀中葉~後葉頃からであり、それ以前の両者の馬具には相違点以上に共通点が認められるため、個々の馬具が新羅の馬具であるのか、加耶の馬具であるのかについては、よほど直接的な類例が出土しない限り、厳密な区分は難しい。また七観古墳、鞍塚古墳出土馬具の類例が出土している釜山地域を、慶州地域を中心とする洛東江以東地方、すなわち新羅の中で理解するのか、金海地域とともに洛東江下流域、すなわち金官加耶として理解するのかによってその結論はまったく違ったものとなるであろう。

ここで注意しておきたいのは、百舌鳥·古市古墳群からこれまで出土している初期馬具をみる限り、新羅·加耶以外の地との直接的なかかわりが想定される馬具が現状では見当たらないことである。地理的に離れた高句麗·三燕、あるいはそれらよりも遠方はひとまず措くとして、韓半島中西部、すなわち百済とのかかわりで理解すべき馬具が存在しないことは、日本列島における騎馬文化の受容における百済の関与のあり方を考える上で示唆的である。初期馬具に該当する日本列島Ⅰ~Ⅲ段階の馬具の中には、鑣轡や木心鉄板張輪鐙などを中心に百済とのかかわりで理解すべき馬具が一定数存在する(諫早2012a)。古市古墳群の北方25㎞に位置し、王権膝下の牧(馬匹生産地)とみられている大阪府蔀屋北遺跡から百済系の遊環付鑣轡を模倣したとみられる鑣轡が出土するなど(図16)、日本列島における馬匹生産の受容にあたって、百済との関係は無視できない。それでは百済とのかかわりで理解すべき馬具が百舌鳥·古市古墳群出土初期馬具に認められない理由は、どのように考えるべきだろうか。

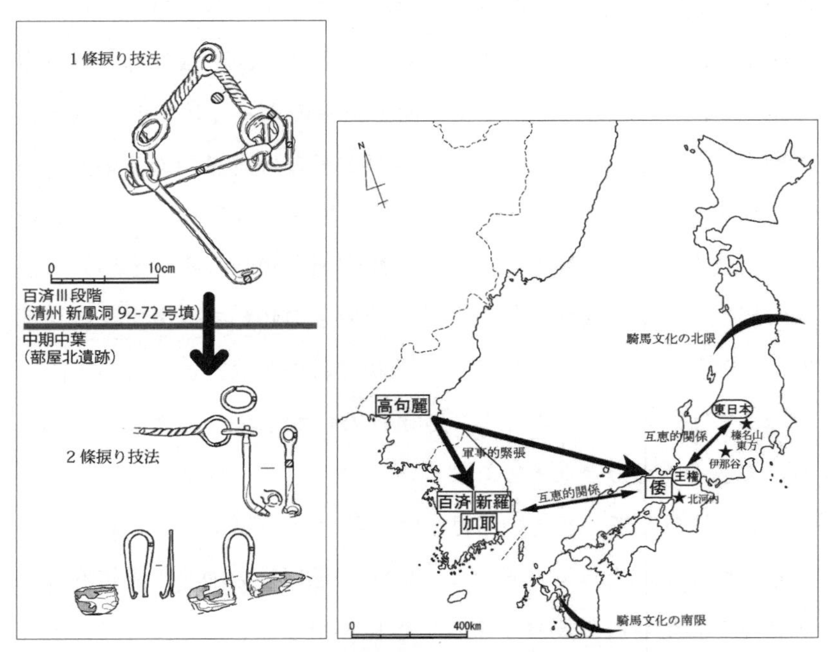

図 16. 蔀屋北遺跡における鉄製馬具の製作 (S=1/6)

図 17. 世紀代における騎馬文化東伝の背景

もちろん現在知られる百舌鳥·古市古墳群出土初期馬具は氷山の一角に過ぎず、百舌鳥·古市古墳群にもおそらくは百済とのかかわりで理解すべき馬具が副葬されている(副葬されていた)可能性は十分ある。しかしながら、これまでに日本列島から出土している百済とのかかわりで理解すべき馬具や、百済漢城期の古墳から出土している馬具からみて、それらに伝·誉田丸山古墳出土馬具のような華麗な装飾馬具が含まれている可能性は低いだろう。伝·誉田丸山古墳のような初期の装飾馬具の系譜は、それらを装着して海を渡った馬の故地とかかわる可能性が高いが、それら個々の装飾馬具(飾馬)の動きと、より大規模に展開したであろう馬匹生産の受容の動きは、必ずしも一致するわけではなさそうである。

以上の議論から二つの重要な事実が浮かび上がってくる。一つは古墳時代中期における騎馬文化の本格的導入が、韓半島南東部を中心としつつも、様々な地域との多角的な関係のもとに展開したこと、もう一つはそれを主体的に導入したであろう倭王権中枢(百舌鳥·古市古墳群築造集団)が騎馬文化導入当初から、韓半島南東部、すなわち新羅·加耶を介して装飾馬具を積極的に入手していたことである。中期前葉から中葉にかけてみられるこれらの動きは、早くも中期後葉には、東日本における大規模馬匹生産地の成立、f字形鏡板轡や剣菱形杏葉の導入とそのスムーズな模倣生産へと展開していく(諫早2012b·2017b)。このように日本列島における馬匹生産や装飾馬具生産が速やかに軌道に乗った第一の要因はそれらを必要とし、実際に獲得した倭王権中枢の外交手腕に求められるべきかもしれないが、巨視的にみれば倭を取り巻く当時の国際情勢の変化、すなわち高句麗の南下政策によって東北アジアに軍事的緊張が広がる中で、倭王権と韓半島南部の諸王権の間に「互恵的関係」が形成されたことが最大の契機であったとみるべきだろう(図17)(諫早2017a)。

そして中期前葉から中葉にかけての騎馬文化の受容だけでなく、

中期後葉以降の騎馬文化の普及·定着という倭王権が主導した一連の国家プロジェクトに、最も貢献したのがほかならぬ加耶であったことは、馬という大型動物を大量に海路輸送する必要があったことから推し量ら

れる地政学的位置にくわえて、中期後葉以降、日本列島で製作された装飾馬具が基本的に「非新羅系」馬具であることからも容易に推測することが可能である(図18)(諫早2018b)。古市古墳群の長持山古墳(円墳、40m)や唐櫃山古墳(前方後円墳、53m)、軽里４号墳(帆立貝形古墳、18m)といった中期後葉から末にかけて築造された中小規模の古墳から出土しているｆ字形鏡板轡や剣菱形杏葉は、その製作地が日本列島であったとしても、加耶(大加耶)や百済と共通する装飾馬具であり、倭王権中枢(百舌鳥·古市古墳群築造集団)と加耶や百済との紐帯を象徴するものといえよう。

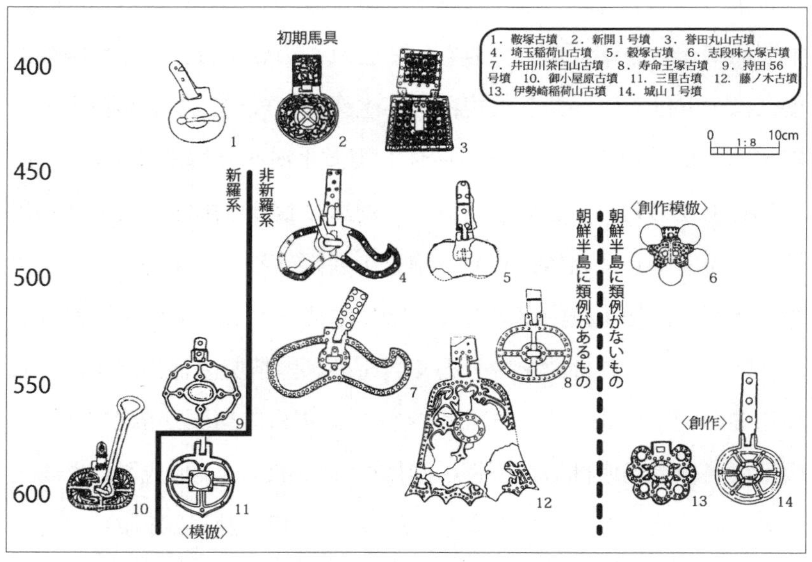

図 18. 古墳時代における鏡板轡の変遷模式図(内山 1996 をもとに作成)

このように古墳時代中期後葉を境に、日本列島から出土する馬具は、新羅·加耶とのかかわりで理解すべきものから、加耶(大加耶)·百済とのかかわりで理解すべきものへと大きく変化するが、これはまさしく同時期の加耶における馬具の変化そのものである。もちろん細部においては異なる点も多いが、両地域の馬具の変化が連動する現象は、倭と加耶の持続的な関係こそが日本列島における騎馬文化の受容や普及·定着の基礎であったことを物語っているのであろう。

Ⅳ. おわりに

本稿では古墳時代中期の倭王権中枢の墓域である百舌鳥·古市古墳群から出土する初期馬具の系譜について検討をおこない、それらが韓半島南東部(新羅·加耶)とのかかわりで理解できることを明らかにした。また地政学的位置や装飾馬具の形態から、日本列島における騎馬文化の受容や普及·定着に加耶が一貫して大きな役割を果たしたことを指摘した。装飾馬具の形態をみる限り、加耶との良好な関係は562年に加耶が完全に滅亡するまで続いたものとみられる。もちろん加耶との関係は百舌鳥·古市古墳群が築造される古墳時代中期以前にまで遡るが、金官加耶と筒形銅器や倭系遺物を共有した古墳時代前期の倭には騎馬の形跡が稀薄である。それが意味するところについては、今後の課題としておきたい。

参考文献

1. 日本語

東潮, 1997, 「歩揺付雲珠形飾金具と馬装」, 『高句麗考古学研究』吉川弘文館.

諫早直人, 2012a, 『東北アジアにおける騎馬文化の考古学的研究』雄山閣.

諫早直人, 2012b, 「馬匹生産の開始と交通網の再編」, 『古墳時代の考古学』7 同成社.

諫早直人, 2013, 「日韓初期馬具の比較検討」, 『日韓交渉の考古学：古墳時代第１回共同研究会』, 「日韓交渉の考古学：古墳時代」研究会.

諫早直人, 2014, 「馬具の有機質―七観古墳出土馬具の分析結果から―」, 『七観古墳の研究』京都大学大学院文学研究科.

諫早直人, 2017a, 「東アジアにおける馬文化の東伝」, 『海を渡って来た馬文化―黒井峯遺跡と群れる馬―』群馬県立歴史博物館.

諫早直人, 2017b, 「日本列島における馬匹生産のはじまり」, 『古代武器研究』Vo.13 古代武器研究会·山口大学考古学研究室.

諫早直人, 2018a, 「日本列島出土初期高句麗系馬具について―長野県大星山２号墳出土馬具の検討―」, 『古代高麗郡の建郡と東アジア』高志書院.

石田大輔, 2014, 「七観古墳出土馬具の検討」, 『七観古墳の研究』京都大学大学院文学研究科.

上野祥史, 2014, 「龍文透彫帯金具の受容と創出―新羅と倭の相互交渉―」, 『七観古墳の研究』京都大学大学院文学研究科.

内山敏行, 2005, 「中八幡古墳出土馬具をめぐる問題」, 『中八幡古墳 資料調査報告書』池田町教育委員会.

岡田文男, 2014, 「鉄製品に付着した有機質遺物の分析」, 『七観古墳の研究』京都大学大学院文学研究科.

川西宏幸, 1978, 「円筒埴輪総論」, 『考古学雑誌』第64巻第2号 日本考古学会.

木村理, 2018, 「盾塚·鞍塚·珠金塚古墳出土埴輪の検討とその歴史的評価」, 『待兼山考古学論集III』大阪大学考古学研究室.

阪口英毅(編), 2014, 『七観古墳の研究』京都大学大学院文学研究科.

白石太一郎, 2000, 『古墳と古墳群の研究』塙書房.

末永雅雄(編), 1991, 『盾塚 鞍塚 珠金塚古墳』由良大和古代文化協会.

田中晋作, 2001, 「誉田丸山古墳と誉田御廟山古墳」, 『百舌鳥·古市古墳群の研究』学生社.

田中晋作, 2016, 『古市古墳群の解明へ 盾塚·鞍塚·珠金塚古墳』新泉社.

千賀久, 1982, 「誉田丸山古墳の馬具について」, 『考古学と古代史』同志社大学考古学シリーズ刊行会.

千賀久, 2003, 「日本出土の「新羅系」馬装具の系譜」, 『東アジアと日本の考古学』III(交流と交易) 同成社.

張允禎, 2008, 『古代馬具からみた韓半島と日本』同成社.

西本和哉(編), 2008, 『近畿地方における大型古墳群の基礎的研究』(平成17年度~平成19年度科学研究費補助金〔基盤研究(A)〕研究成果報告書) 奈良大学文学部.

中山清隆, 1990, 「初期の輸入馬具の系譜」, 『東北アジアの考古学 天地』六興出版.

濱岡大輔, 2003, 「植山古墳出土歩揺付飾金具について」, 『続文化財学論集』第二分冊 文化財学論集刊行 会.

藤井寺市教育委員会, 2013, 『津堂城山古墳』.

宮代栄一, 1996, 「古墳時代における馬具の暦年代―埼玉稲荷山古墳出土例を中心に―」, 『九州考古学』第71号 九州考古学会.

桃﨑祐輔, 2004a, 「倭国への騎馬文化の道―慕容鮮卑三燕·朝鮮半島三国·倭国の馬具との比較研究―」『考古学講座 講演集』(「古代の風」特別号 №2) 市民の古代研究会·関東.

桃崎祐輔, 2004b,「倭の出土馬具からみた国際環境―朝鮮三国伽耶·慕容鮮卑三燕との交渉関係―」,『加耶、그리고 倭와 北方』金海市.

吉田珠己, 1994,「丸山古墳」,『羽曳野市史』第３巻史料編１.

李尚律, 2016,「古代東アジアと日本列島の馬具」,『騎馬文化と古代のイノベーション』KADOKAWA.

柳昌煥(武末純一訳), 2004,「古代東アジア初期馬具の展開」,『福岡大学考古学論集―小田富士雄先生退職記念―』小田富士雄先生退職記念事業会.

2. 韓国語

諫早直人, 2011,「洛東江 下流域 出土 馬具의 地域性과 그 背景」,『慶北大学校考古人類学科 30周年 紀念考古学論叢』慶北大学校出版部.

諫早直人, 2018b,「동아시아에서 말 문화의 동전과 가야」,『가야고분군 IV』加耶古墳群世界遺産搭載推進団.

金跳咏, 2018,「新羅帯装飾具의 展開과 意味」,『韓国考古学報』第107輯 韓国考古学会.

金斗喆, 1993,「三国時代 轡의 研究」,『嶺南考古学』第13号 嶺南考古学会.

金斗喆, 1996,「韓国과 日本의 馬具―両国間의 編年調律」,『4·5世紀の日韓考古学』嶺南考古学会·九 州考古学会.

柳昌煥, 1995,「伽耶古墳 出土 鐙子에 대한 研究」,『韓国考古学報』第33輯 韓国考古学会.

柳昌煥, 2000,「環板轡의 編年과 分布」,『伽倻文化』第13号 伽倻文化研究院.

朴天秀, 2016,『新羅와 日本』진인진.

李炫姃, 2014,「新羅의 말과 馬具」,『新羅考古学概論 下』진인진.

4~5세기 일본과 가야의 마구
-모즈·후루이치고분군 출토 마구를 중심으로-

이사하야 나오토*
번역 : 김도영**

目次

Ⅰ. 서론

4~5세기 왜와 가야의 마구에 대해서는 일본열도에서 출토된 초기마구의 계보와 제작지, 병행관계(역연대관) 등을 둘러싸고 한일양국의 연구자에 의해 활발한 논의가 이루어져 왔다(金斗喆 1996, 宮代 1996, 柳昌煥 2004, 桃

* 교토부립대학
** 경북대학교

嶋 2004a·b, 張允禎 2008, 諫早 2012a, 李尙律 2016 등). 마구 자체의 치밀한 관찰에 근거한 이 논의들을 통해 일본열도 고분시대 마구의 직접적인 계보를, 가야를 비롯한 한반도 남부에서 구할 수 있는 것, 그리고 한반도 남부로부터 영향이 한번이 아니라 수차례에 걸친 것 등 중요한 사실이 명확해지고 있다. 이는 21세기 전반 한일양국의 마구 연구가 공유한 큰 연구 성과라 할 수 있다. 한편 유물론에 치중한 나머지, 마구들이 출토된 유적과 지역 속에서 그것을 평가하는 연구는 그다지 활발하지 않다.

본고에서는 일본열도에서 마구의 부장이 시작된 고분시대 중기, 왜왕권 중추세력의 묘역으로 여겨지는 모즈·후루이치고분군百舌鳥·古市古墳群에서 출토된 마구에 대해 기초적인 검토를 행하고, 그 계보와 제작지에 관하여 현상現狀에서 정리를 시도한다. 그리고 그 결과를 근거로 이 시기에 기마문화를 도입한 왜왕권 중추세력(모즈·후루이치고분군百舌鳥·古市古墳群축조집단)의 대외교섭에 가야의 위치에 대해서 생각해보고자 한다.

Ⅱ. 모즈·후루이치고분군百舌鳥·古市古墳群 출토 초기마구의 계보

1. 모즈·후루이치고분군百舌鳥·古市古墳群 출토 마구의 개요

오사카부大阪府 사카이시堺市에 펼쳐진 모즈고분군百舌鳥古墳群과 오사카부大阪府 하비키노시羽曳野市·후지이데라시藤井寺市에 펼쳐진 후루이치고분군古市古墳群은 고분시대 중기 일본열도에서 최대규모의 고분군으로 저명하다(도 1·2). 현재 모즈고분군百舌鳥古墳群에는 47기, 후루이치고분군古市古墳群에는 44기의 고분이 남아있는데, 제2차 세계대전 이후 혹은 그 이전부터 개발에 의해 많은 고분이 사라진 것으로 알려져 있어 양 고분군 모두 원래는 100기 이상의 고분으로 구성된 대규모 고분군이었음을 알 수 있다(西本編 2008 등). 『고사기古事記』, 『일본서기日本書紀』와 『연희식延喜式』 등 후대 문헌사료의 천황릉 관련 기재記載와 모즈고분군百舌鳥古墳群의 다이센료고분大仙陵古墳(인덕천황릉고분仁德天皇陵古墳, 분구 길이 486m)과 후루이치고분군古市古墳群의 콘다고뵤야마고분誉田御廟山古墳(응신천황릉고분応神天皇陵古墳, 분구 길이 420m)과 같은 열도 최대 규모의 전방후원분이 존재하므로, 일찍부터 양 고분군에 고분시대 중기의 왕릉이 포함되었을 것으로 여겨졌다(白石 2000 등).

마구는 모즈고분군百舌鳥古墳群의 2기, 후루이치고분군古市古墳群의 7기의 고분에서 출토되었으며 이 외에도 모즈고분군百舌鳥古墳群의 남서 2㎞에 위치하는 요츠즈카고분군四ッ塚古墳群(탑총고분塔塚古墳, 경총고분經塚古墳)과 모즈료우난유적百舌鳥陵南遺跡 등의 취락유적에서 마구가 확인되고 있다(표 1). 이 수를 많다고 생각할지 적다고 생각할지는 개별 연구자의 판단에 맡길 부분이다. 그러나 후루이치고분군古市古墳群처럼 고분시대 중기의 마구(그것도 장식마구)가 출토된 고분군은 일본열도에서 이 고분군 외에 존재하지 않는다. 양 고분군을 구성하는 대부분의 고분(특히 대형전방후원분)이 메이지시대明治時代 이래 궁내청宮內庁(구舊 궁내성宮內省)의 관리 하에 매장시설의 발굴조사가 이루어지지 않았으며, 제2차 세계대전 후의 개발에 의해 분구가 모두 파괴된 고분의 발굴조사에서 마구가 자주 출토된 것을 고려하면 원래는 마구를 부장한 고분이 더욱 많이 존재한 것은 쉽게 상상할 수 있다. 나라분지 동남부 사쿠라이시桜井市·텐리시天理市에 소재한 고분시대 전기의 열도 최대규모 고분군인 오오야마토고분군オオヤマト古墳群(대화大和·류본柳本·전향고분군纒向古墳群)을 비롯하여 전기고분에서 마구가 하나도 발견되지 않은 것을 비추어 보면 이는 매우 큰 변화이며 고분시대 중기의 어느 시점부터 말, 그것도 기마가 일본열도의 중앙부에 출현하고 급속히 확산된 것을 여실히 말하고 있다.

図 1. 百舌馬古墳群(白石2000に加筆)

図 2. 古市古墳群(白石2000に加筆)

表 1. 古市·百舌馬古墳群出土馬具一覧

地名	古墳名	時期	墳丘	埋葬施設	馬具	出土年
堺	七観古墳	中期中葉	円・50	第1槨(粘土槨)(槨外)	鉄製環板轡、木心鉄板張輪鐙、鞍金具、三環鈴、環状雲珠・辻金具、鉄製方円結合金具、鉸具など	1947
藤井寺	鞍塚古墳	中期中葉	帆・51	組合式木棺(棺外)	鉄製楕円形鏡板轡、木心鉄板張輪鐙、鉄製鞍橋、環状辻金具、鉸具、異形鉄器	1955
羽曳野	伝・誉田丸山古墳	中期中葉	円・45	—	鉄地金銅張梯形鏡板轡、鉄地金銅張楕円形鏡板轡、金銅製鞍橋2セット、金銅製歩揺付菊形飾金具、金銅製方円結合金具など	1848
堺	城ノ山古墳	中期中葉?	前円・77	竪穴式石槨	鉄製栗実形鞍金具、鉄製剣菱形杏葉?、鉄製環状辻金具片、鉸具	1950
藤井寺	長持山古墳	中期後葉	円・40	竪穴式石槨(棺外)	鉄地金銅張f字形鏡板轡、鉄製楕円形鏡板轡、鉄地金銅張鞍金具、木心鉄板張輪鐙3セット、木心鉄板装壺鐙、鉄地金銅張剣菱形杏葉、鉄製剣菱形杏葉、環状雲珠、組合式辻金具、鉸具など	1946
藤井寺	唐櫃山古墳	中期後葉	前円・53	竪穴式石槨(棺外)	鉄地金銅張f字形鏡板轡	1955
藤井寺	藤の森古墳	中期後葉	円・24	横穴式石室(石室外(墳丘斜	鉄製円環轡	1965
羽曳野	軽里4号墳	中期末葉	帆・18	—(周溝)	鉄地金銅張f字形鏡板轡、鉄地金銅張変形剣菱形杏葉、鉄地金銅張方形飾金具	1991
羽曳野	峯ヶ塚古墳	後期初頭	前円・96	竪穴式石槨	木心鉄板装壺鐙、鉄製彫鞍金具、鉄製鞍金具、轡片、鉄地金銅張辻金具片、金銅製鈴、鉸具など	1992
堺	塔塚古墳	中期後葉	方・45	横穴式石室	鉄製轡、金銅製鞍金具、木心鉄板張輪鐙、金銅製花形飾金具	1958
堺	経塚古墳	中期末葉	帆・55	南側木棺	馬具(詳細不明)	1961・1962
堺	百舌鳥陵南遺跡	中期後葉～後期初	—	—	木製鞍橋	1974

【注】墳丘　円:円墳、帆:帆立貝形古墳、前円:前方後円墳、方:方墳。数値の単位はm。
塔塚古墳、経塚古墳は四ッ塚古墳群。百舌鳥陵南遺跡は集落遺跡。

표 1에서 알 수 있듯이 양 고분군에서는 지금까지 고분시대 중기중엽부터 후기초두에 걸쳐 축조된 고분에서 마구가 출토되고 있으나 본고에서는 그 가운데서도 '초기마구'에 주목하고자 한다. 초기마구란 일본열도에서 마구생산이 본격화되기 이전에 제작된 마구를 가리킨다. 구체적으로는 철지금동장의 f자형경판비와 검릉형행엽이 출현하고 이를 청동으로 모방한 영부주조마구鈴付鋳造馬具의 생산이 시작되는 중기후엽 이전의 마구가 이에 해당한다. 초기마구는 출토 사례가 적고 형태도 다양하므로 한반도를 비롯하여 대륙에서 도입된 수입품이 포함되었을 가능성이 매우 크므로 대륙의 유례와 비교함으로써 기마문화의 전달루트와 수용·보급과정에 직접 접근할 수 있다(諫早 2012a). 아래에서는 모즈고분군百舌鳥古墳群의 시치칸고분七觀古墳, 후루이치고분군古市古墳群의 구라쓰카고분鞍塚古墳, 전·곤다마루야마고분傳·誉田丸山古墳에서 출토된 초기마구의 계보에 대해서 검토하고 그 마구들이 제작된 장소와 시기에 대해서 생각해보고자 한다.

2. 시치칸고분七觀古墳 출토 마구

시치칸고분七觀古墳은 오사카부大阪府 사카이시堺市에 소재하는 직경 약 50m의 원분이다. 고분시대 중기전엽에 축조된 분구 길이 365m의 전방후원분인 카미이시즈미산자이고분上石津ミサンザイ古墳(이중천황고분履中天皇陵古墳)의 후원부 북쪽에 접근하여 축조되어 그 배총(종속분)으로 생각되고 있다. 주체부(매장시설)는 적어도 3기가 있으며, 제2곽(동곽)에서 7령 이상의 갑주를 비롯한 철제품과 함께 신라제로 보이는 금동제용문투조대금구(上野 2014, 金跳咏 2018)가 단갑에 부착된 상태로 출토된 것으로 유명하다. 마구는 환판비, 목심철판장윤등, 안금구, 삼환령, 환상운주·십금구, 방원결합금구, 교구 등이며 철도와 철촉과 함께 제1곽(서곽)의 곽외에서 출토되었다. 필자의 초기마구 편년에서 일본열도 Ⅱ단계의 표지자료 중 하나이다

(諫早 2012a). 그 개요는 이미 1961년 소개되었는데 최근 재보고서가 간행되어 마구의 전모를 파악할 수 있게 되었다(도 3)(阪口編 2014). 아래에서는 이를 근거로 주요 마구의 계보에 대해 살펴본다.

역Y자형함유를 가진 환판비B류(도 3-①)는 이전부터 지적한대로 낙동강 이동지방을 중심으로 분포하고 있다(도 4)(諫早 2012a). 역T자형함유→역Y자형함유→인人자형함유 순으로 함유금구가 출현하고 변천해 가는 것이 명확한데(柳昌煥 2000), 역T자형함유를 착장할 수 있는 구멍이 뚫린 시치칸고분七觀古墳 출토품에 대해서는 역T자형함유에서 역Y자형함유로 변천하는 과도기적 양상을 나타내는 것으로 평가되고 있다(石田 2014). 다만 이에 관해서는 역T자형함유에서 역Y자형함유로 보수 내지 설계변경을 인정하지 않고 인人자형함유로 보는 이상율의 복원안도 있다(李尚律 2016). 또 지금까지 방형외환方形外環의 1조선인수로 보았으나 재보고서에 의해 삽자루형외환スコップ柄外環의 1조선인수라는 것이 밝혀졌다.

다음으로 류창환(1995)의 분류 I A_1식(무병)의 목심철판장윤등(도 3-②·③)에 대해서는 낙동강 하류역(김해 대성동1호분, 양동리429호분)과 낙동강 상류역(상주 신흥리 나-39호 토광묘)에 유례가 있으므로(도 5) 일단은 한반도 동남부에서 계보를 구할 수 있다(諫早 2012a).

마지막으로 안금구에 대해서는 철지은피병鐵地銀被鋲을 촘촘히 박은 철제연금구鐵製縁金具가 출토되었다(도 3-⑥). 재보고를 통해 못이 은장인 것, 병각鋲脚에 목질 이외에 소가죽과 견직물이 부착된 것이 밝혀졌다(岡田 2014). 지금까지 간소한 목장안장木装鞍으로 상정되었으나 은과 견직물로 장식한 목심혁장안장木心革張鞍였던 것 같다. 마구를 보고한 石田大輔는 부산 복천동 21·22호분과 10·11호분 출토 안금구와 공통성을 지적했다(石田 2014). 복천동21·22호분 출토품은 목제안교에 가죽을 감싼 점에서도 시치칸고분 출토품과 유사하다. 또 병각鋲脚에 부착된 수종을 동정한 결과, 시치칸고

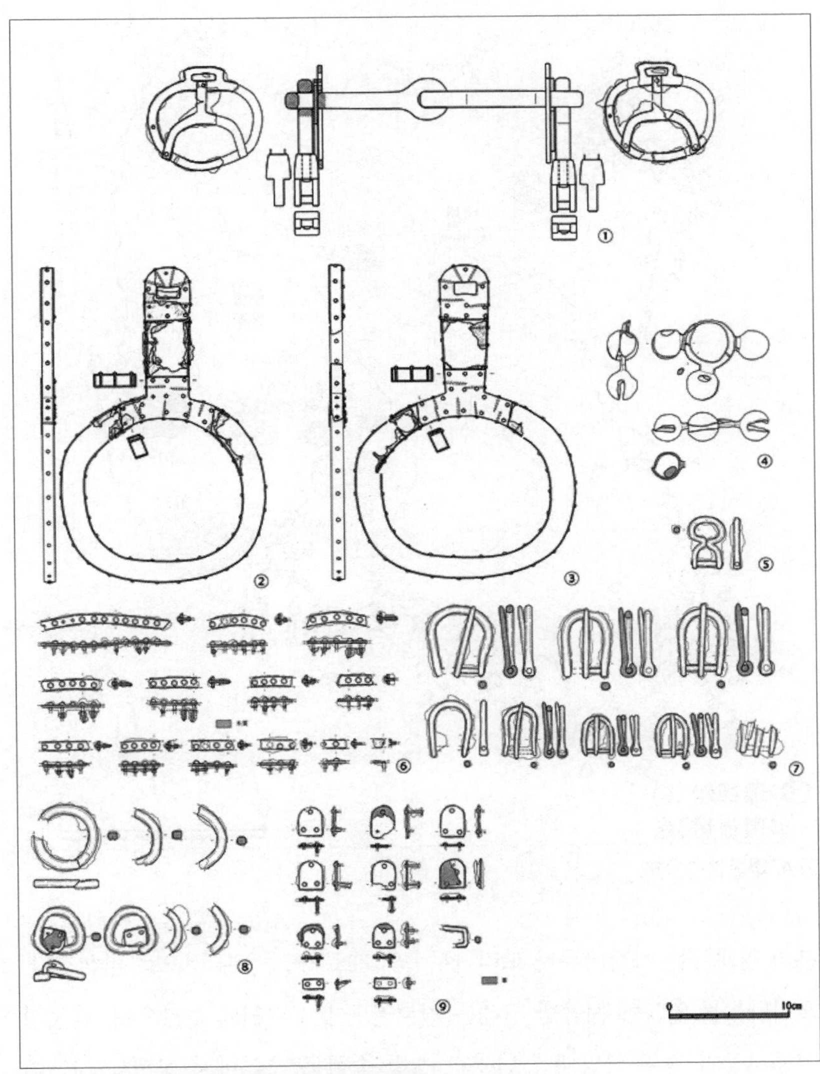

図 3. 七観古墳出土馬具 (S=1/4) (阪口編 2014)

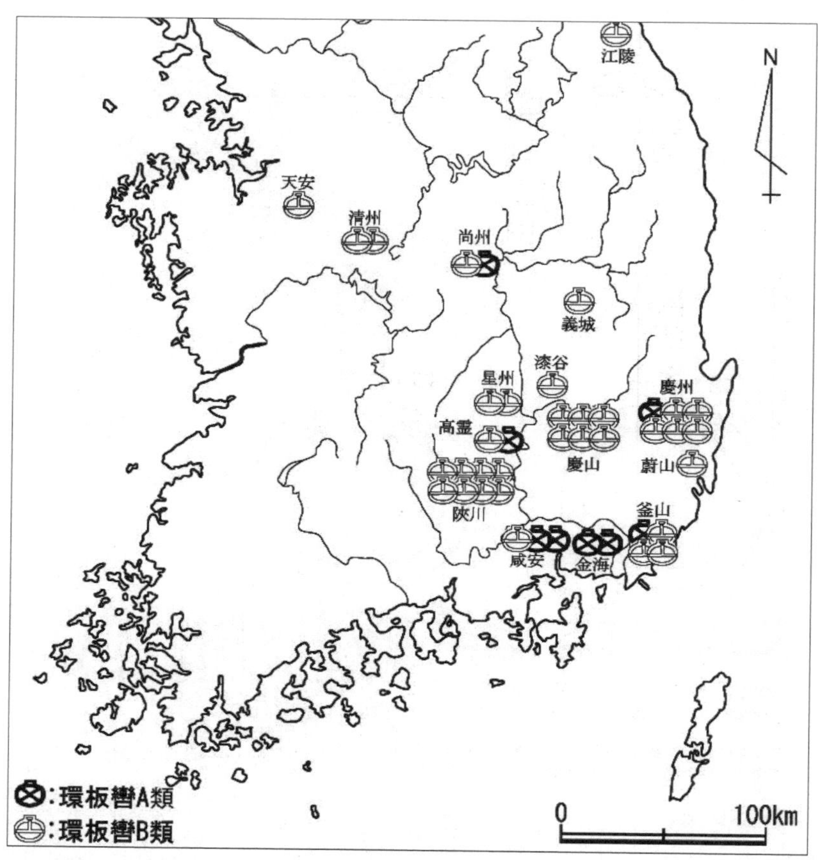

図 4. 環板轡の分布

분의 안교에는 자작나무과 오리나무속의 재료가 사용된 것으로 밝혀졌다. 오리나무를 안교에 사용한 사례는 일본열도에서 확인되지 않으며, 낙동강 이동지방의 경주 황남대총 남분과 창녕 송현동7호분에서 보고된 사례가 있다. 이처럼 안교에 사용된 용재用財의 선택, 위에서 언급한 안금구의 사례로 보아 시치칸고분 출토품은 낙동강이동지역을 중심으로 하는 한반도 동남부에서 수입되었을 가능성이 크다고 할 수 있을 것이다(諫早 2014).

이상을 종합하면 시치칸고분七観古墳 출토 마구의 계보는 부산지역을 포

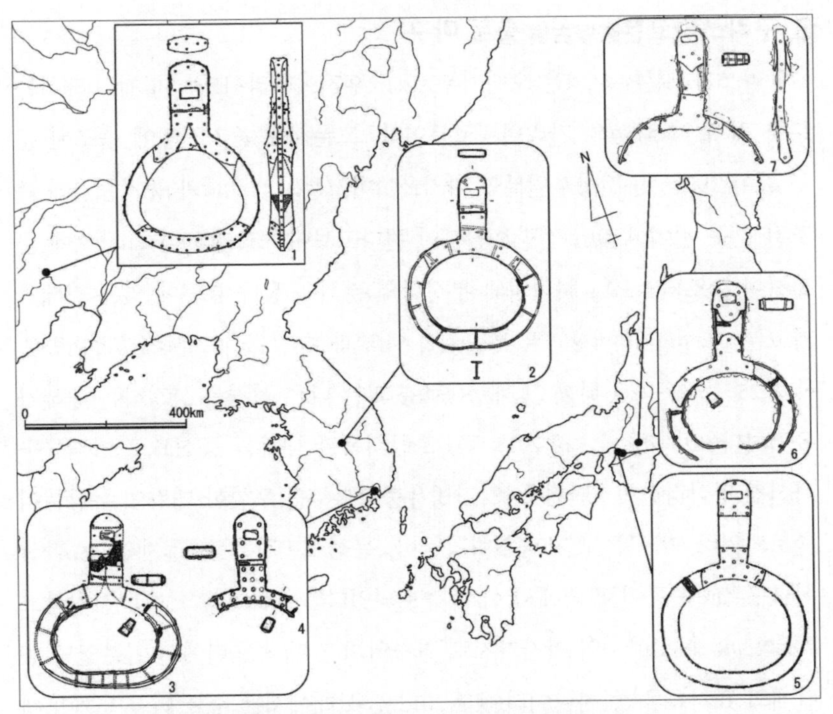

図 5. ⅠA₁ 式木心鉄板張輪鐙の類例 (S=1/8) ＊1は木心金銅板張

1：北票馮素弗墓 2：尚州 新興里ナ-39号土壙墓 3：金海 良洞里429号墳
4：金海 大成洞1号墳 5：大阪 七観古墳 6：大阪 鞍塚古墳
7：奈良 奈良ウワナベ5号墳

함한 낙동강 이동지방으로 좁혀질 가능성도 있으나 일단은 넓게 한반도 동남부(신라·가야)에서 구하는 것이 타당할 것이다. 어떠한 마구도 일본열도에 거의 유례가 없는 것, 안장을 만드는 데 사용한 재료가 낙동강 이동지방(경주·창녕)과 공통성이 인정되므로 한 세트의 마장이(아마도 말과 함께) 그대로 수입되었을 가능성이 가장 크다. 가령 일본열도에서 만들어졌다고 해도 이를 만들 수 있었던 것은 도래계의 공인이며 대부분의 재료도 고지(한반도 동남부)에서 주문하였을 것이다.

3. 구라쓰카고분鞍塚古墳 출토 마구

구라쓰카고분鞍塚古墳은 오사카부大阪府 후지이데라시藤井寺市에 소재하는 분구 길이 약 51m의 가리비형고분이다. 고분시대 중기전엽에 축조된 분구 길이 290m의 전방후원분인 나카쓰야마고분仲津山古墳과 중기중엽에 축조된 분구 길이 420m 전방후원분인 콘다고뵤야마고분誉田御廟山古墳에 근접하여 축조되었으나 하니와와 부장품의 분석을 통해 부근에 있는 타테츠카고분盾塚古墳(가리비형고분, 분구 길이 64m)과 슈킨츠카고분珠金塚古墳(방분, 한 변 25~27m) 등과 함께 그 배총(종속분)과는 다른 성격을 상정하는 견해가 유력하다(田中 2016, 木村 2018 등). 조합식목관 내부를 중심으로 방격규구사신경과 삼각판혁철단갑, 삼각판병유충각부주를 포함한 대량의 부장품이 출토되었다. 마구는 철제타원형경판비, 목심철판장윤등, 철제안교, 환상십금구, 교구 등이 관외에서 함께 출토되었다(도 6)(末永編 1991). 시치칸고분七觀古墳 출토 마구와 마찬가지로 필자의 초기마구 편년에서 일본열도 Ⅱ단계의 표지유물 중 하나이다(諫早 2012a). 아래에서는 주요 마구의 계보에 대해서 살펴보도록 한다.

우선 경판비(도 6-①)에 대해서 보면 타원형경판에 부착된 띠모양의 구금구(鉤金具)는 신라 경판비의 특징으로 여겨진다(金斗喆 1993, 千賀 2003). 동시기 신라에서는 띠모양의 구금구가 있는 자료는 아직 확인되지 않았으나 다른 후보지도 없기 때문에 우선은 낙동강 이동지방에서 계보를 구하고자 한다.

등자는 시치칸고분七觀古墳 사례와 마찬가지인 ⅠA$_1$식(무병)(도 6-⑨)과 ⅠA$_4$식(무병)(도 6-⑩)이라는 두 형식의 목심철판장윤등이 세트로 출토되었다. ⅠA$_1$식 등자는 상술한 것처럼 동남부에서 계보를 구할 수 있다(도 5). ⅠA$_4$식 등자는 낙동강 이동지방의 영향을 강하게 받은 것으로 생각되는 합천지역(옥전67-A호분)을 제외하면 부산지역(복천동10·11호분), 경산지역

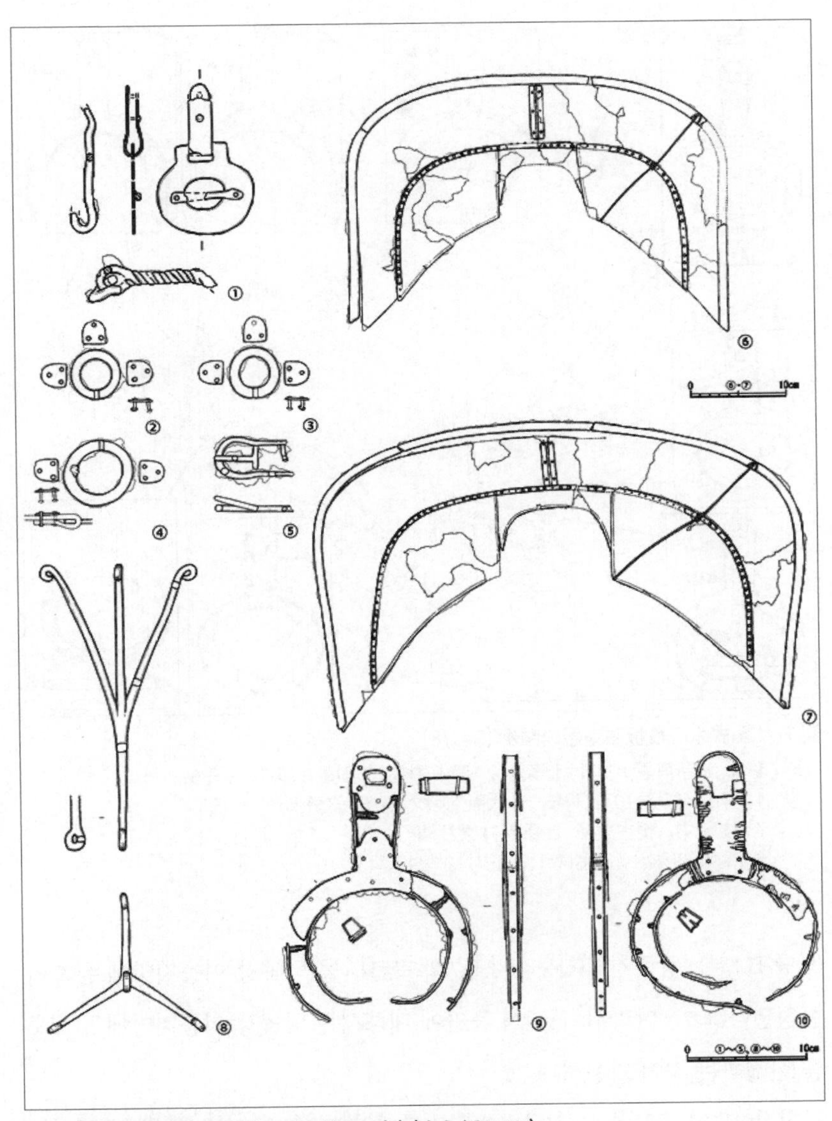

図 6. 鞍塚古墳出土馬具 (S=1/4, 鞍は1/5) (末永編1991)

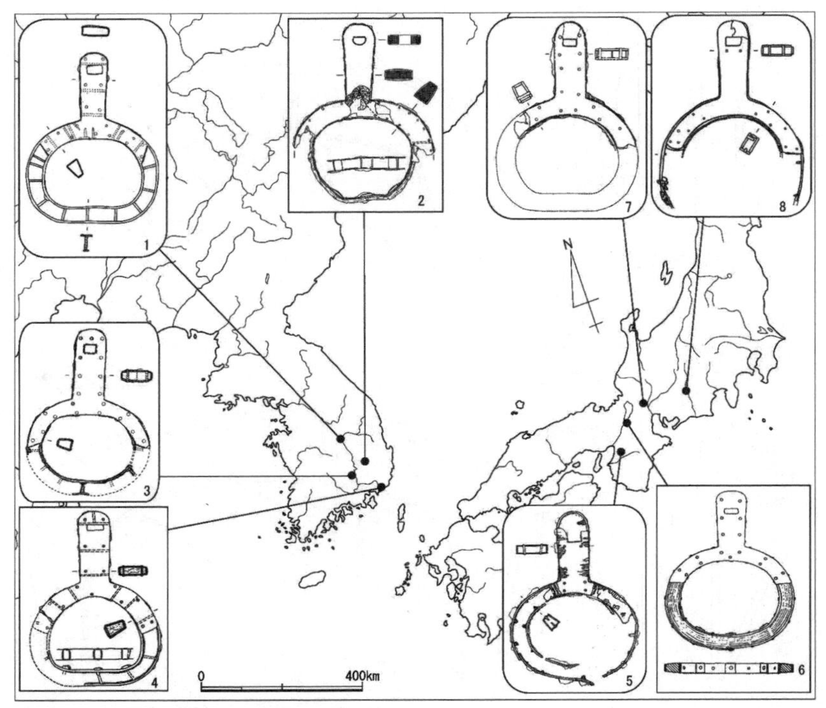

図 7. ⅠA4式木心鉄板張輪鐙の類例 (S=1/8)

1：尙州 新興里ナ-37号土壙墓 2：慶山 林堂7B号墳 3：陜川 玉田67-A号墳
4：釜山 福泉洞10·11号墳 5：大阪 鞍塚古墳 6：滋賀 新開1号墳
7：岐阜 中八幡古墳 8: 長野 新井原2号墳
* 隅丸方形枠：踏込鋲なし 方形枠踏：踏込鋲あり

(임당7B호분), 상주지역(신흥리 나-37호 토광묘) 등 낙동강 이동지방에 분포가 한정된다(도 7). 따라서 ⅠA4식 등자에 대해서는 낙동강 이동지방에서 계보를 한정하는 것이 가능하다.

철장鐵裝의 주빈洲浜·기금구磯金具 분리안分離鞍(도 6-⑥·⑦)에 대해서는 지금까지 중서부에서 1점도 확인되지 않았으며 그 구조로 보아 우선 동남부에서 그 계보를 구할 수 있다(內山 2005). 千賀久는 주빈洲浜·기금구磯金具 분리안分離鞍을 '비신라계', 주빈洲浜·기금구磯金具 일체안一體鞍을 '신라

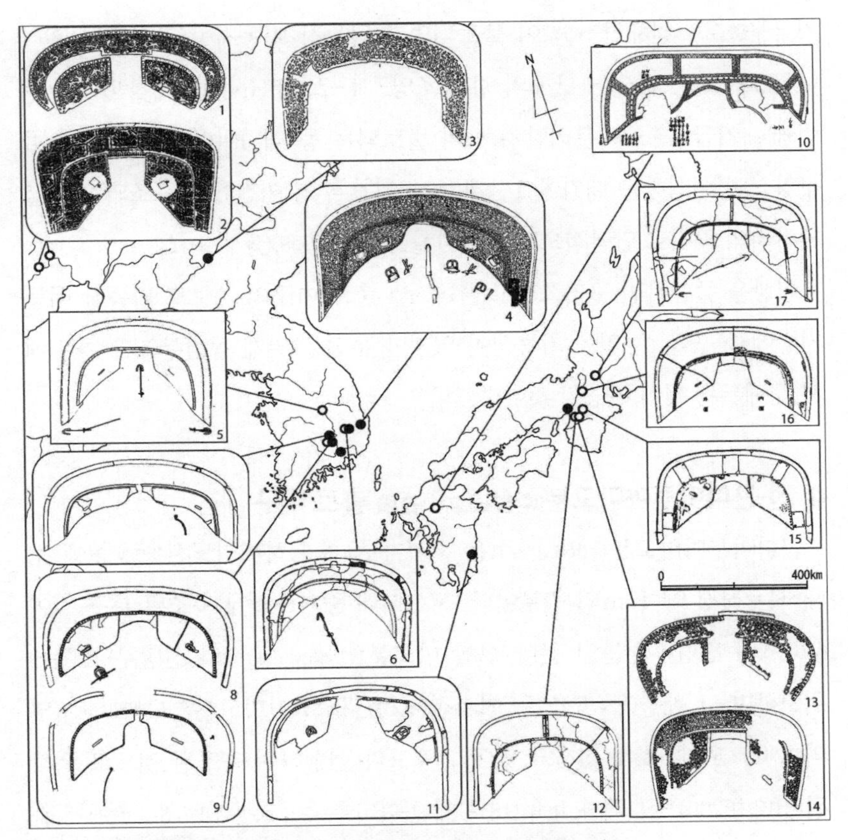

図 8. 洲浜·磯分離鞍と洲浜·磯一体鞍 (S=1/16, 10は縮尺不同)

1 : 北票 喇嘛洞ⅡM101号墓 2 : 朝陽 十二台郷磚廠88M1号墓 3 : 集安 万宝汀78-1号墓
4 : 慶州 皇南大塚 5 : 尚州 新興里ナ-39号土壙墓 6 : 慶山 造永CⅠ-1号墳
7 : 高霊 池山洞(啓)35号墳 8 : 陜川 玉田67-B号墳 9 : 陜川 玉田42号墳
10 : 福岡 月岡古墳 11 : 宮崎 下北方5号地下式横穴墓 12 : 大阪 鞍塚古墳
13 : 伝·大阪 誉田丸山(2号鞍) 14 : 伝·大阪 誉田丸山(1号鞍)
15 : 奈良ベンショ塚古墳 16 : 滋賀 新開1号墳 17 : 岐阜 中八幡古墳
○ : 洲浜·磯分離鞍 ● : 洲浜·磯一体鞍 方形枠 : 前輪 偶丸方形枠 : 後輪

계'로 분류하고 전자를 삼연·가야, 후자를 고구려·신라 안교의 특징으로 보았다(도 9)(千賀 2003 : 105). 그러나 낙동강 이서지역의 고령 지산동35호분(대가야Ⅱ단계 전반)과 합천 옥전M1호분(대가야Ⅱ단계 후반)에서 주빈洲浜·

기금구磯金具 일체안一體鞍이 출토되었고 낙동강 이동지방의 상주 신흥리 나-39호 토광묘(신라Ⅱ단계)와 경산 조영EⅢ-2호분(신라Ⅲ단계 전반)에서 주빈洲浜·기금구磯金具 분리안分離鞍이 출토되는 등 대가야에서 독자적인 마구양식이 성립하는 대가야Ⅲ단계, 즉 5세기 후엽 이전에는 구조의 차이를 제작지의 차이로 단락적으로 결부시킬 수 없다(도 8)(諫早 2012a).

이상을 종합하면 구라쓰카고분鞍塚古墳 출토 마구의 계보도 낙동강 이동지방에서 구할 수 있을 가능성이 있지만 우선은 넓게 동남부(신라·가야)에서 구해두는 것이 타당할 것이다.

4. 전·곤다마루야마고분傳·誉田丸山古墳 출토 마구

곤다마루야마고분誉田丸山古墳은 오사카부大阪府 하비키노시羽曳野市에 소재하는 직경 약 45m의 원분이다. 고분시대 중기중엽에 축조된 분구 길이 420m의 전방후원분인 콘다고뵤야마고분誉田御廟山古墳의 전방부 북쪽에 위치하며 그 배총(종속분)으로 여겨진다. 콘다고뵤야마고분誉田御廟山古墳의 외호外濠·외제外堤에 접하고 있어 그것보다 선행하여 축조된 것으로 생각된다(田中 2001 등). 嘉永元年(1848)에 곤다마루야마고분誉田丸山古墳에서 출토된 것으로 전해지는 장식마구(철지금동장제형경판비, 철지금동장타원형경판비, 금동제안교 두 세트, 금동제보요부국형식금구, 금동제방원결합금구 등)와 병류단갑 편, 철촉, 녹각제철도편 등이 후원부 남쪽에 위치하는 콘다하치만궁誉田八幡宮에 소장되어 있으며(도 9~11)(吉田 1994), 모즈·후루이치고분군百舌鳥·古市古墳群 출토품 가운데 유일하게 국보로 지정되었다. 발굴 자료는 아니므로 일괄성에 의문의 여지는 있으나 대략 필자의 초기마구편년에서 일본열도 Ⅲ단계로 비정된다(諫早 2012a). 아래에서는 주요 마구의 계보에 대해서 살펴본다.

우선 용문을 투조한 금동제안교(도 10·11)에 대해서는 삼연제로 보는 의

견도 있으나(桃崎 2004), 구조상, 삼연(모용선비)의 안교와는 구별되므로 삼연의 계보를 가지면서도 한반도 동남부에서 제작되었을 가능성이 가장 크고 같은 지역에서 도래한 공인에 의해 일본열도에서 제작되었을 가능성도 부정할 수 없다고 보는 內山敏行의 지적은 정곡을 찌른다(內山 2005). 千賀久은 주빈洲浜·기금구磯金具 분리안分離鞍인 것을 근거로 전기가야에서 제작된 것으로 상정하나(千賀 2003), 후술하듯이 당해기 안교 구조의 차이를 제작지로 결부시키기는 어렵고 또 전기가야의 중심인 낙동강 하류역에서 마구를 만들 정도로 고도의 투조기술과 도금기술을 보유하고 있었던 것이라고는, 적어도 현재까지 출토된 자료로는 생각하기 어렵다. 안교 구조에 무시하기 어려운 차이도 존재하지만 당해기 용문투조제품(안교를 포함한)이 여럿 확인되고 있는 낙동강 이동지방이 현시점에서 가장 유력한 제작지의 후보일 것이다.

철지금동장쌍엽문투조제형경판(도 9-①)은 어떨까. 투조를 베푼 방형구금구方形鉤金具에 대해서는 시가현滋賀縣 신카이新開1호분과 중국 요동성의 북표 라마동ⅡM16호묘에 유사한 사례가 있지만(도 12), 아직 한반도에서는 출토되지 않았다. 제형경판에 대해서는 삼연과 고구려는 물론 낙동강 이동지방에도 유례가 없으며 현재까지 철제의 제형경판은 낙동강 하류역과 중서부에서 낙동강 상류역에 걸친 일대에 분포할 뿐이다(도 13). 전·곤다마루야마고분傳·誉田丸山古墳 출토 철지금동장제형경판이 철정에서 유래된 것으로 생각되는 이 철제제형경판들과 같은 맥락에서 제작된 것이라면 그 제작지를 낙동강 이동지방에서 구하는 것은 현재로서는 어렵다.

마지막으로 보요부국형식금구歩搖付菊形飾金具에 대해서 살펴본다. 예전에는 고구려계로 보는 의견도 있었으나(千賀 1982), 中山清隆에 의해 '보요부식금구는 고구려계통의 것이 신라에 수용되어 5세기 중엽경에 완성된 형태로 애용된 것으로 보인다. 가야제국과 일본은 직접적으로 신라로부터 받아들인 것으로 보는 편이 자연스러울 것이다(中山 1990:224)'라고 지적된 이래, 한국인 연구자를 중심으로 신라 마구라는 평가가 정착되었다(金斗喆 1996, 李炫姃 2014, 朴天秀 2016 등). 그러나 곤다마루야마고분誉田丸山古墳에서 출토된 것으로 여겨지는 20점의 국형식금구菊形飾金具 가운데 현시점에서는 고구려에만 유례가 있는 심봉식a류(도 9-⑬)가 5점 포함된 것은 매우 중요하다(표 2). 즉, 국형식금구菊形飾金具만 보면 東潮와 濱岡大輔가 지적한대로 '고구려에서 신라 혹은 가야를 거쳐 유입(東 1997: 523)'되었거나, '중국 동북부에서 직접 혹은 한반도를 거쳐 일본열도로 반입되었을(濱岡 2003: 692)' 가능성, 즉 제작지가 고구려일 가능성도 충분히 있을 것으로 생각된다(諫早 2018a).

만약 이상과 같은 개별 마구의 계보에 대한 필자의 이해가 타당하다면 두 쌍의 안교를 포함한 전·곤다마루야마고분傳·誉田丸山古墳 출토 장식마구의 제작지 후보로 남은 곳은 도래공인에 의한 직접적인 기술이전을 절대 조건으로 하는 일본열도뿐이다. 제형경판의 평면형태에는 가야·백제의 마

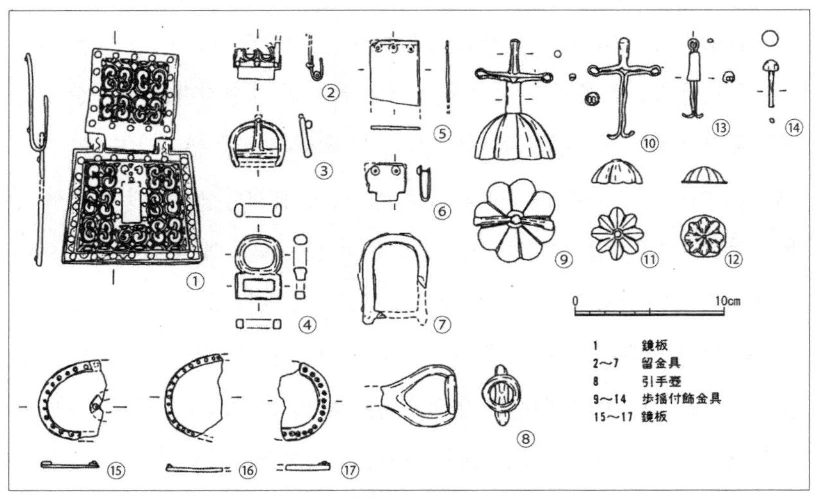

図 9. 伝·誉田丸山古墳出土馬具(鞍以外) (S=1/4) (吉田1994)

구, 보요부국형식금구에는 고구려의 마구, 그리고 제형경판에 부착된 투조 방형구금구에는 삼연 마구의 영향이 간취되는 것으로 보아 그 경우도 특정 지역으로부터 기술이전으로 설명할 수 없다(도 14). 다양한 요소가 동일 세트 속에서 공존하고 동일 개체 속에서 융합되는 것으로 보아 다양한 루트를 가진 도래공인들이 동일공방에서 공동으로 마구 제작에 종사한 모습을

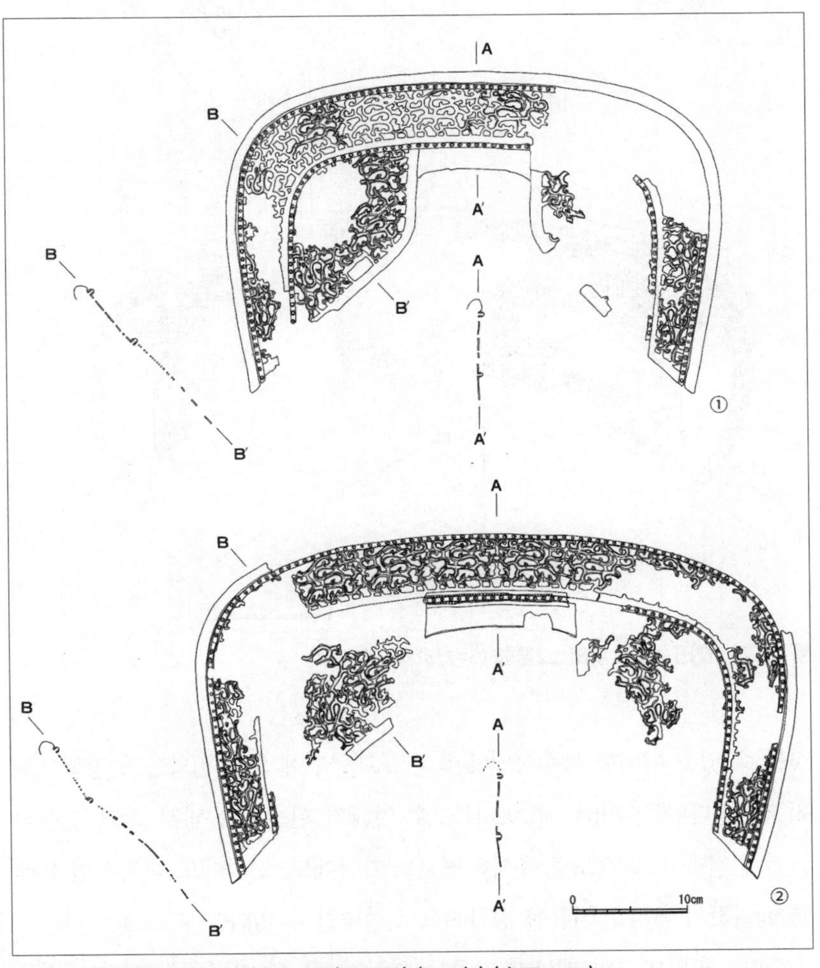

図 10. 伝·誉田丸山古墳出土1号鞍(鞍以外) (S=1/5) (吉田1994)

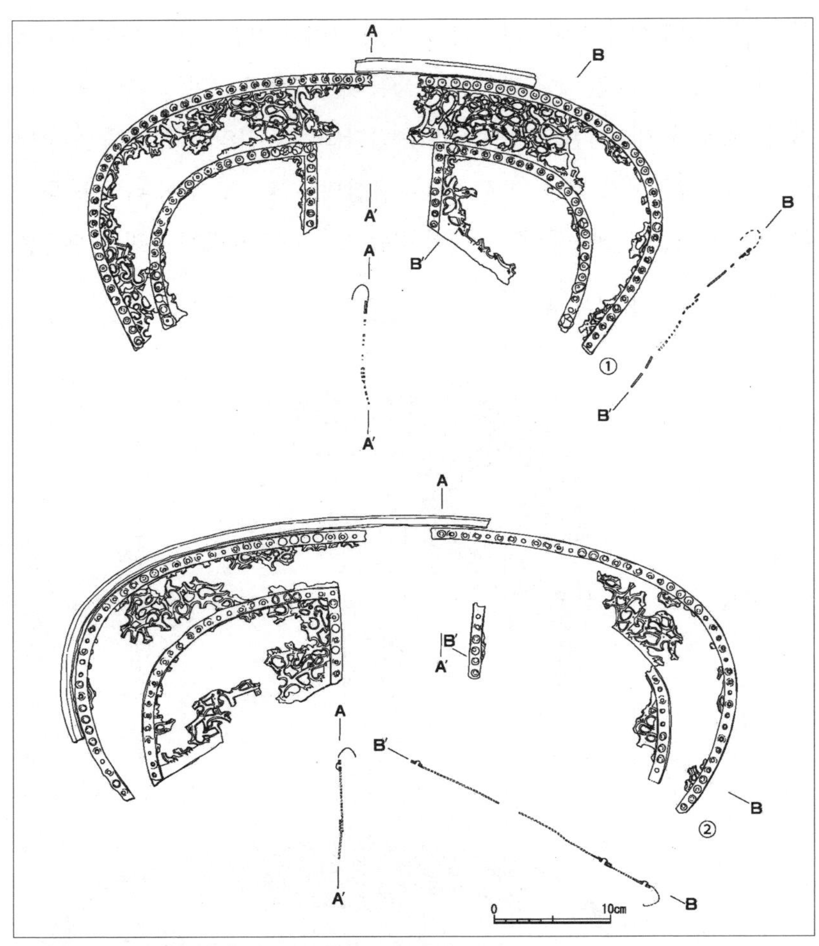

図 11. 伝·誉田丸山古墳出土2号鞍 (S=1/5) (吉田1994)

엿볼 수 있고 이러한 복수지역에서 온 도래공인에 의한 협업을 상정함으로써 전·곤다마루야마傳·誉田丸山1·2호 안교가 한반도 동남부 안교의 형식학적 변천을 따를 정도로 유사하면서도 가야에도, 신라에도 직접적인 유례를 발견하기 어려운 이유를 정합적으로 설명할 수 있다(諫早 2013).

한편, 개별 마구의 계보가 착종된 현상現狀은 이 마구들의 제작 배경을

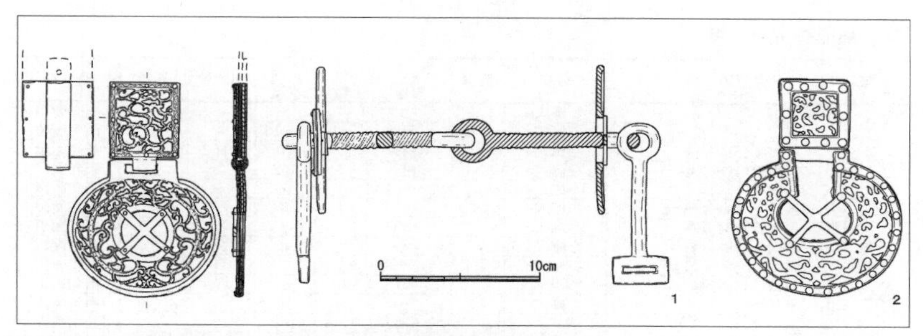

図 12. 方形鉤金具をもつ鏡板轡 (S=1/4, 2は縮尺不同)

1：滋賀 新開1号墳 2：北票 喇嘛洞 II M16号墓

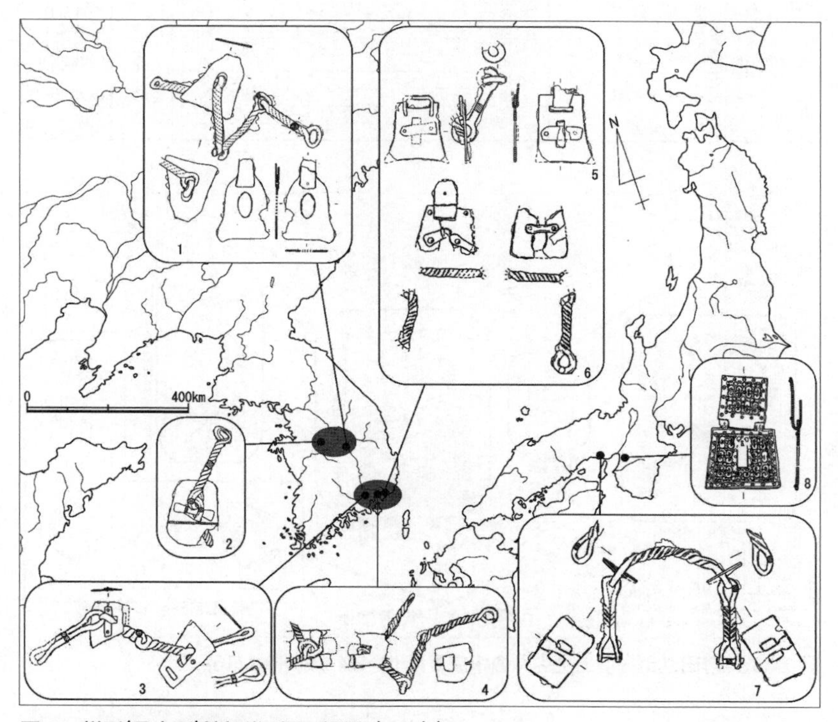

図 13. 梯形(長方形)鏡板轡A類の類例 (S=1/8)

1：尚州 城洞里107号土壙墓 2：清原 松垈里13号墳 3：咸安 道項里<文>3号墳
4：金海 良洞里196号墳 5：釜山 福泉洞54号墳 6：釜山 福泉洞95号墳
7：兵庫 行者塚古墳(2号轡) 8：大阪 伝·誉田丸山古墳

表 2. 菊形飾金具一覧

地域		遺跡名	型式	筒金	歩揺 形態	歩揺 数	台座 弁数	出土数	馬具	時期
高句麗	慈城	西海里2-1号墓	心棒式a	×	円	1	8	6	○	高句麗Ⅲ
	集安	禹山下992号墓	心棒式a	×	円	1	8・10	4	○	高句麗Ⅲ
		禹山下3319号墓	心棒式a	×	円	1	10	16	○	高句麗Ⅲ
		麻線溝2100号墓	心棒式a	×	円	1	10?	2	○	高句麗Ⅲ
		西大塚	心棒式a	×	—	1	10	6	○	高句麗Ⅲ
		禹山下3142号墓	心棒式a	×	—	1	8	1+	?	高句麗Ⅲ
		禹山下3231号墓	心棒式a	×	—	1	8	1+	○	高句麗Ⅲ
		禹山下3283号墓	心棒式a	×	—	1	8	1+	○	高句麗Ⅲ
		禹山下3560号墓	心棒式a	×	—	1	8	1+	○	高句麗Ⅲ
		山城下159号墓	鋲留式	×	×	×	8	5	?	高句麗Ⅲ
		千秋塚	心棒式a	○	円	1	10	7	○	高句麗Ⅳ
		太王陵	心棒式a・b	○	円・心葉	1・4	10?	29	○	高句麗Ⅳ
三燕	北票	喇嘛洞Ⅱ M266号墓	鋲留式	—	—	—	8	1+	○	三燕Ⅰ
		喇嘛洞村1988年採集品	心棒式b	○	円	2	8	1	—	三燕Ⅱ
			鋲留式	—	—	—	8	1	—	—
新羅	慶山	林堂7A号墳	心棒式b	○	心葉	3	8	5	○	新羅Ⅲ前半
	慶州	皇南大塚南墳	心棒式b	○	円・心葉	1〜4	7・8	449	○	新羅Ⅲ後半
			鋲留式	—	×	×		少量		
		皇南大塚北墳	心棒式b	○	円	1〜3	7・8	583	○	新羅Ⅲ後半
		金冠塚	心棒式b	○	—	2・3	7・8	約100	○	新羅Ⅳ
		路東里４号墳	心棒式b	○	円	3・4	8・10	54以上	○	新羅Ⅳ
大加耶	高霊	池山洞75号墳	有脚式	—	×	×	8	3	○	大加耶Ⅱ
倭	大阪	伝誉田丸山古墳	心棒式a	○	—	1	8・10	5	○	日本列島Ⅲ
			心棒式b	○	—	2		9		
			鋲留式	—	×	×		6		
	長野	大星山２号墳	?	?	?	?	10	3	×	日本列島Ⅲ

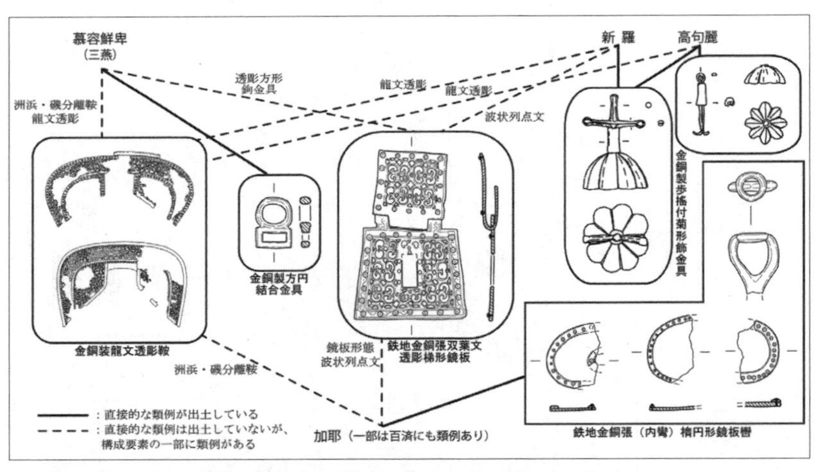

図 14. 伝·誉田丸山古墳出土馬具の構成要素 (S=1/4, 鞍のみ 1/16)

설명하는 것으로 보기에는 걸맞지 않은 것으로 평가할 여지도 충분히 있으므로, 앞으로 중국 동북부~한반도 남부의 어딘가에서 직접적인 유례로 평가할 수 있는 일괄 자료가 출토될 가능성도 상정해 둘 필요가 있을지 모른다. 만약 그럴 경우, 가장 유력한 후보지는 이미 지적된 것처럼 낙동강 이동지방일 것이다(中山 1990, 李炫姃 2014, 朴天秀 2016 등). 다만 표형외환瓢形外環의 1조선인수를 가진 철지금동장타원형경판비(도 9-⑧, ⑮~⑰)에 대해서는 낙동강 이동지방과의 관계만으로는 이해할 수 없으므로 두 쌍의 안교 세트관계를 어떻게 생각할지가 문제가 된다.

5. 소결

이상, 모즈·후루이치고분군百舌鳥·古市古墳群에서 출토된 초기마구에 대해 기초적인 검토를 행하고 그 계보를 밝힘과 동시에 제작지의 추정도 시도했다. 구체적인 제작지에 대해서는 더욱 유례의 증가를 기다릴 필요가 있으나 초기마구들의 직접적인 계보를 기본적으로 한반도 동남부(신라·가야)에서 구할 수 있는 것, 마구공인과 재료의 도래를 전제로 하는 일본열도제의 가능성을 남기면서도 기본적으로는 한반도 동남부에서 제작되어 박재된 수입품으로 생각할 수 있는 것 등은 이미 지적한 바이다.

마지막으로 마구의 제작연대에 대해 필자의 견해를 밝혀두자면, 일본열도 Ⅱ단계로 비정할 수 있는 시치칸고분七觀古墳, 구라쓰카고분鞍塚古墳 출토 마구는 4세기 말~5세기 초 이후, 일본열도 Ⅲ단계로 비정할 수 있는 전·곤다마루야마고분傳·誉田丸山古墳에 대해서는 5세기 전엽~중엽이라는 제작연대를 상정할 수 있다(도 15). 다만, 분구에는 모두 등요窖焼에서 소성된 川西宏幸(1978)편년 Ⅳ기의 하니와가 수립되어 있으므로 부장연대는 모두 고분시대 중기중엽, 즉 5세기 전엽~중엽의 폭 속에서 이해해야 할 것이다. 중기전엽에 축조된 후루이치고분군古市古墳群의 노나카미야야마고분野中宮山古墳(전방후원분, 분구 길이 154m)에서 최고最古의 마형馬形하니와가 출토된 것으로 보아 마구의 출현 시기도 4세기 말~5세기 초까지 거슬러 올라갈 가능성이 크다. 한편 후루이치고분군古市古墳群 축조의 효시로 여겨지는 중기초의 츠도우시로야마고분津堂城山古墳(전방후원분, 분구 길이 208m) 출토품에 마구가 포함되지 않은 것으로 보아(藤井寺市教育委員會 2013), 현재로서 마구부장의 시작은 양 고분군의 축조개시 때까지 거슬러 올라가지 않고 일정 기간을 거친 후에 시작되었을 것이다.

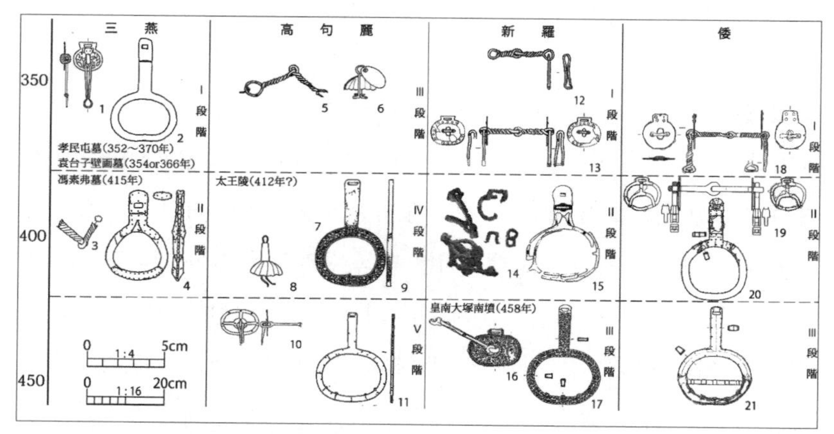

図 15. 東北アヅア出土馬具の製作年代 (S=1/16, 6·8は1/4)

1·2 : 孝民屯154号墓 3·4 : 馮素弗墓 5·6 : 禹山下3319号墓 7 : 七星山96号墓
8·9 : 太王陵 10·11 : 万宝汀78号墓 12 : 煌城路20号木槨墓 13 : 月城路カ-13号墳
14·15 : 皇南洞109-3·4号墳 16·17 : 皇南大塚南墳 18 : 行者塚古墳
19·20 : 七観古墳 21 : 瑞王寺古墳

Ⅲ. 모즈·후루이치고분군百舌鳥·古市古墳群 출토 초기마구로 본 왜와 가야

지금까지 모즈·후루이치고분군百舌鳥·古市古墳群 출토 초기마구가 기본적으로 4세기 말~5세기 이후 한반도 동남부(신라·가야)와의 관계 속에서 이해할 수 있음을 살펴보았다. 千賀久(2003)가 지적한 '신라계', '비신라계'

의 차이가 신라와 가야의 마구에서 현저하게 나타나는 것은 경주 황남대총 남분 출토 마구와 합천 옥전M3호분 출토 마구 이후 즉, 5세기 중엽~후엽경부터이며 그 이전 양자의 마구에는 차이점 이상으로 공통점이 확인되기 때문에 개별 마구가 신라마구인지, 가야마구인지에 관해서는 좀처럼 직접적인 유례가 출토되지 않는 한, 엄밀한 구분은 어렵다. 또, 시치칸고분七觀古墳, 구라쓰카고분鞍塚古墳 출토 마구의 유례가 출토된 부산지역을, 경주지역을 중심으로 하는 낙동강 이동지방, 즉 신라 속에서 이해해야할지 김해지역과 함께 낙동강 하류역, 즉 금관가야로 이해해야 하는가에 따라 그 결론은 전혀 달라질 것이다.

여기서 주의해야 하는 것은 모즈·후루이치고분군百舌鳥·古市古墳群에서 지금까지 출토된 초기마구를 보는 한, 그 이외의 지역과 직접적인 관련이 상정되는 마구가 현재로서는 확인되지 않는 것이다. 지리적으로 떨어진 고구려·삼연과 그 이원以遠의 땅은 우선 제외하더라도 한반도 중서부, 즉 백제와 관련된 마구가 존재하지 않은 것은 일본열도 기마문화의 수용에서 백제의 관여를 생각하는 데 시사적이다. 초기마구에 해당하는 일본열도 Ⅰ~Ⅲ단계의 마구 가운데에는 표비와 목심철판장윤등 등을 중심으로 백제와 관련된 것으로 이해해야 하는 마구가 일정 수 존재한다(諫早 2012a). 후루이치고분군古市古墳群의 북쪽 25㎞에 위치하여 왕권 슬하의 목장(마필생산지)로 보이는 오사카부大阪府 시토미야키타유적蔀屋北遺跡에서 백제계의 유환부표비遊環付鑣轡를 모방한 것으로 보이는 표비가 출토되는 등(도 16), 일본열도에서 마필생산을 수용하는데 백제와의 관계는 무시할 수 없음에도 불구하고 백제와 관련된 것으로 이해할 수 있는 마구가 모즈·후루이치고분군百舌鳥·古市古墳群 출토 초기마구에서 확인되지 않는 이유는 어떻게 생각해야 할까.

물론 현재까지 알려진 모즈·후루이치고분군百舌鳥·古市古墳群 출토 초기마구는 빙산의 일각에 지나지 않으므로 모즈·후루이치고분군百舌鳥·古市古墳群에도 아마도 백제와 관련된 마구가 부장되었을 가능성은 충분히 있다. 그러나 지금까지 일본열도에서 출토된 백제와 관련된 것으로 이해해야 하는 마구와 백제 한성기의 고분에서 출토된 마구로 보아, 거기에 전·곤다마루야마고분傳·誉田丸山古墳 출토 마구와 같은 화려한 장식마구가 포함되었을 가능성은 낮을 것이다. 전·곤다마루야마고분傳·誉田丸山古墳와 같은 초기 장식마구의 계보는 이를 장착하여 바다를 건넌 말의 고지와 관련될 가능성이 크나 개별 장식마구(식마飾馬)의 움직임과 보다 대규모로 전개되었을 마필생산 수용의 움직임은 반드시 일치하는 것 같지는 않다.

이상의 결론에서 두 가지 중요한 사실이 떠오른다. 하나는 고분시대 중기 기마문화의 본격적인 도입이 기마문화의 창구라고 할 수 있는 한반도 남부 제지역과 다각적인 관계 속에서 이루어진 것, 또 하나는 이를 주체적으로 도입하였을 왜왕권 중추(모즈·후루이치고분군百舌鳥·古市古墳群축조집단)가 기마문화 도입 당초부터 신라·가야를 매개로 장식마구를 적극적으로 입수하고 있었던 것이다. 중기전엽부터 중엽에 걸친 시기에 보이는 이 움직임은 일러도 중기후엽에는 동일본의 대규모 마필생산지의 성립, f자형경판비와 검릉형행엽의 도입과 그 순조로운 모방생산으로 전개되어 간다(諫早 2012b·2017b). 일본열도의 마필생산과 장식마구 생산이 신속하게 궤도에 오를 수 있었던 제일의 요인은 이를 필요로 하여 실제로 획득한 왜왕권 중추의 외교수완에서 구해야 할지 모르겠지만, 거시적으로 보면 왜를 둘러싼 당시의 국제정서의 변화, 즉 고구려 남하정책으로 인해 동북아시아에서 군사적 긴장이 확산되는 가운데 왜왕권과 한반도 남부의 제왕권 사이에 '호혜적 관계'가 형성된 것을 최대의 계기로 보아야 할 것이다(도 17)(諫早 2017a).

그리고 중기전엽부터 중엽에 걸쳐 기마문화의 수용만이 아니라 중기후엽 이후 기마문화의 보급·정착이라는 왜왕권이 주도한 일련의 국가 프로젝트에 가장 공헌한 것이 가야의 제지역이었던 것은, 말이라는 대형동물을 대량으로 해로수송海路輸送할 필요가 있다는 점에서 추측할 수 있는 지정학적 위치만이 아니라, 중기후엽이후 일본열도에서 제작된 장식마구가 기본적으로 '비신라계' 마구인 점에서도 쉽게 추측할 수 있다(도 18)(諫早 2018b). 후루이치고분군古市古墳群의 나가모치야마고분(長持山古墳, 원분, 40m)과 카라토야마고분(唐櫃山古墳, 전방후원분, 53m), 카루사토輕里4호분(가리비형고분, 18m) 등 중기후엽부터 말에 걸쳐 축조된 중소규모의 고분에서 출토된 f자형경판비와 검릉형행엽은, 그 제작지가 일본열도였다고 하더라도 가야(대가야) 및 백제와 공통된 장식마구이며 왜왕권 중추(모즈·후루이치고분군百

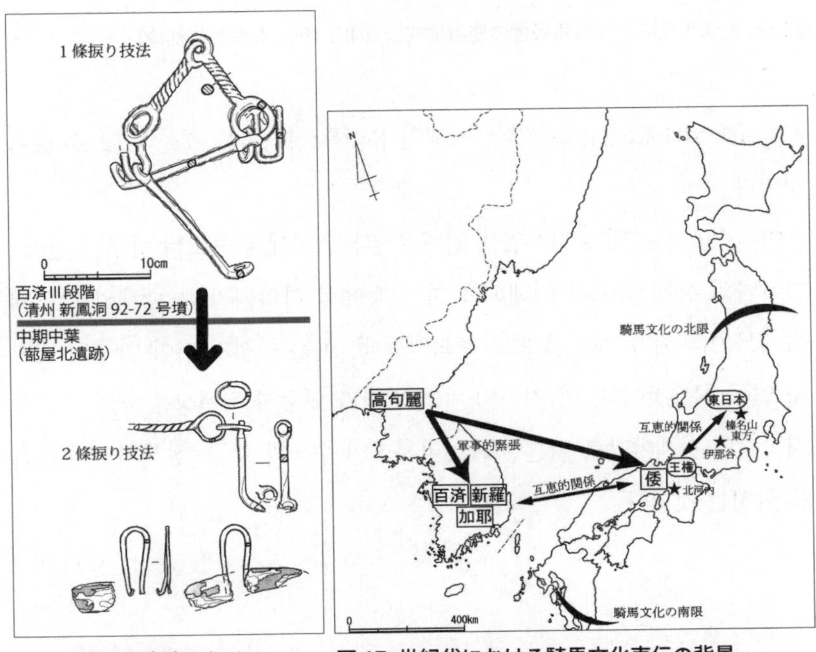

図 16. 蔀屋北遺跡における 鉄製馬具の製作 (S=1/6)

図 17. 世紀代における騎馬文化東伝の背景

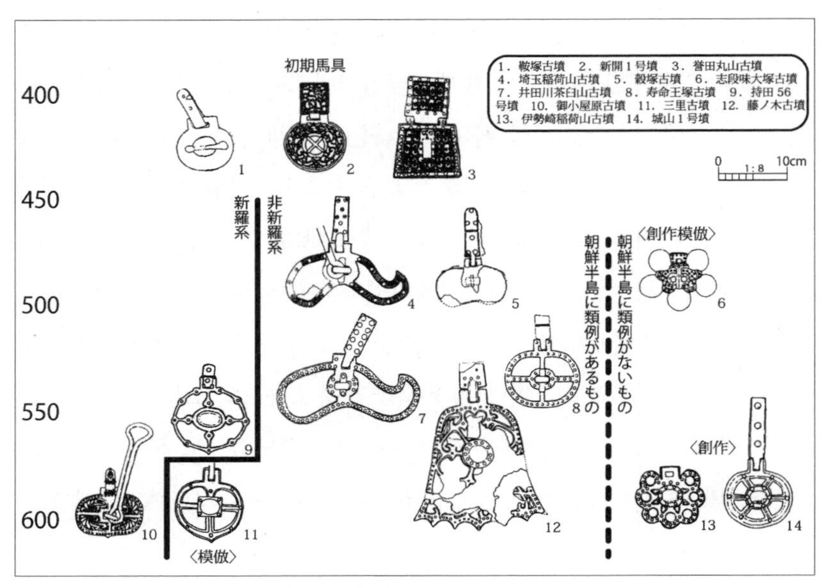

図 18. 古墳時代における鏡板轡の変遷模式図 (内山 1996 をもとに作成)

舌鳥·古市古墳群축조집단)과 가야, 백제의 유대를 상징하는 것이라 할 수 있을 것이다.

이처럼 고분시대 중기후엽을 경계로 일본열도에서 출토된 마구는 신라·가야와의 관계 속에서 이해해야 하는 것에서 가야(대가야)·백제와의 관계 속에서 이해해야 하는 것으로 변화하는데, 이는 동시기 가야 마구의 변화와 연동하는 것이다. 양 지역의 마구 변화가 연동하는 현상은 왜와 가야의 지속적인 관계야말로 일본열도 기마문화의 수용과 보급·정착의 기초였음을 말하는 것이다.

Ⅳ. 맺음말

본고에서는 고분시대 중기, 왜왕권 중추의 묘역인 모즈·후루이치고분군百舌鳥·古市古墳群에서 출토된 초기마구의 계보에 대해서 검토하고 그것들이 한반도 동남부(신라·가야)와의 관계 속에서 이해할 수 있는 것을 명확히 했다. 또 지정학적 위치와 장식마구의 형태로 보아 일본열도 기마문화의 수용과 보급·정착에 가야가 일관되게 큰 역할을 담당하였음을 지적했다. 장식마구의 형태를 보는 한, 가야와의 양호한 관계는 562년 가야가 완전히 멸망하기까지 지속된 것으로 보인다. 물론 가야와의 관계는 모즈·후루이치고분군百舌鳥·古市古墳群이 축조된 고분시대 중기 이전까지 거슬러 올라가지만, 금관가야와 통형동기, 왜계유물을 공유한 고분시대 전기의 왜에서는 기마의 형적形跡이 희박하다. 이것이 의미하는 바에 관해서는 앞으로 과제로 삼고자 한다.

「4～5世紀日本と加耶の馬具―百舌鳥·古市古墳群出土馬具を中心に―」討論要旨

武末純一（福岡大学）

まず初めに、この加耶騎馬人物形土器に表現された人物は冠帽形の冑をかぶるから、加耶諸国中の国の政治的首長だろうが、威儀的な武装であるにせよ重装騎兵の姿だから、重装騎兵軍団を率いる軍事的な指揮権もあわせ持つといえよう。当時の加耶が政軍一致の体制だった可能性が提起される。そして、諫早氏が指摘するように日本列島の政権が主にこの時期の新羅·加耶から騎馬文化を取り入れたならば、倭も同様な体制だったのだろうか？

「4~5세기 일본과 가야의 마구-모즈·후루이치 고분군 출토 마구를 중심으로-」에 대한 토론문

타케쓰에 준이치 (후쿠오카대학)

번역 : 김도영 (경북대학교)

우선 처음으로 이 가야기마 인물형토기에 표현된 인물은 관모형의 투구를 쓰고 있으므로 가야제국 가운데 국의 정치적 수장일테지만, 위의적威儀的인 무장이었다고 하더라도 중장기병의 모습이므로 중장기병군단을 통치하는 군사적인 지휘권도 겸비한다고 할 수 있을 것이다. 당시 가야가 정군일치政軍一致의 체제였을 가능성이 제기된다. 그리고 이사하야諫早씨가 지적한대로 일본열도의 정권이 주로 이 시기의 신라·가야에서 기마문화를 받아들였다면 왜도 같은 체제였을까?

「4~5세기 일본과 가야의 마구-모즈·후루이치 고분군 출토 마구를 중심으로-」에 대한 토론문

이 상 율 (부경대)

한국과 마찬가지로 일본에서도 마구는 역연대 설정의 근거가 될 정도로 중요한 위치에 있다. 발표자가 거론한 시치칸(칠관)고분, 쿠라츠카(안총)고분, 콘다마루야마(당전환산)고분 마구도 역연대 설정의 기준이 되는 표지마구들이다.

그러나 양국의 마구연대관은 대략 50년 전후의 시차로 여전히 평행선을 견지한다. 이로 인해 상호 문물의 교차편년에 많은 문제점을 야기하고 있는 것도 사실이다. 여기서는 근본적으로 해결해야 할 이러한 문제를 재론하기 보다는 다음 사항에 대해서만 묻고 싶다.

1. 발표자는 고분시대중기 이후 입수된 초기마구를 한반도 남부 제지역과 다각적인 관계 속에서 이루어진 것으로 본다. 그 계보의 중심을 한반도 동남부(신라·가야)으로 보나 점차 중서부지방(백제)까지 넓혀보려는 시각도 엿보인다. 초기마구의 수용지역이 넓혀진 만큼 수용주체가 일본 내 각지의 직접교섭에 의한 것인가 아니면 모즈·후루이치고분군으로 대표되는 왜왕권 성립이후 일원화된 창구를 통한 것인가

2. 일본마구의 독자성은 f자형판비와 검릉형행엽을 중심으로 한 장식마구의 성립부터 뚜렷해지나 최근에는 초기 재갈에 상응하는 마갱 및 갑주나 금공품의 기술적 공통성을 근거로 토착화의 시기를 올려보기도 한다. 이에

대한 발표자의 견해를 듣고 싶다.

3. 일본 초기마구에서 신라 혹은 백제적 요소와 영향은 얼마나 살펴지나.

公元3至6世纪中国马具及其与周边的交流

陈凌*

目次

3至6世纪是中国古代马具发展和完善的重要阶段。马具结构部件中马镫、马鞍这两个重要的组成部分的变化，既涉及到骑乘技术的改进，还与中国北方游牧民族的活动密切相关。在这一阶段中国古代马具的传播对包括中亚、东北亚等周边地区产生了深刻的影响。

一、马镫的起源与演变

(一) 马镫的起源与演变

目前关于马镫起源问题，学术界产生分歧很大程度上是因为马镫的

* 北京大学

界定有不同的意见。我们有必要先讨论一下马镫的概念。形式和功能两个范畴是人类认识事物最基本的出发点，因此我们认为，判定何为马镫的标准至少应该包括形式(包括制作工艺)、功能两个方面。人为地去取其中一种，都将失之主观偏颇。

在目前已知的马镫材料中，只有中国地区(主要是中原)出土的部分马镫可以根据共存物得到明确可靠的年代判断。其它地区出土马镫的断代则要诉诸墓葬的相对年代，但大多数墓葬本身缺少明确年代标识物。

有人认为，目前所知的如安阳孝民屯、长沙西晋墓等所见的单镫之类不是马镫，而应称为"马脚扣"。[1] 这种说法在逻辑上存在两个严重漏洞：第一、以功用的不同为预设前提，在没有任何证据的情况下否认现实生活的需求完全可能导致功用的扩张，从而派生出新的形式。第二、功用是否能够作为唯一的标准，作者没有任何论证。以没有经过严格论证的标准作为前提预设，同样失之主观。作者在这种主观预设下，显然有意无意地忽视了各种单镫在形制上与后来东北地区(以及韩国、朝鲜、日本)早期的长柄镫完全相同这一事实。后者显然源自于前者，而非横空出世。一批早期双镫的制作工艺特点也表明，单、双镫的先后继承性是非常明确的。从单镫到双镫的演变过程是在不太长的时期内发生的，目前只能大体了解其早晚先后，但还很难截然划分出两期来。因此，不能把目前已知的单镫排除在马镫的发展系列之外。

有几个问题应该事先说明。第一，一些有明确纪年的墓葬、遗址象陶俑、壁画、雕塑一类文物上面马镫的样式，往往只能窥见大概，不易观察到全部细节，越是早期的墓葬这种情形越明显。学界一般公认，马镫

1) 王铁英:《马镫的起源与传播》，北京大学硕士论文，2000年，23—24页。

的发展是朝着越来越实用的方向改进。因此，在遇到上述情形时，我们宁可把这些标本的样式视为比较早期的类型。同时，对那些年代只有一个大致范围的样本，我们都按照其年代下限来处理。第二，鉴于我们讨论的时代范围主要是在南北朝隋唐时期，因此时代更晚的内容一概从略。第三，一些传世隋唐时代的绘画作品上也有一些马镫的资料。传世的画作的年代和作者的认定大多依据的是古代书画谱录一类的文献（如《历代名画记》、《宣和画谱》等等）。我们认为文献的记录只能说明这些作品流传有绪，而难于完全坐实其作者与年代。这也是近些年代该领域发生一些论争的根本癥结所在。因此，这类资料也全部从舍。

中国境内出土的马镫分为内陆、东北、新疆三个区域。内陆的范围比较宽泛一些，北至宁夏、内蒙一线，往南涵盖国内其它区域。[2] 我们将这些区域内马镫的样式的发展划分为三个阶段。

第一阶段:四世纪到五世纪初。这一阶段的马镫实物有三件。

长沙金盆岭21号墓出土的骑马俑左侧画有马镫，但骑者足不踏镫。[3]（插图1:1）通常认为这是一种在上马时使用的单镫，而非骑行之用的双镫。该墓所出的铭文砖有"永宁二年(302)五月十日作"的字样，知此墓的年代在302年或稍后。

南京象山东晋王氏家族墓地7号墓出土的陶马俑佩有双镫。(插图1:2)该墓主人据推测是东晋王廙。[4] 这一推测为学界普遍接受。据《晋书》

2) 有人将中国内陆地区分为南、北两区。这种划分并不合适，理由有两点:第一，魏晋南北朝时期南北政治虽然分割，但交流并不分隔。而且这个阶段的马镫实物只有少数的几个，远不足以做科学的地区划分。第二，隋唐时代全国统一，南北虽然存在地方差异，但我们觉得在这类物质方面的差别还不至于到可以分出南北两个发展系列的程度。况且这时期南方的标本数量也屈指可数，有些差别恐怕也是手工时代不可避免的偶然现象。

3) 湖南省博物馆:《长沙两晋南朝隋墓发掘报告》，《考古学报》1959年3期。

4) 南京市博物馆:《南京象山5号、6号、7号墓清理简报》，《文物》1972年11期，23—41页。

卷六《元帝纪》，晋元帝永昌元年(322)十月“己丑，都督荆梁二州诸军事、平南将军、荆州刺史、武陵侯王廙卒。”[5] 可知此墓的年代在公元322年或稍后。这件马俑则是目前所知最早的双镫实物资料。

安阳孝民屯154号墓出土的鎏金马镫为单镫。[6] 该墓葬的年代发掘者推断为西晋末至东晋初(即公元4世纪初至4世纪中叶)，日本学者穴沢咊光、马目顺一根据该墓同出的越窑小四系罐推定的年代与此相似。[7] 通过不同的方法得出的一致结论，表明该墓葬的年代是比较可靠的。因此，学界一般认为该镫是目前仅见的唯一一件4世纪的马镫实物。[8] 孝民屯墓的马镫出土时位于马鞍左侧。仅供上马时使用，而非用于骑乘时保持平衡。[9] 发掘报告推测墓主人可能是鲜卑人或受鲜卑影响的汉族人。(插图1:3)

我们认为，这一时期可以称为马镫的萌芽和初期阶段。内陆地区的这些样本，代表的是这个阶段的早期。单镫在这一期出现，是后来双镫的前身和萌芽。从现有的三件材料来看，单镫在这个时期已经相当成熟，所以在此前必定还有一个发展过程。因此，我们同意这样的看法，即单镫的出现应该在4世纪之前。[10]

第二阶段，以固原北魏墓出土马镫和丹阳胡桥吴家村南朝墓马俑上

---

5)《晋书》，中华书局点校本，第1册，156页。

6) 中国社会科学院考古研究所安阳工作队:《安阳孝民屯晋墓发掘报告》，《考古》1983年6期，501－511页;中国社会科学院考古研究所技术室:《安阳晋墓马具复原》，《考古》1983年6期，554－559页。

7) 穴沢咊光、马目顺一:《安阳孝民屯晋墓所提出的问题》I，《考古学期刊》227号，东京，1984年。

8) 申敬澈:《马镫考》，姚义田译，载《辽海文物学刊》1996年1期，146页。

9) 樋口隆康:《马镫の起源》，《青陵》19号，1971年。增田精一:《马镫考》，《史学研究》81号，1971年。穴沢咊光、马目顺一:《安阳孝民屯晋墓所提出的问题》II，《考古学期刊》228号，1984年。

10) 齐东方:《中国早期马镫的有关问题》，《文物》，1993年4期，74－75页。

的马镫为代表。

1973年固原东清水河东岸雷祖庙村发现的北魏漆棺墓出土一副铁马镫，环为椭圆形上接一直柄，柄上穿的部分成圭形。[11]（插图1:13）孙机认为该墓的主人为北魏贵族。[12]

南京胡桥吴家村墓出土的石马上有鞍、辔、镫等，墓葬的时代大体是南齐(479-502)。[13] 这座墓葬石马上镫的样式不易清晰观察，（插图1:14)所以暂且认为其样式不是成熟时期的类型，划归到这一期。

固原北魏墓出土的马镫虽然锈蚀严重，但有两点值得重视：首先，该副马镫已经是由铁打制而成，材质相对于前一期是一个很大的发展；其次，这是目前所知最早的一对成副马镫；第三，镫柄部分不再是前一期那种长直样式，已经开始在柄的上部出现圭首式穿，虽然样式与后来各期相比显得原始粗糙一些。

山西大同司马金龙墓出土过一件铁马镫，长17.5厘米，镫径1 3.7厘米，[14] 但未见发表相关图片，形制不明。我们估计其样式很可能与固原北魏墓出土的马镫接近。

这一阶段大致是从五世纪中叶到六世纪初期五、六十年的时间。

第三阶段，这个阶段是马镫形制基本定型期，从目前资料看，时间跨度从六世纪中叶起至十二世纪中叶，也即南北朝后期至辽代这段时期之内。从金、蒙元兴起之后，马镫的形式又产生了一些变化，进入另一个发展阶段，不在我们论述范围之内。

这一阶段跨越近六个世纪左右的时间，仔细分析起来还可以细分为前、中、后三个时期。

---

11) 固原县文物工作站:《宁夏固原北魏墓清理简报》,《文物》1984年6期，46－53页。
12) 孙机:《固原北魏漆棺画》，见氏著《中国圣火》，辽宁出版社，1996年，122－137页。
13) 南京博物馆:《江苏丹阳胡桥、建山两座南朝墓葬》,《文物》1980年2期，1－12页。
14) 山西大同博物馆:《大同市北魏宋绍祖墓发掘简报》,《文物》2001年7期，20－29页。

前期　有固原北周李贤墓、北齐和绍隆夫妇墓、北齐娄叡墓、北齐徐显秀墓以及北齐范粹墓所见的五个样本。我们按时间先后顺序介绍如下。

北齐和绍隆夫妇合葬墓1975年9月于河南省安阳县安丰公社张家村发现的北齐和绍隆夫妇合葬墓出土一件马俑。该俑配备整套马具，双镫的样式比较清楚。(插图1∶15)据墓志，和绍隆死于北齐后主天统四年(568)[15] 和绍隆之兄和安为北齐著名的和士开之父。据《北齐书》卷五〇《恩倖传·和士开传》(《北史》卷九二同)称："和士开，字彦通，清都临漳人。其先西域商胡，本姓素和氏。"这条记载彼此前后矛盾。《魏书》卷一〇〇《勿吉传》，附勿吉国的大国之一即素和。《魏书》卷一一三《官氏志》记载内入诸部的素和氏，"后改为和氏"。与素和氏前后相邻的，是薄熙氏、乌丸氏和吐谷浑氏，全都是东胡系统民族。《元和姓纂》卷八"素和氏"条："素和，鲜卑檀石槐之支裔。后魏有尚书素和跋，弟毗，右将军素和突。《后魏书》云，以本白部，故号素和，孝文改为和氏。"[16] 所以王仲荦《魏晋南北朝史》中称和士开"鲜卑人"。[17] 陈连庆更是直接把素和氏置于鲜卑慕容部之内。[18] 和士开既为东胡系素和部之裔，[19] 其叔和绍隆当然也不能例外。

固原北周李贤墓　固原发现的北周李贤夫妇合葬墓出土了大量与中外交流有关的文物。该墓中还发现有一件马镫明器。[20] 从图片上观察，此件马镫镫环上宽下窄，有一圭首式穿，柄的长应较之前一期已经大大

---

15) 河南省文物研究所、安阳县文管会:《安阳北齐范粹墓发掘简报》,《文物》1972年1期, 47－51页。

16) 〔唐〕林宝著、岑仲勉校注:《元和姓纂四校记》, 中华书局, 1994年, 1233-1234页。

17) 王仲荦:《魏晋南北朝史》下册, 上海人民出版社, 1980年, 602页。

18) 陈连庆:《中国古代少数民族姓氏研究》, 吉林文史出版社, 1993年, 73页。

19) 罗新:《北朝墓志丛札(一)》, 见http://www.pku.edu.cn/academic/zggds/004/001/003.htm。

20) 齐东方:《中国早期马镫的有关问题》,《文物》, 1993年4期, 76页。

变短，穿、环之间有一小段颈。(插图1:16)李贤为北周的贵族，[21] 于天和四年(569)卒于长安，同年迁葬原州。[22] 太原北齐娄叡墓 山西太原南郊王郭村北齐武平元年(570)娄叡墓墓道西壁中层壁画中马的装具齐全，马镫清晰可见。[23] 根据新近刊布的彩色图版，墓道东壁的"回归图"[24] 也可个比较清楚地看到马镫的样式。虽然这些图像上的马镫都不是正视图，但基本上还是可以看出其形制接近固原李贤墓中出土的马镫(插图1:17)。据出土墓志，娄叡死于北齐后主武平元年(570)。

太原北齐徐显秀墓 太原郝庄乡王家峰村东发现的北齐太尉徐显秀墓墓室西壁壁画可以清楚地观察到一件马镫。该镫环的部分上宽下窄，踏部扁平。穿部系带连于鞍上，因此这一部分的细节不清楚。[25] (插图1:18)但从整体上看，该镫的式样与娄叡墓、李贤墓所见的大体相同。出土墓志称徐显秀卒于武平二年(571)。

安阳北齐范粹墓 安阳西北洪河村北齐范粹墓出土一件马俑，腿部已残。[26] 该俑所佩马镫形制清晰，接近李贤墓、徐显秀墓所见马镫。(插图1:19)据墓志，墓主范粹卒于北齐后主武平六年(575)。

河北磁县湾漳壁画墓中出土的骑俑中，有一些鞍镫齐全。[27] 从刊布的资料看，该墓诸俑的马镫与上举诸例属同一样式。

---

21) 《周书》卷二五《李贤传》。

22) 宁夏回族自治区博物馆、宁夏固原博物馆:《宁夏固原北周李贤夫妇墓发掘简报》,《文物》1985年11期，1—20页。

23) 山西省考古研究所:《太原市北齐娄睿墓发掘简报》,《文物》1983年10期，1—24页。

24) 太原市文物考古研究所:《北齐娄叡墓》，文物出版社，2004年，图版1。西壁中层《出行图》彩版见同书图版4。

25) 山西省考古研究所:《北齐徐显秀墓发掘简报》,《文物》2003年10期，4—40页，其中图版31、32有局部图。

26) 河南省博物馆:《安阳北齐范粹墓发掘简报》,《文物》1972年1期，47—51页。

27) 中国社会科学院考古研究所:《河北磁县湾漳北朝墓》,《考古》1990年7期，600—607页。

综合而言，这期的马镫已经形成了一种固定的样式：环部基本呈上宽下窄的圆角四边形，踏部宽平；圭首式穿，顶部较尖，穿的部分比前一期明显变短，显然更为实用；环穿之间有一节向内收敛的窄颈。从北周、北齐两个政权地域内出土的马镫样式的一致性，说明它们有一个共用的来源。众所周知，北周、北齐乃接东西两魏而来，两魏又是从北魏分裂产生的。追根溯源周、齐的马镫应该是来自北魏，这与历史发展事实完全一致。

这一阶段的时间大体是南北朝后期，具体而言即公元六世纪后半期。

中期　以唐太宗昭陵六骏石刻、唐新城公主墓等六处所见的有明确纪年依据的样本为代表。

唐太宗昭陵　太宗昭陵六骏的马镫全都可以辨明形制，其中尤以飒露紫、拳毛騧最清晰完整。这些马镫形制完全相同，举飒露紫一例以概见其余。飒露紫的马镫上系革带，环略呈圆方形，有一宽踏板；圭首式穿，穿的顶部为圆尖形；环穿之间有一节窄颈。(插图1:20)

唐新城公主墓　昭陵附近唐新城公主墓出土一件鎏金铜马镫，略呈圆形，踏部宽平，中间有一凸棱。穿为圭首式，比较短。穿与环之间有一节窄颈。[28] (插图1:21)墓主为太宗之女新城公主。据《新唐书》卷八三《诸帝公主·新城公主传》载："新城公主，晋阳母弟也。下嫁长孙诠，诠以罪徙巂州。更嫁韦正矩，为奉冕大夫，遇主不以礼。俄而主暴薨，高宗诏三司杂治，正矩不能辩，伏诛。以皇后礼葬昭陵旁。" 据墓志，新城公主卒于唐高宗龙朔三年(663)，陪葬昭陵。[29]

唐郑仁泰墓　唐太宗昭陵陪葬的郑仁泰墓出土的一件马镫，圆方形

28) 陕西省考古研究所：《唐新城长公主墓发掘报告》，北京：科学出版社，2004年，55—56页、彩版六之5。

29) 陕西省考古研究所：《唐新城长公主墓发掘报告》，图112。

环，宽平踏部，圭首式穿，穿环之间有一节短颈。（插图1:22）该墓所出的几件骑俑上的马镫，也可辨识其形式与此件相同。据墓志，郑仁泰卒于高宗龙朔三年（663），麟德元年（664）陪葬昭陵。[30)]

唐独孤思贞墓 出土三件铜镫，两件位于西壁龛马俑腹下，1件出于墓室内另一件马俑之侧。3件镫的大小相同，高7.2厘米，[31)]（插图1:23）可见也是明器而非实用器。报告刊布的两件马镫形制上与郑仁泰墓的完全相同。这三件马镫的墓志称独孤思贞卒于武后神功二年（698），同年下葬。[32)] 该墓出土的马镫有两个是以一副成套与马俑搭配，另一件则是单个搭配。这种情况提醒我们注意，仅仅根据随葬马镫的个数，并不足以判断其为单镫或双镫。

唐节愍太子墓 唐中宗定陵陪葬的节愍太子李重俊墓出土一件铜马镫，环为半圆形，踏部扁平，圭首式穿，穿与环之间有一节窄颈。该件马镫通高8.7厘米，[33)]（插图1:24）显然是件模仿实用器的明器。该墓出土的几件马俑也配有马镫。虽然镫环下半多残，但还可以看出大体与上述铜马镫形制完全相同。李重俊为唐中宗三子，于神龙三年（707）起兵反对韦后，事败被杀。睿宗即位后为其昭雪，景云元年（710）陪葬定陵。[34)]

阿思塔那72年188号墓 新疆吐鲁番阿斯塔那72M188出土的绢本设色牧马图上绘有两件马镫。[35)]（插图1:25）两件的形制全同，这里举一

30) 陕西省博物馆：《唐郑仁泰墓发掘简报》，《文物》1972年7期，33－44页。

31) 中国社会科学院考古研究所：《唐长安城郊隋唐墓》，文物出版社，1980年，39页、图版60之二。该报告刊布了其中的两件。

32) 中国社会科学院考古研究所：《唐长安城郊隋唐墓》，42页。

33) 陕西省考古所研究所：《唐节愍太子墓发掘报告》，北京：科学出版社，2004年，132－133页、图版36之10。

34)《新唐书》卷八一《节愍太子传》。

35) 新疆文物局：《新疆文物古迹大观》，新疆维吾尔自治区文物事业管理局等编，乌

件说明。该图所见马镫样式和上述昭陵、新城公主墓、郑仁泰墓、独孤思贞墓、节愍太子墓的马镫形制非常接近，我们观察图上所表示的应该是铁制马镫。该墓还同出有大量文书和一方“大唐昭武校尉沙州子亭镇将张公夫人金城麴氏墓志铭”。墓志称麴氏入葬时间为开元三年(715)，[36] 但墓葬中出土文书中的纪年最晚为开元四年(716)。[37] 开元四年的文书显然不是随麴氏入葬的，而应该是后来随男墓主张雄下葬的。[38] 无论如何，我们可以据之以推定该画年代下限为716年。此墓出土的这件屏风绢画，完全的唐中原形式和风格；即使墓的男主人(张雄)也可能是西域人，其汉化程度也很深了。因此，这件画作虽然出土于新疆地区，但我们认为其上面所绘制的种种物事都是以中原实物为原型的，所以理当归入中原内陆一类。该墓地出土的其它一些同时期墓葬的骑马俑上也约略可以观察到绘制的马镫，形式大体与屏风画上所绘相同。(表2)

综上所述，这一期的马镫的样式是：镫环呈圆角方形，不再象早期的上宽下窄；穿为圭首式；穿环之间有一节短窄颈。这种样式的镫行用了相当长的时期，其时间跨度相当于公元七世纪至公元十世纪。

后期　后期的马镫在形制上与前期还是比较接近，但镫环部分开始

鲁木齐：新疆摄影美术出版社，1999年，143页，图版0357。

36) 穆舜英：《吐鲁番阿斯塔那古墓群出土墓志登记表》，《新疆文物》2000年3－4合期，247页；新疆文物局：《新疆文物古迹大观》，145页，图版0364。

37) 穆舜英：《吐鲁番阿斯塔那古墓群出土文书登记表》，《新疆文物》2000年3－4合期，284－285页。

38) 该墓葬出土的文书具见《吐鲁番出土文书》(图版本)，第四册，文物出版社，1992~1996年，24－46页。《吐鲁番文书》中认为188号墓男女主人“入葬先后不明”，显然是没有注意到麴氏墓志与文书纪年在时间上的差异正是解决男女墓主入葬顺序的关键。如果是男主人先入葬，而麴氏后来祔葬，就不可能出现有比墓主下葬时间还晚一年书写的文书。况且，麴氏墓志中也没有提及其祔葬张雄墓。就隋唐时代所见的情况来说，女性如果是祔葬，在其墓志中通常是会特别声明的。

有上窄下宽的趋向。这个时期的样本比较多, 形制也比较清楚, 我们仅举白沙宋墓一例以概见其余。白沙宋墓3号墓甬道西壁壁画可清晰看见一件马镫图像,[39] (插图1:33)该墓葬的年代下限是宋徽宗宣和六年(1125)。[40]

后期的时间大概在十一世纪至十二世纪早期。

(二)新疆地区

新疆地区目前发现的马镫实物主要有五件, 均为铁制品。分别出自于阿勒泰克尔木齐古墓、乌鲁木齐盐湖古墓、伊犁河流域、青河查干果勒乡。

在阿勒泰克尔木齐古墓发现过一件铁制马镫,[41] (插图1:26)但不见于墓葬登记表。该马镫最早刊布于《新疆古代民族文物》。[42] 此书图版164还刊布了同时发现的一件铁马衔。关于克尔木齐墓地的年代, 一种意见认为早期墓葬的年代相当于米努辛斯克盆地卡拉苏克文化时期, 即公元前1200~700;晚期的相当于战国至汉。[43] 简报的执笔者则持另一种比较保守意见, 认为该墓地的时代是西汉至隋唐。[44] 笔者曾经多次勘察过该墓地, 认为这个墓地的情况比较混杂, 其中个别墓葬的年代恐怕要比前一种估计还早。笔者仔细观察过出土的实物, 发现其中个别陶器的年代可能早到相当于米努辛斯克盆地的阿凡那羡沃文化时代,

---

39) 宿白:《白沙宋墓》(第二版), 文物出版社, 2002年, 图版肆捌II。
40) 宿白:《白沙宋墓》, 101－102页。
41) 新疆社会科学院考古研究所:《新疆克尔木齐古墓群发掘简报》,《文物》1981年1期。
42) 新疆文物考古研究所:《新疆古代民族文物》, 文物出版社, 1985年, 图版165, 图版说明9页。
43) 穆舜英、王明哲:《论新疆古代民族考古文化》, 见新疆文物考古研究所《新疆古代民族文物》, 4页。
44) 新疆社会科学院考古研究所上揭文。

也即公元前第三千年下半叶至前第二千年初。不过，这件马镫的形制接近于内陆地区第二期第二阶段的样式，时代不会太早。我们同意这样的看法，即该马镫应该也是相当于唐时期的遗物。[45]

乌鲁木齐盐湖古墓　1970新疆军区生产建设兵团军垦战士在乌鲁木齐南郊盐湖南岸发现两座墓葬。其中2号墓殉葬马匹，还出土部分马具，其中包括一件铁马镫。该镫踏部已残，穿呈圭首式，穿与镫环之间有一小段窄颈。（插图1:27）此墓同出的还有一些唐代流行式样风格的织物，报告认为该墓的年代是唐代。[46] 1号墓也出土一件马镫，但年代要晚到元代，不在我们论述范围之内。

青河查干果勒乡发现过一副马镫，通高20.1厘米，镫环外径16厘米。刊布者认为其年代在魏晋至五代时期。[47] 我们观察这两件马镫镫环部分扁圆，踏部宽平（似在镫环底部上加一块踏板而成）；圭首式穿，穿孔偏下；穿、环之间有一段短窄颈。（插图1:33）两件马镫的样式和独孤思贞墓出土的非常相近，我们估计其年代可能在七世纪。

上述克尔木齐古墓、乌鲁木齐盐湖古墓两处的墓葬形制比较明确，属于游牧民族墓葬。如所周知，公元七、八世纪活动于新疆地区的游牧民族主要是突厥系民族。因此，我们有理由认为，这两件马镫可能与这时期的突厥民族有关系。伊犁河流域发现的这件马镫，由于没有其它更多的信息可资分析，目前似尚不宜做过多推求。中亚片治肯特壁画上也可以发现与新疆地区类似的马镫，（插图1:28）应是由突厥系民族传入的。

就目前所见，新疆已经发现的马镫没有相应于内陆地区第一、二期的样品，上述的三件马镫的年代对应于内陆的第二期第二阶段，时间在公

45) 齐东方:《中国早期马镫的有关问题》,《文物》, 1993年4期, 77页。
46) 王炳华:《盐湖古墓》,《文物》1973年10期, 28－36页。
47) 王林山、王博:《中国阿尔泰山草原文物》, 新疆美术摄影出版社, 1996年, 图版31, 说明89页。

元七、八世纪左右。相当于第二期第三阶段的马镫也还没有发现。

(三)东北地区

东北地区发现的马镫数量不少，主要有朝阳十二台乡88M1、三合成、袁台子东晋墓、集安七星山M96、禹山下M41、万宝汀M78、高句丽太王陵、北票北燕冯素弗墓、北票北沟M8等处。这些马镫墓葬有一部分的族属很明确是高句丽，从民族文化的角度来说，本应和韩半岛地区发现的其它一些样本放在一起讨论。为了便于说明马镫早期的发展线索，把这些马镫也放到这里一并分析。

朝阳十二台乡88M1　大凌河中游东岸朝阳十二台乡砖厂88M1发现大批马具，其中包括一件鎏金铜马镫。该马镫由铜铸造而成，通高41厘米。镫环呈扁平圆形，外径16厘米，内径12.3厘米，高9.2厘米，踏部中间略向上凸起；镫柄长14厘米，上宽下窄，上宽4.5厘米，下宽2.7厘米。(插图1:4)报告认为该墓为前燕时代墓葬，绝对年代可能早于安阳孝民屯154号墓。[48)]

朝阳三合成　朝阳县七道岭乡三合村1995年发现一座墓葬中出土铜鎏金马镫包片一件，已经残为数段。通高30.5厘米。木芯，外包鎏金铜片，木芯部分已经完全腐化。这件马镫有一长方形柄，长17厘米，宽4厘米，柄身有10个铆钉孔。镫环呈扁圆形，内径12厘米，宽2.5厘米，踏步微向上凸。镫环周围也有铆钉。残存的还有部分窄条包边，包边中间都有铆钉孔，孔间距3.5厘米。(插图1:5)发掘者认为该墓年代与安阳孝民屯154号墓、朝阳袁台子墓年代相近，是前燕遗存。[49)]

---

48) 辽宁省文物考古研究所:《朝阳十二台乡砖厂88M1发掘简报》，《文物》1997年11期，19—32页。

49) 于俊玉:《朝阳三合成出土的前燕马具》，《文物》，1997年11期，42—48页。

朝阳袁台子东晋墓　朝阳十二台营子一座石椁壁画墓中也发现一整套马具。其中一副马镫出土时位于鞍桥下，镫通高28厘米。芯由籐条合成，包革涂漆，面饰朱绘云纹图案。镫杯较长，长14厘米，宽3.7厘米。环为扁圆形，径15厘米。通连镫杯的部分有一三角形木楔，外包皮革。(插图1:6)该墓葬年代估计在四世纪初至四世纪中叶。[50)]

集安七星山M96　该墓发现一副马镫，也是木芯，外包鎏金铜片。通体用两到三排铆钉加固，做工精细。镫柄较长，上宽下窄。镫环呈扁圆形，踏部中间微向上凸。(插图1:7)穿孔在镫柄上部，出土时穿孔上有一段干朽皮条，当系原先系镫用的。[51)]

集安万宝汀M78　万宝汀78号积石墓发现两副4件马镫。全部木芯，外包鎏金铜片，以铜铆钉加固。这些镫通高24厘米。镫环扁圆形，镫的踏部由镫环向外加5个鎏金铜铆钉。镫柄直长，上端有一横穿。原报告认为该墓葬年代为四、五世纪。[52)](插图1:8)

集安禹山下M68　该墓发现一副马镫，已经残损。马镫为木质镫芯，，外包铁皮。铁皮上有钉痕，知原用钉铆实。残高27厘米。报告认为该墓年代为五世纪。[53)](插图1:9)

集安高句丽太王陵　2003年吉林省文物考古研究发掘了集安境内的高句丽王城和部分王陵。在太王陵中发现一件鎏金镂花马镫。[54)] 这件马镫的具体制作工艺目前还没有看到进一步介绍资料，但从图片观察，似乎也是木芯包金属皮一类。其外观形制上非常接近于北票北沟M8、

---

50) 辽宁省博物馆文物队:《朝阳袁台子东晋壁画墓》,《文物》1984年6期, 29－46页。

51) 集安县文物保管所:《集安县两座高句两积石墓的清理》,《考古》1979年1期, 27－32页。

52) 吉林省博物馆文物工作队:《吉林集安的两座高句丽墓》,《考古》1977年2期, 123－131页。

53) 吉林省博物馆文物工作队上揭文。

54) 国家文物局:《2003年重大考古发现》, 文物出版社, 2004年, 121－127页。

集安七星上96号墓、安阳孝民屯154号墓等处出土的马镫。(插图1:10)该墓出土的铜铃錾有“好太王”字样，可知墓主人为高句丽广开土王谈德，其卒于公元412年。

北票北燕冯素弗墓　北票冯素弗墓第一号墓出土一副马镫。该副马镫系由鎏金铜片内包桑木芯制成。其制作方法是“用断面作截顶三角形的木条，顶尖向外揉成圆三角形镫身，两端上合为镫柄。分裆处又填补三角形木楔，使踏脚承重不致变形。”铜片和木芯用钉铆实。镫外沿包鎏金铜片，环内侧钉薄铁片，上涂黑漆。通高23厘米。墓主北燕天王冯跋之弟范阳公冯素弗死于北燕太平七年(415)。55)(插图1:11)

北票北沟M8　该墓出土一件木芯铁皮马镫，皮芯之间用铆钉固定。镫环圆形，柄较长。发掘资料还未正式刊布。56)(插图1:12)

现将上述这些马镫材质与件数列如下表:

上述16件马镫的样式非常接近，而且都带有长柄，穿在柄的上端，踏部和镫的其它部分一样厚，没有一个宽而平的踏板。其中除朝阳十二台乡88M1一件为铜镫，集安高句丽太王陵一件质地不太明确外，其余14件的制作工艺基本相同，都是木芯包以金属皮，然后用铆钉固定。(表1)冯素弗墓出土马镫可以比较明确地了解到马镫木芯制作的方式，具有代表性意义。其它12件木芯镫的作法也应该不会有太大差别。这种制作工艺也许正说明其上距马镫开始出现的时代不远，所以还可以看得出与“革镫”、“脚扣”在制作方法上的渊源关系。

总的说来，以上列举的这批马镫从发展系列上看，与内陆地区的第一阶段相当，但时间上略晚一些，可以视为这个大阶段的后期，也即公元

55) 黎瑶渤:《辽宁北票县西官营子北燕冯素弗墓》,《文物》1973年3期，2—28页。
56) 董高:《公元3至6世纪慕容鲜卑、高句丽、朝鲜、日本马具之比较研究》,《文物》1995年10期，34—42页。

表 1. 东北地区马镫材质表

	木芯铁（铜）皮	件数
朝阳十二台乡88M1	×	1
朝阳三合成	√	1
朝阳袁台子东晋墓	√	2
集安七星山M96	√	2
集安万宝汀M78	√	4
集安禹山下M68	√	2
集安高句丽太王陵	√？	1
北票北燕冯素弗墓	√	2
北票北沟M8	√	1

四世纪到五世纪初这个时期。

相当于内陆第二阶段马镫在东北地区迄未发现。

抚顺高尔山山城1956年出土一件铁制马镫，镫环呈圆角方形，踏板椭圆形。通高17.5、环径10.5厘米，踏板长10厘米，宽4厘米。圭首式穿，穿环之间也有一节向内缩的短颈。[57]（插图1：29）一部分学者认为这件马镫是高句丽时代遗物。而齐东方老师则提出，这件马镫与东北地区其它辽墓出土的马镫形制相同，应该是一件典型的辽代马镫。[58] 我们认为，唐至辽前期马镫的形制变化不是太大，该件马镫也有可能是七至十世纪的遗物。

明确与内陆地区马镫系列第三阶段后期相应的马镫在东北地区有大量发现。我们仅举三例以说明问题。

57) 抚顺市文化局文物工作队：《辽宁抚顺高尔山古城址调查简报》，《考古》1964年12期，615－618页。

58) 齐东方：《中国早期马镫的有关问题》，《文物》，1993年4期，77页。

辽宁建平早期辽墓 1965年辽宁建平张家营子辽墓发现一批马具，包括3副铁马镫。这三副马镫形制相同，踏板有镂孔，背面中部有脊。圆方形镫环，平头圭首式穿，穿环之间有一内缩窄颈。通高18-20厘米，环孔径10.5-12厘米，踏板宽6.5-8厘米。(插图1:30)该墓葬的年代为辽代早期。[59]

辽陈国公主墓 内蒙古自治区哲里木盟的奈曼旗辽陈国公主墓发现有完整的马具。出土的马镫形制与建平辽墓相同。(插图1:31)该墓的年代是公元1018年。

宣化下八里辽墓 河北宣化下八里村辽代壁画墓葬群5号墓有一幅出行图壁画。该画所见的马镫穿的部分与上述两处所见相同，镫环部分变得更矮一些，踏板相当宽，有上翻的趋势。(插图1:32)[60] 墓主张世古葬于1117年。[61]

上述几处所见的马镫形制与内陆地区第三阶段中期相比镫环部分变得较短一些，踏板也显得更宽。尤其宣化下八里辽墓壁画马镫踏部显得更宽厚，周缘有上翻的样式。

为了便于比较，我们把上述所举三个地区材料综合列表如下：

从上表很容易看出，东北地区缺少第二期以及第三期的前、中两段，只有三期的后段。东北地区三期后段马镫与本地区一期的马镫没有渊源关系，形制完全受内陆的前二期的影响，其来源明显是中原地区。换而言之，唐代以后东北地区的马镫形制来自中原，这种形制一直流行至辽代。

59) 冯承谦:《辽宁建平、新民的三座辽墓》,《考古》1960年2期，15－24页。
60) 河北省文物研究所:《河北古代墓葬壁画》，北京:文物出版社，2000年，103－126页。
61) 河北省文物研究所:《宣化辽墓》，文物出版社，2001年，上册，254、267页。

表 2. 中国地区墓葬马镫分期表

	内陆地区	东北地区	新疆地区
一期	长沙金盆岭西晋墓(302) 南京象山7号墓(322) 安阳孝民屯(4世纪)	十二台88M1(前燕, 337-370) 三合成(前燕337-370) 袁台子(4世纪初至中叶) 七星山M96(4世纪) 禹山下M41(4、5世纪) 万宝汀M78(4、5世纪) 高句丽王陵(412) 冯素弗墓(415) 北票北沟M8	
二期	固原北魏墓(386-534) 丹阳胡桥吴家村南朝墓		
三期	安阳北齐和绍隆(568) 固原北周李贤墓(569) 太原北齐娄叡墓(570) 太原北齐徐显秀墓(571) 安阳北齐范粹墓(575)		
	唐太宗昭陵(650) 唐新城公主墓(663) 郑仁泰墓(664) 独孤思贞墓(698) 节愍太子墓(710) 阿思塔那72M188号墓屏风(716)阿斯塔那出土打马球俑[62] 阿斯塔那出土唐三彩马俑[63]	抚顺高尔山	克尔木齐古墓 新疆查干果勒乡出土
	白沙宋墓第3号墓(1125)	辽宁建平张家营子早期辽墓 辽陈国公主墓(1018) 宣化下八里辽墓(1117)	

62) 穆舜英:《中国新疆古代艺术》, 乌鲁木齐:新疆摄影美术出版社, 1994年, 152页, 图版393。

63) 穆舜英:《中国新疆古代艺术》, 155页, 图版400。

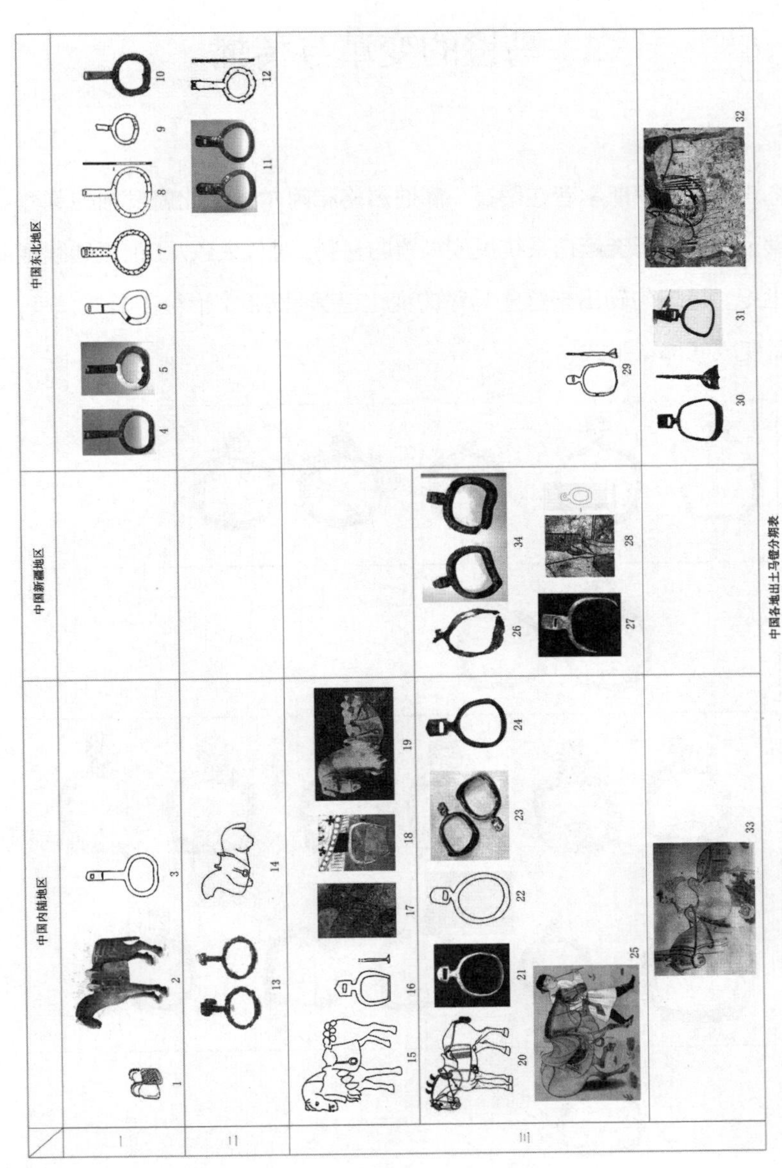
中国内陆地区
中国新疆地区
中国东北地区
一
二
三
中国各地出土马镫分期表
1：长沙金盆岭西晋墓 2：南京象山7号墓 3：安阳孝民屯154号墓 4：朝阳十二台乡88M1 5：朝阳三合成 6：朝阳袁台子 7：集安七星山96号墓 8：集安万宝汀78号墓 9：集安禹山下41号墓
10：集安高句丽王陵 11：北票冯素弗墓 12：北票北沟M8 13：固原北魏墓 14：丹阳胡桥吴家村南朝墓 15：安阳北齐和绍隆墓 16：固原北周李贤墓 17：太原北齐娄叡墓 18：太原北齐徐显秀墓

插图 1.

二、马镫的变革与传播

前苏联和俄罗斯学者在图瓦、库迪尔格和阿尔泰山北麓发掘的墓葬提供了一批属于突厥语系统民族马镫的材料，时代大致从5世纪延续至13世纪。可以勾勒出来这些马镫的变化趋势是从8字形往圭首式演变，最后变成底部宽平式。

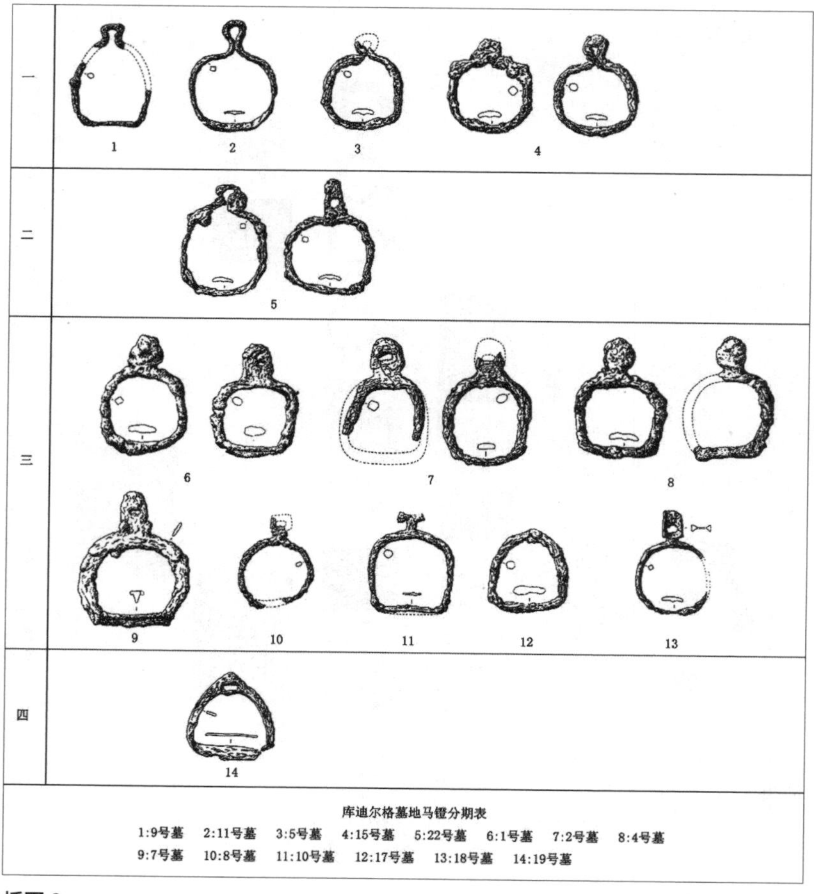

插图 2.

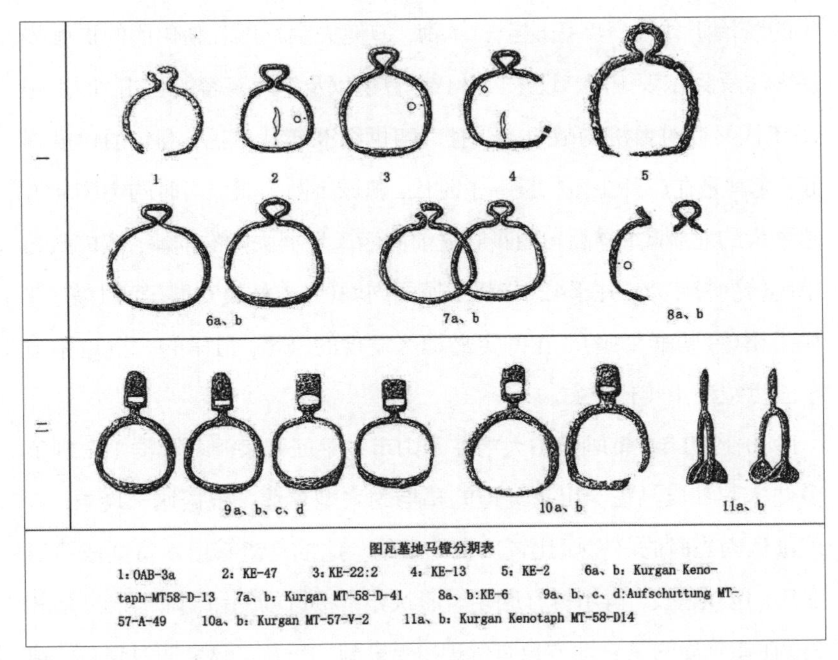

插图 3.

长柄马镫在四五世纪以后流布于东北亚地区(高句丽、韩半岛以及日本),单独形成另一种发展系列。在中原地区,这种样式的马镫却断然而斩,逐渐为圭首穿式马镫所取代。另一个值得注意的现象是,长柄式镫在东北亚地区的流布正好与高句丽由中国东北向韩半岛扩张的过程相吻合,其间的关系值得探寻。我们认为,正是高句丽向外扩张的运动,把先前自乌桓、鲜卑一系传承而来长柄式镫带入了韩半岛。韩国学者崔钟圭曾经提出,韩半岛南端福泉洞古墓出土物正是由于高句丽南征而传入的。[64] 这种看法与我们不谋而合。

高句丽于西汉元帝建昭二年(前37)建国。一世纪时,高句丽在太祖大

64) 崔钟圭:《韩国中期古坟特征的若干考察》,《釜大史学》第7辑,釜山,1983年。此文未得寓目,这里根据申敬澈上揭文154页所引述。

王的统治下曾经一度拓地至日本海，迫使夫余称臣。高句丽的扩张先后多次受到东汉王朝、辽东公孙氏、曹魏以及鲜卑慕容的打击，四世纪70年代又在对百济的战争中受挫。四世纪80年代以后，高句丽再度兴起，尤其是在广开土王、长寿王时代，疆域不断扩张。当时的中国北方是强大的北魏政权，高句丽吸收先前向西南发展失败的前鉴，把扩张的重心转向韩半岛，并于427年将王城国内城(今吉林集安城子河上游)迁往平壤(今朝鲜平壤)。在韩半岛地区发现的马镫，最早的一批正相当于五世纪三十年代左右。

1980-1981年，韩国釜山大学在釜山市东莱区福泉洞墓葬群中发现了多件木芯铁皮马镫。出土马镫的墓均为大型墓葬。根据这一现象，有理由认为当时的马镫属比较珍贵的器物。这批马镫系用木材揉成镫形之后，包以铁皮，再用铆钉固定。形状非常接近的马镫，除福泉泉墓葬外，在韩半岛的其它地方也有发现。福泉洞10号墓、福泉洞21号墓、福泉洞22号墓、福泉洞35号墓、伽耶皇南洞109号墓4号椁、新罗池山洞32号墓、池山洞44号墓25号石椁、池山洞45号墓1号石室、仁旺洞19号墓、新罗庆州金铃冢、达西37号墓第2石室等地出土的这种木芯包铁皮长柄马镫共计17件。[65] 其中福泉洞10号墓共出4件，22号墓两件，这里面是否可能有双镫则无从得知。

釜山福泉洞以及皇南洞等等各地出土铁皮木芯长柄镫年代大致都在公元五世纪，福泉洞10号墓的年代可能相对早一些，但也不过五世纪初期。福泉洞21、22号墓的年代大致在五世纪三十年代。[66] 伽耶皇南洞、新罗池山洞等地的标本时代相对较晚。相对而言，新罗庆州金铃冢的马镫镫柄相对变短，从功用上来看更便于使用，应该是改进后的形态。

65) 申敬澈:《马镫考》，姚义田译，载《辽海文物学刊》1996年1期，141－159页。

66) 申敬澈:《马镫考》，姚义田译，载《辽海文物学刊》1996年1期，148、149、155页。

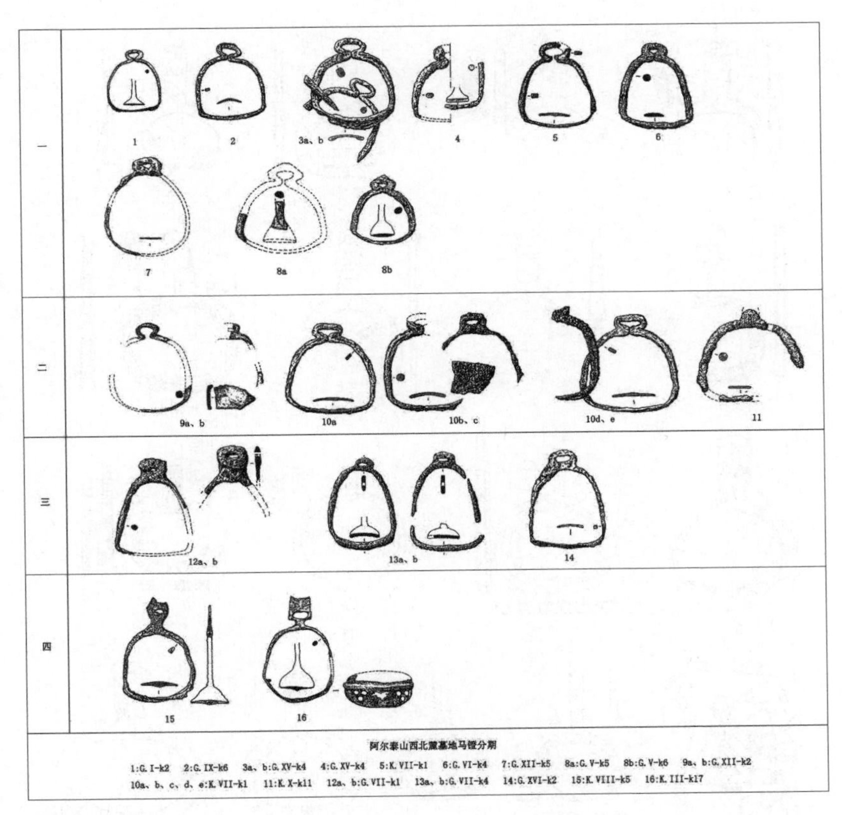

插图 4.

崔钟圭认为，这是受晋代以来的影响而开始的新马镫在新罗地区的第二次输入。[67] 值得注意的是，皇南洞出土的马镫在木芯里面还贴附一根铁筋，与早先流行的纯木芯明显不同。[68] 这种新的变化也许正提示人们长柄木镫的确是后来铁制双镫的前身。

日本在七观古墓（履中天皇陪葬墓）、新开古墓也发现过长柄铁皮木芯马镫。这两处墓葬的年代在公元五世纪后半期。根据相对年代早晚，

67) 崔钟圭上揭文，此据申敬澈上揭文，152页转引。
68) 申敬澈：《马镫考》，姚义田译，载《辽海文物学刊》1996年1期，149页。

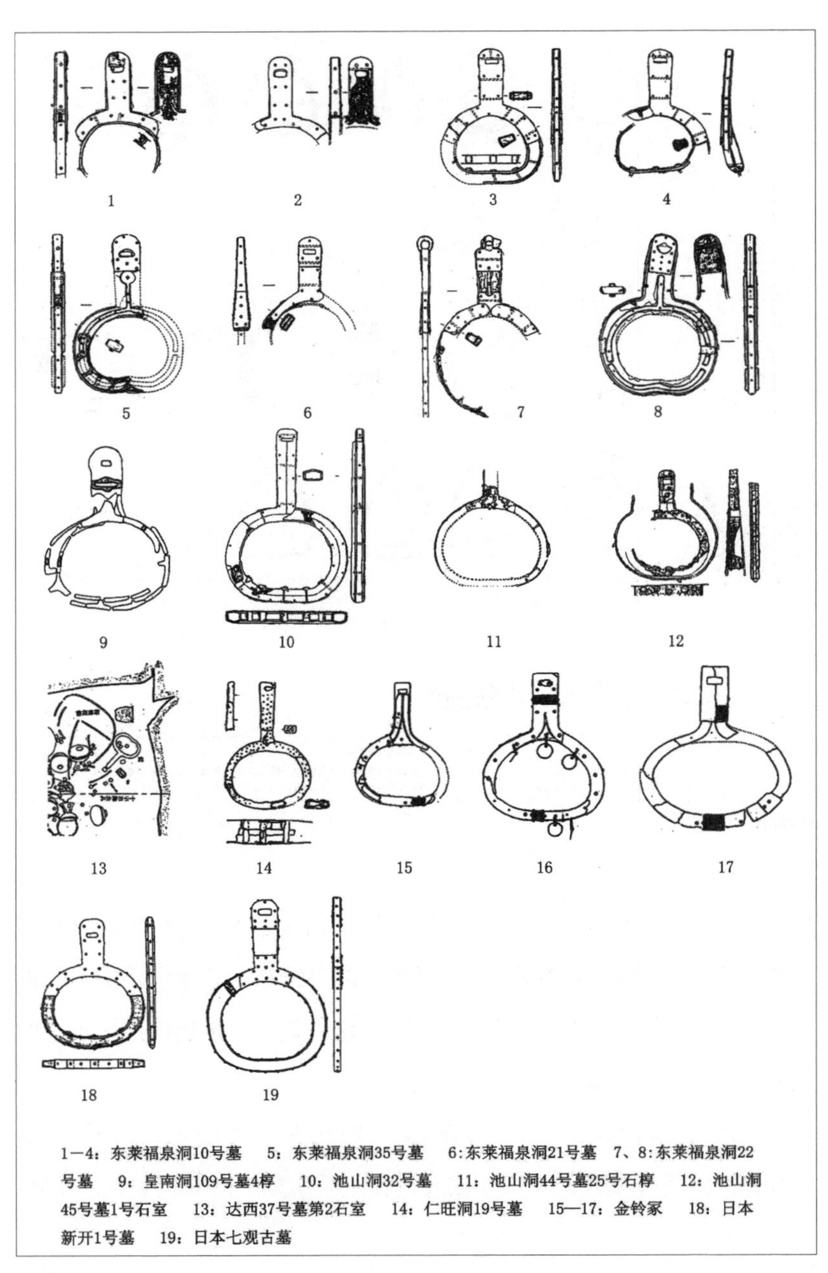

1—4：东莱福泉洞10号墓　5：东莱福泉洞35号墓　6:东莱福泉洞21号墓　7、8:东莱福泉洞22号墓　9：皇南洞109号墓4椁　10：池山洞32号墓　11：池山洞44号墓25号石椁　12：池山洞45号墓1号石室　13：达西37号墓第2石室　14：仁旺洞19号墓　15—17：金铃冢　18：日本新开1号墓　19：日本七观古墓

插图 5.

学者们相信马镫传入日本要比传入韩半岛晚半个世纪。[69]

可以把几个不同区域马镫发展分期系列综合排如下表(表3):

表3.

	意大利	匈牙利	图瓦	库迪尔格	阿尔泰山	中国新疆	中国内陆	中国东北	韩半岛
I期							一	一	
									一
II期							二		
	一	一	一	一	一				
III期		二			二				
		三		二	三	三	三	三	
		四	二	三	四				

表中最右边三列各期对照情况说明向海东地区的传播, 左起7列对照的情况说明了马镫在欧亚草原地区的传播过程。

中国内陆以西各地区马镫演化系列都缺少第I期;在第II期中, 这些地区各自的第一期又仅仅相当于中国内地的第二期, 而且时间上还可能稍晚一些。这种现象表明, 中国以西地区的马镫都是从中国地区传入的。我们认为马镫早期向西传播与鲜卑民族的西迁运动有关。

8字形马镫大概是鲜卑部族西迁过程中与各种民族混杂之后, 在南俄一带发展出土的一种马镫式样。其渊源虽然可以追溯到中国北方的单镫, 但却是在草原地区新发展的类型。马镫由鲜卑民族混合体挟裹西

69) 申敬澈:《马镫考》, 姚义田译, 载《辽海文物学刊》1996年1期, 156页。

传途中渐从木制变而为铁造，应该与阿尔泰一带善于冶铁的突厥有关。

在表3的第III期中，中国地区只有第三期，缺少象阿尔泰山西北麓、库迪尔格、匈牙利等地的第二、三期。最大的可能是，在II、III两期之内，有一种新的力量从草原地区兴起，因为其扩张遂将一种新的马镫样式同时向东西两个方向传播。征诸史实，我们认为带动新式马镫东西传播的就是突厥民族。

三、马鞍的演变

值得注意的是，与马镫的变化相应，中国境内的马鞍在魏晋至隋唐期间也发生了变化。将两者结合起来看，马鞍的变化同样与这个时期民族的移动有关。

从汉代图像上看，结合中国西北和蒙古高原出土的实物来看，两汉时代的马鞍很可能是由软鞍加木制高鞍桥组成。十六国时期马鞍的形制发生了较大变化，与此前两汉的形制有所不同。中国境内尚未发现十六国时期马鞍的鞍座实物，但从马俑和壁画材料来看，应该采用了木制的鞍座。而且鞍座、鞍桥都较为平直。从已知十六国时期及稍后马鞍材料的空间分布来看，这一变化是较为普遍的。这种变化应当与五胡入华有关。日本和韩半岛出土这个时期的马鞍实物，应该和中国境内的形制大致相同。

插图 6. 1：河北定县西汉铜车饰所见马鞍　2、3：山东嘉祥县满硐乡宋山画像石　4：山东滕州市龙阳店镇画像石

插图 7. 陕西咸阳平陵十六国墓出土具装陶马

插图 8. 甘肃高台县许三湾墓地出土胡人牵马木俑

插图 9. 新疆吐鲁番阿斯塔那墓地十六国墓出土木马俑

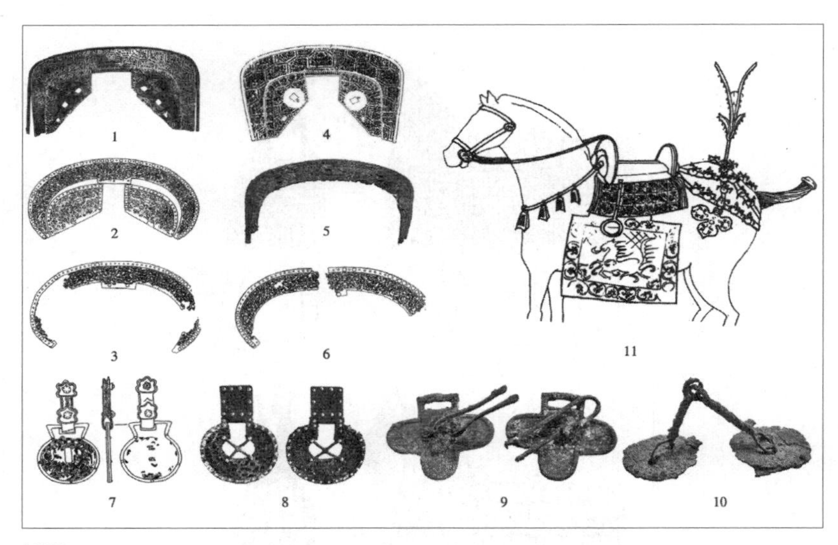

插图 10.

1、4、9:辽宁朝阳十二台乡88M1出土　2:朝阳喇嘛洞II-M101出土
3、6:辽宁北票征集　5:朝阳喇嘛洞II-M202出土
7:朝阳西沟村征集　8:朝阳喇嘛洞II-M16
10:朝阳喇嘛洞II-M196出土　11:新罗天马冢马具复原图

马鞍形制再次发生变化当发生在拓跋魏时期。

突厥民族的马鞍实物，目前发现不多。图瓦墓地出土过两副完整的实物，以及一些不完整的残片。(图11:1、2、5)乌鲁木齐盐湖二号墓也出土过比较完整的一副。(图11:3)库迪尔格墓地出土一件鞍桥前挡板，(图11:4)以及两条前挡板镶边。几件标本的形制基本相同。

与三燕地区出土的马鞍相比，可以明显看出突厥系统和鲜卑系统的马具形制完全不同。鲜卑早期的马鞍比较方折，后来逐渐向圆孤形演变。鲜卑马鞍的鞍板下方两侧一般各装有一块衬叶，为突厥系统马鞍所不见。韩半岛地区的马具深受鲜卑的影响，新罗天马冢出土的马鞍也是鲜卑平板方折式的形制。

突厥系统的马鞍鞯的部分孤曲，前后两鞍桥也呈流线形的圆孤样式，显然更适于骑乘。从出土的马俑以及绘画及墓葬壁画来看，唐代的马鞍形制接近于突厥系统，而与鲜卑系统的形制完全不同，很可能受到突

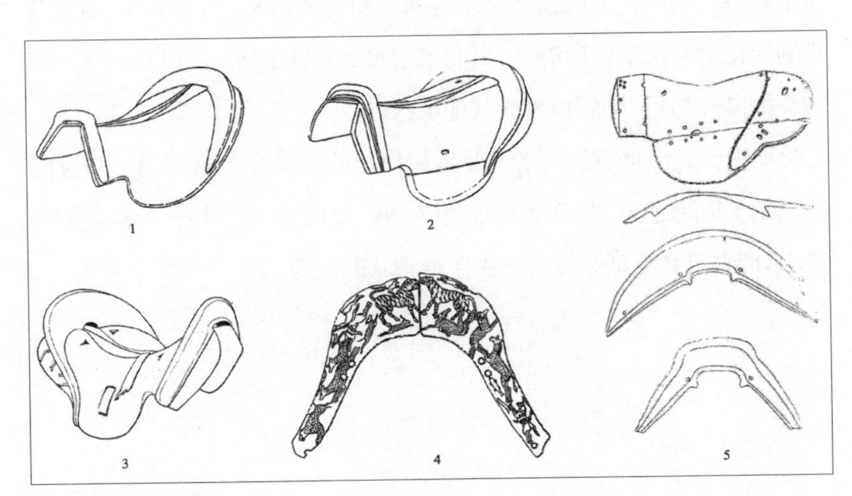

图 11. 突厥民族马鞍

1:图瓦墓地Kurgan Ke-6出土 2:图瓦墓地Kurgan Ke-2出土 3:新疆乌鲁木齐盐湖2号墓出土 4:库迪尔格9号墓出土 5:图瓦墓地Kurgan Ke-22出土

厥民族比较强烈的影响。[70] 辽的马鞍样式也是突厥系统的形制。

值得注意的是，突厥马鞍鞍桥两侧下方中部各有一穿孔，显然是用来系马镫用的。中原地区也是将马镫系挂在这个位置。相比之下，东胡系统马鞍上穿孔的位置要偏前许多。系挂位置的变化应与马镫的发展演变有关，系挂位置后移可以提供可好的后座力，因此也会对马上兵器的使用产生影响。

四、余论

3至6世纪是中国马具发展的关键阶段，除了上述的马镫、马鞍之外，马衔、马镳等配件也发生了变化。马具所有的这些变化，都与这个时期包括鲜卑、突厥在内的民族活动有密不可分的联系。3至6世纪中国马具的变化对后来隋唐所继承，并且通过游牧民族的迁移，以及地区之间的交流，影响到了中国以外的其他地区。

对于古代社会而言，马是无疑是最快捷的交通和作战工具。马具的改良，一方面提升了骑乘者的舒适感，另一方面也使对马的操控更加便利，从而对社会生活和战争产生了连锁式的反应。

70) 孙机：《唐代的马具与马饰》，载同著《中国古舆服论丛》，北京：文物出版社，200年，113—116页。

3~6세기 중국 마구 및 마구를 통한 주변과의 교류

첸 링*
번 역 : 오진석**

目 次

3~6세기는 중국 고대 마구의 발전과 완성에 매우 중요한 단계였다. 마구를 구성하는 부속품 중에서 중요한 부분을 차지하는 등자马镫과 안장马鞍의 변화는 기마기술의 개선에 영향을 미쳤으며, 이는 중국 북방 유목민족의 움직임과 밀접하게 관련되어 있다. 이 시기 중국 고대 마구의 전파는 중앙아시아, 동북아시아 등 주변지역에 큰 영향을 주었다.

* 북경대학
** 한국고고환경연구소

Ⅰ. 등자의 기원과 변천

(1) 등자의 기원과 변천

현재 학술계는 등자 기원 문제와 관련하여, 등자의 범주에 대한 서로 다른 이해로 인해 상당히 큰 견해의 차이를 보이고 있다. 따라서 등자의 개념에 대한 토론이 선행될 필요가 있다. 형식과 공능의 두 범주는 인류가 사물을 인식하는 기본적인 출발점이다. 때문에 등자의 기준을 어떻게 정할 것인가에 대해서 논할 때는 형식(제작기법)과 공능의 두 방면을 반드시 포함시켜야 한다. 그 중의 하나만을 선택할 경우에는 주관적이고 편파적인 우를 범할 수 있기 때문이다.

현재까지 알려진 등자의 자료 중에서는 중원지역에서 출토된 일부 등자만이 공반된 유물을 통해서 정확한 연대를 판단할 수 있다. 다른 지역에서 출토된 등자의 연대설정은 고분의 상대편년에 의지할 수밖에 없는데, 대다수의 고분은 명확한 연대를 설정 할 수 있는 표지유물이 결여되어 있다.

어떤 학자는 현재까지 알려진 안양 효민둔安阳孝民屯, 장사 서진묘长沙西晋墓 등에서 보이는 단등의 경우 등자가 아니고 "마각구马脚扣"로 칭해야 한다고 보고 있다.[1] 이러한 이해는 논리적으로 두 가지 중대한 약점이 존재한다. 첫 번째는 공능의 차이로 전제를 예단하는 것인데, 어떠한 증거도 없는 상황에서 현실생활의 수요에 대한 부정은 기능의 확장을 이끌어 전혀 새로운 형식을 파생시킬 가능성이 있다. 두 번째는 기능이 유일한 지표가 될 수 있는가에 대한 부분으로, 이에 대한 어떠한 논증도 없었다는 점이다. 엄격한 논증을 거치지 않은 기준은 전제예단이며, 이 역시 주관적인 실수

1) 王铁英:《马镫的起源与传播》, 北京大学硕士论文, 2000年, 23－24页。

이다. 상기 견해는 이렇게 주관적인 예단하에서 자신도 모르는 홀시를 하게 되었으며, 각종 단등의 형제를 이후의 동북지역(한국, 북한, 일본을 포함한) 조기 장병등과 서로 완전히 같은 것으로 보았다. 후자는 전자에 의해 발원하는 것이므로, 이는 분명히 잘못된 것이다. 일련의 이른 시기 쌍등의 제작기법상에 나타나는 특징에서도 단, 쌍등의 선후 계승성은 매우 명확하다. 단등에서 쌍등으로의 변천과정은 그리 길지 않은 시간 사이에 나타나며, 현재로서는 대략적으로 그 선후관계만 알 수 있을 뿐으로, 시기구분을 하기에 여전히 불명확하다. 따라서 현재까지 확인되는 단등을 등자의 범주에서 제외시킬 수는 없다.

몇 가지 문제에 대해 먼저 일러두도록 하겠다. 첫 번째, 일부 명확한 기년이 있는 고분, 유적, 도용, 벽화, 조각에서 나타나는 등자의 양식은 대부분 개략적인 표현만 확인되며, 전체적이고 세부적인 관찰이 용이하지 않다. 이른 시기의 고분일수록 이런 현상이 현저하게 확인된다. 학계에서는 일반적으로 등자의 발전은 갈수록 실용적인 방향으로 개선되었다고 보고 있다. 따라서 상술한 상황에서는 오히려 관련 표본의 양식을 비교적 조기의 유형으로 봐야 한다. 동시에 대략적인 연대 추정만 가능한 표본에 대해서는 하한연대를 기준으로 처리하였다. 두 번째, 본문에서 논의하는 주요 범위는 남북조시기 및 수당시기이며, 이보다 시기가 늦은 내용에 대해서는 일괄적으로 생략하도록 한다. 세 번째, 일부 수당시기까지 전세된 회화작품에서 확인되는 마구자료가 있다. 전세된 회화작품은 연대와 작가의 인정认定은 대체로 고대서화보록古代书画谱录들을 참고하였다(《역대명화기历代名画记》, 《선화화보宣和画谱》 등). 문헌기록은 이들 작품의 유전 순서를 설명할 뿐이며, 작자와 연대를 완벽하게 아는 것은 어렵다. 이 역시 근래의 해당 학계에서 논쟁되는 근본적인 문제 중 하나이다. 따라서 이런 자료들 역시 모두 포기하였다.

중국 경내에서 출토된 등자는 내륙内陆, 동북东北, 신강新疆의 세 지역으로 구분된다. 내륙의 범위는 비교적 넓어서, 북으로 녕하宁夏, 몽고内蒙지역까지이며, 남으로 중국내 여타 지역을 포함한다.[2] 등자의 양식 발전은 3단계로 구분하였다.

제1단계: 4세기~5세기 초이다. 이 단계의 등자 실물은 3점이 있다.

장사 금분령 21호묘长沙金盆岭21号墓 출토 기마용의 좌측에는 등자가 그려져 있지만, 승마자가 발을 밟고 있지는 않다[3](插图1:1). 일반적으로 이는 일종의 상마시에 사용한 단등으로 생각되며, 말을 타고 갈 때 사용된 쌍등은 아니다. 이 고분에서 출토된 명문전에는 "永宁二年(302)五月十日作"란 문구가 있으며, 이를 통해 고분의 연대가 302년 혹은 약간 이후임을 알 수 있다.

남경 상산 동진 왕씨가족묘지 7호묘南京象山东晋王氏家族墓地7号墓 출토 도마용陶马俑에는 쌍등이 달려 있다(插图1:2). 묘주인은 동진东晋의 왕익王廙으로 추측되며,[4] 이는 학계에서 보편적으로 받아들여지고 있는 내용이다. 《진서晋书》 권육卷六 《원제기元帝纪》에 따르면, 진晋 원제元帝 영창永昌 원년元年(322년) 10월 "己丑, 都督荆梁二州诸军事, 平南将军, 荆州刺史, 武陵侯王廙卒."란 기록이 있다.[5] 이 고분의 연대가 322년 혹은 약간 이후임을 알 수 있다. 이 마용은 현재까지 발견된 가장 이른 시기 쌍등의 실물자료이다.

안양 효민둔安阳孝民屯 154호묘 출토 유금등자鎏金马镫은 단등이다.[6] 발굴

---

2) 有人将中国内陆地区分为南、北两区。这种划分并不合适, 理由有两点:第一, 魏晋南北朝时期南北政治虽然分割, 但交流并不分隔。而且这个阶段的马镫实物只有少数的几个, 远不足以做科学的地区划分。第二, 隋唐时代全国统一, 南北虽然存在地方差异, 但我们觉得在这类物质方面的差别还不至于到可以分出南北两个发展系列的程度。况且这时期南方的标本数量也屈指可数, 有些差别恐怕也是手工时代不可避免的偶然现象。

3) 湖南省博物馆:《长沙两晋南朝隋墓发掘报告》,《考古学报》1959年3期。

4) 南京市博物馆:《南京象山5号、6号、7号墓清理简报》,《文物》1972年11期, 23-41页。

5) 《晋书》, 中华书局点校本, 第1册, 156页。

6) 中国社会科学院考古研究所安阳工作队:《安阳孝民屯晋墓发掘报告》,《考古》1983年6期, 501-511页;中国社会科学院考古研究所技术室:《安阳晋墓马具复原》,《考古》

자는 이 고분의 연대를 서진에서 동진초(4세기 초에서 4세기 중엽)으로 보았으며, 일본학자 이나자와 와코우穴沢咊光와 마노메 슌이치马目顺一는 공반 출토된 월요越窑의 소사계관小四系罐을 근거로 연대를 추정했는데, 서로 거의 일치한다.[7] 서로 다른 방법으로 같은 결론이 도출된 것으로 보아 이 고분의 연대는 비교적 신뢰할 수 있다. 따라서 학계에서는 이 등자를 현재까지 유일한 4세기대의 등자 실물로 보고 있다.[8] 효민둔묘의 등자는 안장의 좌측에서 출토되었다. 상마용으로 사용되었을 뿐으로, 기마시 균형을 맞출 필요는 없는 것이다.[9] 발굴보고에서는 묘주인이 아마도 선비인 혹은 선비의 영향을 받은 한족인으로 추측하였다(插图1:3).

이 시기는 등자의 맹아와 초기의 단계라고 할 수 있다. 내륙지역의 표본들은 이 단계의 조기를 대표한다. 단등은 이 시기에 출현하며, 이후 쌍등의 전신이 된다. 현존하는 3점의 자료로 볼 때, 단등은 이 시기에 이미 상당히 성숙하였으며, 그 이전에 하나의 발전과정이 더 있었을 것으로 보인다. 이와 같은 의견에 동의한다면, 단등의 출현은 4세기 이전이 될 가능성이 있다.[10]

제2단계: 고원 북위묘固原北魏墓 출토 등자와 단양 호교 오가촌 남조묘丹阳胡桥吴家村南朝墓 마용상의 등자를 대표로 한다.

1973년 고원 동청수하固原东清水河 동안의 뇌조묘촌雷祖庙村에서 발견된 북위칠관묘北魏漆棺墓 출토 한쌍의 철제등자는 환부가 타원형이고 곧은 병부가 접합되어 있으며, 병부의 역혁공은 규형圭形이다[11](插图1:13). 손기孙

1983年6期, 554－559页。

7) 穴沢咊光、马目顺一:《安阳孝民屯晋墓所提出的问题》I,《考古学期刊》227号, 东京, 1984年。

8) 申敬澈:《马镫考》, 姚义田译, 载《辽海文物学刊》1996年1期, 146页。

9) 樋口隆康:《马镫の起源》,《青陵》19号, 1971年。增田精一:《马镫考》,《史学研究》81号, 1971年。穴沢咊光、马目顺一:《安阳孝民屯晋墓所提出的问题》II,《考古学期刊》228号, 1984年。

10) 齐东方:《中国早期马镫的有关问题》,《文物》, 1993年4期, 74－75页。

11) 固原县文物工作站:《宁夏固原北魏墓清理简报》,《文物》1984年6期, 46－53页。

机는 이 고분의 주인을 북위 귀족으로 보았다.[12]

남경 호교 오가촌묘南京胡桥吴家村墓 출토 석마상에서는 안장鞍, 재갈辔, 등자镫 등이 있다. 고분의 시대는 대략 남제南齐(479~502년)이다.[13] 석마의 등자 양식은 뚜렷하게 관찰되지 않는다(插图1:14). 따라서 우선 성숙기의 유형이 아닌 것으로 판단하고 여기에 포함하였다.

고원 북위묘固原北魏墓 출토 등자는 비록 부식이 심한 상태이지만, 두 가지 점에서 주목할 필요가 있다. 먼저, 이 쌍등은 단조로 만든 철제로써, 재질이 상대적으로 이전시기 보다 뛰어나다. 다음으로 현재까지 알려진 자료 중 가장 이른 시기의 대칭을 이루는 등자라는 점이다. 세 번째로는 비록 양식은 이후 각 시기에 비해 원시적이지만, 등자 병부의 형태가 이전시기의 장직양식長直样式이 아니라 병부 상부에 규수식圭首式의 역혈공이 출현한다는 점이다.

산서 대동 사마금룡묘山西大同司马金龙墓에서 출토된 1점의 철제 등자는 길이 17.5cm, 지름 13.7cm이다.[14] 하지만 도면이 발표되지 않아 정확한 형태를 파악할 수 없다. 아마도 고원 북위묘에서 출토된 등자와 비슷할 것으로 추정된다.

이 단계는 대략 5세기 중엽에서 6세기 초의 50~60년 정도이다.

제3단계: 이 단계는 등자의 형태가 기본적으로 정형화 되는 시기이다. 현재까지의 자료로 보면, 시간범위는 6세기 중엽부터 12세기 중엽까지이다. 즉, 남북조 후기부터 요대까지가 포함된다. 금, 원시기부터 등자의 형식은 다시 한번 일련의 변화가 발생한다. 별개의 발전단계로의 진입은 본문의 범위에 속하지 않는다.

이 단계는 거의 6세기 정도를 포함하고 있으며, 세분하면 다시 전, 중,

12) 孙机:《固原北魏漆棺画》, 见氏著《中国圣火》, 辽宁出版社, 1996年, 122－137页。
13) 南京博物馆:《江苏丹阳胡桥、建山两座南朝墓葬》,《文物》1980年2期, 1－12页。
14) 山西大同博物馆:《大同市北魏宋绍祖墓发掘简报》,《文物》2001年7期, 20－29页。

후의 세 시기로 구분된다.

전기前期: 고원 북주 이현묘固原北周李贤墓, 북제 화소융부부묘北齐和绍隆夫妇墓 북제 누예묘北齐娄叡墓, 북제 서현수묘北齐徐显秀墓, 북제 범수묘北齐范粹墓 등 5개의 표본이 있다. 시간순서에 따라 소개하도록 하겠다.

북제 화소융부부묘北齐和绍隆夫妇合葬墓: 1975년 9월 하남성 안양현 안풍공사安丰公社 장가촌张家村의 북제 화소융부부합장묘에서는 1점의 마용이 발견되었다. 이 마용에서는 완정한 말갖춤이 확인되었으며, 쌍등의 양식이 비교적 명확하다(插图1:15). 묘지에 따르면, 화소융은 북제 후주 천통 4년后主天统四年(568년)에 사망했는데,[15] 화소융의 형 화안和安은 북제의 저명한 화사개和士开의 부친이다. 《북제서北齐书》 권오卷五〇 《은행전恩倖传·화사개전和士开传》(《북사北史》권구이동卷九二同)에는 "和士开, 字彦通, 清都临漳人. 其先西域商胡, 本姓素和氏."라고 기록되어 있는데, 이러한 기록은 앞뒤 내용이 모순된 것이다. 《위서魏书》 권일卷一〇〇 《물길전勿吉传》을 보면, 물길국의 대국 중 하나로 소화素和가 있다. 《위서魏书》 권일일삼卷一一三 《관씨지官氏志》에는 소화씨素和氏가 "后改为和氏"로 되었다고 기재되어 있다. 소화씨와 앞뒤로 인접하여서는 박희씨薄熙氏, 오환씨乌丸氏, 토욕혼씨吐谷浑氏가 있는데, 모두 동호계통의 민족들이다. 《원화성찬元和姓纂》 권팔卷八 "소화씨素和氏"조에는 "素和, 鲜卑檀石槐之支裔. 后魏有尚书素和跋, 弟毗, 右将军素和突. 《후위서后魏书》운云, 以本白部, 故号素和, 孝文改为和氏."라 하였다.[16] 그러므로 왕중락王仲荦의 《위진남북조사魏晋南北朝史》에 나오는 화사개는 "선비인鲜卑人"이다.[17] 진연경陈连庆은 소화씨를 바

15) 河南省文物研究所、安阳县文管会:《安阳北齐范粹墓发掘简报》,《文物》1972年1期, 47-51页。

16) 〔唐〕林宝著、岑仲勉校注:《元和姓纂四校记》, 中华书局, 1994年, 1233-1234页。

17) 王仲荦:《魏晋南北朝史》下册, 上海人民出版社, 1980年, 602页。

로 선비 모용부에 포함시키기도 했다.[18] 즉 화사개가 동호계 소화부의 후손이므로,[19] 그 숙부인 화소융 역시 예외가 될 수 없는 것이다.

고원 북주 이현묘固原北周李贤墓: 고원에서 발견된 북주 이현부부합장묘에서는 대량의 중외교류와 관련된 유물이 출토되었으며, 1점의 등자 명기도 확인되었다.[20] 도면을 관찰해 보았을 때, 이 등자의 환부는 상부가 넓고 하부가 좁은 형태上宽下窄이며, 병부에는 규수식 역혁공이 뚫려 있는데, 길이가 그 이전시기보다 매우 짧아졌다. 역혁공과 환부 사이에는 짧은 경부가 존재한다(插图1:16). 이현은 북주의 귀족으로[21] 천화 4년天和四年(569년)에 장안에서 사망하였으며, 같은 해 원주原州로 이장되었다.[22]

태원 북제 누예묘太原北齐娄叡墓: 산서 태원 남쪽 외곽의 왕곽촌王郭村에서 발견된 북제 무평 원년武平元年(570년) 누예묘의 묘도 서벽 중층 벽화에는 완전한 말갖춤을 한 말그림이 있는데, 등자가 선명하여 확인할 수 있다.[23] 새로 출간된 채색도판에서는 묘도 동벽의 "회귀도回归图"[24]에서도 등자의 양식을 비교적 선명하게 확인할 수 있다. 비록 이들 도상의 등자는 모두 정면도는 아니지만, 기본적으로 그 형태가 고원 이현묘에서 출토된 등자와 비슷한 것을 확인할 수 있다(插图1:17). 출토된 묘지에 따르면, 누예는 북제 후주 무평 원년武平元年(570년)에 죽었다.

태원 북제 서현수묘太原北齐徐显秀墓: 태원 학장향郝庄乡 왕가봉촌王家峰村

18) 陈连庆:《中国古代少数民族姓氏研究》, 吉林文史出版社, 1993年, 73页。
19) 罗新:《北朝墓志丛札(一)》, 见http://www.pku.edu.cn/academic/zggds/004/001/003.htm。
20) 齐东方:《中国早期马镫的有关问题》,《文物》, 1993年4期, 76页。
21)《周书》卷二五《李贤传》。
22) 宁夏回族自治区博物馆、宁夏固原博物馆:《宁夏固原北周李贤夫妇墓发掘简报》,《文物》1985年11期, 1-20页。
23) 山西省考古研究所:《太原市北齐娄睿墓发掘简报》,《文物》1983年10期, 1-24页。
24) 太原市文物考古研究所:《北齐娄叡墓》, 文物出版社, 2004年, 图版1。西壁中层《出行图》彩版见同书图版4。

동쪽에서 발견된 북제 태위太尉 서현수묘 묘실 서벽 벽화에는 관찰 가능한 1점의 등자가 확인되었다. 환부는 상관하착이며, 답수부는 편평하다. 병부에 역혁공을 통해 안장과 연결되어 있어, 부분적으로는 세부를 명확하게 알기 어렵다[25](插图1:18). 하지만 전체적으로 보면, 등자의 양식이 누예묘, 이현묘와 대동소이한 것을 알 수 있다. 출토된 묘지에 따르면 서현수는 무평 2년武平二年(571년)에 죽었다.

안양 북제 범수묘安阳北齐范粹墓: 안양 서북쪽의 홍하촌洪河村 북제 범수묘에서는 다리부분이 결실된 1점의 마용이 출토되었다.[26] 묘지에 따르면, 묘주인 범수는 북제 후주 무평 6년武平六年(575년)에 죽었다.

하북 자현 만장벽화묘河北磁县湾漳壁画墓에서 출토된 기마용은 안장과 등자가 모두 갖추어져 있다.[27] 발간된 자료에 따르면, 제용诸俑의 등자는 위에서 열거한 등자의 양식과 동일한 양식이다.

종합하자면, 이 시기 등자는 이미 일종의 고정된 양식을 형성하였다. 환부는 기본적으로 상부가 넓고 하부가 좁은 원각사변형이며, 답수부는 편평하다. 규수식 역혁공은 윗부분이 비교적 뾰족하며, 병부의 길이가 그 이전시기보다 명확하게 짧아져 더욱 실용적으로 변화하였다. 환부와 병부 사이는 내렴하며 짧은 경부가 존재한다. 북주, 북제 양 정권의 지역 내에서 출토된 등자의 양식은 서로 일치성이 확인되는데, 이는 서로 같은 기원을 가졌음을 뜻한다. 주지한 바와 같이 북주, 북제는 동위와 서위에서 이어진 나라이며, 양위两魏는 북위에서 분열된 국가이다. 근원을 쫓아 올라가 보면, 주, 제의 등자는 북위에서 기원하였으며, 이는 역사발전의 사실과 완전히 일치한다.

이 단계는 대략 남북조 후기로, 구체적으로는 6세기 후반기이다.

---

25) 山西省考古研究所:《北齐徐显秀墓发掘简报》,《文物》2003年10期, 4－40页, 其中图版31、32有局部图。

26) 河南省博物馆:《安阳北齐范粹墓发掘简报》,《文物》1972年1期, 47－51页。

27) 中国社会科学院考古研究所:《河北磁县湾漳北朝墓》,《考古》1990年7期, 600－607页。

중기中期 : 당 태종 소릉 육준석각唐太宗昭陵六骏石刻, 당 신성공주묘唐新城公主墓 등 6곳에서 출토된 절대편년이 있는 표본을 대표로 한다.

당 태종 소릉唐太宗昭陵: 태종 소릉 육준의 등자는 모두 형제의 식별이 가능한데, 특히 삽로자飒露紫와 권모과拳毛騧가 가장 온전하고 또렷하다. 이들 등자의 형태는 모두 완전히 같으므로, 삽로자를 대표적인 예로 들도록 하겠다. 삽로자의 등자는 혁대로 묶여 있으며, 환부는 원방형圆方形에 가깝고, 답수부는 넓다. 규수식 역혁공이며, 공부의 상부는 원첨형, 환부와 병부 사이에 좁은 경부가 있다(插图1:20).

당 신성공주묘唐新城公主墓: 소릉 부근의 당 신성공주묘에서 출토된 1점의 유금동 등자鎏金铜马镫은 원형에 답수부 넓고 편평하며, 중간에 돌기가 있다. 규수식 역혁공이 있으며, 병부는 짧다. 공부와 환부 사이에 1절의 짧은 경부가 존재한다[28](插图1:21). 묘주인은 태종의 딸인 신성공주이다. 《신당서新唐书》 권팔삼卷八三 《제제공주诸帝公主 · 신성공주전新城公主传》에는 "新城公主, 晋阳母弟也. 下嫁长孙诠, 诠以罪徙巂州. 更嫁韦正矩, 为奉冕大夫, 遇主不以礼. 俄而主暴薨, 高宗诏三司杂治, 正矩不能辩, 伏诛. 以皇后礼葬昭陵旁."라고 기재되어 있다. 묘지에 따르면, 신성공주는 당 고종 용삭 3년龙朔三年(663년)에 사망하였으며, 소릉에 배장되었다.[29]

당 정인태묘唐郑仁泰墓: 당 태종 소릉에 배장된 정인태묘에서 출토된 1점의 등자는 원방형 환부에, 편평한 답수부, 규수식 역혁공이 있으며, 공부와 환부 사이에 한절의 짧은 경부가 존재한다(插图1:22). 이 고분에서 공반 출토된 기마용상의 등자와는 형식이 일치하는 것을 판별하였다. 묘지에 따르면 정인태는 고종 용삭 3년龙朔三年(663년)에 사망하였으며, 인덕 원년麟德元

28) 陕西省考古研究所:《唐新城长公主墓发掘报告》, 北京:科学出版社, 2004年, 55-56页、彩版六之5。

29) 陕西省考古研究所:《唐新城长公主墓发掘报告》, 图112。

年(664년)에 소릉에 배장되었다.[30)]

당 독고사정묘唐独孤思贞墓: 3점의 동등铜镫이 출토되었다. 2점은 서벽감 마용 복부 아래에서, 한점은 묘실 내 다른 한점의 마용 측면에서 출토되었다. 3점의 등자는 형태가 대동소이한데, 길이는 7.2cm이다[31)](插图1:23). 명기이며 실용기는 아니다. 보고된 2점의 등자는 형제상 정인태묘의 것과 완전이 일치한다. 묘지에는 독고사정이 무후 신공 2년神功二年(698년)에 사망하였고, 같은 해 하장 했다고 되어 있다.[32)] 이 고분에서 출토된 등자는 2점이 한쌍으로 마용과 세트를 이루며, 다른 1점은 단독으로 이용되었다. 이런 현상은 부장된 등자의 수량만 가지고 단등 혹은 쌍등을 판단할 수 없다는 점을 알려준다.

당 절민태자묘唐节愍太子墓: 당 중종 정릉定陵에 배장된 절민태자 이중준묘李重俊墓에서 출토된 1점의 등자는 환부가 반원형이고, 답수부는 편형, 역혁공은 규수식이며, 공부와 환부 사이에 1절의 좁은 경부가 존재한다. 이 등자는 길이가 8.7cm로[33)](插图1:24), 실용기를 모방한 명기이다. 이 고분에서 출토된 몇 점의 마용 역시 등자를 갖추고 있다. 비록 등자 환부 하반부가 훼손되었으나, 전체적으로 보면 상술한 동등자의 형제와 완전히 상통함을 알 수 있다. 이중준은 당 중종의 3자로 위후韦后에 반대하여 신룡 3년神龙三年(707년)에 군을 일으켰으나 패배하여 살해당했다. 예종이 즉위한 이후 소설昭雪하였으며, 경운 원년景云元年(710년)에 정릉定陵에 배장되었다.[34)]

아사탑나 72년 188호묘阿思塔那72年188号墓: 신강 토로반吐鲁番 아사탑나

---

30) 陕西省博物馆:《唐郑仁泰墓发掘简报》,《文物》1972年7期, 33－44页。

31) 中国社会科学院考古研究所:《唐长安城郊隋唐墓》, 文物出版社, 1980年, 39页、图版60之二。该报告刊布了其中的两件。

32) 中国社会科学院考古研究所:《唐长安城郊隋唐墓》, 42页。

33) 陕西省考古所研究所:《唐节愍太子墓发掘报告》, 北京:科学出版社, 2004年, 132－133页、图版36之10。

34)《新唐书》卷八一《节愍太子传》。

72M188에서 출토된 견본绢本에는 채색 마도 위에서 2점의 등자가 확인되었다[35](插图1:25). 이 두 점은 형제가 완전히 같기 때문에 1점을 예로 들어 설명하도록 하겠다. 이 그림에 나타난 등자 양식은 상술한 소릉, 신성공주묘, 정인태묘, 독고사정묘, 절민태자묘의 등자와 거의 비슷하며, 표현된 것으로 보아 철제 등자일 것이다. 이 고분에서는 대량의 문서와 1점의 "大唐 昭武校尉 沙州子亭镇将 张公夫人 金城麴氏 墓志铭"도 공반 출토되었다. 묘지에는 국씨麴氏가 입장한 시기가 개원 3년开元三年(715년)으로 나와 있다.[36] 하지만 고분에서 출토된 문서 중에서 기년이 가장 늦은 것은 개원 4년开元四年(716년)이다.[37] 개원 4년의 문서는 분명히 국씨가 입장할 시기의 것은 아니며, 이후에 남자 묘주인인 장웅张雄이 하장할 때의 것이다.[38] 아무튼 이 그림의 하한 연대는 716년이 될 것으로 보인다. 이 고분에서 출토된 병풍견화屏风绢画는 완벽히 당 중기의 형식과 풍격을 지니고 있다. 즉 남자 묘주인(장웅)은 서역인일 가능성이 있으며, 그 한화정도 역시 매우 깊다. 따라서, 이 작품은 비록 신강지역에서 출토되었지만, 화면상 회화기법을 보았을 때, 중원의 실물이 원형이며, 중원내륙으로 귀순한 사람 중 하나임이 분명하다. 이 고분에서 출토된 것과 동시기의 고분에서 출토된 기마용에서도 역시 등자를 그린 것이 관찰되었으며, 형식이 대체로 상기 병풍의 것과 일치한다(表2).

35) 新疆文物局:《新疆文物古迹大观》, 新疆维吾尔自治区文物事业管理局等编, 乌鲁木齐:新疆摄影美术出版社, 1999年, 143页, 图版0357。

36) 穆舜英:《吐鲁番阿斯塔那古墓群出土墓志登记表》,《新疆文物》2000年3－4合期, 247页;新疆文物局:《新疆文物古迹大观》, 145页, 图版0364。

37) 穆舜英:《吐鲁番阿斯塔那古墓群出土文书登记表》,《新疆文物》2000年3－4合期, 284－285页。

38) 该墓葬出土的文书具见《吐鲁番出土文书》(图版本), 第四册, 文物出版社, 1992~1996年, 24－46页。《吐鲁番文书》中认为188号墓男女主人"入葬先后不明", 显然是没有注意到麴氏墓志与文书纪年在时间上的差异正是解决男女墓主入葬顺序的关键。如果是男主人先入葬, 而麴氏后来坿葬, 就不可能出现有比墓主下葬时间还晚一年书写的文书。况且, 麴氏墓志中也没有提及其坿葬张雄墓。就隋唐时代所见的情况来说, 女性如果是坿葬, 在其墓志中通常是会特别声明的。

종합하자면, 이 시기 등자의 양식은 환부가 원각방형圓角方形이며, 더 이상 조기와 같이 상관하착의 형태는 아니다. 역혁공은 규수식이며, 병부와 환부 사이에 한절의 짧은 경부가 존재한다. 이런 양식의 등자는 상당히 장기간 이용되었으며, 그 시기는 7세기에서 10세기까지이다.

후기後期 : 후기의 등자는 형제상 앞 시기와 크게 차이 나지 않는다. 다만 환부가 점차 상부가 좁고 하부가 넓은 형태로 바뀌는 추세가 보인다. 이 시기의 표본은 비교적 많은 편으로 형제 역시 비교적 명확하다. 백사송묘白沙宋墓의 예를 들어 살펴보고자 한다. 백사송묘 3호묘의 용도 서벽 벽화에는 비교적 선명한 등자의 도상이 있다[39](插图1:33). 이 고분의 하한연대는 송 휘종徽宗 선화 6년宣和六年(1125년)이다.[40]

후기의 시기는 대략 11세기부터 12세기 초기까지이다.

(2) 신강지역新疆地区

신강지역에서 현재까지 발견된 주요 등자 실물은 5점으로 모두 철제이다. 아륵태 극이목제고묘阿勒泰克尔木齐古墓, 오노목제염호고묘乌鲁木齐盐湖古墓, 이이하유역伊犁河流域, 청하사간과륵향青河查干果勒乡이 있다.

아륵태 극이목제고묘에서 확인된 철제 등자의 경우[41](插图1:26), 고분번호가 없다. 이 등자는《신강고대민족문물新疆古代民族文物》에서 최초로 보고되었다.[42] 이 책 도판 164에서는 철제재갈도 한 점이 같이 보고되었다. 극이목제묘지克尔木齐墓地의 연대와 관련해서는 조기고분의 연대가 미노신사극분지米努辛斯克盆地 가랍소극문화卡拉苏克文化시기, 즉 기원전 1200~700

39) 宿白:《白沙宋墓》(第二版), 文物出版社, 2002年, 图版肆捌II。

40) 宿白:《白沙宋墓》, 101－102页。

41) 新疆社会科学院考古研究所:《新疆克尔木齐古墓群发掘简报》,《文物》1981年1期。

42) 新疆文物考古研究所:《新疆古代民族文物》, 文物出版社, 1985年, 图版165, 图版说明9页。

년에 상당한다는 의견이 있다. 완기는 전국에서 한시기에 상당한다.[43] 간보의 집필자는 비교적 보수적인 의견을 내놓았는데, 이 고분군의 시기를 서한에서 수당시기로 보았다.[44] 필자는 일찍이 여러 차례 이 지역에 대한 실지조사를 나갔는데, 이 고분군의 상황은 비교적 복잡한 편으로, 그 중 일부 고분의 연대가 전자와 같던가 더 이를 수도 있다. 필자는 출토된 실물에 대해 자세히 관찰해 보았는데, 그 중 일부 토기의 연대는 미노신사극분지의 아범나선옥문화시대阿凡那美沃文化时代 만큼 올라 갈 수 있다. 즉, 기원전 3000년 하반엽에서 2000년 초기까지이다. 그러나, 이 등자의 형제는 내륙지역 제2기 제2단계의 양식에 가까우며, 시대 역시 그렇게 이를 수 없다. 따라서, 이 등자는 당 시기 유물일 가능성이 크다.[45]

오노목제염호고묘乌鲁木齐盐湖古墓 : 1970년 신강군구생산건설병단新疆军区生产建设兵团의 군간전사军垦战士가 오로목제 남쪽 교외 염호 남안에서 2기의 고분을 발견하였다. 그 중 2호묘에서 순장한 4필의 말과 일부 마구가 출토되었는데, 그 중에는 1점의 철제 등자가 포함된다. 이 등자는 답수부가 이미 훼손되었는데, 역혁공은 규수식이며, 공부와 환부사이에 한절의 짧고 좁은 경부가 존재한다(插图1:27). 이 고분에서 공반 출토된 당대에 유행한 양식의 직물이 1점 있기 때문에, 보고서에는 이 고분의 시대를 당대로 보았다.[46] 1호묘에서도 등자 한 점이 출토되었으나, 시대는 원대까지 내려가며, 본문의 범위를 벗어난다.

청하사간과륵향青河查干果勒乡에서 발견된 한 쌍의 등자는 길이가 20.1cm, 환부 외경이 16cm이다. 보고자는 시기를 위진시기에서 오대시

43) 穆舜英、王明哲:《论新疆古代民族考古文化》, 见新疆文物考古研究所《新疆古代民族文物》, 4页。

44) 新疆社会科学院考古研究所上揭文。

45) 齐东方:《中国早期马镫的有关问题》,《文物》, 1993年4期, 77页。

46) 王炳华:《盐湖古墓》,《文物》1973年10期, 28-36页。

기까지로 보았다.[47] 이 두 점의 등자를 관찰한 결과, 등자는 환부가 부분적으로 타원형을 이루며, 답수부가 넓고 편평한 것을 알 수 있었다(환저부에 답판이 한판 덧붙어 있음). 규수식 역혁공이 아래쪽으로 치우쳐 형성되어 있다. 공부와 환부 사이에 짧고 좁은 한절의 경부가 존재한다(插图1:33). 등자의 양식은 독고사정묘独孤思贞墓 출토품과 거의 일치하며, 시대는 7세기일 가능성이 있다.

상술한 극이목제고묘, 오로목제염호고묘의 고분형제는 비교적 명확한데, 유목민족의 고분에 속한다. 주지하듯, 7, 8세기 신강지역에서 활동했던 유목민족은 주로 돌궐계 민족이다. 따라서, 이 두 점의 등자는 이 시기 돌궐민족과 관련되었을 가능성이 크다. 이이하유역에서 발견된 등자는 분석할 수 있는 여타 자료가 없어, 현재로서는 시기상조로 보인다. 중아시아 片治肯特 벽화에서도 역시 신강지역과 유사한 등자가 발견된다(插图1:28). 역시 돌궐계민족이 전입하였기 때문으로 보인다.

현재까지 보이는 신강지역에서 이미 발견된 등자 중에서는 내륙지역의 제1, 제2기의 표본은 보이지 않는다. 상술한 3점의 등자는 내륙지역의 제2기 제2단계임이 분명하며, 시기적으로는 7, 8세기 정도이다. 제2기 제3단계 등자에 상당하는 자료 역시 발견된 바 없다.

(3) 동북지역东北地区

동북지역에서 발견된 등자는 수량이 적다. 주요한 것으로는 조양 십이대향 88M1朝阳十二台乡88M1, 삼합성三合成, 원대자 동진묘袁台子东晋墓, 집안 칠성산 M96集安七星山M96, 우산하 M41禹山下M41, 만보정 M78万宝汀M78, 고구려 태왕릉高句丽太王陵, 북표 북연 풍소불묘北票北燕冯素弗墓, 북표 북구

47) 王林山、王博:《中国阿尔泰山草原文物》, 新疆美术摄影出版社, 1996年, 图版31, 说明89页。

M8北票北沟M8 등이다. 민족문화의 관점에서 보면, 등자가 출토된 고분 중에서 일부는 명확하게 고구려에 속하기 때문에, 한반도지역에서 발견된 표본들과 같이 토론해야 한다. 등자 조기 발전의 경과를 용이하게 설명하기 위해서 이 등자들 역시 동북지역에 포함하여 같이 분석하였다.

조양 십이대향 88M1朝阳十二台乡88M1: 대릉하大凌河 중류 동안의 조양 십이대향 전창 88M1朝阳十二台乡砖厂88M1에서는 다량의 마구가 발견되었는데, 그 중에는 1점의 유금등자가 포함된다. 이 등자는 동으로 주조하여 제작하였으며, 전체길이는 41cm이다. 환부는 편평원형이며, 외경은 16cm, 내경은 12.3cm, 길이는 9.2cm이다. 답수부 중간에는 위쪽으로 향한 돌기가 있다. 병부 길이는 14cm, 상관하착上宽下窄으로 윗부분 너비는 4.5cm, 아랫부분 너비는 2.7cm이다(插图1:4). 보고자는 이 고분을 전연시기 고분으로 보았으며, 절대연대가 안양 효민둔 154호묘安阳孝民屯154号墓보다 이를 가능성을 상정하였다.[48]

조양 삼합성朝阳三合成: 조양현 칠도령향 삼합촌七道岭乡三合村에서 1995년에 발견된 1기의 고분에서는 이미 여러 조각으로 파손된 동유금 등자편 1점이 출토되었다. 전체길이는 30.5cm이다. 내부는 목심이며, 외부는 유금으로 된 동편으로 목심부는 이미 완전히 부식되었다. 이 등자는 병부가 장방형으로 길이 17cm, 너비 4cm이며, 병부에는 10개의 못 구멍이 확인된다. 환부는 편원형이며, 내경 12cm, 너비 2.5cm이며, 답수부 중앙에 위로 향한 돌기가 확인된다. 환부 주위를 둘러 못 구멍이 있다. 일부 잔존한 작은 조각편이 남아 있으며, 중앙에 못 구멍이 나타난다. 구멍간 거리는 3.5cm이다(插图1:5). 발굴자는 이 고분을 안양 효민둔 154호묘, 조양 원대

48) 辽宁省文物考古研究所:《朝阳十二台乡砖厂88M1发掘简报》,《文物》1997年11期, 19−32页。

자묘와 같은 시기인 전연유적으로 보았다.[49]

조양 원대자 동진묘朝阳袁台子东晋墓: 조양 십이대영자十二台营子의 석곽벽화묘石椁壁画墓에서도 마구갖춤이 출토되었다. 그 중에서 한 쌍의 등자는 안교 아래에서 출토되었으며, 전체길이는 28cm이다. 심은 목재를 엮어 제작하였으며, 외부 가죽에 옻칠을 하고, 주황색으로 운문도안을 그려 넣었다. 병부는 비교적 긴 편으로, 길이 14cm, 너비 3.7cm이다. 환부는 편원형으로 직경 15cm이다. 병부와 환부를 잇는 부분에 삼각형의 목계木楔가 있으며 외부는 가죽을 둘렀다(插图1:6). 이 고분의 연대는 4세기 초에서 4세기 중엽경이다.[50]

집안 칠성산 M96集安七星山M96: 이 고분에서는 한 쌍의 등자가 발견되었는데, 역시 목심이며, 외부에 유금동편을 둘렀다. 전체적으로 2~3열의 못을 박아 보강하였으며, 제작기법이 매우 세심하다. 병부는 비교적 길며, 상관하착이다上宽下窄. 환부는 편원형이고, 답수부 중간이 위로 살짝 돌출되어 있다(插图1:7). 역혁공은 병상부에 위치하며, 출토시 구멍에 짧은 피혁질이 남아 있어, 원래는 등자를 묶었던 용도로 보인다.[51]

집안 만보정 M78集安万宝汀M78: 만보정 78호 적석총에서는 4점(두 쌍)의 등자가 발견되었다. 모두 목심이며, 외부에 유금동편을 둘렀고, 동못으로 보강하였다. 길이는 24cm이다. 환부는 편원형이며, 답수부 외곽에 5개의 유금동못을 박아 보강하였다. 병부는 곧고 길며, 상단에 역혁공이 있다. 원보고에서는 이 고분의 시대를 4, 5세기로 보았다[52](插图1:8).

집안 우산하 M68集安禹山下M68: 이 고분에서는 한 쌍의 등자가 이미 훼손

49) 于俊玉:《朝阳三合成出土的前燕马具》,《文物》, 1997年11期, 42－48页。
50) 辽宁省博物馆文物队:《朝阳袁台子东晋壁画墓》,《文物》1984年6期, 29－46页。
51) 集安县文物保管所:《集安县两座高句两积石墓的清理》,《考古》1979年1期, 27－32页。
52) 吉林省博物馆文物工作队:《吉林集安的两座高句丽墓》,《考古》1977年2期, 123－131页。

된 상태로 발견되었다. 등자는 목심이며, 외부는 철로 둘렀다. 외부 철피상에는 못을 박았던 흔적이 있어, 원래 못으로 보강했을 것으로 보인다. 잔존 길이는 27cm이다. 보고자는 이 고분의 시대를 5세기로 보았다[53](插图1:9).

집안 고구려 태왕릉集安高句丽太王陵: 2003년 길림성문물고고연구원吉林省文物考古研究은 집안 경내의 고구려 왕성과 일부 왕릉을 발굴하였다. 태왕릉에서는 한 점의 유금누화등자鎏金镂花马镫가 발견되었다.[54] 이 등자의 제작 기법은 현재 명확히 소개된 자료가 없지만, 도편상으로 관찰해 보면, 목심에 금속을 두른 것으로 보인다. 외관 형제상 북표북구 M8, 집안 칠성산 96호묘, 안양 효민둔 154호묘 등의 출토품과 매우 유사하다(插图1:10). 이 고분에서 출토된 동령에는 "호태왕好太王" 명문이 확인되어 묘주인이 412년에 죽은 고구려 광개토대왕 담덕谈德임을 알 수 있다.

북표 북연 풍소불묘北票北燕冯素弗墓: 북표 풍소불묘 제1호묘에서는 한 쌍의 등자가 출토되었다. 이 등자는 유금동편으로 둘렀으며, 내부는 상목심桑木芯으로 제작하였다. 제작방법은 "목재를 삼각형으로 꺾어서, 윗부분을 밖으로 구부려 원삼각형의 등신을 만들고, 양 끝을 합쳐 병부를 만들었다. 나누어지는 부분에는 삼각형의 목계를 이용해 보강하였으며, 밟아도 변형이 이루어지지 않게 하였다."이다. 동편과 목심은 못으로 보강하였다. 외면은 유금동편으로 둘렀으며, 내측은 얇은 철편을 박았고, 그 위에 흑색 옷칠을 하였다. 전체길이는 23cm이다. 묘주인은 북연천왕北燕天王 풍발冯跋의 동생인 범양공范阳公 풍소불이며, 북연 태평 7년太平七年(415년)에 죽었다[55](插图1:11).

북표 북구 M8北票北沟M8: 이 고분에서는 1점의 목심철피등자木芯铁皮马镫

53) 吉林省博物馆文物工作队上揭文。

54) 国家文物局:《2003年重大考古发现》, 文物出版社, 2004年, 121-127页。

55) 黎瑶渤:《辽宁北票县西官营子北燕冯素弗墓》,《文物》1973年3期, 2-28页。

가 출토되었다. 피와 심 사이는 못을 박아 보강하였다. 환부는 원형, 병부는 비교적 길다. 발굴자료는 아직 정식 발간되지 않았다[56](插图1:12).

상술한 등자의 재질과 수량은 아래와 같다.

표 1. 동북지역 등자 재질 표

	木芯铁(铜)皮	件数
朝阳十二台乡88M1	×	1
朝阳三合成	√	1
朝阳袁台子东晋墓	√	2
集安七星山M96	√	2
集安万宝汀M78	√	4
集安禹山下M68	√	2
集安高句丽太王陵	√?	1
北票北燕冯素弗墓	√	2
北票北沟M8	√	1

상술한 16점의 등자는 양식이 서로 비슷하다. 모두 장병이며, 역혁공은 병상단에 위치하고, 답수부와 다른 부분의 두께가 같으며, 넓고 편평한 답판이 없다. 그 중 조양 십이대향 88M1朝阳十二台乡88M1의 1점이 동제 등자인 점과 집안 고구려 태왕릉 출토품의 재질이 불명확한 것을 제외하면, 그 외 14점은 모두 제작기법이 목심에 금속을 두르고 못으로 보강한 것이 기본적으로 같다(表1). 풍소불묘 출토 등자는 비교적 명확하게 목심제작의 방식을 이해할 수 있다는 점에서 대표성이 있다. 기타 12점의 목심등 역시 제작기법에 있어 크게 차이 나지 않는다. 이와 같이 동일한 제작기법은 아마도 그 이전 등자의 출현시기와 기시차가 크지 않음을 알려주는 것으로, 제

56) 董高:《公元3至6世纪慕容鲜卑、高句丽、朝鲜、日本马具之比较研究》,《文物》1995年10期, 34－42页。

작기법에 있어 "혁등革镫", "각구脚扣"과 서로 연원 관계에 있다.

상술 내용을 총괄하여 위에서 열거한 등자의 발전계열을 살펴보면, 대략 내륙지역의 제1단계에 상당하며, 다만 시간상으로는 약간 늦다. 즉, 이 단계의 후기 정도로 볼 수 있으며, 4세기에서 5세기 초 정도이다.

내륙지역의 2단계에 해당하는 등자는 동북지역에서 아직까지 발견되지 않았다.

무순 고이산산성抚顺高尔山山城: 1956년에 1점의 등자가 출토되었는데, 환부는 원각방형, 답수부는 타원형이다. 전체 길이는 17.5cm, 환부 직경은 10.5cm, 답수부 길이는 10cm, 너비는 4cm이다. 규수식 역혁공이며, 공부와 환부 사이에 1절의 내만하는 짧은 경부가 존재한다[57](插图1:29). 일부 학자들은 이 등자를 고구려시대 유물로 보고 있다. 제동방齐东方은 이 등자가 동북지역의 여타 요묘辽墓에서 출토되는 등자와 형제가 같으며, 전형적인 요대 등자로 봐야 한다고 했다.[58] 당에서 요 전기까지 등자의 형제 변화가 크지 않기 때문에, 이 등자 역시 7~10세기의 유물일 가능성이 있다.

동북지역에서는 명확히 내륙지역의 등자계열 제3단계 후기인 등자가 대량으로 발견되었다. 여기서는 세 가지의 예를 들어 살펴보고자 한다.

요녕 건평 조기 요묘辽宁建平早期辽墓: 1965년 요녕 건평 장가영자 요묘张家营子辽墓에서 발견된 대량의 마구 중에는 3쌍의 등자가 포함된다. 이 세 쌍의 등자는 형제가 서로 같으며, 답수부에 투공이 있고, 배면 중부에는 등脊이 존재한다. 원방형의 환부는 평평한 정부에 규수식 역혁공이 뚫려 있고, 공부와 환부 사이에 내렴하는 좁은 경부가 존재한다. 전체 길이는 18~20cm, 환부 직경은 10.5~12cm, 답수부 너비는 6.5~8cm이다(插图

57) 抚顺市文化局文物工作队:《辽宁抚顺高尔山古城址调查简报》,《考古》1964年12期, 615-618页。

58) 齐东方:《中国早期马镫的有关问题》,《文物》, 1993年4期, 77页。

1:30). 이 고분의 연대는 요대 조기이다.[59)]

요 진국공주묘辽陈国公主墓: 내몽고 자치구 철리목맹哲里木盟의 내만기奈曼旗 요 진국공주묘에서는 완정한 마구 갖춤이 발견되었다. 출토된 등자 형제는 건평요묘建平辽墓와 일치한다(插图1:31). 이 고분의 연대는 1018년이다.

선화 하팔리 요묘宣化下八里辽墓: 하북 선화 하팔리촌宣化下八里村 요대벽화묘장군 5호묘辽代壁画墓葬群 5号墓에서는 한 폭의 출행도벽화가 발견되었다. 이 그림에서 보이는 등자의 역혁공은 상술한 두 곳에서 보는 것과 서로 같으며, 환부는 좀 더 낮아졌고, 답수부는 상당히 넓으며, 점차 끌어 올려지는 추세이다[60)](插图1:32). 묘주 张世古는 1117년에 묻혔다.[61)]

상술한 몇 곳에서 보이는 등자의 형제는 내륙지역의 제3단계 중기와 비교할 때, 환부가 짧아지고, 답수부가 현저하게 넓어졌다. 특히 선화 하팔리 요묘벽화에서 나타난 등자의 답수부는 명확히 더욱 넓고 두터워 졌으며, 주연이 끌어 올려지는 양식이다.

비교상의 편의를 위해 상술한 세 지역의 자료를 종합하여 아래와 같은 표를 작성하였다.

상기 표에서 잘 드러나듯이, 동북지역에서는 제2기 및 제3기의 전, 중단계가 나타나지 않으며, 오직 3시기의 후단계만 확인된다. 동북지역의 제 3기 후단계 등자는 해당지역의 제1기 등자와는 연원관계가 없다. 형제상 완전히 내륙지역 제2기의 영향을 받았으며, 그 기원은 중원지역임이 분명하다. 다시 말하자면, 당대 이후 동북지역의 등자형제는 중원에서 왔으며, 이런 형제는 요대까지 계속 유행한다.

---

59) 冯承谦:《辽宁建平、新民的三座辽墓》,《考古》1960年2期, 15－24页。
60) 河北省文物研究所:《河北古代墓葬壁画》, 北京:文物出版社, 2000年, 103－126页。
61) 河北省文物研究所:《宣化辽墓》, 文物出版社, 2001年, 上册, 254、267页。

表 2. 中国地区墓葬马镫分期表

	内陆地区	东北地区	新疆地区
一期	长沙金盆岭西晋墓(302) 南京象山7号墓(322) 安阳孝民屯(4世纪)	十二台88M1(前燕, 337-370) 三合成(前燕337-370) 袁台子(4世纪初至中叶) 七星山M96(4世纪) 禹山下M41(4、5世纪) 万宝汀M78(4、5世纪) 高句丽王陵(412) 冯素弗墓(415) 北票北沟M8	
二期	固原北魏墓(386-534) 丹阳胡桥吴家村南朝墓		
	安阳北齐和绍隆(568) 固原北周李贤墓(569) 太原北齐娄叡墓(570) 太原北齐徐显秀墓(571) 安阳北齐范粹墓(575)		
三期	唐太宗昭陵(650) 唐新城公主墓(663) 郑仁泰墓(664) 独孤思贞墓(698) 节愍太子墓(710) 阿思塔那72M188号墓屏风(716)阿斯塔那出土打马球俑[62] 阿斯塔那出土唐三彩马俑[63]	抚顺高尔山	克尔木齐古墓 新疆查干果勒乡出土
	白沙宋墓第3号墓(1125)	辽宁建平张家营子早期辽墓 辽陈国公主墓(1018) 宣化下八里辽墓(1117)	

62) 穆舜英:《中国新疆古代艺术》, 乌鲁木齐:新疆摄影美术出版社, 1994年, 152页, 图版393。

63) 穆舜英:《中国新疆古代艺术》, 155页, 图版400。

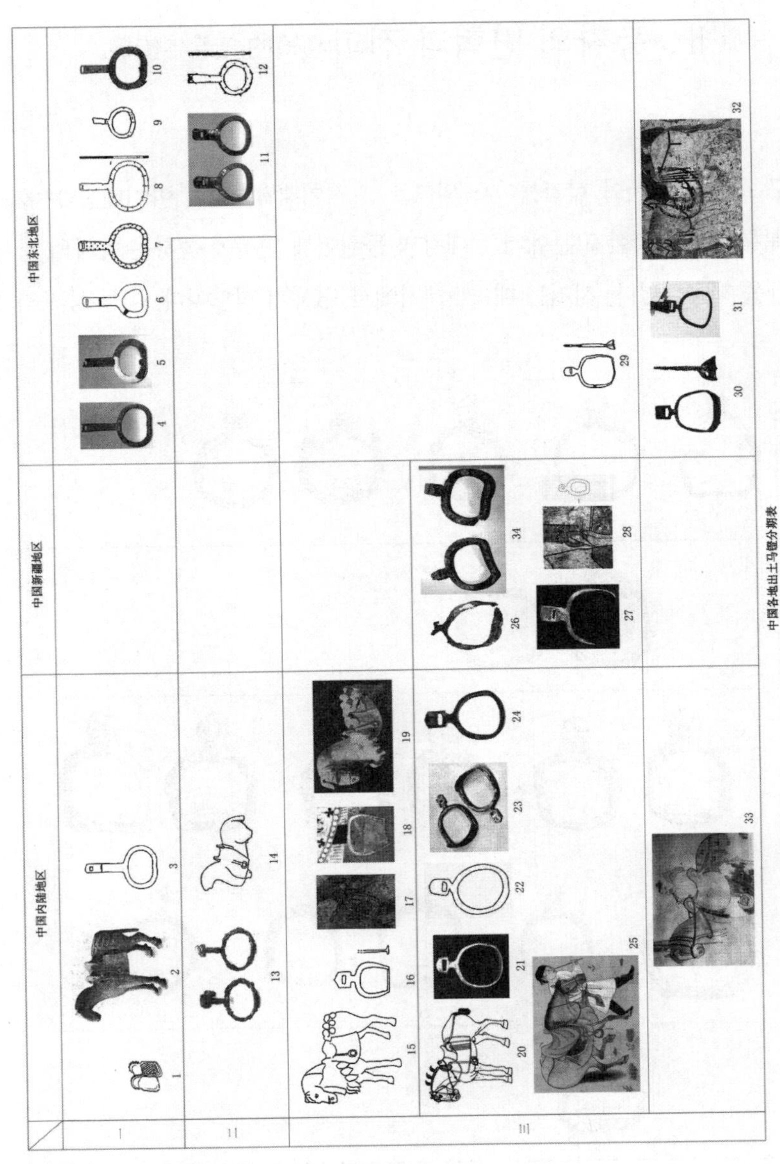
中国内陆地区
中国新疆地区
中国东北地区
一
二
三
中国各地出土马镫分期表
1：长沙金盆岭西晋墓　2：南京象山7号墓　3：安阳孝民屯154号墓　4：朝阳十二台乡88M1　5：朝阳三合成　6：朝阳袁台子　7：集安七星山96号墓　8：集安万宝汀78号墓　9：集安禹山下41号墓
10：集安高句丽王陵　11：北票冯素弗墓　12：北票北沟M8　13：固原北魏墓　14：丹阳胡桥吴家村南朝墓　15：安阳北齐和绍隆墓　16：固原北周李贤墓　17：太原北齐娄叡墓　18：太原北齐徐显秀墓

插图 1.

Ⅱ、등자의 변혁과 전파马镫的变革与传播

구 소련과 러시아 학자들이 도와图瓦, 고적이격库迪尔格, 아이태산阿尔泰山 북록에서 발굴한 고분에서는 대량의 돌궐어계 민족에 속하는 등자의 자료들을 제공하였다. 시기는 대략 5세기에서 13세기 정도이다. 이들 등자의

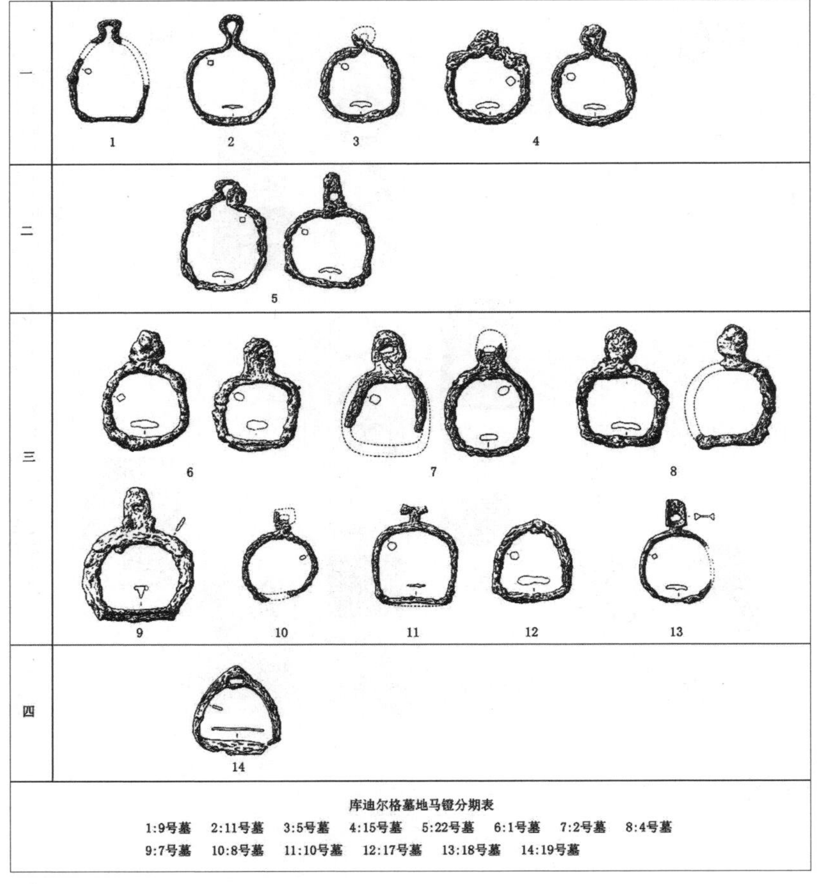

插图 2.

변화 추세를 묘사하자면, 8자형에서 규수식으로, 최후에는 답수부가 관평식寬平式으로 변화하였다.

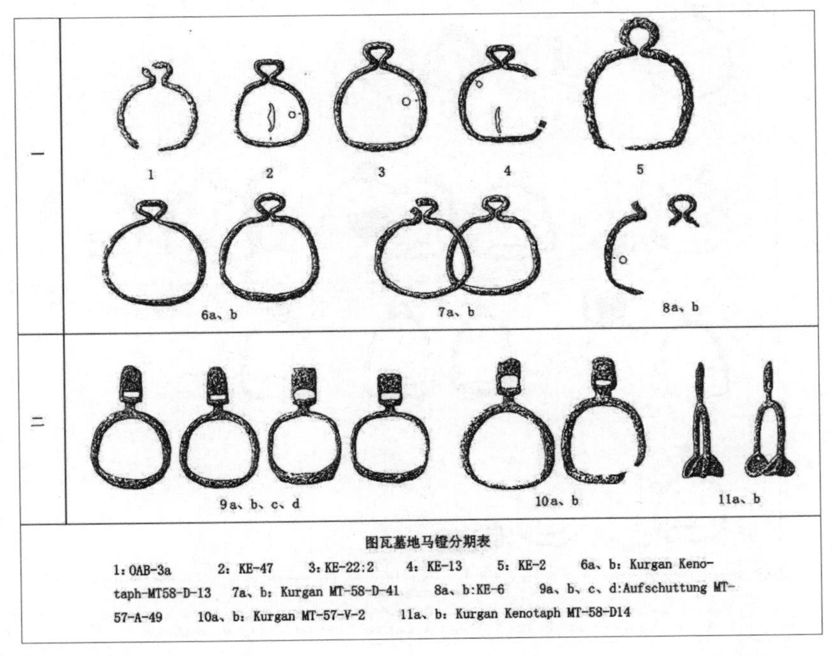

插图 3.

장병 등자는 4, 5세기 이후 동북아지역(고구려, 한반도 및 일본)에서 유행하였으며, 단독으로 하나의 발전계열을 형성하였다. 중원지역에서는 이런 양식의 등자가 잠시 나타났다 사라지고, 점차 규수식 역혁공이 있는 등자가 이를 대체하였다. 또한 장병식 등자가 동북아지역에서 유행하던 시기가 마침 고구려가 중국 동북지역에서 한반도지역으로 확장하는 시기와 맞물린다는 점에서 그 사이의 관계가 주목된다. 필자는 고구려가 확장하던 시기에 먼저 오환, 선비계의 전통을 계승하였으며, 장병식 등자를 가지고 한반도로 갔다고 생각한다. 한국학자 최종규는 일찍이 한반도 남단 복천동

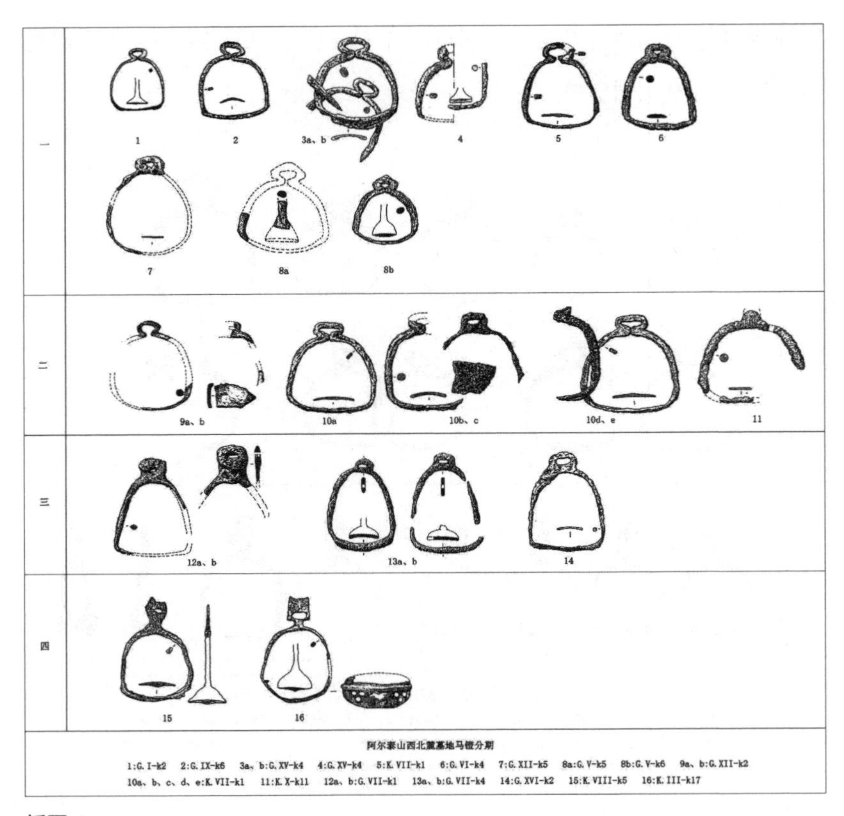

插图 4.

고분 출토품이 바로 고구려 남정시기에 전입된 것으로 보았다.[64] 그의 이러한 생각은 필자와 이론의 여지없이 일치하고 있다.

고구려는 서한 원제元帝 건소 2년建昭二年(기원전 37년)에 건국되었다. 고구려는 그 후 1세기 동안 태조대왕의 통치하에 일본해까지 영토를 개척하였으며, 부여를 굴복시켰다. 고구려는 확장기 동안 여러 차례 동한왕조, 요동 공손씨, 조위 및 모용선비의 공격을 받았으며, 370년대에는 백제에게

64) 崔钟圭:《韩国中期古坟特征的若干考察》,《釜大史学》第7辑, 釜山, 1983年。此文未得寓目, 这里根据申敬澈上揭文154页所引述。

좌절을 당하기도 하였다. 480년대 이후 고구려는 다시 흥기하였는데, 특히 광개토왕, 장수왕 시대에는 강역이 지속적으로 확장되었다. 당시 중국 북방에는 강대한 북위 정권이 있었는데, 고구려는 이전 서남방향으로 발전의 실패를 거울삼아 확장의 중심을 한반도로 이동하였으며, 427년에는 왕성을 국내성(지금의 집안 성자하 상류)에서 평양(지금의 북한 평양)으로 천도하였다. 한반도지역에서 발견되는 등자는 가장 이른 시기의 자료가 430년대 정도이다.

1980~1981년, 한국 부산대학교에서는 부산시 동래 복천동 고분군에서 여러 점의 목심철피등자를 발견하였다. 등자가 출토된 고분은 모두 대형의 고분이다. 이러한 현상을 근거로 하면, 당시 등자가 비교적 진귀한 기물이었음을 알 수 있다. 이들 등자는 목재를 꺾어 형태를 잡은 후 외부에 철피를 두르고 못을 박아 고정하였다. 형태상 이와 비슷한 등자는 복천동고분 이외에도 한반도 여러 지역에서 발견되고 있다. 목심포철피장병등자木芯包铁皮长柄马镫는 복천동 10호분, 복천동 21호분, 복천동 22호분, 복천동 35호분, 가야 황남동 109호분 4호곽, 신라 지산동 32호분, 지산동 44호분 25호석곽, 지산동 45호분 1호석실, 인왕동 19호분, 신라 경주 금령총, 달서 37호분 제2석실 등지에서 총 17점이 출토되었다.[65] 그 중 복천동 10호분에서는 총 4점이, 22호분에서는 2점이 출토되고 있어 이들 중에서도 쌍등이 존재하고 있음을 알게 되었다.

부산 복천동 및 황남동 등 각지에서 출토되고 있는 철피목심장병등의 연대는 모두 대략 5세기 정도이다. 복천동 10호분의 연대는 상대적으로 약간 이를 가능성도 있으나, 5세기 초기보다 이르진 않을 것으로 보인다. 복천동 21, 22호분의 연대는 대략 430년대이다.[66] 가야 황남동, 신라 지산동

65) 申敬澈:《马镫考》, 姚义田译, 载《辽海文物学刊》1996年1期, 141－159页。

66) 申敬澈:《马镫考》, 姚义田译, 载《辽海文物学刊》1996年1期, 148、149、155页。

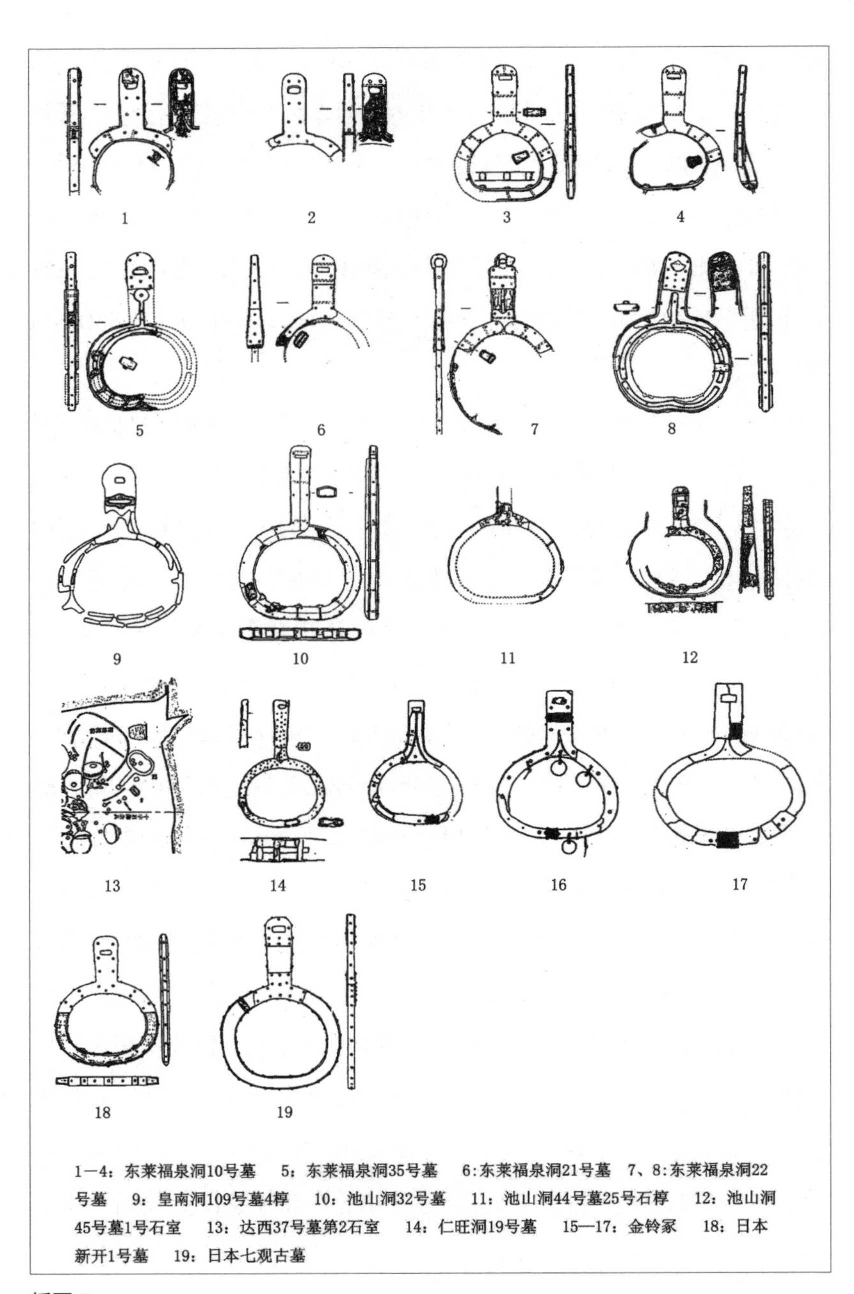

1—4：东莱福泉洞10号墓　5：东莱福泉洞35号墓　6:东莱福泉洞21号墓　7、8:东莱福泉洞22号墓　9：皇南洞109号墓4椁　10：池山洞32号墓　11：池山洞44号墓25号石椁　12：池山洞45号墓1号石室　13：达西37号墓第2石室　14：仁旺洞19号墓　15—17：金铃冢　18：日本新开1号墓　19：日本七观古墓

插图 5.

등자의 표본은 시대가 상대적으로 약간 늦다. 신라 경주 금령총의 등자 병부는 이전 시기에 비해 짧아졌으며, 이는 기능상으로 볼 때 더욱 사용에 유리해진, 개선된 형태로 보아야 할 것이다. 최종규는 이를 진대 이래 영향을 받아 시작된 신라 등자의 제2차 수입이라고 보았다.[67] 황남동 출토 등자는 목심안에 또 하나의 철근이 있다는 점은 주목할만하며, 이는 일찍히 유행한 순목심과는 확실한 차이가 나는 것이다.[68] 이러한 새로운 변화는 장병목 등이 이후 나타난 철제 쌍등의 전신임을 지적한다고 볼 수 있다.

일본의 칠관고묘(七观古墓, 리중천황배장묘履中天皇陪葬墓), 신개고묘新开古墓에서도 장병철피목심 등자长柄铁皮木芯马镫이 발견된 바 있다. 이 두 고분의 연대는 5세기 후반이다. 학자들은 상대편년의 선후관계를 근거로 등자가 일본으로 전파된 시기가 한반도보다 반세기 정도 늦다고 보고 있다.[69]

각 지역 마구의 발전 분기를 종합하면 아래의 표와 같다(表3).

표의 내용 중에서 가장 우측 3열에 나타난 각 기의 대조상황은 등자의 해동지역을 향한 전파 양상을 보여준다. 좌측 7열에 나타난 대조상황은 등자가 유라시아 초원지역으로 전파되는 과정을 보여준다.

중국내륙 서쪽의 각 지역 등자의 변천에는 모두 제I기가 나타나지 않는다. 제II기에서 확인되는 각자의 제1기는 중국 내륙지역의 제2기에 해당하며, 시간상으로 더욱 늦을 가능성도 있다. 이러한 현상은 중국 이서 지역中国以西地区의 등자가 모두 중국지역에서 전파된 것임을 표명하고 있다. 조기 등자가 서쪽으로 전파되는 것은 선비민족의 서천과 관련되어 있을 것으로 보인다.

67) 崔钟圭上揭文, 此据申敬澈上揭文, 152页转引。
68) 申敬澈:《马镫考》, 姚义田译, 载《辽海文物学刊》1996年1期, 149页。
69) 申敬澈:《马镫考》, 姚义田译, 载《辽海文物学刊》1996年1期, 156页。

표 3.

	意大利	匈牙利	图瓦	库迪尔格	阿尔泰山	中国新疆	中国内陆	中国东北	韩半岛
I期							一	一	
									一
II期							二		
	一	一	一	一	一				
III期		二			二				
		三		二	三	三	三	三	
		四	二	三	四				

대략적으로, 8자형 등자는 선비부족이 서천 과정 중에 각종 민족과 섞인 이후, 남러시아 일대에서 나타난 등자양식의 일종이다. 그 기원을 거슬러 올라가자면, 중국 북방의 단등까지도 볼 수 있겠지만, 실은 초원지역에서 새롭게 발전된 유형이다. 등자는 선비민족의 혼합체가 서천 과정을 거치면서 재질이 점차 목제에서 철제로 변화하였으며, 이는 아이태阿尔泰 일대 제철이 발달한 돌궐과 관련되어 있을 것이다.

표 3의 제III기 중에서 보이는 중국지역은 제3기만 확인되며, 아이태산阿尔泰山 서북록, 고적이격库迪尔格, 헝가리 등지와 같은 제2기, 제3기가 나타나지 않는다. 이에 대해서는 제2기, 제3기 내에서 일종의 새로운 역량이 초원지역에서 일어나, 새로운 등자양식이 동서 양쪽 방향으로 전파되었을 가능성 가장 크다. 여러 역사에서 나타나는 사실로 볼 때, 신식 등자가 동서로 전파된 것은 돌궐민족의 이동과 관련되었을 것을 보인다.

Ⅲ、안장의 변천

주목할만한 점으로는 등자의 변화와 상응하여 중국 경내에서 확인되는 안장马鞍의 경우, 위진에서 수당시기에 변화가 나타나는 점이다. 양자를 결합하여 보면, 안장의 변화는 이 시기 민족의 이동과 관련되어 있다.

한대의 도상 중, 중국 서북지역과 몽고고원지역에서 확인되는 실물을 결합해서 살펴볼 때, 양한시기의 안장은 연안软鞍에 목제 고안교高鞍桥를 조합했을 가능성이 크다. 십육국시기에는 안장의 형체에 큰 변화가 발생하는데, 이전 시기인 양한시기의 형체와는 약간 차이점이 확인된다. 중국 경내에서는 아직 십육국시기 안장의 안좌 실물이 발견된 바 없다. 다만 마용과 벽화에 나타난 자료를 보면, 목제의 안좌를 채용했을 것으로 보인다. 또한 안좌, 안교 모두 비교적 편평하다. 이미 알려진 십육국시기 및 약간 늦은 시기의 안장자료의 공간분포를 살펴보면, 이러한 변화는 비교적 보편적으로 나타난다. 이러한 변화는 오호의 중원 진입과 관련된다. 일본과 한반도에서 출토되는 이 시기의 안장 실물은 중국 경내 안장의 형체와 대체적으로 일치하고 있다.

안장 형제에서 다시 나타난 변화는 탁발위拓跋魏 시기에 발생하였다.

현재 확인할 수 있는 돌궐민족의 안장 실물은 별로 없다. 도와묘지图瓦墓地에서 두 점의 완전한 실물이 출토되었는데, 그 외에는 일부 완정하지 않은 잔편들만이 확인 되었다(图11:1, 2, 5). 고적이격묘지库迪尔格墓地에서는 안교 전당판前挡板 1점 및 테두리의 일부가 출토되었다(图11:4). 이들 몇 몇 표본의 형체는 서로 기본적으로 일치한다.

삼연지역에서 출토된 안장과 비교하면, 돌궐계통과 선비계통 마구 형체가 완전히 다른 것을 확인할 수 있다. 선비 조기 안장은 비교적 각진 형

插图 6. 1:하북 정현 서한 동차식소견 안장, 2、3:산동 가상현 만동향송산 화상석, 4:산동 등주시 용양점진 화상석

插图 7. 섬서 함양 평릉십륙국묘 출토 구장도마

插图 8. 감숙 고태현 허삼만묘지 출토 토호인 견마목용

插图 9. 신강 토로번 아사탑나묘지 십륙국묘 출토 목마용

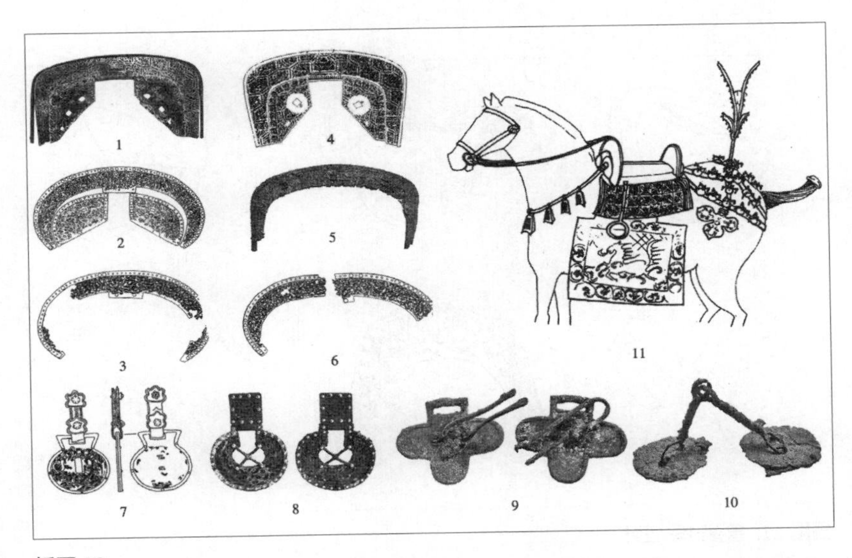

插图 10.

1、4、9:조양 십이태향88M1 출토
2:조양 라마동II-M101출토
3、6:요녕 북표 정집
5:조양 라마동II-M202출토
7:조양 서구촌 정집
8:조양 라마동II-M16
10:조양 라마동II-M196出土
11:신라 천마총 마구 복원도

태에서 후에 점차 원호형으로 변화한다. 선비 안장의 안판 하방 양측에는 각 한 장씩의 안감이 확인되는데, 이는 돌궐계통의 안장에서는 보이지 않는다. 한반도 지역의 마구는 선비의 영향을 많이 받았는데, 신라 천마총 출토 안장 역시 선비의 평판방절식平板方折式 형체를 취하고 있다.

돌궐계통의 안장 언치는 부분적으로 곡선을 이루는데, 앞뒤 양쪽의 안교 역시 유선형의 원호양식圓孤样式을 취해, 승마에 더욱 유리한 면이 있다. 출토된 마용 및 고분벽화의 회화를 살펴볼 때, 당대의 안장 형체는 돌궐계통에 더욱 가까우며, 선비계통의 형체와는 완전히 다르다. 돌궐족의 영향을 크게 받았을 가능성이 있는 것이다.[70] 요의 안장양식 역시 돌궐계통의 형체이다.

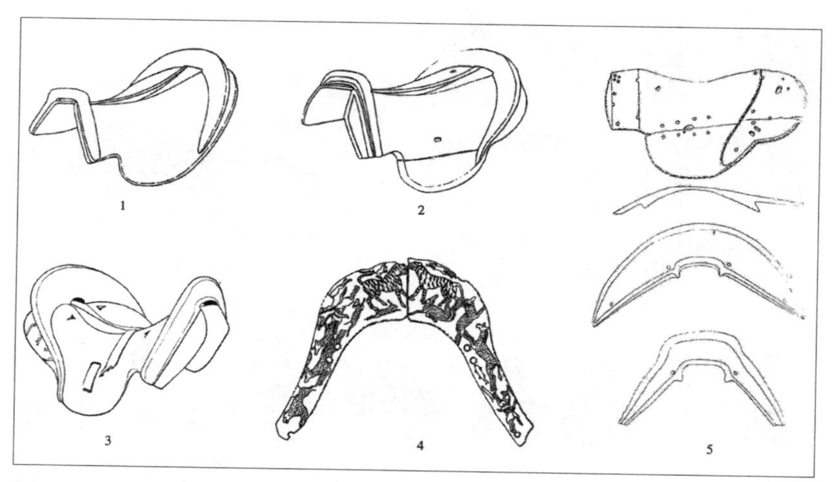

插图 11. 돌궐민족 안장

1:도와묘지Kurgan Ke-6출토 2:도와묘지Kurgan Ke-2출토 3:신강 우루무치 목제염호 2호묘 출토 4:고적이격 9호묘출토 5:도와묘지Kurgan Ke-22출토

70) 孙机:《唐代的马具与马饰》, 載同著《中国古輿服论丛》, 北京:文物出版社, 200年, 113-116页。

주의할 점은 돌궐 안장에서 안교 양측 하방 중부에는 각각 하나의 구멍이 뚫려있는데, 이는 등자를 연결할 때 사용하던 것이 분명하다. 중원지역 역시 등자를 이 위치에서 결구하였다. 그것과 비교하면, 동호계통 안장에 보이는 구멍의 위치는 앞쪽으로 많이 치우쳐 있다. 결구 위치의 변화는 등자의 발전 변화와 관련되어 있으며, 결구의 위치가 뒤로 이동하는 것은 후좌력后座力을 제공하는 것으로 마상 병기의 사용에 영향을 미칠 수 있다.

Ⅳ、여론余论

3~6세기는 중국 마구 발전에 있어 매우 중요한 단계로, 상술한 등자, 안장 이외에도 마함, 마표 등의 부속품에서도 변화가 발생하였다. 마구에서 보이는 이러한 변화는 모두 이 시기 선비, 돌궐을 포함한 민족들의 활동과 밀접한 관련이 있다. 3~6세기 중국 마구의 변화는 이후 수당시기로 계승되며, 유목민족의 이동 및 지역간의 교류를 통해서 중국 이외의 기타 지역에 영향을 주었다.

고대 사회에 있어 말은 의심할 여지없이 가장 빠른 교통과 교전의 공구였다. 마구의 개선을 통해 한편으로 기승자의 편안함을 향상시켰고, 다른 한편으로 말의 제어에 더욱 유리해졌으며, 이는 사회생활과 전쟁에 있어 연쇄 반응을 일으켰다.

「3~6세기 중국 마구 및 마구를 통한 주변과의 교류」에 대한 토론문

조 윤 재 (고려대학교)

첸링 교수는 실크로드 및 동서문명교류에 관한 연구를 꾸준히 온 신진학자이다. 이번 발표문의 주제는 3~6세기 중국 출토 마구 및 주변과의 상호관계를 주로 언급하고 있다. 최근 중국 내 학계에서 마구의 출현 배경과 그 변용 과정에 대한 새로운 계통적 관찰이 보이지 않았던 터라 더욱 반가운 발표이기도 하다. 몇 가지 질문을 통해 좀 더 명확한 사실관계를 파악하고 아직 마구에 대해 생경한 고고학 입문자 및 학생을 위해 정리된 맥락을 한 번 더 듣는 기회로 삼고자 한다.

1. 마등馬鐙 혹은 등자鐙子는 사실 고대 물질자료 중 비교적 주목을 적게 받는 기물이다. 그러나 좀 더 자세히 들여다보면 고대 사회의 발전과 문명의 확장이라는 면에서 실로 중대한 의미를 부여할 수 있는 기술적 고안이다. 이미 등자馬鐙의 생성과 보급이 어느 시점에 이루어졌는지에 대한 중요한 논의를 전개한 바 있는 중국 학자들은, 대부분 농경문화와 유목문화의 상충相衝이 일어나는 위진시기魏晉時期로 추단하고 있다. 등자의 실물은 아니지만 장사長沙 금분령金盆嶺 21호묘號墓 출토 기마용에 표현된 단등單鐙이 현재까지 확인된 가장 이른 시기의 기년紀年 사례이다. 이외에도 여러 유적에서 등자의 실물 및 도상 자료 등이 확인된 바 있다. 중국 내지로 이입된 등자의 파급경로는 광대한 북방초원 및 서역 지역을 포함한 설정이 설득력을 얻고 있다. 결국 Stirrup Road, 즉 마등지로馬鐙之路라는 선의

공간성은 점(시차를 가진 분포)의 연결로 이루어져 일정한 축(권역)을 이루며 수용되거나 파급되었기에 그에 대한 시공간적 계보를 논의할 필요가 있을 것이다. 진교수가 생각하는 고대 중국의 등자 유입경로에 대한 구체적 정리를 듣고 싶다.

2. 최근 중국 남방지역에서 흥미로운 고고 자료가 생성되어 주목을 받고 있다. 광서성廣西省 합포合浦에서 조사된 동한東漢~삼국시대三國時代 고분에서 마구가 검출된 바 있다.[1] 고분(09HYGM17, 13HYGM5, 09HYGM6)의 형태는 아치형 천장 구조의 전실묘이며 전실, 묘도, 후실로 구성되어 있는 전형적인 양광지역兩廣地域 전실묘이다. 고분에서는 세軎, 개궁모蓋弓帽가 각각 1점씩 출토되었고 마구인 재갈 3점, 당로 1점이 출토되었다. 세軎의 지름은 2.6cm, 길이는 2.4cm이고 짧은 원통형이며 개궁모蓋弓帽는 꽃잎 형태의 판이 존재하며 지름이 6cm, 잔존 높이 4cm이다. 길이 9.3cm의 재갈은 재갈쇠와 인수가 모두 연결되어 있으며 인수의 형태는 장엽형槳葉形이고 윗 부분에 구멍이 있다. 또 다른 재갈은 길이 12cm, 활련형活鏈形이다. 당로는 엽형葉形이고 양 끝이 파손되었으며 정면에 반원형의 손잡이가 2개 존재한다. 잔존 길이 9.2cm 중간 너비 2.3cm, 두께 0.1cm이다.

전통적으로 당해 시기 중국 남방지역은 고분에 마구를 부장하는 관습이 적어도 현재까지 존재하지 않았던 것으로 인식되고 있었기에 관련 자료의 해상도가 매우 낮다. 연구자들은 이러한 현상의 배경에 관심을 두고 있는데, 해당 발굴 보고서에서는 구체적인 분석이나 고찰이 서술되어 있지 않다. 역시 묘주의 배경과 깊은 연관이 있을 것인데 외지에서 이주한 인물일 개연성도 배제할 수 없을 것이다. 이민 혹은 이주를 감안勘案한다면 향

1) 廣西文物保護與考古研究所, 2016年,『合浦漢晉墓發掘報告』, 文物出版社.

후 이 지역에서 마구의 발견이 지속될 수도 있을 것이다. 마구 유입의 경위에 대해서 진교수의 의견을 경청하고 싶다.

도 1. 광서廣西 **합포**合浦 **한진묘**漢晉墓 **출토 마구**(13HYGM5, 09HYGM17)

「3~6세기 중국 마구 및 마구를 통한 주변과의 교류」에 대한 토론문

이 상 율 (부경대)

고대 동아시아에서 일인기승용의 기마문화가 본격화한 것은 오호십육국시대부터이다. 특히 삼연의 기마문화는 중원의 선진문물과 함께 동아시아제국의 고대국가 형성에 중요한 동력의 하나로 작용했다는 점에서 중국마구의 검토는 필수불가결하다. 발표자는 이 시기를 포함하여 12세기까지 등자와 안장의 전반적인 흐름을 살피고 있으나 한반도에는 당대唐代 이후의 마구와 비교할만한 자료가 많지 않으므로 포괄적인 질문만 드리고자 한다.

1. 발표자는 중국동북지역 출토 1기(4세기~5세기 초) 등자의 연대에 대해 기왕에 보고된 연대관을 그대로 인용하고 있다. 그러나 수십 년이 지난 지금, 축적된 한일 연구 성과와는 맞지 않은 것도 꽤 있는데, 이에 대한 발표자의 견해를 듣고 싶다.

2. 전연마구의 직접적인 영향을 받은 고구려마구가 전연마구와 구분되는 시점과 이와 연동된 고구려마구의 표지적인 유물이 있다면 무엇인지 부연 설명 바란다.

종합토론

- 일시 : 2019.04.20. 14:30~16:30
- 장소 : 국립김해박물관 대강당

이영식 : 안녕하십니까. 종합토론 좌장을 맡은 인제대학교 이영식입니다. 지금부터 종합토론 시작하겠습니다. 우선 토론자분들 소개를 드리겠습니다. 부경대박물관 이상율 선생님 오셨습니다. 남가람박물관 임학종 관장님 오셨습니다. 국립문화재연구소 이주현 실장님 오셨습니다. 고려대학교 조윤재 교수님입니다. 후쿠오카대학 다케쓰에 준이치 선생님 오셨습니다.

불과 20cm되는 자그마한 토기하나 가지고 '아 저것들 해부한다고 하더니 진짜 말도 많고 그렇네' 하는 생각을 가지셨을 겁니다. 아마 이렇게 많은 분석이 가능하구나 하는 생각도 하셨을 것 같습니다. 문헌기록이나 고고자료가 적은 가야사 복원의 현실에서, 오히려 이런 연구방법 또는 이런 토론방법도 하면 좋겠다는 생각을 하셨으면 저희들이 기획하는 의도와 어느 정도 맞아떨어졌다고 생각합니다.

그럼 토론 시작하겠습니다. 먼저 임학종 관장님 토론 부탁드립니다.

임학종 : 저는 한 가지 질문만 하겠습니다. 그 전에 한도식 선생님 발표문 중에 아마 제가 미리 체크를 못해드린 것이 있습니다. 기마인물형토기가 2019년 김해박물관 특별전 때 전시가 되었다고 발표하셨습니다. 제가 기억해보니 개관 20주년 때였고, 개관 10주년 때도 6개월 동안 김해에 와 있었습니다.

이정근 선생님께 질문하겠습니다. 상형토기들이 만들어지기 시작하는 시점이 신라·가야토기 양식 분화 전후에 해당한다. 그리고 그 토기제작 기술이 가야 각 지역에서 공유되는 것으로 파악하고 계시는데 충분히 다 이해가 됩니다. 다만 각배가 잔이라고 하셨는데 만약에 그렇다면 양식 분화 전과 후에 각 지역 가야에 잔이 변화가 있는지 말씀해주시면 고맙겠습니다.

이영식 : 예, 이정근 선생님 부탁드립니다.

이정근 : 예, 저는 제작기술의 보유, 제작수준, 생산량, 소비량의 관점에서 4세기말 5세기 전반에 이르는 토기가 어떻게 만들어지고 어떻게 유통이 되었는지에 관심을 갖고 있습니다. 아마도 질문의 요지는 명칭을 기마인물형뿔잔, 잔이라고 표현했던 부분과 관련이 있는 것 같습니다. 물론 연구자들마다 시기적인 편년관에 따라 조금 다를 수 있습니다. 제가 관장님의 질문 요지를 보고 찾아보니, 함안 지역에서는 컵형토기가 굉장히 높은 비율로 확인이 됩니다. 4세기 기준으로 하면 약 448점 중에 57점 약 12.7% 정도가 컵형토기입니다. 컵형토기는 음료를 담아 마시는 용도입니다. 아마 기마인물형뿔잔의 경우도 목을 축일 정도로 물을 담아서 마실 정도는 아닙니다만 아마도 음료를 따라 마시던 그런 용도가 아닐까 라고 생각이 듭니다. 금관가야 지역에서 이와 가장 유사한 기종으로 저는 광구소호가 있지 않을까 생각했습니다. 저는 4세기 대 신라·가야토기 분화 전에 광구소호는 금관가야지역에 굉장히 높은 비율이었고 컵형토기는 굉장히 낮은 비율이 아닐까 생각합니다. 구지로고분군의 경우 한 점도 컵형토기가 나온 사례가 없습니다. 동의대에서 2008년 발간한 양동리고분군 보고서에도 컵형토기는 한 점도 없고 광구소호는 29점이 있습니다. 전체비율은 6.4%정도 됩니다. 신라·가야토기 분화직전 단계, 전환기형식난립기 또는 공통토기양식기에 해당하는 5세기 전반시점에 새로운 형태로서의 뿔잔이 등장합니다. 기능적으로는 금관가야 지역의 광구소호

가 함안지역 출토 컵형토기와 유사한 기능을 하고 있었던 기종인데, 이때 새로운 기종으로서 뿔잔의 형태가 등장한 것은 아닌가라고 생각합니다.

이영식 : 혹시 음료가 무슨 음료인지 알 수 있습니까?

이정근 : 가장 많이 생각하시는 것이 아마 술 또는 차 이런 종류가 아닐까 싶습니다.

이영식 : 음료와 관련하여 분석을 한 적은 없습니까?

이정근 : 네. 그런 사례는 없었던 걸로 알고 있습니다.

이영식 : 네 알겠습니다. 다음으로 타케쓰에 선생님 질문 부탁드립니다.

타케쓰에 준이치 : 저는 간단히 핵심만 질문 드리겠습니다. 먼저 사다모리 선생님께 드리는 질문입니다. 선생님은 5세기 이후 고령형식 토기의 양상을 보면 대가야와 왜의 대외관계는 교역, 함안형식 토기의 양상을 보면 아라가야와 왜의 대외관계는 정치적인 관계를 포함한 교섭, 그런 쪽이 강했다고 그렇게 말씀하셨습니다. 그렇다면 같은 시기에 고성형식 토기의 양상에서 소가야와 왜의 관계는 어떠한 것인지 묻고 싶습니다.

이영식 : 사다모리 선생님 답변 부탁드립니다.

사다모리 히데오 : 어제는 주로 고령형식 그리고 함안형식 토기들을 대상으로 이야기했기 때문에 고성형식에 대해서는 말씀을 드리지 않았습니다. 발표문에 고성형식 토기의 지명표와 분포도가 있습니다. 이것을 참고해 주셨으면 합니다. 표와 그림을 참고하면 지리적인 분포는 어제 말씀드린 고령형식 토기와 굉장히 유사합니다. 기종 구성을 보면 오히려 함안형식과 유사하다는 것을 알 수 있습니다. 때문에 결론적으로 말씀드리면 역시 지방 호족과의 교섭의 측면이 강했던 것이 아닐까라고 봅니다.

교역과 교섭을 확실히 분리하는 것은 굉장히 어려운 문제입니다. 다만, 물질 교역을 했던 교섭의 측면이 정신적인 교역보다 좀 더 강했던 것이 아닐까 생각됩니다.

다케쓰에 준이치 : 한 가지 더 여쭤보고 싶은 게 있습니다. 한반도에서는 예를 들어 고령을 중심으로 한 대가야 지역에서는 일본의 세토우치지역을 중심으로 한 왜계유물이 있는지, 그리고 함안을 중심으로 한 아라가야 지역에서는 나라현 지역의 왜계유물이 나오는지 여쭤보고 싶었습니다. 만약 그렇지 않다면, 일본에서 한반도 정치세력과 직접적 접촉이 아닌 해촌세력과 같은 중계자를 통한 교섭과 교역을 했을 가능성은 없는지 묻고 싶습니다.

사다모리 히데오 : 발표 질문을 두 가지를 해주신 것 같습니다. 일본에서 함안·고령 토기가 출토되었는데, 반대로 함안·고령지역에서도 왜계유물이 출토되었는가라는 질문에 대한 답변을 드립니다. 고령에서는 출토수가 많진 않지만 왜계유물이 확인되고 있습니다. 고령지역에서 출토된 스에키가 있습니다. 5세기 후반으로 비정되는 TK23형식이라고 하는 파수가 한 점 확인이 됩니다. 그리고 대표적으로 고령 지산동 44호에서 출토된 검릉형

행엽 또한 왜에서 제작된 것이라고 생각하고 이외에도 몇 가지 사례가 있을 것으로 알려져 있는 것으로 알고 있습니다. 고령에서는 이렇게 몇 가지 사례가 있는데 지금까지 제가 조사한 바에 의하면 함안에서는 그런 왜계 자료를 아직까지는 확인 할 수가 없었습니다.

앞으로 물론 함안 지역에서 왜계유물이 출토될 가능성도 있다고 생각합니다. 그리고 이 차이, 고령에서는 출토가 많이 되고 함안에서 출토가 적게 되는 그 이유에 대해서도 앞으로 검토할 필요가 있습니다.

그리고 산청이라던지 고성에서도 6세기대 스에키가 출토되고 있습니다. 그래서 상당히 해석이 어렵긴 하지만 이 스에키라는 토기를, 한반도에서 출토되는 스에키를 어떻게 해석할지에 대해서 검토를 해야 될 것 같습니다.

다음으로 만약 한반도에서 왜계유물이 없다면, 정치세력과의 직접 교섭이 아니라 해촌세계 같은 중계자의 존재가 있지 않은가에 대한 질문에 대한 답변을 드리겠습니다.

저도 기본적으로 그 질문에 동의합니다. 바다를 건넌다는 것은 보통 일반의 집단들이 가질 수 없는 대단히 높은 기술력을 요하는 것이었다고 생각합니다.

이 항해기술을 갖고 있었던 특수한 집단이 있었던 것은 분명하다고 생각합니다. 다만 그것을 고고학적으로 증명하기에는 사실 굉장히 어려운 문제가 아닐까라고 보고 있습니다.

그래서 해인집단이라고 해야 될까요 혹은 해촌이라고하는 그런 집단들이 있었던 건 분명한 것 같은데 역시 고고학적으로는 확인하기 어렵습니다. 현 상황에서는 역시 상호 양 지역에서 확인되는 오늘 말씀드린 그런 토기를 주목하면 역시 고령지역과 왜 혹은 함안지역과 왜의 교섭을 지금 하지 않을 수 없는 그런 상황이라고 생각 합니다.

혹여나 그 항해기술을 가진 해인집단을 상정한다고 하더라도 결국은 주목해야 되는 것은 역시 지역정치집단과 왜, 예를 들면 고령과 왜 혹은 함안과 왜의 관계를 주목해야하지 않나 생각합니다.

이영식 : 사다모리 선생님께서 답변 하는 과정에서 가야 쪽에서 확인되는 왜계유물 가운데 검릉형행엽을 말씀하셨습니다. 검릉형행엽은 검처럼 말장식입니다. 이사하야 선생님께서는 검릉형행엽의 돌기부분에 방울이 달려있는 유물도 보여주셨습니다. 혹시 이 검릉형행엽의 원산에 대해서 서로 의견이 좀 다른 건 아닌가요? 이상율 선생님은 어떻게 생각하십니까? 이사하야 선생님도 좀 답변을 준비해 주시기 바랍니다.

이상율 : 저 검릉형행엽이 나가모치야마유적 출토 맞지요? 일본에서 나오는 검릉형행엽 시초로서 가장 빠르게 편년되는 행엽입니다. 일본 마구의 성립의 보여주는 유물입니다. 저 검릉형행엽은 잘 아시겠지만 출토지가 대가야를 중심으로 하고 있습니다. 백제에서도 나오고 있어서, 사실 지금 기원이 두 가지 설로 갈라져 있습니다. 대가야설을 주장하는 김두철 선생님, 그리고 저는 백제설을 주장하고 있습니다.

문제는 지산동 44호분 검릉형행엽은 가장 빠른 스타일이 아닙니다. 6세기 대 편년이 다를 수도 있겠습니다만, 거기 특히 방울이 달려 있습니다. 방울이 붙어있는 것들은 일본에 더 많이 출토됩니다. 개인적인 생각으로는 제작기법도 그렇고, 일본제일 가능성도 배제할 수 없다 이렇게 말씀드리겠습니다.

이영식 : 이사하야 선생님은 어떠십니까?

이사하야 나오토 : 지금 검릉형행엽을 말씀하셨는데, 대가야에서 제작해서 한꺼번에 일본에 도입되었을 가능성이 가장 높다고 생각합니다. 검릉형행엽이 옥전고분군에서 보이고 있기 때문에 세트관계를 보면 역시 대가야와 관계를 생각할 수 있습니다.

지산동 44호의 검릉형행엽, 즉 방울이 붙어있는 것보다 시다미 오오츠카에서 출토된 마구의 시기가 더 올라갈 수도 있을 것 같습니다. 그러나 제작기법이 다릅니다. 시다미 오오츠카고분은 동銅자체를 주조해서 만들었습니다. 지산동 44호분은 철로 만들고 금으로 씌운 제작기법입니다. 만약 지산동 44호분 검릉형행엽에 방울이 붙어있지 않고 일본에서 출토되었다고 한다면 대부분의 일본연구자들은 아마 대가야에서 제작되었을 것이라고 생각을 할 것입니다.

결론적으로 말씀드리면 저는 지산동 44호분에서 출토된 검릉형행엽의 제작지는 대가야라고 생각합니다. 만약 그렇지 않고 그게 일본에서 제작되었다고 한다면 지금보시는 이런 것들도 다 결국 일본에서 만들 수 있다고 하는 얘기가 되기 때문입니다.

이영식 : 지산동 44호분의 검릉형행엽을 두고 한국 연구자는 왜에서 만들었을 가능성을, 일본 연구자는 거꾸로 대가야일 가능성을 말씀하셨습니다.

한 가지 더 사다모리 선생님께 질문을 하면 그 대가야 스타일의 단지, 호에 꿀이 들어있었을 것이라고 말씀하셨습니다. 근세의 자료이긴 하지만 태안 마도선에서 항아리에 부착된 목간을 통해 그 안에 참기름이 들어있던 것을 알 수 있었습니다. 이정근 선생님께서 분석해주신 가야인물형토기가 잔이니까 혹시 여기에 무엇을 마셨을까? 사다모리 선생님이 떠오르는 게 있으신가요?

이사하야 나오토 : 술이라고 생각합니다.

이영식 : 어떤 술일까요?

이사하야 나오토 : 기본적으로 이런 기종은 서로 친한 관계, 맹우관계로 서로 팔을 엇갈려 술을 한 잔씩 하는 그런 기종입니다. 이미 유럽이나 아시아에서 나오고 있습니다. 그 안에 무엇이 들어가 있었는가에 대해서는 상당히 답을 드리기는 어렵지만 특수한 기종인 것은 분명하기 때문에 아마 제사나 관련해서 술이 들어갈 수 있었던 것이 아닐까라고 생각합니다.

이영식 : 네 고맙습니다. 사실은 저 대답을 듣고 싶었습니다. 맹우라고 말씀하셨는데 동맹의 맹입니다. 그래서 서약의 가능성 그런 것도 우리가 좀 생각을 넓혀보면 어떨까 생각했습니다. 고맙습니다. 다케스에 선생님 이사하야 선생님께 질문 부탁드립니다.

다케쓰에 준이치 : 이번 주제인 가야 기마인물형토기를 보면, 저는 정치적이면서도 군사적인 그런 정군일치 체제를 나타내는 것으로 생각합니다. 이사하야 선생님께서는 일본열도의 정권이 주로 이 시기에 신라와 가야에서 기마문화를 받아들였다고 하셨습니다. 그렇다면 정군일치 체제가 일본에서도 있었을까요? 답변 부탁드립니다.

이사하야 나오토 : 우선 정치와 군사가 일치하고 있는 가에 대해서는 그럴 가능성이 있고 마땅하다고 생각합니다. 군사와 관련해 전기고분의 큰 변화 중 하나가 마구입니다. 그러나 기마와 관련한 풍습들이 세트로 한꺼번에 들어왔다고는 생각하지 않습니다. 초기 마구와 세트로 들어오는 무기 혹은

무구는 많이 있습니다. 그런 무기 가운데 갑옷으로 말씀드리면 기마인물형 토기가 입고 있던 그런 단갑과 같은 것들입니다. 그래서 결국 기존의 무구가 베이스에 있고 그 위에 새로운 기마풍습이 들어왔다고 생각합니다. 왜 그런 차이가 있었냐고 생각을 했을 때 한반도에서는 4세기 이전 혹은 원삼국시대부터 이미 말이 있었습니다. 일본에서는 이에 반해서 5세기를 전후에서 말 그리고 말을 타는 기마라고 하는 풍습이 이렇게 세트로 도입됩니다. 말과 관련된 이런 여러 가지 현상들이 결국 군사에 관해서도 크게 반영이 되고 있지 않을까 생각합니다.

이영식 : 다케스에 선생님 어떻습니까. 혹시 관모형 투구라는 것에 대해서 조금 더 설명을 해주시겠습니까?

다케쓰에 준이치 : 관모라는 것은 정치적인 상징이라고 생각합니다. 김혁중 선생님 어떻습니까?

김혁중 : 모자위에 장식을 부착을 하고 있는 투구를 총칭해 관모형 투구라고 하고 있습니다. 소찰주에도 관모가 붙을 수 있고, 종장판주에도 이런 관모가 붙을 수 있습니다. 원래 이런 종장판주에서는 관모가 붙어있는 자료가 없었습니다. 그런데 최근 지산동 518호나 남원 월산리 5호분에서 이런 관모가 붙어있는 종장판주가 출토가 되었습니다. 대가야 권역을 중심으로 관모형 투구가 많이 있고 일본에도 수량은 많지 않지만 군마현 등지에 관모형 투구가 있어서 대가야와의 교류 등을 현재 추정하고 있습니다.

이영식 : 네 고맙습니다. 다음으로 이주헌 선생님 부탁드리겠습니다.

이주헌 : 사실 오늘 학술주제인 기마인물형토기는 발굴된 유물이 아닙니다. 때문에 고고학자료로서 충분한 어떤 학술적인 조건을 갖추고 있지 못합니다. 그런데 오늘 국제학술대회 주제로 다루게 된 것에는 그 나름대로 여러 가지 많은 고민이 있었다고 생각을 합니다.

지금 고고학 정보가 충분치 않은 상태에서 학술회의에 응하게 됐는데 저 자신도 많은 정보가 없기 때문에 한계가 있음을 자인할 수 있습니다.

먼저 한도식 선생님께 질문 드리겠습니다. 이양선 선생님 수집 문화재 가운데 기마인물형토기 출토지가 김해 덕산으로 알려져 있습니다. 이렇게 알려지게 된 확실한 근거가 있는지 알고 싶습니다. 문서나 이양선 선생님이 전달해주실 때 메모지 같은 것이 있는지, 만약 그런 기록물이 없다면 왜 이 유물이 김해 덕산으로 출토품으로 알려지게 됐는지, 혹시 그 경위를 따로 아시는 게 있으면 답변 부탁드립니다.

한도식 : 국은 선생님께서 수집하실 때 듣고 확인했던 출토지를 그대로 박물관에서 인계 받은 것으로 알고 있습니다. 기회가 된다면, 학술적으로 조사를 해서 보다 명확하게 출토지를 규명할 필요는 있습니다.

이영식 : 네 과학적인 사고에서는 의심해 봐야하는 문제이기 때문에 말씀해 주신 것 같습니다.

이주헌 : 예 뭐 발굴품이 아니기 때문에 저희가 조심스럽게 고민해 봐야하는 부분입니다. 그리고 십여 년 전으로 기억하는데 이미 경남대학교에서 덕산리지역을 발굴조사 했습니다. 그런데 지금 기마인물형토기하고 관련되는 유구, 5세기 전반의 대형목곽묘가 해당되는데, 이런 유구는 전혀 확인되지 않았습니다. 대부분 5세기말이나 6세기 대 이후 유구들이 확인되었습니다. 지금 학계에서는 사실 전 덕산이라는 것에 대해서 굉장히 의문을 갖고 있습니다.

다음으로, 이정근 선생님은 유물에 대한 치밀한 분석을 통해 여러 내용을 잘 설명을 해주셨습니다. 그래서 아마 독자들을 충분히 잘 설득할 수 있을 거라고 생각합니다. 발표내용 가운데 함안을 중심으로 한 권역에서 토기의 차별화 전략으로 상형토기, 기마인물형토기가 제작되어 낙동강 하류지역으로 유통된 것으로 말씀하셨습니다. 김해나 부산, 함안이 서로 교류가 있었다고 말씀하신 것 같습니다. 그러나 실제적으로 낙동강 하구지역의 특색을 보이는 토기가 함안지역에서는 그다지 출토되고 있지 않습니다. 이 이유는 무엇 때문인지 그리고 혹시 더 제가 모르고 있는 그런 낙동강 동안지역의 토기 또는 낙동강하류 김해지역의 토기가 함안지역에 어디 출토된 바가 있는지에 대한 추가설명을 부탁드립니다.

이정근 : 네 사실 굉장히 돌려서 말씀하셨지만 요지는 기마인물형뿔잔이 김해 것이냐 함안 것이냐 물으시는 것 같습니다. 제가 어제 발표에서 약간 함안 중심으로 말씀드린 것 같은데 굉장히 저는 중립적으로 말씀드리려고 생각했습니다. 낙동강 하구의 토기생산과 수요에 대해 굉장히 많이 얘기를 드렸습니다. 생산지 문제는 생산지역과 더불어 이것이 어디 제작기술이며, 어디에서 출토되었느냐를 모두 살펴봐야 한다고 생각합니다. 생산지역의 측면에서는 동쪽 끝에서부터 시작해서 부산이나 김해, 마산 그리고 함

안 일대까지 유사한 제작 기술과 기종들이 등장 하고 있기 때문에 생산지가 어디 특정지역이다라고 단언하기는 곤란합니다. 제작기술적인 측면에서는 저는 함안계 제작기술이 많이 포함되어 있다고 생각합니다. 소비지적 측면에서는 아무래도 토기가 가장 많이 소비가 되었던 지역이 김해와 부산지역이다 보니, 확률적으로 가능성이 좀 더 높지 않을까 생각됩니다. 이상입니다.

이영식 : 예 알겠습니다. 이정근 선생님께서는 한동안 국립김해박물관에서 쭉 근무를 하셨고 함안 우거리 토기생산유적을 발굴했습니다. 지금 국립진주박물관에 계셔서 서쪽으로 마음이 조금 움직였나 그런 생각이 들기도 합니다.

이주헌 : 다음으로 김혁중 선생님께 질문 하겠습니다. 선생님 발표문에 보면 이 토기에 대해서 무사의 갑주, 그 다음 마갑의 형태 이런 것에 대해 본인이 고민을 많이 한 부분이 있습니다. 저도 자료를 보고 많이 공감하는 부분이 있습니다. 발표자가 크게 지적한 부분이 네 가지가 있습니다. 지금 현재 영남지역에서 발굴 조사된 고고학적인 정보하고 기마인물형토기가 갖추고 있는 모습이 맞지 않는다. 정합되지 않는다는 뜻인 것 같습니다. 먼저 무사가 착용한 투구가 5세기 후반 대가야지역에서 나오는 관모형 종장판주와 유사한 형태를 하고 있다는 점, 둘째는 왼손에 큰 방패를 쥐고 있는 모습은 고대의 여러 자료들, 고분 벽화라고 보면 기병이 사용하는게 아니고 보병이 사용한다는 점이 있습니다. 무사의 오른손에 들고 있는 기물은 무사의 동작으로 봐서 창을 던지는 모습인데 지금까지 이런 예는 삼국시대 유적에서는 확인되지 않는다 하셨습니다. 마지막으로 마갑의 경우 흉갑이 말의 상단부는 보호하지 않고 있고 가슴쪽만 가려져 있는데, 이러한 경

흉갑은 5세기 4/4분기에 해당하는 옥전20호, M1호 등에서 확인되고 있는 옥전형, 주로 합천지역에서 출토된다고 하셨습니다.

이러한 내용들을 볼 때 지금 기마인물형토기의 제작지로 알려진 낙동강 하구나 이정근 선생님께서 말씀하신 함안지역에서는 좀처럼 찾아볼 수 없는 형상입니다. 그리고 발표문을 보시면 기마인물형토기가 2개입니다. 도면으로 그려져 있는 것은 오늘 주제인 기마인물형토기입니다. 사진으로 된 기마인물형토기는 대각부가 원형투공이며, 합천이나 고령지역에서 나올 수 있는 것입니다. 무사라던가 말이 장착하고 있는 구조가 다 대가야지역과 연결됩니다. 토기의 양상을 보아도 시기적으로 5세기 후반대 이후의 것이고, 오히려 이게 김혁중 선생님이 고민하고 있는 부분하고 딱 맞아떨어지는 부분입니다. 여기에 대해서 혹시 발표자께서 어떤 생각을 가지고 계신지 한번 여쭤보고 싶습니다.

김혁중 : 네 기본적으로 저는 이 토기의 진정성에 대해서는 별로 의심하지 않았습니다. 다만 이주헌 선생님이 말씀하신대로 여러 가지 요소들이 현재와 조금 안 맞는 부분들이 있는 것은 사실인 것 같습니다. 다만 실제 자료를 가지고 현재 있는 자료와 한번 비교해볼 필요는 있다고 생각해서 검토 했습니다. 그 가운데 투구와 마갑부분이 중요합니다. 제가 이것에 초점을 맞춘 것은 가야와의 관련성 여부 때문입니다. 가야와 관련된 것을 본다면, 투구에 관모형 종장판주로 해당되는 투구가 있는 점, 마갑의 유형자체가 지산동 75호에서 출토된 마갑도 유사하기 때문에 시기를 올려본다면 조금 더 올려볼 수 있는 가능성이 있습니다. 투구의 경우, 고구려 벽화에서 나온 투구 표현들이 실물자료하고 다 맞지는 않습니다. 이 토기에 진정성이 있다고 가정한다면, 상징적인 의미로 이런 토기를 만들지 않았을까 라는 정도로 정리를 할 수 있을 것 같습니다. 이상입니다.

이주헌 : 네 알겠습니다. 장윤정 선생님께 질문 드리겠습니다. 부산과 함안 또 김해, 합천 지역에 출토되는 마구와 무구 부장양상을 나눠서 분석 하셨습니다. 그런데 분석대상으로 된 유구 가운데 도굴에 의해서 부장양상이 온전하게 남아 있지 않는 유구들이 상당히 많이 있습니다. 이런 불안정한 고고자료를 대상으로 분석한 데이터가 어느 정도 설득력이 있을지, 만약 도굴된 자료들을 다 빼고 완전한 형태의 자료들과 시기에 맞는 자료들을 대비했을 때는 또 새로운 결과가 나올 수도 있으며, 그에 따른 의미가 달라질 수 있는 것 아닌가 해서 제가 발표문을 간단히 작성했습니다. 선생님께 다른 의견이 있으시면 답변 부탁드립니다.

장윤정 : 이주헌 선생님께서 말씀하신 점에 대해 전적으로 공감합니다. 마구가 부장된 양상이 온전히 부장된 매장상태를 반영한다는 확신이 없기 때문에, 마구 자체도 세트보다는 안장, 재갈 또는 등자, 행엽 등 하나 하나의 형식 분류나 의미부여 같은 것이 행해지고 있습니다.

다른 연구자 선생님들의 논문과 연구성과를 찾아봤을 때 무기도 역시 창, 모, 철촉 이렇게 각각 하나씩 분리되어 있는 상태입니다. 조합관계를 살펴봤을 때, 대부분 철촉과 철모 2가지 정도입니다. 오늘 기마인물형토기에서 가장 많이 나오는 부분이 마구랑 마갑, 무기입니다. 여기에서 이야기하고 싶은 가장 이상적인 표상은 기병이며, 그것을 그 당시 전쟁에 대한 부분의 하나로 접근 하고 있습니다.

이번에 제가 이러한 시도를 해본 것은 마구와 무기, 그리고 갑주도 역시 어떻게 보면 무덤 안에 들어간다는 것에 착안했습니다. 실제로 사용하는 것과 무덤에 들어가는 것에 대해 얼마나 일치성이 있을까 하는 부분은 또 다른 과제입니다. 이번에 저의 관점은 먼저 무덤 안에 들어간 상태를 하나의 요소로 봤습니다. 두 번째로 이주헌 선생님께서 지적하신 것처럼 이렇게 중복상태나 파괴현상에 대한 부분에 주목했습니다. 유적별로 부장품이 적게 훼손되고 많이 훼손된 경우는 분명히 있습니다. 그런 양상을 감안하고, 조금은 각 지역별로 갖고 있는 부장품으로서의 마구와 무구를 수치화할 수 있는 부분으로 접근해 본 것이 오늘 저의 시도였습니다.

이영식 : 류창환 선생님의 3개 분류안이 있지 않습니까? 장창무장형·장창갑주무장형·개마무장형이 있습니다. 우리 주인공은 여기 포함되지 않습니다. 통계수치분석의 결과를 가지고, 기마인물형토기가 조합상으로나 지역적으로 어디에 포함할 수 있는지 부탁드립니다.

장윤정 : 여러 요소를 볼 때, 기마인물형토기는 김해를 포함한 낙동강 하안 지역에서 나온 것으로 생각할 수 있습니다.

이주헌 : 마지막으로 사다모리 선생님께 질문 드리겠습니다. 선생님께서는 일본출토 도질토기의 분석을 통해 얻은 결과를 직접적으로 가야와 왜의 대외관계에 적용을 해 교섭이라는 형태, 그리고 교류라는 형태로 나누어 해석 하셨습니다. 특히 나라지역에서 함안형식의 도질토기가 많이 출토되고 있는 상황에 대해 아라가야와 야마토 정권의 정치적인 관계를 직접적으로 보여주는 것으로 인식하고 있습니다. 그러나 기능성 토기 일부가 정치 중심지역에 존재한다는 이유만으로 이를 교섭관계로 확대해석하는 것은 설득력이 약한 것 같습니다. 더불어 지배계층이 소유한 장식마구와 갑주, 금제장신구와 같은 위신재의 존재를 기존 학계에서는 정치세력 간 교섭의 중요 자료로 인식하고 있습니다. 그런 것과도 차이가 있습니다.

때문에 선생님께서 함안형식의 도질토기를 위신재적인 성격으로 파악을

하고, 4~5세기 무렵 야마토 정권에서 교섭의 대상으로 함안지역을 인식하셨다면, 그 당시 야마토에서 인식한 아라가야의 위상과 아라가야의 역할은 과연 무엇이었는지, 왜 야마토에서 대가야도 아니고 금관가야도 아니고 신라도 아닌 함안지역을 대상으로 정치적인 교섭을 했는지에 대한 보완적인 설명 부탁드립니다.

사다모리 히데오 : 질문을 요약하면 2가지인 것 같습니다. 제가 검토한 도질토기뿐 아니라 장신구와 마구, 갑주를 포함한 위신재를 함께 고찰해서 아라가야와 왜의 관계를 검토해야하는 것이 아닌가라는 지적이 있었던 것 같습니다. 말씀하신대로라고 생각합니다. 아라가야와 야마토정권의 관계를 전체적으로 해석하려면 토기의 해석만으로는 부족하다고 생각합니다. 기본적으로 토기는 위신재가 될 수 없다고 생각합니다. 다만 매일같이 사용하는 일상용 용기라고 하는 관점에서 본다면 위신재랑 또 다른 관점에서 접근할 수 있지 않을까라고 생각을 해서 이번에 토기로 본 아라가야 그리고 왜의 관계에 대해서 고찰을 해본 것입니다. 실은 토기가 위신재로서 사용된 사례가 한 사례 있습니다. 위신재는 기본적으로 4·5세기 대에 출토된다고 한다면 기본적으로 그 매장주체부에서 출토되는 경우가 많습니다. 도질토기는 지금까지 출토양상을 보면, 분구 혹은 그 주변에서 출토되는 경우가 많습니다. 그중에 유일하게 위신재로 생각할 수 있는 토기가 기후현 아소비즈카고분에서 출토된 도질토기입니다. 이 고분은 소형전방후원분인데 주체부는 아직 명확하지는 않습니다. 그런데 할석제품이라든지 각종의 철기를 매장한 매장시설이 하나 발견이 됐습니다. 그 매장시설 가운데 도질토기 뚜껑이 출토된 것이 있습니다. 발굴담당자는 그 뚜껑에 대해 위신재의 성격을 갖고 있었던 것이 아닐까라고 이야기 한 적이 있습니다. 여러 가지 이견이 있습니다만, 저는 개인적으로 그 토기를 김해에서 제작

된 단경호로 생각하며, 시기는 4세기 말로 비정하고 있습니다.

두 번째 야마토 왕권과 아라가야가 정치적으로 관계가 있었다는 질문에 대해 말씀 드리겠습니다. 어제 발표에서 함안형식 그리고 고령형식을 크게 비교했을 때 차이가 뚜렷하다는 것을 강조했습니다. 그 차이를 어떻게 생각할까 했을 때, 대외관계와 결부시켜 크게 교역과 교섭으로 나누었고 그중에 아라가야는 교섭의 측면이 강했다라고 정리를 했습니다. 어제는 큰 관점에서 비교 했지만, 세밀하게 비교를 해보면 또 다른 현상이 발견됩니다. 발표문 표3을 봐주셨으면 합니다. 토기가 출토된 유적을 크게 고분과 취락으로 나누어서 정리했습니다. 고분 혹은 분구에서 출토된 도질토기를 정리하면 총 8곳의 유적에서 12점의 토기가 출토되었습니다. 12점을 시기별로 보면 4세기 대 유적 한곳에서 2점이 나왔습니다. 5세기 대가 3곳의 유적에서 5점이 나왔습니다. 6세기도 마찬가지로 3곳의 유적에서 5점이 나왔습니다. 취락에서는 9개의 취락에서 13점이 출토되었습니다. 이 13점을 다시 시기별로 보면 4세기 대 2곳에서 2점이 나왔고, 5세기 대가 7곳의 유적에서 11점이 나왔습니다. 6세기 대는 하나도 출토되지 않았습니다. 종합적으로 말씀드리면 고분과 취락에서 출토된 토기의 수가 그다지 차이가 없다는 것을 알 수 있습니다. 고분에서 출토된 토기는 4세기에서 6세기에 걸쳐 지속적으로 출토가 되고 있습니다. 이에 반해 취락에서는 극단적으로 5세기 대의 도질토기가 압도적으로 많습니다. 6세기 대에는 한 점도 출토가 안됐습니다. 가령 고분에서 출토된 것을 일단 계층화라는 관점에서 봤을 때 상위의 계층, 그리고 취락의 경우에는 하위계층이라고 생각을 합니다. 고분에서 출토된 12점은 기본적으로 매장 주체부에서 출토가 되지는 않았습니다. 대부분 분구 혹은 주구에서 출토되는 경향이 강합니다. 그래서 결국 함안형식의 토기가 매장된 것은 제사나 혹은 제사와 관련되어서 매장되었을 가능성이 크다고 생각 합니다. 그렇게 생각한다면 결국 상위계층의 사람들은 아라가야 사람들이랑 어떤 교섭의 관계, 구체적으로 어떤 의미인지는 잘 모르겠습니다만 어떤 모종의 관계를 갖고 있었던 것으로 생각합니다. 그리고 하위계층의 문제는, 아까 말씀 드린 것처럼 5세기 대에 압도적으로 많고 그 출토지도 나라 혹은 에히메 같은 곳에 집중하고 있습니다. 이 도질토기를 갖고 있었던 사람은 당시에 왜인이 아닐 가능성이 높다고 생각합니다. 직접 아라가야의 고지에서 일본으로 건너온 사람들을 상정해도 되지 않을까라고 보고 있습니다. 그래서 조금 전에 말씀드린 상위와 어느 정도 대비되는 개념으로 특수한 공인 혹은 특별한 기능을 갖고 있었던 집단으로서 도질토기를 갖고 있던 집단을 생각할 수 있습니다. 여러 가지 생각이 있을 것이라고 생각합니다만 수량으로 분석하면 제가 지금 말씀드린 결과와 같이 되지 않을까 라고 생각합니다.

이영식 : 네 고맙습니다. 함안형식이 발견되는 것 때문에 아라가야 및 김해 가락국과 어떤 정치적 관계가 있는가 하는 질문에 대해 어떤 모종의 관계가 있을 것 같다, 정권 대 정권의 정치적관계도 생각할 수 있지만 아라가야계 이주민이 정착해서 사용했던 물건으로 볼 수 있다, 토기는 위세품이 아니니까 정권 간 교섭이라면 위세품을 주고받았을 건데 토기니까 아라가야 계통 주민들이 지금 오사카 근처에 이주해서 남긴 흔적으로 생각하는 게 어떤가라고 답을 주신 걸로 생각하면 좋겠습니다. 네 고맙습니다. 다음으로 조윤재 교수님 부탁드립니다.

조윤재 : 원래 중국에서 마구연구자들이 굉장히 희소한 편입니다. 여러 가지 이유가 있는데 특히 한나라에서 위진남북조시기에는 북방을 제외한 남방에 마구 부장의 습속이 없기 때문에 고분연구자들이 마구를 굉장히 잘

안하는 경향이 있습니다. 그런데 첸링 선생이 최근에 마구에 대한 연구를 계속하고 있어서 상당히 반갑습니다.

첫 번째 질문은 포괄적인 질문입니다. 중국내에서 사실 등자를 비롯한 마구는 전체 연구 자료에서 비교적 주목을 덜 받는 유물입니다. 그런데 사실 들여다보면 대단한 물건이기도 합니다. 중대한 의미를 부여할 수 있는 기술적 고안이라고 생각합니다. 등자 생산과 보급이 어느 시점에 이루어졌는가에 대한 논의는 계속 중국학자들도 하고 있는 편입니다. 첸링 선생님께서 마구나 등자가 어떻게 공간적으로 이동하면서 중국에 유입 되는가에 대해 말씀해주시면, 마구에 생소한 분들도 이해를 할 수 있을 것 같습니다.

첸링 : 질문 감사드립니다. 먼저 말씀드릴 것이 마구를 연구하는데 가장 문제가 되는 것 중 하나가 문헌자료가 많이 부족하다는 점입니다. 때문에 추정할 수밖에 없는데, 추정과정에서는 유물의 유사성을 확인합니다. 또 하나의 문제점은 유물 이외에 참고할 수 있는 자료, 문헌이라든지 하는 자료들이 중국 내부에만 존재하고 있다는 점입니다. 그 외에 한반도를 비롯한 다른 나라에서 쓰인 문헌자료를 보면 비교적 내용이 간단하든가 내용이 소략합니다. 그러나 이런 방법을 통해서 추정을 하기는 해야 합니다. 여기에는 중원지역과 한반도의 고구려, 백제, 신라 관련 정권과 관련된 여러 가지 정치적인 내용도 포함되어 있습니다. 그렇지만 문헌에 기록된 것은 그 주체 세력과 관련된 내용뿐입니다. 몽고고원에서 소수민족이 일어나 그 민족이 강해져 동쪽으로 이동하게 되면 원래 동쪽에 있던 자그마한 민족들은 다시 더 동쪽으로 이동하게 됩니다. 대부족의 영향을 소수부족들이 계속 받고 있는 것입니다. 이런 상황 속에서 소수민족들이 매개체로 작용하고 있습니다. 그렇지만 고구려나 이런 국가들은 원래부

터 중원지역과의 교류가 밀접한 면이 있었습니다. 문헌에 나와 있는 내용은 그중에 아주 일부분이었을 것입니다. 하지만 이런 내용들을 입증하기에는 어려운 면이 있습니다.

조윤재 : 두 번째 김해하고도 유사한 곳이기도 합니다. 중국의 광서성 합포라는 곳입니다. 진한시기부터 수당까지 교역이 빈번했던 합포라는 지역입니다. 교류와 연관되는 물건들이 중국 전체지역에서 밀집도가 가장 높은 지역이기도 합니다. 여기서 최근 한에서 위진시기 정도에 해당하는 고분에서 마구가 하나 나왔습니다. 이 마구의 정체가 무엇인가 그리고 그 이면에는 어떠한 배경이 있을까하는 부분에 대한 의견을 묻고 싶어서 질문을 드렸습니다.

첸링 : 광서 합포 유적이라고 하는 곳은 서한시기부터 위진남북조시기까지 비교적 긴 시간 동안 고분을 만들었던 지역입니다. 그런데 여기 제시한 사진에서 유물로 보면 관련된 시기가 서한대, 한대로 보입니다. 특히 한무제 시기에는 남방, 남정을 하던 시기였습니다. 그래서 남방이 여러 군을 설치했습니다. 그러면서 중원의 제도나 기술이 남방으로 전파되게 됩니다. 그런데 다르게 얘기를 하자면, 광동성과 광서성에서 최근에 발견되고 있는 고고학 자료들은 중국 고고학계에 새로운 혁명을 일으키고 있습니다. 어떤 면에서는 고분구조나 출토된 유물이 잘 알지 못하는 것들이 꽤 나오고 있습니다. 그런 면에서 보면 방금 전 조윤재 선생님께서 제기한 이 고분 유물 같은 경우는 한 무제시기 북방지역에서 남방지역으로 내려온 것이라고 볼 수 있습니다. 그런데 여기서 보이고 있는 재갈의 경우는 특수한 면이 있습니다. 그런 면은 아마도 지방색이 강화된, 지방에서 개조된 면이 있는 것 같습니다. 이러한 현상은 각각의 시대에 많이 드러납니다. 장강 주변으로

원래 문화가 가지고 있는 것을 따르면서도 각지에 토속적인 문화를 더해지는 그런 문화들이 많이 나타나고 있습니다. 외몽고 지역에서 확인되는 재갈이 낙양에서도 확인이 된 경우가 있습니다. 서방에서 중국으로 들어온 물건 같은 경우도 중국내에서 개조를 통해서 각 지방에 전파되는 경우가 있습니다. 그렇기 때문에 이 유물은 북쪽에서 온 것이 맞는데 광서, 광동으로 도착한 다음 그 지역 지방색과 섞여 새롭게 혼합된 유물이 만들어진 것으로 보입니다.

이영식 : 고맙습니다. 다음으로 백진재 선생님께 질문 부탁드립니다.

조윤재 : 백진재 선생님께 질문 드리겠습니다. 먼저 발표 내용 중에 대금구 문제가 나옵니다. 제가 몇 번 문제를 제기했는데도 계속 진식대금구라는 명칭을 많이들 쓰셔서 계속 혼란이 옵니다. 지금 외교적 관계, 중원 정권과의 외교적 관계를 통해서 유입된 대금구 같은 경우 고구려고분에서도 확인이 되고 있습니다. 그래서 중원, 요동, 서북한 그리고 한반도 중남부, 일본도 연계가 되는 흐름도 보여주고 있습니다. 이것은 중원식대금구 혹은 삼연식대금구의 동쪽으로의 점이현상을 보여줍니다. 점이현상 가운데 고구려가 하나의 분절점이 되고 있다는 사실도 의미하고 있습니다. 이 대금구라는 유물이 당시 관복 같은데 수반되는 장신구, 또 조공 혹은 책봉 같은 데서 계속 순환적으로 사회체계 안에 유입이 되었을 것으로 보고 있습니다.

백진재 선생님께서는 대성동고분군에서 출토한 대금구 유입에 과연 고구려의 개입이 있었는지, 만약 있다면 어떤 형태로 어느 정도로 개입하였는지에 대한 의견을 여쭙고 싶습니다.

백진재 : 중원식대금구에 대해 공간적인 부분에서 이런 용어가 필요하다고 선생님께서 먼저 말씀해 주셨습니다. 제 생각에는 유물이라는 것은 결과적으로 시대성, 시간성이라는 것을 반영해야한다고 생각합니다. 그런 점에서 진식대금구라는 용어를 사용하는 것이 현재까지는 합리적이라고 판단합니다. 다음으로 고구려의 개입에 대한 부분입니다. 사실 사료에서는 당시 가야와 고구려에 대한 교섭 기록이 확인되지 않습니다. 저는 오히려 가야와 백제의 교섭관계를 설명할 수 있는 것이 진식대금구라고 생각합니다. 가야와 고구려의 직접 교섭보다는 382년에 백제의 중계로 가야가 동진과 직접적으로 교섭을 하였을 가능성도 무시할 수 없기 때문에, 이 시기에 진식대금구를 가야가 확보하지 않았을까 이렇게 추정해 보고 싶습니다.

조윤재 : 뭔가 오해를 하신 것 같습니다. 진식대금구의 시간차를 생각하게 되면 더 시기가 올라가야합니다. 낙양 조휴묘, 남경 동오 설추묘 등 이미 시기성이 완전히 확정된 고분에서 유사한 대구들이 나왔기 때문에 그 이후에 나오는 왕조인 진나라가 시간성을 보장해줄까요?

백진재 : 일단 그것에 대해서는 선생님의 말씀을 조금 더 경청하고 검토를 다시 해보도록 하겠습니다.

조윤재 : 선생님께서는 촘촘하게 문헌을 찾아서 발표를 잘 해 주셨습니다. 그 가운데 한반도 남부 각지에서 출토된 마형대구와 유리제품 산지를 언급하셨습니다. 일부 유물의 성분 분석 결과 화남산 원료가 사용되었다고 하셨습니다. 그런데 기본적으로 화남산, 중국산 이럴 때에는 특정지역을 지

적하기가 쉽지 않습니다. 화남산이라고 하면 중국 남방지역입니다. 이 남방지역의 유리라든지 이런 것들의 가장 중요한 중계지역은 동한~삼국시대는 교주 자사부를 포괄하는 교지군, 남해군, 합포군이 거점지역일 것입니다. 사실 이미 베트남 북부를 포함한 통킹만 일대에서 이 시기의 유리와 관련된 것들이 보입니다.

기본적으로 상당수 기존 연구가 유리제품 혹은 원료를 그 아래쪽에 있는 인도네시아, 말레이시아 등 남향루트를 통해 당시 중국의 가장 남단의 거점인 교주지역과 해안선을 활용해 내지로 수송한 것으로 보고 있습니다.

백진재 선생님께서는 강소성 남부나 절강성 일부지역에 해당하는 장강 하류역과의 관계도 한번 생각을 해봐야 되지 않을까하는 생각이 듭니다. 가야와 공손씨 관계 등 기존의 도식적인 관계보다는 당시 동아시아의 관계망을 차용해 연구하면 좀 더 유연한 연구가 되지 않을까 해서 질문을 드려봅니다.

백진재 : 좋은 질문 정말 감사드립니다. 제 생각으로는 공손씨 정권이 당시에 가지고 있던 통교적인 방향을 살펴봐야 할 것 같습니다. 공손씨 정권은 손오와 209년부터 공손씨 정권이 멸망하는 238년까지 통교가 이루어지고 있습니다. 그중에 233년 손오에서 대규모 사신단을 파견하는데 병사를 1만 명 이상 포함하고 있습니다. 이러한 사실에서 당시 손오가 대규모 선단을 운영할 수 있었다는 것을 알 수 있고, 빈번한 교류나 교섭이 있었을 가능성도 있습니다. 제 생각에는 이때 이런 물질 자료라든지 원료를 확보를 해 교섭을 하지 않았을까 추정해보고 싶습니다.

이영식 : 네 조윤재 선생님 가르침대로 남쪽의 가능성도 넓게 생각해보시면 좋겠습니다. 백진재 선생님, 지금 기마인물형토기가 덕산리에서 전해졌다,

전덕산리 출토품입니다. 혹시 김해 덕산이라고 하는 자연·인문지리적 특징이나 삼국사기 신라본기 기사와 관련해 말씀해 주실 것이 있습니까?

백진재 : 김해 덕산리의 경우 마주하는 곳이 양산의 황산역지 입니다. 낙동강을 경계로 황산역지가 있습니다. 황산역지는 조선·고려시대 교통 중심지였습니다. 황산역지는 삼국사기 본기의 황산진구에 해당하는 곳입니다. 가야와 신라가 정치·군사적으로 대립하던 곳이 황산진구였습니다. 황산진구를 바로 지나면 경주까지 바로 직통으로 갈 수 있는 지리적인 요건이 되어 있습니다. 아마도 그 당시 이곳을 통해 빈번한 물질 교류가 충분히 이루어졌을 것으로 보고 있습니다.

이영식 : 고맙습니다. 이상율 선생님 부탁드립니다.

이상율 : 먼저 김혁중 선생님께 질문 드리겠습니다. 선생님의 발표에 별다른 이견은 없습니다. 다만 좌장께서도 말씀을 하셨듯이 아무리 상징적이란 것이라고 하지만 한손에 창을 들고 한손에 방패를 들고 있는 것이 정말 과장된 표현인지 한 번 더 생각해볼 필요가 있지 않을까 생각됩니다. 이게 정말 불가능할까요? 저는 가능하다고 생각합니다. 이것을 방증해주는 게 지금 양쪽 등자를 완전히 밟고 있지 않습니까? 등자의 위력을 오히려 잘 보여주는 사례라고 저는 생각합니다.

김혁중 : 저도 가능성은 아예 없다고 생각하지는 않습니다. 일단 양쪽 등자를 밟고 있기는 하지만 갑옷을 입고 있다는 점을 생각을 하면, 갑옷의 재질이 문제가 된다고 생각합니다. 무게가 많이 나가게 되면 양발로 지탱하더라고 조금 어렵지 않을까 생각합니다. 다만 공주 공산성에서 출토한 갑옷

처럼 유기질 재료로 만든 갑옷이라면, 가능성이 있지 않을까 생각합니다.

이상율 : 양쪽 등자를 밟으면 양손이 자유롭습니다. 뒤로 돌아 활을 쏜다든지 얼마든지 가능합니다. 실제로 완전 무장한 개마무사의 경우 2시간을 못 버틴다는 얘기가 있습니다. 때문에 이동할 때는 항상 종마가 따라오면서 거기에 갑옷을 다 벗겨 놓습니다. 종마에 갑옷을 놓고 전쟁할 때만 입는 방식에서는 불가능하지만은 않다고 생각합니다.

다음으로 장윤정 선생님께 확인하고 싶은 것이 있습니다. 대성동고분군의 경우 마주·마갑 출현이 5세기 대 유구부터 시작한다고 하셨습니다. 저는 실제로 4세기 대에도 마주를 비롯한 행엽 등이 있다고 생각하고 있습니다. 실제로 대성동 57호에 마주가 있습니다. 같은 시기인 3호분에 행엽도 있고, 4세기 전반의 91호분에서 출토한 가야 마구들을 보면, 금관가야에서 마장체제는 5세기 대보다는 시기를 올려봐서 4세기 대에 갖춰진 것으로 봐도 되지 않나 생각하고 있습니다. 하나의 질문을 드리면 대성동고분군 내에서 선행묘 파괴문제입니다.

유구의 중복현상에 따라 4세기 3/4분기 기점의 파괴현상에 대해 기존집단과는 다른, 성격이 다른 새로운 목곽묘 집단의 존재를 상정하셨습니다. 그러면 이 집단이 기존집단과 성격이 어떻게 다르다는 것인지 알고 싶습니다. 참고로 최근의 연구 성과에 따르면, 이러한 파괴·중복현상은 수혈식석곽도 그렇고 목곽도 그렇고 양 고분의 시기차가 거의 70년 이상 납니다. 이에 대해 묘역이 한정되어 있기 때문이고, 한편으로 선대묘의 파괴보다는 공간 개념이 강하게 작용한 것으로 보는 연구결과가 나오고 있습니다.

장윤정 : 제가 말씀드리고 싶은 것은 다른 집단에 여기서 살다가 다시 또 새로운 집단이 오고 그런 부분이 아니고 목곽묘를 조성하는 축조집단에 있어

서의 성격이 다르지 않느냐라는 것이었습니다.

이상율 : 저는 그렇게 이해를 못했습니다.

이영식 : 기존 집단과 대립하거나 출신이 다른 집단이 들어온 것으로 이상율 선생님께서는 이해하지 않았습니까?

이상율 : 네, 수혈식 석곽도 마찬가지입니다. 수혈식 석곽도 73호 석곽구조를 보면 시기는 다르지만 전대 목곽의 구조를 완전히 계승하고 있습니다. 그래서 대성동 집단 내에서는 목곽부터 석곽까지 파괴현상이 일어나더라도 다 같은 집단에 의한 것으로 저는 이해를 하고 싶습니다.

장윤정 : 지금 이상율 선생님께서는 대성동고분군만 파괴현상이 일어나고 있다는 것을 말씀하시는 것 같습니다. 제가 여러 자료를 살펴보니 김해 이외에 함안·부산·합천에서도 이러한 파괴현상이 있었습니다. 그러한 파괴현상에 대해 저도 나름대로 고민을 많이 했지만, 너무 축약시킨 부분이 있습니다. 무덤을 조성하는 부분에 있어 선대라든지 공간에 대한 집착, 고집이라고 하는 부분도 물론 작용을 하고 있습니다. 그렇지만 어떻게 보면 무덤을 조성하는 집단이 예를 들어 저의 할아버지, 저의 아버지, 저, 저의 아들, 손자 이러한 하나의 주체적인 집단이 계속적으로 무덤을 조성했다기보다는 그런 조성을 할 수 있는 주축이 되는 집단이 바뀌지 않았을까 라는 생각을 해보았습니다.

이상율 : 다음으로 이사하야 선생님께 질문 드립니다. 일본 고분시대 중기 이후에 입수한 초기 마구들이 한반도 남부의 여러 지역과 다각적인 관계

속에서 이루어진 것으로 지금 보고 있습니다. 그 계보의 중심은 한반도 동남부 신라, 가야에서 점차 중서부지방까지도 확대해서 넓게 보려는 시각이 있습니다. 아마 제형판비 때문에 그런 것 같습니다. 좀전에 이주헌 선생님께서 중부지방에 나오는 제형판비에 대해, 도대체 일본에서 이러한 것들을 입수한 주체세력이 무엇이냐 주체세력이 일본 내에 다각적인 집단에서 다각적으로 입수를 했는지 아니면 왜 왕권에서 일원화된 창구를 통해서 수입했는지 질문을 하셨는데, 일원화된 창구에서 했다고 말씀하셨습니다.

제가 간단하게 질문하고 싶은 것은 일본 초기마구의 계보를 대체적으로 한반도 동남부, 특히 가야와 신라에서 구하고 계신데, 일본 초기마구에 신라적 요소는 과연 얼마나 있는지 간단하게 답변 부탁드립니다.

이사하야 나오토 : 오늘 말씀드린 곤다마루야마고분과 시치칸고분의 마구에서 신라의 요소를 어느 정도 확인할 수 있다고 생각합니다. 다만 그런 요소들을 오직 신라만의 요소로 볼지, 신라와 가야의 공통적인 요소로 볼지에 대해서는 앞으로 검토의 여지가 필요할 것 같습니다.

특히 한국 내에서도 부산지역에 대한 평가가 다릅니다. 부산지역을 신라로 생각할지 김해와 관련된 금관가야 지역으로 생각할 지에 따라 평가가 좀 달라질 것 같습니다. 그 두 가지 입장가운데 어느 입장을 취할지에 따라 초기마구의 계보 역시 변할 것으로 생각합니다. 다만 곤다마루야마고분에서 출토된 화려한 안장은 김해지역에서 아직까지 확인되고 있지 않습니다. 투조가 밖에 있는 화려한 안장은 아직 김해에서 확인이 안 됩니다. 이런 자료에 대해서는 현재까지의 자료에 근거하는 한 삼연에서 고구려를 거쳐 신라로 왔다고 하는 것이 가장 합리적으로 설명을 할 수 있지 않을까 생각합니다.

이상율 : 마지막에 삼연에서 신라로, 신라에서 왜로 건너갔다고 말씀하셨

는데 저는 신라는 빼고 가야로 보고 있습니다. 그 차이입니다.

마지막으로 첸링 선생님께 질문 드리겠습니다. 12세기까지의 등자와 안장에 대해 설명을 해 주셨습니다. 우리나라에서는 6세기 이후 마구가 매납이 잘 안됩니다. 6세기 이전 시기 중에서 동북지역 출토 등자 1기의 연대를 4세기에서 5세기 초로 보고 있습니다. 기존의 연대관을 그대로 인용하고 계신 것 같은데, 수십 년이 지난 현재 우리나라와 일본의 연대관이 이것과 맞지 않는 경우가 많습니다. 예를 들어 만보정 78호 같은 것, 이사하야 선생님의 경우도 5세기 중엽 이후로 보고 계시고 칠성산 96호, 우산하 41호 이런 것들도 꽤 맞지 않는 것들이 많습니다.

첸링 : 질문 감사합니다. 제가 한반도 자료를 많이 숙지를 못하고 연구가 진행된 것이 있어서 안타까운 점이 있습니다. 만약에 더욱더 앞으로 자세하게 연구가 된다면 앞으로 연구에 더 많은 도움이 될 것이라고 생각하고 있습니다. 이번 기회를 통해서 한국학자들의 많은 연구를 접할 수 있게 되었구요. 그 연구를 좀 더 진행해 나가도록할 생각입니다.

이상율 : 첸링 선생님께 간단한 질문 하나만 더 드리겠습니다. 고구려 마구가 전연 마구로부터 직접적인 영향을 받은 것으로 저희들은 이해하고 있습니다. 고구려 마구가 전연 마구에서 완전히 독립하여 고구려 마구만의 특색을 지닌 유물이 있다면 무엇을 들 수 있는지 말씀해 주시면 감사하겠습니다. 참고로 한일연구자들은 말투구가 분리형에서 일체형으로 된다든지 운주부분의 좌금구라고 해서 밑받침 부분이 주름이 가는 국화형 금구가 나타나는 것은 고구려 마구의 특색으로 이해하고 있습니다.

첸링 : 먼저 삼연 마구와 고구려 마구가 밀접하고 비슷한 점이 많다는 것을

알고 있습니다. 다시 말씀드리면 본인의 연구도 그렇고 세부적인 분류안에 있어서 문제가 있다는 점을 인지하고 있습니다. 정치적인 원인으로는 당연하게도 삼연 정권이 고구려와 관련된 밀접한 점이 있습니다. 그렇지만 저희가 모두 숙지하고 있듯이 삼연 문화가 고구려도 그렇고 한반도도 그렇고 이동한 다음에는 각자 독특한 문화로 발전하게 됩니다. 그런데 제가 오늘 발표를 할 때에는 시간상의 문제로 여기에 대해서 자세히 다루지 못했습니다. 제가 생각하기에 마구의 변화는 시간과 공간적인 영향을 매우 크게 받고 있습니다. 각각의 지역은 그 지역의 특색에 따라서 요구하는 마구의 종류와 특징이 달라 질 수밖에 없는 것입니다. 그리고 또 하나 발생하는 문제가 고구려 지역에 위치한 북한지역의 자료를 바로 보기가 어렵다는 점이 또 있습니다. 산발적으로 나오고 있는 몇몇 자료들만이 볼 수 있을 뿐입니다. 그렇기 때문에 고구려 관련된 자료를 얘기함에 있어서 만족스럽게 명확하게 얘기하기 어려운 점이 있는 것 같습니다. 앞으로 자료를 더 수집하여 연구하도록 하겠습니다.

이영식 : 시간이 좀 지났습니다. 발표자, 토론자 여러분 고생하셨습니다. 감사합니다.